Karin Dittrich-Brauner

Eberhard Dittmann

Volker List

Carmen Windisch

**Großgruppenverfahren**

Lebendig lernen – Veränderung gestalten

Karin Dittrich-Brauner

Eberhard Dittmann

Volker List

Carmen Windisch

# Großgruppen-
# verfahren

Lebendig lernen – Veränderung gestalten

Mit 57 Abbildungen und 6 Tabellen

 Springer

Dipl.-Psych. Karin Dittrich-Brauner
Dipl.-Psych. Dipl.-Ing. Eberhard Dittmann
Volker List
Dipl.-Psych. Carmen Windisch
P.f.O. Beratungsgesellschaft m.b.H.
Schlossgasse 4
35423 Lich

ISBN 978-3-540-76349-9   Springer Medizin Verlag Heidelberg

Bibliografische Information der Deutschen Nationalbibliothek
Die Deutsche Nationalbibliothek verzeichnet diese Publikation in der Deutschen Nationalbibliografie;
detaillierte bibliografische Daten sind im Internet über http://dnb.d-nb.de abrufbar.

**Springer Medizin Verlag**
springer.de

© Springer Medizin Verlag Heidelberg 2008

Planung: Joachim Coch
Projektmanagement: Meike Seeker
Lektorat: Annette Wolf, Leipzig
Einbandgestaltung: deblik Berlin
Einbandfoto: © michanolimit, www.fotalia.de
Cartoons: Thomas Plassmann
Satz: TypoStudio Tobias Schaedla, Heidelberg

SPIN: 11403159

Gedruckt auf säurefreiem Papier        2126 – 5 4 3 2 1 0

# Geleitwort

Geschätzte Leser,

als das Autorenteam an mich mit der Bitte herantrat, das vorliegende Buch zu illustrieren, erbat ich mir ein wenig Bedenkzeit. »Großgruppenverfahren«! Ein Thema, bei dem es übertrieben wäre, behaupten zu wollen, es hätte mich seit jeher umgetrieben. Doch wie so oft bei der Beschäftigung mit Neuem spürte ich einen gewissen Reiz zur Auseinandersetzung und nahm die Herausforderung an – und die Feder in die Hand. Das Ergebnis mögen Sie selbst beurteilen.

Doch damit nicht genug! Auch noch ein Geleitwort?! Wo setze ich an? Lässt sich eine Verbindung herstellen zwischen dem Thema »Großgruppenverfahren« und meiner Arbeit als »Männleinmaler«?

Vielleicht diese:
Es sind vor allem 2 Fragen, die mich leiten, wenn ich mich als Zeichner einem Thema nähere:
1. Worum geht es im Grunde? Wo ist der Fokus?
2. Welche Perspektiven kann ich zu dem Thema einnehmen?

Diese Grundgedanken helfen mir zu entdecken, wo das Potenzial für die Überzeichnung steckt, die die Kraft und Wirkung der Karikatur entfaltet.

Übertrage ich diese Prämissen auf das Thema »Großgruppe«, so springen mich die Parallelen im Buch förmlich an: Auch die beschriebenen Großgruppenverfahren suchen – mal mehr, mal weniger – einen Leitgedanken, ein Thema oder ein Problem in ihren Mittelpunkt zu rücken, um es zu bearbeiten. Es findet eine Fokussierung statt.

Wird nicht, zweitens, das jeweilige Problem mit unterschiedlichen Methoden aus stets wechselnden Blickwinkeln betrachtet und bearbeitet? Wie beispielsweise durch unterschiedliche Zusammensetzungen der Teilnehmer im World Café oder durch die Darstellung der Themen als Visionen oder ganz praktisch aus der Sicht des Handwerkers, des Marketingstrategen oder des Philosophen – wie immer wird der Perspektivenwechsel zum belebenden Element. Dabei stelle ich mir vor, dass in den Großgruppenveranstaltungen selbst das Lachen nicht zu kurz kommt.

Zweifellos spielt der Perspektivenwechsel bei den Verfahren eine wichtige Rolle – ganz so wie bei der Karikatur. Nicht selten ist man als Schöpfer selbst überrascht, welch erhellenden Blick ein solcher Wechsel mit sich bringt.

Ich wünsche den Autoren, dass ihre Darstellungen Sie, liebe Leser, inspirieren und anregen mögen, über solche »erhellenden« Formen der Arbeit nachzudenken und Ihren Alltag mit ihnen zu bereichern.

Thomas Plassmann, »Männleinmaler«

# Vorwort

Organisationsentwickler, Berater und Führungskräfte sind immer auf der Suche nach neuen Methoden. Zu Recht. Warum? Traditionelle Workshopmethoden wiederholen sich allzu oft; ein Gewöhnungseffekt tritt ein. Sammlungs- und Strukturierungsphasen mit Pinnwänden und Karten entfachen keine Begeisterung mehr. Workshopkaskaden quälen sich oft in zäher Weise über Monate und Jahre durch alle Hierarchiestufen eines Unternehmens. Top-down-Veränderungsprozesse verlieren ihre Energie und werden von der nächsten Welle Veränderungen überrollt. Informations- und Diskussionsprozesse benötigen zu viel Zeit.

Wir geben in unserem Ratgeber die folgenden Hilfestellungen:

- Die 5 wichtigsten Verfahren zur Arbeit mit großen Gruppen werden vorgestellt. Wir bieten eine kompakte Zusammenfassung auf jeweils etwa 20 Seiten. Der Leser hat damit eine verdichtete Entscheidungsgrundlage für den Einsatz des jeweiligen Verfahrens bei eigenen Veranstaltungen.
- Wir stellen unser eigenes Großgruppenkonzept congress in motion® mit seinen 7 dramaturgischen Schritten vor. Damit erhält der Leser eine erprobte Grunddramaturgie für das Design und die Durchführung von Großveranstaltungen. Dieses Konzept kann auf eigene Fragestellungen angewendet werden und bietet mehr Spielraum als die zuvor beschriebenen Standardverfahren.
- Anhand von 10 Beispielprojekten kann sich der Leser ein plastisches Bild von unterschiedlichen Großgruppenverfahren machen. Dabei kommen auch die Auftraggeber in Interviews zu Wort und bewerten die Veranstaltungen aus der jeweiligen Kundensicht.
- Von der Perlenwanderung über die Klippenwand bis zum Zukunftscocktail schildern wir 49 Werkzeuge für die Arbeit in Großgruppen. Damit öffnen wir dem Leser unsere methodische Schatzkiste und regen ihn an, sich zu bedienen, zu testen und eigene Erfahrungen mit Erprobtem zu machen.
- Unsere Erfahrungen basieren auf über 300 durchgeführten Großgruppenveranstaltungen; wir verfügen über umfangreiche Erfahrungen bei der Entwicklung, Organisation und Steuerung. Unsere Tipps zur richtigen Raumgröße, zum perfekten Ton, zur ansprechenden Visualisierung und vielen anderen wichtigen Rahmenbedingungen erleichtern das Management solcher Veranstaltungen.

Der Einsatzbereich von Großgruppenverfahren wird künftig zunehmen, und es wird mehr methodische Flexibilität erwartet. Die 7 dramaturgischen Schritte von congress in motion® bieten dafür eine anregende Grundlage.

Lich, im Januar 2008
Das Autorenteam

# Danksagung

Dieses Buch ist durch die inspirierende Zusammenarbeit mit Kollegen und Kunden entstanden. Viele der beschriebenen Ideen und Methoden sind Abwandlungen von Anregungen, die wir erhalten haben, oder sind in Gesprächen mit anderen entstanden.

Ganz besonders möchten wir den Experten für die einzelnen Großgruppenverfahren danken. Wir sind Kollegen, die sich für das gleiche Fachgebiet interessieren, aber gleichzeitig auch Konkurrenten auf dem Markt. Im Sommer 2007 saßen wir mit Walter Bruck, Sabine Bredemeyer, Dr. Matthias zur Bonsen, Carol Maleh und Hannes Hinnen zusammen, meist draußen im Grünen. Sie haben uns an ihren Erfahrungen und Gedanken zur Zukunft der Großgruppenarbeit teilhaben lassen und damit das Buch bereichert. Das fanden wir nicht selbstverständlich.

Die Praxisberichte konnten nur mit Unterstützung unserer internen Kollegen, Kunden und Auftraggeber entstehen. Sie setzten sich dafür ein, dass wir die spannenden Projekte im Buch veröffentlichen durften. Sie gaben uns kritische und hilfreiche Rückmeldungen, und das Buch wird durch ihre Bewertungen in den Interviews bereichert. Herzlichen Dank dafür an Tom Gerum, Manfred Rentrop, Dr. Thomas Süßmeir, Dr. Henrik Haenecke, Yvonne Kaczmarczyk, Daniel Fluri, Franz Josef Kaltenbach, Dr. Volker Möhring, Jörg Bansen und Ulrike Pollmann-Langenberg.

Wir brauchten natürlich auch Unterstützung durch unser Büroteam. Für das kritische Lesen der Texte trotz hohen Arbeitsaufkommens sagen wir vielen Dank an Renate Dröll und Marina Konrad.

Herrn Joachim Coch vom Springer-Verlag, der unser Buch verlagsseitig betreut hat, danken wir ebenfalls ganz herzlich für die unkomplizierte Zusammenarbeit und die motivierende Unterstützung. Nicht zuletzt sagen wir danke an unsere Lektorin Annette Wolf.

Lich, im Januar 2008
Das Autorenteam

# Die Autoren

*Karin Dittrich-Brauner, Eberhard Dittmann, Volker List* und *Carmen Windisch* arbeiten seit vielen Jahren als Berater, Moderatoren, Coachs und Trainer. Sie sind Gesellschafter der Beratungsgesellschaft *Psychologie für Organisationen* mit Sitz in Lich (Hessen). Sie unterstützen als Mitglieder des Berufsverbandes Deutscher Psychologinnen und Psychologen (BDP) Kongresse und Fachtagungen.

Anspruchsvolle Veränderungen in Unternehmen bedürfen besonderer Methoden. Deshalb gründeten die Autoren 1998 das Geschäftsfeld »congress in motion® – Lebendig lernen in großen Gruppen«. Seit dieser Zeit sind sie spezialisiert auf die Begleitung von Veränderungsprozessen und Großgruppenveranstaltungen mit 30–1500 Personen. Dabei ist ihnen die Balance zwischen präziser inhaltlicher Arbeit und Lebendigkeit wichtig. Die Konzeption und Moderation von Kongressen, Konferenzen und Fachtagungen gehören ebenso zu ihrem Repertoire wie die Themenbereiche Strategie und Zukunftsplanung, Vision und Leitbild oder die Informationsvermittlung in Großgruppen.

### Die Strategin
Karin Dittrich-Brauner, Diplom-Psychologin, Jahrgang 1959
E-Mail-Kontakt: K.Dittrich-Brauner@pfo-beratung.de
Tel.: 0175-1664036

### Der Kreative
Eberhard Dittmann, Diplom-Psychologe und Diplom-Ingenieur, Jahrgang 1953
E-Mail-Kontakt: Eberhard.Dittmann@pfo-beratung.de
Tel.: 0177-7424311

### Der Motivator
Volker List, Theaterpädagoge und Regisseur, Jahrgang 1951
E-Mail-Kontakt: Volker.List@pfo-beratung.de
Tel.: 06441-975767

### Die Praktikerin
Carmen Windisch, Diplom-Psychologin und Sozialversicherungsfachangestellte, Jahrgang 1967
E-Mail-Kontakt: Carmen.Windisch@pfo-beratung.de
Tel.: 0177-7222794

### Kontaktadresse
P.f.O. Beratungsgesellschaft m.b.H.
Schlossgasse 4, 35423 Lich
Tel.: 06404-6597-0
Fax: 06404-6597-17
E-Mail-Kontakt: info@pfo-beratung.de
Homepage: http://www.pfo-beratung.de

◘ **Abb. 1.** Die Autoren

# Inhaltsverzeichnis

# Veränderung tut Not –
# Suche nach neuen Formen

## 1.1    Was sind Großgruppenverfahren?

»Wie groß muss eine Großgruppe sein?« – das wird häufig gefragt, wenn es darum geht, eine Großgruppenveranstaltung in einem Veränderungsprozess einzubauen. Eine pragmatische Antwort lautet: »Stellen Sie sich vor, Sie machen in einer Gruppe eine Vorstellungsrunde. Ab wann wird das unangenehm, zäh oder sogar sinnlos, weil man sich die einzelnen Personen und Beiträge sowieso nicht merken kann?« Klassische Workshop- und Seminarmethoden sind in Gruppen bis 20 oder max. 25 Personen noch sinnvoll. Ist die Gruppe größer, kann sich der Einzelne nicht mehr ausreichend einbringen, es reden nur noch wenige Teilnehmer, und die Diskussionen im Plenum werden langatmig. Spätestens dann ist es erforderlich, über andere Formen der Gestaltung nachzudenken. Großgruppenverfahren bieten in ihren unterschiedlichen Schwerpunkten und Varianten dafür eine wahre Fundgrube.

Nach oben ist der Teilnehmerzahl zunächst keine Grenze gesetzt. Grenzen ergeben sich durch die zur Verfügung stehenden Räume und den enorm explodierenden Aufwand bei sehr großen Gruppen. Michael Pannwitz berichtet von einem Open Space (dem größten der Welt?) am 03.05.2003 in Würzburg mit 2108 Teilnehmern und 2 Begleitern, ihm selbst und Harrison Owen, dem Begründer der Methode Open Space. Diese Veranstaltung fand in 2 großen Zelten auf etwa 6000 m² Fläche statt (vgl. http://www.transformation.at):

> »Ein berauschendes Erlebnis: Die Erfahrung, wie mit einer Minimalstruktur in einer riesigen Menge Selbstorganisation geschieht. Wie Menschen ihre Zeit und ihren Raum friedlich und mit Vergnügen selbst gestalten.«

Wir verfügen über langjährige Erfahrungen mit Gruppen bis zu 1500 Personen, wobei Veranstaltungen mit mehr als 400 Personen bei uns eher die Ausnahme sind.

Dennoch ist nicht jede Ansammlung von vielen Personen automatisch eine Großgruppenveranstaltung, z. B. das Treffen von 8000 Fußballfans zum Public Viewing am Main, die Versammlung von Musikfans zum Konzert der Rolling Stones, die Teilnahme von Tausenden von Läufern am Hamburg-Marathon oder das Lauschen der Studenten im Hörsaal bei der Grundvorlesung in Mathematik – überall dort fehlt ein gesteuerter, moderierter Prozess. Eine Großgruppenveranstaltung erfordert Interaktion zwischen den anwesenden Personen. Und dies geschieht mit einer vorher definierten Zielsetzung.

Schon immer gab und gibt es in Organisationen Treffen von vielen Personen zu einem Thema. Im Betriebsverfassungsgesetz ist die Durchführung von regelmäßigen Betriebsversammlungen verankert. Jubiläen, Einweihungen und andere festliche Anlässe werden genutzt, um alle Mitglieder einer Organisation zusammenzuführen, zu informieren oder gemeinsam zu feiern. In Tagungen und Konferenzen kommen viele Fachleute eines Arbeitsgebietes zusammen, informieren sich über die neuesten Entwicklungen in Wissenschaft und Praxis. Das Besondere an Großgruppen-

*Großgruppen – mindestens 30 Teilnehmer*

*Größter Open Space der Welt*

verfahren ist die ausdrückliche Förderung der Interaktionen in der großen Gruppe. Spezielle Methoden ermöglichen es, dass sich alle Teilnehmer mit ihren Fragen und Vorschlägen einbringen können. Eine Veranstaltung, bei der 300 Personen in Plenarbestuhlung 2 h lang den Präsentationen 3 verschiedener Redner zuhören und nur wenige Minuten die Möglichkeit haben, Fragen zu stellen, entspricht nicht dem, was wir unter einer Großgruppenveranstaltung verstehen.

*Interaktion als zentrales Merkmal*

Darüber, wie intensiv diese interaktiven Phasen sein müssen und wie viel klassisches Konferenzdesign dennoch möglich ist, gehen die Einschätzungen weit auseinander, und die Grenzen sind fließend. Die verschiedenen Verfahren im ▶ Kap. 2 setzen hier spezielle Schwerpunkte. Open Space enthält fast keine klassischen Elemente, es wird kein Referent für eine Präsentation eingesetzt, die Bestuhlung in den Plenumsphasen unterscheidet sich stark vom Gewohnten, Kleingruppen steuern sich selbst, ganz ohne Moderator. Eine RTSC-Konferenz ähnelt in einigen Phasen schon eher einer klassischen Konferenz. Die oberste Führungskraft stellt strategische Planungen vor, externe Fachleute können einbezogen, Themen für Kleingruppen bereits vorbereitet sein. Wir führen Veranstaltungen nach der Dramaturgie von congress in motion® durch, bei denen der Schwerpunkt auf dem Schritt »Informationen vermitteln« liegen kann und viele unterschiedliche Themen präsentiert werden (▶ Kap. 5.8). Dennoch enthält eine solche Veranstaltung viele interaktive Elemente und ist eine Großgruppenveranstaltung im beschriebenen Sinne.

Welche Merkmale kennzeichnen Großgruppenverfahren aus Sicht der Autoren, der Moderatoren und der Anwender? Es gibt keine einheitlichen Definitionen. Die folgenden zentralen Aspekte werden häufig genannt:

*Kennzeichen von Großgruppen*

- Mit mindestens 30 Personen arbeiten
- Das ganze System in einen Raum bringen
- Einen ergebnisoffenen Prozess starten
- Gemeinsam an der Verbesserung des Systems, der Prozesse oder der Beziehungen arbeiten
- Einen gesteuerten, moderierten Prozess durchlaufen
- Die Selbstverantwortlichkeit und Selbstorganisationsfähigkeit der Teilnehmer nutzen und steigern

Olaf-Axel Burow, Professor für Pädagogik und Großgruppenexperte, stellt 8 handlungsanleitende Prinzipien auf, die er bei allen Großgruppenverfahren wiederfindet (Burow 2000):

## 1) Prinzip der Freiwilligkeit
Kreative Weiterentwicklung von Personen und Organisationen ist nur dann fruchtbar und dauerhaft wirksam, wenn sie aus freiwilligem Entschluss entsteht.

## 2) Prinzip der Verantwortlichkeit
Freiwilligkeit bedeutet nicht Beliebigkeit. Jeder Teilnehmer ist mitverantwortlich für den Erfolg der Konferenz. Deshalb ist es notwendig, dass er Störungen, Kritiken, Wünsche und Ähnliches rechtzeitig einbringt.

### 3) Prinzip des Lernens durch Erfahrung

Der gemeinsam initiierte Erfahrungsprozess steht im Vordergrund. Dieses Vorgehen beruht auf dem Vakuumprinzip: Anders als bei normalen Konferenzen wird weitgehend auf inhaltliche Inputs verzichtet und ein offener Gestaltungsraum geschaffen. Dadurch entsteht ein ungewohntes und oft auch beunruhigendes Vakuum, das die Gruppe mit den im Feld vorhandenen Fähigkeiten selbst füllen muss.

### 4) Prinzip des Self-Supports bzw. der »freundlichen Frustration«

Das Konzept des Self-Supports stammt aus der Gestaltpädagogik. Wörtlich übersetzt bedeutet es Selbstunterstützung. Die Moderation hat demnach die Aufgabe, die Selbstunterstützungs- bzw. Selbstorganisationsfähigkeiten von Einzelnen und der Gesamtgruppe zu fördern. Dahinter steht das Wissen, dass die Teilnehmer kompetenter sind, als sie es selbst von sich vermuten. Das Prinzip der freundlichen Frustration bedeutet, dass die Moderation nichts für die Teilnehmer der Konferenz tun soll, was diese nicht auch selbst tun können.

### 5) Prinzip der Förderung durch Bewusstsein

Die verschiedenen Verfahren zur Initiierung kreativer Felder zielen letztlich darauf ab, ein größeres Maß an Bewusstheit für die kreativen Ressourcen zu entwickeln, die in uns bzw. in den Feldern, in denen wir uns bewegen, enthalten sind. Förderung von Bewusstheit bedeutet in diesem Sinne eine Steigerung der Bewusstheit dessen, was in mir, mit mir und um mich herum vor sich geht.

### 6) Prinzip der Synergie

Alle Großgruppenverfahren zielen in unterschiedlicher Weise auf die Förderung von Synergie ab. Für die Moderation stellt sich die Aufgabe, Gruppen mit dem Synergieblick zu moderieren, d. h., einen Rahmen und eine Atmosphäre zu schaffen, die intensive persönliche Begegnung, Vernetzung über Grenzen hinweg und Kooperationen fördert.

### 7) Prinzip der Prozessorientierung

Das Prinzip der Prozessorientierung fordert, dass die Moderation sehr genau den konkreten Prozessverlauf der Gruppe wahrnimmt und ihr Handeln daran orientiert. Vorgeplante Ablaufstrukturen, Programmelemente und Ähnliches sollten je nach der Art des konkreten Gruppenverlaufs modifiziert werden.

### 8) Prinzip der Transparenz

Für Großgruppenverfahren sind alle Formen von manipulativen Methoden destruktiv. Daher bemüht sich die Moderation, ihr Vorgehen durchgehend transparent zu machen. Hierzu werden beispielsweise die Ablaufregeln, die Hintergründe der jeweiligen Gruppenverfahren und die handlungsleitenden Prinzipien in Form von Plakaten oder kurzen Texten den Teilnehmern erläutert.

## 1.2　Wurzeln der Großgruppenverfahren

Fast alle Ansätze für Großgruppenverfahren kommen aus den USA. Hier wurden schon in den 1930er und 40er Jahren Forschungsfragen experimentell untersucht und Resultate theoretisch eingeordnet, auf die wir heute zum Verständnis von Großgruppenprozessen zurückgreifen. Die Grenzen zwischen den traditionellen Wissenschaften lockerten sich, und interdisziplinäre Modelle, z. B. in der Kybernetik oder der Systemtheorie, entwickelten sich (Freimuth u. Schütte 2006).

*Wurzeln in den USA*

　　In Deutschland herrschte in dieser Zeit bekanntermaßen Stillstand, was solche sozialpsychologische Forschungen und neue theoretische Ansätze betraf. Im Gegensatz zu den Gedanken von sich selbstregulierenden Systemen propagierten in Deutschland viele die Steuerung durch fest verankerte Institutionen mit klaren Regeln. Die Herrschenden nutzten die Chancen, die im Zusammentreffen von großen Gruppen lagen, zur Stabilisierung ihres Machtapparates und ihrer Ideologie weidlich aus. Mit Bezug auf Sigmund Freud war man der Meinung, dass Menschen, die keine klare Führung haben, unberechenbar, affektbestimmt, unzuverlässig und triebhaft werden. Insgesamt ist die Masse »impulsiv, wandelbar und reizbar. Sie wird fast ausschließlich vom Unbewussten geleitet« (Freud 2005).

　　Viele sozialpsychologische Forschungen in den USA, die z. T. von aus Deutschland geflüchteten Wissenschaftlern vorangetrieben wurden, versuchten die Entstehung und Dynamik der Massenphänomene zu beleuchten. Hier ist besonders Kurt Lewin mit seinen Arbeiten zur Gruppendynamik und seinen gestaltpsychologischen Ansätzen zu nennen.

　　Die schwierigen Erfahrungen mit Massenveranstaltungen im Dritten Reich führten in Deutschland zu Vorbehalten gegen große Ansammlungen, die auch heute noch spürbar sind und lange nachwirken. Diese Vorbehalte

*Vorbehalte gegen Massenveranstaltungen*

werden besonders deutlich, wenn kollektives Verhalten vorgesehen ist, z. B. gemeinsames Singen der Firmenhymne. Eine Aktion, die in den USA eher Begeisterung auslöst und Zusammenhalt fördert, führt in Deutschland zu Unbehagen und Widerstand. Während der Fußballweltmeisterschaft 2006 spürten viele Menschen an dieser Stelle ein Stück Normalisierung. Der Kontakt mit vielen anderen Kulturen, das Gemeinschaftserlebnis in Stadien und beim gemeinsamen Fußballschauen vor der Leinwand lösten durchgängig eher gute Gefühle aus. Jubeln und Tanzen in der Masse bekam wieder eine deutlich positivere Bewertung.

Großgruppenverfahren werden in der US-amerikanischen Literatur neue Qualitäten zugeschrieben, die in einem neuen Paradigma münden. Weber (2005) nutzt die Gegenüberstellung des alten und neuen Paradigmas und beschreibt die Veränderungen wie folgt:

*Paradigmenwechsel*

> »Demnach gelten sequentiell angelegte Veränderungsprozesse als veraltet gegenüber einem Ansatz simultanen Wandels. Während klassische Ansätze der Organisationsentwicklung in der Regel mit Teilsystemen und Einzelthemen arbeiten, würde nun das offene System – also z. B. KlientInnen, Betroffene, KundInnen, ZulieferInnen, wohlfahrtspluralistische Akteure etc. – also all jene, die nicht notwendigerweise institutionell bereits berücksichtigt sind, aber von der Relevanz eines Themas her etwas beitragen können, einbeziehen. Als Kennzeichen der Großgruppenverfahren im systemischen Paradigma wird auch gesehen, dass sie lösungs- und zielorientiert statt defizit- und problemorientiert ansetzen. Sie zielen darauf ab, möglichst viele Personen in die Ermittlung der Ist-Situation einzubeziehen und ebenso viele Personen auch für die Ermittlung der Soll-Situation zu berücksichtigen. Es werde nicht direkte Kontrolle, sondern Kontextsteuerung ausgeübt. Auf diese Weise lasse sich schneller Wandel erzielen – so der mit Großgruppenverfahren verbundene Anspruch.«

Dieser Paradigmenwechsel und damit die Verheißung eines schnellen Wandels gehen mit dem Modell der »lernenden Organisation« (Senge 2006) einher, das seit Mitte der 1990er Jahre populär und anerkannt ist. Das Modell macht deutlich, dass nicht nur die Menschen in einer Organisation lernen, sondern immer auch die Organisation selbst. Insofern passen Großgruppenverfahren hervorragend in diese Zeit, denn sie »versprechen eine weithin harmonische Welt des Dialogs mit nahezu unbegrenzten Möglichkeiten für lernende Organisationen« (Weber 2005).

## 1.3    Kriterien für gute Qualität

Jede Großgruppenveranstaltung verfolgt spezifische Ziele, die der Auftraggeber und die Beteiligten im Prozess miteinander abstimmen. Die Qualität einer Großgruppenveranstaltung lässt sich daran messen, wie gut diese Ziele erreicht werden. Dennoch gibt es übergreifende Ziele, die immer wieder eine Rolle spielen, wenn sich eine Organisation entschließt, Fragestellungen in großen Gruppen zu bearbeiten:

## 1.3.1 Bewegung erzeugen

Bewegung ist im umfassenden Sinne gemeint – körperliche Bewegung und geistige Beweglichkeit, sich aus eingefahrenen Haltungen herausbewegen, in einen Dissens neue Bewegung bringen, auf andere Menschen und neue Themen zugehen, die eigene Position im Raum immer wieder verändern. Im ▶ Kap. 1.6 wird gezeigt, wie wichtig Bewegung für geistige Prozesse und Lernen ist. Dennoch suchen Menschen diese Lernchancen nicht automatisch auf. Es kostet Überwindung, den bequemen und vertrauten Platz zu verlassen. Selbst der Wechsel auf einen anderen Stuhl in einer Besprechung kann eine Herausforderung sein.

*Lernen ist Bewegung*

Bei einer klassischen Konferenz lässt sich dieses statische Verhalten gut beobachten: Die Teilnehmer treffen ein und suchen zunächst nach den vertrauten Gesichtern. Grüppchen bilden sich, in aller Regel finden sich diejenigen, die auch im Alltag zusammen arbeiten. Die Sitzordnung an den Tischen im Tagungsraum bildet diese Struktur erneut ab. Höchst selten sitzen Personen nebeneinander, die sich noch nicht kennen. Manchmal findet sich sogar ein »Grüppchenbildner«, ein Teilnehmer, der die letzten Abtrünnigen, die irgendwo im Saal Platz genommen haben, wieder an den »richtigen« Tisch lotst. In dieser klaren Formation wird jeder »Angriff« auf die gewohnten Denkmuster durch die stabile Gruppe abgewehrt. In der ersten Kaffeepause lockert sich das Grundprinzip lediglich durch die Trennung von Nichtrauchern und Rauchern, Letztere haben neuerdings die Chance auf inspirierende Begegnungen an der frischen Luft. Auch im zweiten Tagungsblock bewegt sich nichts. Dann kommen die Workshops mit einem Appell der Leitung, nun in gemischten Gruppen zu arbeiten. Dennoch treffen die Teilnehmer die Entscheidung für einen Workshop weniger nach den Themen als nach dem Prinzip »Wir bleiben zusammen!«. Die Belastung von 8 h Tagung, meistens auf ein und demselben Stuhl, spüren alle deutlich in den Knochen. Nach kurzem Recken und Strecken verabredet man sich mit den lieben Kollegen für den Abend an der Bar. Bloß kein Risiko eingehen.

Alle in diesem Buch geschilderten Verfahren der Großgruppenarbeit setzen auf Bewegung. Die Teilnehmer verändern die Bestuhlung im Raum, Aktionen finden im Stehen oder Gehen statt, die Räume werden so groß gewählt, dass Veränderung und Bewegung möglich ist, Gruppen finden sich zufällig oder nach vorgegebenen Prinzipien zusammen, ein Infomarkt lädt zum Schlendern ein, oder Teamaktionen erfordern Zupacken von allen.

*Bewegung im Raum*

Bewegung ist eine Voraussetzung, die andere Ziele von Großgruppenverfahren erst erreichbar macht:

- Wenn ich meine Position im Raum verändere, erhalte ich Eindrücke über ganz unterschiedliche Sinneskanäle.
- Ich komme in Kontakt mit immer wieder anderen Teilnehmern.
- Ich kann Informationen von einer anderen Seite aus betrachten.
- Ich orientiere mich wieder neu.
- Ich drücke meine Haltung zum Thema aus.
- Und nicht zuletzt rege ich meinen Kreislauf an und kann konzentriert bleiben.

### 1.3.2 Intensive Kontakte initiieren

Netzwerken – voll im Trend

Die Teilnehmer können in der großen Gruppe Kontakt zu Personen aufnehmen, denen sie im Arbeitsalltag nie begegnen würden. Kollegen lernen sich persönlich kennen, die bisher nur per E-Mail oder telefonisch Kontakt hatten. Erlebnisse im persönlichen Gespräch, bei der gemeinsamen Bearbeitung von Arbeitsaufträgen, an der Kaffeebar, bei kreativen Übungen oder auch in einem besonders anregenden Umfeld fördern das Kennenlernen in ganz besonderer Weise. »Ich wusste gar nicht, dass meine Führungskräfte so kreativ sind«, sagte ein Geschäftsführer nach der Präsentation eines fantasievollen Werbespots für die neue Unternehmensstrategie. Wie gut die Kontaktförderung gelingt, hängt von den eingesetzten Methoden innerhalb der Großgruppenveranstaltung ab. Im ▶ Kap. 4.4.2 werden mit »Aufstellungen im Raum« und »Namensschildertausch« 2 Methoden beschrieben, die das Kennenlernen und das Knüpfen von Kontakten ganz besonders fördern.

Um die Forderung nach Netzwerkbildung in Organisationen zu erfüllen, sind Großgruppenveranstaltungen das ideale Instrument. Es zeigt sich immer wieder, dass die Teilnehmer im Anschluss leicht an die gemeinsamen Erfahrungen aus der großen Gruppe anknüpfen können. Sie rufen sich gegenseitig an, tauschen Informationen aus, verabreden gemeinsame Aktivitäten und geben sich gegenseitig Hilfestellung. Diesen Effekt erleben wir auch bei der Durchführung von Workshops oder Schulungsveranstaltungen in kleinen Gruppen, bei großen Gruppen stellt sich die Wirkung aber umfassender ein und ist organisationsweit zu spüren.

### 1.3.3 Neue Erfahrungen ermöglichen

Großgruppe weckt Neugier

Lernen und Veränderung setzen voraus, dass wir aufmerksam sind, Veränderungen wahrnehmen und neue Erfahrungen machen (▶ Kap. 1.6). Mit den Methoden der unterschiedlichen Großgruppenverfahren lassen sich diese neuen Erfahrungen leicht vermitteln. Für viele Teilnehmer ist die Situation ungewohnt, Themen in einer großen Gruppe interaktiv und kreativ zu bearbeiten. Das gewohnte Setting einer Vortragsveranstaltung oder einer klassischen Konferenz wird durchbrochen. Das löst Irritation aus und führt zu Aufmerksamkeit (»Huch – was ist denn hier los?« anstelle von »Kenne ich schon alles!«). Damit öffnen sich die Teilnehmer für neue Erfahrungen.

Diesen Effekt beobachten wir immer wieder, wenn ein neues Verfahren eingesetzt wird. In den 1970er Jahren hatte die Einführung der Moderationsmethode eine ähnliche Wirkung und gab vielen Arbeitsgruppen einen Lern- und Energieschub.

Werden Großgruppenverfahren zum Standardinstrument, besteht die Herausforderung darin, das Setting, die Dramaturgie und die Einzelelemente so zu gestalten, dass immer wieder diese Irritation auftritt und die Teilnehmer auch unter bekannten Rahmenbedingungen neue Erfahrungen machen können.

## 1.3.4 Kontroverse Diskussionen auslösen

Nahezu alle Großgruppenverfahren leben von der Vielfalt der Teilnehmer und der Meinungen, die in einem Raum zusammenkommen. Diese Vielfalt muss auch in der Veranstaltung zum Tragen kommen, sichtbar und erlebbar werden. In vielen Organisationen herrscht eine Kommunikationskultur, die das eher verhindert. Die Mitglieder der Organisation führen lebhafte Diskussionen in kleinen Kreisen, innerhalb der Arbeitsteams oder mit Freunden. Bei größeren und offiziellen Veranstaltungen wird dann vornehme Zurückhaltung geübt, lediglich die Kaffeepause ist eine Zeit für den offenen Austausch.

Mit den Methoden der Großgruppenverfahren gelingt es, diese Verhärtung aufzuweichen. Murmelgruppen (▶ Kap. 4.4.3) erleichtern das Aussprechen kritischer Kommentare nach einem Plenumsvortrag. Die spezielle Zusammensetzung der Teilnehmer im Rahmen einer Zukunftskonferenz fördert die Darstellung unterschiedlicher Blickwinkel. Die Arbeitsphasen in kleinen Gruppen erleichtern es, auch ungewöhnliche Ideen weiterzuentwickeln. So bieten sich innerhalb der großen Gruppe Freiräume für offene Diskussionen, ohne dass gleich alles im Plenum bekannt wird.

Die Teilnehmer nutzen diese Diskussionschancen in Großgruppen aber nicht automatisch. Schlechte Erfahrungen aus der Vergangenheit, existierende Hierarchien, mangelndes Selbstbewusstsein bei »einfachen« Mitarbeitern, Scheu vor dem Risiko einer abweichenden Meinung und viele andere Gründe können verhindern, dass Klartext geredet wird. Wir können diese Hindernisse nicht einfach durch eine geschickte Dramaturgie aus dem Weg räumen. In vielen Organisationen benötigen die Mitarbeiter und Führungskräfte erst viele kleinere Schritte, bei denen sie feststellen, dass man in der Großgruppe auch etwas wagen darf.

Diskussionshemmnisse

Ein eklatantes Beispiel für eine negative Entwicklung erlebten wir bei einer Führungskonferenz in einem Maschinenbauunternehmen. Nach der Großveranstaltung ging das Gerücht um, der Geschäftsführer habe einen Mitarbeiter, der sich in der großen Runde sehr kritisch geäußert hatte, anschließend in den vorgezogenen Ruhestand geschickt. Ob das wirklich stimmte, ließ sich im Nachhinein nicht feststellen, spielte aber auch keine Rolle, denn Gerüchte sind meist stärker. Bei der nächsten Führungskonferenz waren kaum noch Teilnehmer für Diskussionsbeiträge zu gewinnen. Und wenn sich jemand äußerte, hörte sich alles sehr weichgespült an, kontroverse Diskussionen fanden wahrscheinlich nur noch im kleinsten Kreis und nach der Konferenz statt. So schnell lässt sich eine offene Diskussionsbereitschaft abtöten. Der Aufbauprozess ist auf jeden Fall mühsamer.

## 1.3.5 Veränderungsenergien freisetzen

Schon 1995 beschreibt zur Bonsen, einer der Pioniere der Großgruppenverfahren in Deutschland, das Problem der mangelnden Veränderungsgeschwindigkeit und -energie sehr anschaulich:

Klassischer Veränderungsprozess

»Wir kennen das Lied: immer mehr Unternehmen und Organisationen müssen sich verändern. Manchmal ist es primär ein strategischer Wandel, manchmal in erster Linie ein kultureller. Doch eines ist fast immer wichtig: Die Veränderung muss schnell gehen. Sie sollte am besten schon gestern stattgefunden haben. Denn das Umfeld bewegt sich weiter, die Wettbewerber warten nicht, die Ressourcen werden knapper, und/oder die Konzernspitze droht mit Verkauf.

Während wir in dieser Lage gezwungen sind, einen Zahn zuzulegen und unsere Unternehmen und Organisationen zu einer Kraft zu machen, die mit aller Energie ein Ziel verfolgt, arbeiten wir immer noch mit den Veränderungsmodellen der Vergangenheit weiter. Es gibt hier sicher verschiedene Ansätze, doch eines haben fast alle gemein: Die Veränderung beginnt an einer Stelle. Diese eine Stelle ist meistens das Top-Management, manchmal eine Projektgruppe (die dann hofft, das Top-Management und die Kollegen zu überzeugen) und manchmal ein von oben bestimmter oder von selbst entstandener ‚Pilot‘ in irgendeinem Winkel der Organisation. Von dieser einen Stelle aus wird dann die Veränderung auf den Rest der Mannschaft übertragen. Da es meistens oben beginnt, können wir den Prozess auf neudeutsch top-down-roll-out nennen. Die Veränderung wird in die Organisation ‚ausgerollt‘. Hierzu wird eine Kampagne konzipiert, manchmal geschickt, manchmal weniger geschickt, mal nur nüchtern, mal auch emotional, da über die Linie, dort über ‚ByPässe‘, manchmal nur Memos, manchmal Versammlungen mit Ansprachen, manchmal Trainingsprogramme, manchmal Workshopserien, um die Betroffenen zu … wir kennen es. In jedem Fall geschieht der Wandel (wenn er denn geschieht) sequentiell. Er beginnt an einer Stelle und arbeitet sich dann, so ist es gedacht, nach unten oder seitwärts schrittweise vor. Auf dem Wege finden zahllose Meetings statt, werden Widerstände bearbeitet und Wiederholungsschleifen gedreht. Das alles kostet Zeit.« (http://www.all-in-one-spirit.de)

Das gemeinsame Arbeiten in großen Gruppen erlaubt den gleichzeitigen und schnellen Wandel. Alle Bereiche der Organisation, die die Veränderung betreffen, sind vertreten und bringen ihre Sichtweise auf den geplanten Prozess ein. Die Teilnehmer in sequenziellen Workshops fragen sich häufig, was die anderen Bereiche zur Veränderung sagen, wie viel Engagement wohl bei nicht anwesenden Kollegen vorhanden sein wird und ob es notwenig ist, kraftvoll an die Umsetzung zu gehen. In der großen Gruppe sind die Reaktionen aller Beteiligten sichtbar und spürbar. Das Engagement Einzelner steckt an, die Leitung stellt sich den kritischen Fragen, der Gesamtzusammenhang ist nachvollziehbar. Aus diesem gemeinsamen Erlebnis entsteht die Veränderungsenergie, die für wichtige Vorhaben dringend benötigt wird.

*Energie aus dem Erleben der großen Gruppe*

### 1.3.6  Orientierung schaffen

Das Zusammentreffen vieler Mitglieder einer Organisation erzeugt bei vielen zunächst Verwirrung und Irritation. Es ist schwierig, die Teilnehmer in der Organisationsstruktur zuzuordnen. Häufig ist nicht klar, welchen Beitrag jeder Einzelne zur Veranstaltung leisten kann. Ein interaktiver und kreativer Ablauf durchbricht die gewohnten Veranstaltungsrituale. Ist die Veranstaltung dann erfolgreich, kann sich der einzelne Teilnehmer besser orientieren. Die Leitung legt grundlegende Strategien oder Zukunftsperspektiven dar. Die Sichtweise der Bereiche wird deutlich. Eventuell wird in die Großveranstaltung auch der externe Blickwinkel in Form von Kunden, Lieferanten, Wissenschaftlern oder der interessierten Öffentlichkeit einbezogen. Dadurch gewinnen die Teilnehmer einen umfassenden Blick. Die individuellen Perspektiven erweitern sich um ein Gesamtbild, es wird klarer, welche Rolle der Einzelne innerhalb der Organisation spielt, welcher Beitrag zukünftig erwartet wird und wie die Fäden zusammenlaufen. Allerdings treten die Haken, die Bruchstellen in Prozessen und die Unvereinbarkeiten in der Organisation auch deutlicher zutage. Zitat eines Teilnehmers nach der Analyse des Kundenbetreuungsprozesses in der Großgruppe: »Jetzt weiß ich endlich, warum die Kunden nach einer E-Mail-Anfrage erst 4 Tage später eine Nachricht unseres Unternehmens bekommen. Das kann doch nicht sein.«

Blick für das Ganze

## 1.3.7 Identifikation fördern

Nach Wikipedia bedeutet »Identifikation« (v. lat. idem: derselbe, und facere: machen) eigentlich »gleichsetzen«. Gemeint ist der Vorgang, sich in einen anderen Menschen einzufühlen. Dabei werden Teile des Gefühlslebens des anderen als eigene erkannt, und man empfindet mit dem anderen mit. In der Wirtschaft wird der Begriff vielfach im Zusammenhang mit »Identifikation mit dem eigenen Unternehmen« gebraucht.

Großgruppenveranstaltungen fördern die Identifikation auf mehreren Ebenen. Einerseits geht es darum, sich in andere Personen hineinzufühlen. Die Teilnehmer kommen den Mitgliedern einer anderen Herkunftsgruppe, Kollegen aus einem anderen Bereich und Mitarbeitern auf einer anderen Hierarchiestufe näher und lernen ihre Erfahrungen, ihre Sichtweisen und ihre Empfindlichkeiten kennen. Bei der Appreciative Inquiry Summit (▶ Kap. 2.3) sprechen die Teilnehmer in kleinen Gruppen miteinander und wenden eine spezielle Fragetechnik an, die das Verstehen und die Empathie fördert. Zum Zweiten wird die Identifikation mit dem Thema angestrebt. Es werden die Themen behandelt, die für die Teilnehmer eine hohe Bedeutung haben. Ganz besonders beim Open Space (▶ Kap. 2.2) entscheiden die Teilnehmer im Rahmen der Fokusfrage selbst über die Themenauswahl. Damit ist der Grundstein für Identifikation gelegt.

Drittens hängt der Erfolg einer Großgruppenveranstaltung unmittelbar davon ab, inwieweit sich die Teilnehmer mit den Ergebnissen identifizieren. In vielen Organisationen herrscht an diesem Punkt ein Grundmisstrauen, das entweder offen geäußert wird oder zwischen den Sätzen durchscheint. Die Ergebnisse stünden sowieso fest. Es spiele keine Rolle, was man hier diskutiere. Der Vorstand lasse sich das nur pro forma absegnen. Die Zusagen würden doch nicht eingehalten. Einmal ernteten wir sogar höhnisches

Lachen, als wir in der Anmoderation und Information über die Vorhaben des Tages verkündeten, dass der weitere Prozess vom Ergebnis der heutigen Diskussion abhinge.

Bietet die Organisationskultur die notwendigen Voraussetzungen für Vertrauen, dann werden sich die Teilnehmer mit den Ergebnissen der Großgruppenveranstaltung identifizieren. Sie erleben den Entstehungs- und Entscheidungsprozess von der Ausgangsfrage bis zu den Zielsetzungen und geplanten Maßnahmen selbst mit. Sie nehmen an vielen Stellen Einfluss darauf und können immer wieder intervenieren. Sie erleben, wie in eigenen und anderen Kleingruppen um das beste Ergebnis gerungen wird.

Nicht zuletzt geht es um die Identifikation mit der eigenen Organisation. Deutsche identifizieren sich nicht mit der eigenen Organisation, dem eigenen Unternehmen. Dies ist ein großes Thema in Deutschland. Das IFAK-Arbeitsklima-Barometer 2007 zeigt erschreckende Ergebnisse: Befragt wurden ca. 2000 Arbeitnehmer. Fast zwei Drittel (63%) fühlen sich ihrem Arbeitgeber nur mäßig verbunden; gut ein Fünftel (22%) hat keine Bindung, d.h. hat innerlich bereits gekündigt, lediglich ein Siebtel (15%) bekundet eine starke Verbundenheit mit dem Arbeitgeber. Mitarbeiter, bei denen die Bindung nur schwach ausgeprägt ist, legen eine geringere Eigeninitiative und weniger Verantwortungsbewusstsein in ihren Unternehmen an den Tag als die »gebundenen« Mitarbeiter. (http://www.ifak.com)

Eine Großveranstaltung fördert die Identifikation mit der eigenen Organisation, dem eigenen Unternehmen, der eigenen Stadt oder was sonst die gemeinsame Basis der Teilnehmer ist. Die Teilnehmer ordnen einem anonymen Gebilde Gesichter, Erfahrungen und Emotionen zu. Die Organisation wird spürbar und begreifbar. Wenn die Erfahrungen positiv sind, ist dies dann auch der Auslöser für Identifikation. Am isolierten Schreibtisch in irgendeinem Bürotrakt sagt es sich gerne: »Was die da oben machen, damit habe ich nichts zu tun. Ich mache hier nur den Job, für den ich mein Geld bekomme.« Nach den vielfältigen Begegnungen, den Informationen und Diskussionen und den Inspirationen aus der großen Gruppe wandelt sich diese Haltung häufig zu: »Ich habe verstanden, worum es geht, und ich bin dabei.«

**Deutsche identifizieren sich nicht mit eigener Organisation**

## 1.3.8 Commitment erreichen

Übersetzt heißt Commitment »Verpflichtung«. Der Zusammenhang mit Identifikation ist hoch. Commitment ist vor allem die Festlegung oder Selbstverpflichtung auf ein bestimmtes Verhalten. Führungskräften wird normalerweise empfohlen, dieses Commitment zu fördern, indem sie Überzeugungsarbeit leisten und die Vertrauensbasis in den Beziehungen zu ihren Mitarbeitern ausbauen. Im Rahmen von Veränderungsprozessen schaffen beispielsweise die ausführliche Information über Hintergründe, Ziele und das beabsichtigte Vorgehen hierfür eine gute Grundlage.

Genau diese Aspekte sind wichtige Bestandteile einer Großveranstaltung. In den dramaturgischen Schritten, die wir im ▶ Kap. 4.4 empfehlen, beschreiben wir eine Entwicklung von der Information über die Diskussion und Bearbeitung hin zur Zukunftsplanung und Verpflichtung zu Maßnahmen. Dieser Aufbau ermöglicht es den Teilnehmern am Ende, ein Commitment, d.h. eine Selbstverpflichtung abzugeben. Spezielle Methoden können dieses Commitment unterstützen (▶ Kap. 4.4.6 »Transferkarte« und ▶ Kap. 4.4.7 »Goldstücke mitnehmen«). Gespräche über die persönlichen Vorhaben erhöhen das Commitment, dies kann mit einem Partner, in der Kleingruppe oder auch als Ankündigung im Plenum erfolgen.

Wenn die Teilnehmer die Bedeutung ihres Handelns für den Erfolg des Prozesses einordnen können und sie sich für dieses Vorhaben persönlich engagieren wollen, entstehen Ergebnisse, die bei einer reinen Sachbeziehung meist nicht möglich sind. Je konkreter Ziele und Strategien auf der Handlungsebene der Teilnehmer sind, umso verbindlicher werden sie auch angestrebt. Commitment bedeutet damit, dass sich die Akteure Zielen und Strategien auch dann verpflichtet fühlen, wenn äußerer Druck ausbleibt. Immer wenn eine Gruppe nur unklare Ziele und Strategien erzeugt, ist Zweifel am Commitment berechtigt. Unklarheit nimmt den Realisierungsdruck und verhindert, dass interne Konflikte geklärt werden.

Selbstverpflichtung ohne äußeren Druck

In einigen der später beschriebenen Methoden wird weniger Wert auf Commitment und Festlegung von Maßnahmen gelegt. Im World Café (▶ Kap. 2.5) beispielsweise geht es vorrangig um den Austausch und die Vernetzung der Erkenntnisse in immer wieder neuen Gesprächsrunden.

## 1.3.9 Nachhaltigkeit sichern

Die Nachhaltigkeit lässt sich in einer Großgruppenveranstaltung selbst noch nicht prüfen. Leicht entsteht Euphorie. Führungskräfte und Teilnehmer machen aus diesem positiven Gefühl heraus Zusagen und sprechen die nächsten Schritte ab. Inwieweit diese Vorhaben in der Praxis auch Bestand haben oder ob sie den Schwierigkeiten des Arbeitsalltags geopfert werden, zeigt erst die Zeit danach. In einmaligen Großgruppenveranstaltungen, die eher als Event, als gemeinsames Erlebnis für eine Gruppe geplant sind, stellt sich die Herausforderung in anderer Form. Die mit dem Event verbundenen positiven Gefühle sind in der Erinnerung vorhanden und wirken eher unspezifisch auf das tägliche Handeln. Die vorher beschriebene Identifikation ist möglicherweise höher geworden, und die Teilnehmer engagieren sich für ihre individuellen Aufgaben und Ziele stärker als zuvor. Auch diese unspezifische Nachhaltigkeit ist ein wichtiger Erfolg einer Veranstaltung und stellt sich nicht selbstverständlich ein.

Hat das Ergebnis Bestand?

Konkreter wird es, wenn die Großgruppenveranstaltung Teil eines Veränderungsprozesses ist (▶ Kap. 2.6). Dann hängen die weiteren Prozessschritte davon ab, inwieweit die Ergebnisse und Vereinbarungen in der Praxis umgesetzt werden. Sowohl Teilnehmer als auch Veranstalter können registrieren, welche Nachfolgeaktionen stattfinden und ob diese zu dem geplanten und gewünschten Erfolg führen. In der Konzeption der Veranstaltung und des Gesamtprozesses lässt sich einiges tun, um diese

Nachhaltigkeit zu erhöhen. Im ▸ Kap. 2 wird bei jeder einzelnen Methode beschrieben, wie die Nachhaltigkeit angestrebt wird.

Das Wesentliche eines Großgruppenverfahrens beginnt, lange bevor die Menschen sich begegnen und anfangen, Anliegen zu formulieren (etwa im Open Space) oder die Kritikphase zu durchlaufen (etwa in der Zukunftskonferenz). Bei Großgruppenverfahren nimmt die Zeit der Vor- und Nachbereitung oft ein Vielfaches der eigentlichen Veranstaltungszeit ein. So kommt es bei der Planung darauf an, die wichtigen Informationen aufzubereiten, das Diskussionsfeld durch eine relevante und präzise Frage abzustecken und mögliche Ergebnisse vorauszudenken. Wir treffen immer wieder auf Auftraggeber, die sich weigern, die Schritte nach der Großveranstaltung im Vorhinein zu planen. Sie wollen erst die Reaktionen der Teilnehmer und die Diskussionsergebnisse sehen, bevor sie sich im weiteren Prozess festlegen können. Wünschenswert ist allerdings, dass bereits bei Beginn der Veranstaltung klar ist, was danach passiert, ohne dass die inhaltlichen Ergebnisse vorweggenommen werden.

*Vor- und Nachbereitung sind das A und O*

## 1.4    Vom Allheilmittel zur realistischen Bewertung

Im deutschsprachigen Raum verbreiten sich Großgruppenverfahren seit Mitte der 1990er Jahre. Gerade die Anfangszeit war mit einer hohen Euphorie verbunden. Open Space galt fast als Zauberwort, das Ehrfurcht hervorrief. Die neuen Methoden erwarben sich beinahe einen Ruf als Allheilmittel. Egal welches Problem, wie tief die Krise, wie anspruchsvoll die Strategie, wie verfahren die Prozesse – in der großen Gruppe wird alles einer Lösung zugeführt. »Open Space zu machen«, galt als chic und gehörte dazu, um im Kreis der innovativen Organisationsentwickler mitreden zu können. Begleitet wurde diese Aura durch die Beschreibung von wundersamen Vorgängen, die sich während der Großgruppenveranstaltungen abspielten und zu sensationellen Ergebnissen führten: »Alle 150 Personen spürten die Kraft der großen Gruppe«, »Eine überwältigende Lebensenergie füllt den Raum«, »Dieser Open Space ist der Beginn eines revolutionären Wandels im Unternehmen«, »Die Mitarbeiter begeistern sich für ihre Organisation, sind kreativ, hoch motiviert und entwickeln Unternehmergeist«, »Mit Open Space zieht ein völlig neuer Geist durch unser Haus«.

*Open Space als Wunderdroge*

Inzwischen sind diese überhöhten Erwartungen einer realistischeren Einschätzung gewichen. Die Autoren und auch die Anwender beschreiben klar die Einsatzmöglichkeiten, aber auch die Grenzen der Großgruppenverfahren. Alle Experten, die im ▸ Kap. 2 befragt wurden, nannten spezielle Voraussetzungen für die Anwendung des jeweiligen Verfahrens. Die RTSC-Konferenz verfügt über das breiteste Einsatzfeld, da hier die Elemente am stärksten an die vorhandenen Bedingungen der Organisation angepasst werden können.

*Bedingungen für Einsatz von Großgruppenverfahren*

Dennoch können wir einige Merkmale beschreiben, die beim Einsatz von Großgruppenverfahren generell gegeben sein müssen.

## Partnerschaftliche Organisationskultur

Großgruppenverfahren setzen auf Dialog zwischen allen Teilnehmern, unabhängig von ihrer Hierarchie innerhalb der Organisation. Die Bedeutung der Hierarchie ist zwar nicht außer Kraft gesetzt, aber in der Großveranstaltung doch deutlich gegenüber dem Alltag reduziert. Die Kluft zwischen dieser besonderen Veranstaltungskultur und dem Erleben im Alltag der Organisation darf allerdings nicht zu groß sein, sonst wirkt die Maßnahme unglaubwürdig, die Teilnehmer »trauen dem Frieden nicht« oder sie sind vom anschließenden Alltag maßlos enttäuscht, wenn sie sich dennoch auf eine andere Kultur einstellen.

In einem Unternehmen, das streng patriarchalisch geführt wird, ist eine interaktive Großgruppenveranstaltung nicht der richtige Schritt. Hier sollte in kleinen, glaubwürdigen Schritten an einer Kulturveränderung in Richtung mehr Partnerschaft gearbeitet werden. Sind die Mitglieder einer Organisation einen partnerschaftlichen Führungsstil gewöhnt, werden sie in Großgruppen neue Impulse bekommen, über die Hierarchien hinweg zu kommunizieren und sich zu vernetzen.

## Willen zur Beteiligung der Mitarbeiter

Die in diesem Buch behandelten Großgruppenverfahren sind niemals reine Informationsveranstaltungen. Immer wird es einen Austausch geben, die Teilnehmer reflektieren die Themen, entwickeln Ideen, machen Vorschläge oder planen Maßnahmen. Das darf nur dann geschehen, wenn die Führung von vornherein den festen Willen hat, diese Ergebnisse im weiteren Handeln einzubeziehen. Dieser feste Wille lässt sich daran prüfen, wie konkret die Führung bereits Folgeaktionen überlegt hat (▶ Kap. 2.6). Sätze wie »Erst einmal schauen, was dabei herauskommt«, »Wir haben schon viele Projekte, da wird sich aus der Veranstaltung vermutlich nichts Neues ergeben« oder »Wir müssen doch nicht auf alle Vorschläge eingehen, das erwartet doch keiner« sollten die Alarmglocken schrillen lassen.

Wie wird mit den Ideen weitergearbeitet?

## Risikobereitschaft der Leitung

Viele Führungskräfte sind Konferenzen gewohnt, in denen ein Thema nach dem anderen im 30-min-Takt abgespult wird. In den knappen Fragerunden dazwischen kommt dann meist auch nichts Überraschendes. So sind alle auf der sicheren Seite, und das Konferenzergebnis lässt sich schon vorher in einem Memorandum festhalten.

Demgegenüber bietet eine interaktive Großveranstaltung eine Fülle von »weißen Flecken«, deren Verlauf nicht vorhergesehen werden kann. Die Teilnehmer sitzen jeweils eine halbe Stunde in Café-Runden und assoziieren frei zu einer Leitfrage (▶ Kap. 2.5). Oder sie tauschen sich über die Entwicklung der Organisation in den letzten Jahren aus und bringen dabei auch Defizite und Konflikte zur Sprache (▶ Kap. 2.1). Oder sie suchen sich womöglich ganz frei die Themen aus, an denen sie arbeiten wollen (▶ Kap. 2.2). Für viele Führungskräfte wirkt es bedrohlich, so viel Unklarheit

No risk – no fun

zu haben und sich vorzustellen, was in der Veranstaltung an diesen offenen Stellen möglicherweise passiert.

Auch bei guter Vorbereitung und Konzeption nach einer bewährten Struktur lassen sich die Entwicklungen in großen Gruppen nie hundertprozentig vorhersehen. Deshalb brauchen die verantwortlichen Führungskräfte oder Initiatoren der Großveranstaltung ein Stück Risikobereitschaft, vertraute Pfade zu verlassen und ungewöhnliche Konferenzwege einzuschlagen. Diese Bereitschaft fußt auf vielfältigem Vertrauen. Das Wesentliche ist das **Vertrauen in die Teilnehmer,** dass sie den Freiraum der Veranstaltung produktiv nutzen werden. Weiter benötigt die Führung **Vertrauen in den Moderator,** dass er diesen Prozess souverän steuern wird. Und zum Dritten braucht die Führung natürlich **Vertrauen in sich selbst,** dass sie ungewöhnliche und überraschende Situationen gut bewältigen wird. Fehlt nur einer dieser 3 Aspekte, dann erleben wir in der Vorbereitung lange Diskussionen mit den folgenden Bemerkungen und Fragen: »Wie verhindern Sie, dass die Teilnehmer sich während der Gruppenarbeit verdrücken?« – »Das kritische Thema XY müssen wir auf jeden Fall vermeiden.« – »Was soll ich tun, wenn keiner eine Frage stellt?« – »Unsere Tarifmitarbeiter beteiligen sich eigentlich nie an solchen Diskussionen.« – »Sollen wir nicht Themen für den Open Space in der Hinterhand haben?« – »Ich werde die Gruppenleiter bitten, in den Kleingruppen ein Stück zu steuern.« – »Haben Sie denn schon einmal eine Veranstaltung zu einem solch schwierigen Thema gemacht?«

Vertrauen als Basis

Auch wenn eine Führungskraft Vertrauen in sich selbst, den Moderator und die Teilnehmer hat, braucht sie immer noch die Bereitschaft, sich auf etwas Ungewisses einzulassen. Für Führungskräfte, die Erfahrung mit großen Gruppen haben, stellt dies häufig den besonderen Reiz dar. Man kann von der Dynamik, dem Verlauf und den Ergebnissen überrascht werden.

Mit den 3 Voraussetzungen partnerschaftliche Organisationskultur, Willen zur Beteiligung der Mitarbeiter und Risikobereitschaft der Leitung wird deutlich, wie eng der Erfolg einer Großgruppenveranstaltung von den Rahmenbedingungen der Organisation abhängt. Die Großgruppenveranstaltung sollte in Struktur und Inhalt so entworfen sein, dass sie für alle Beteiligten eine Herausforderung darstellt, Neugier, Interesse und ein Stück Irritation auslöst, anderes Verhalten erfordert als im Alltag und nicht als Routine abgearbeitet werden kann. Allerdings darf die Differenz zur Alltagskultur nicht so groß sein, dass die Überraschung in Unverständnis und die Irritation in Ablehnung umschlägt.

## 1.5   Moderation – Offene Atmosphäre erzeugen

In- und Out-Liste für Moderatoren

Wir haben viele Kollegen und Kunden befragt, was wichtige Erfolgsfaktoren für das Gelingen von Großgruppenveranstaltungen sind. Dabei wird dem Moderator in aller Regel mehr Bedeutung beigemessen als der Art des Großgruppenverfahrens. Deshalb stellen wir schon in der Einleitung die Do's und Don'ts für Moderatoren vor, die bei allen Großgruppenverfahren gelten.

## Do's für die Moderation

- Der Moderator baut von Beginn der Veranstaltung an Vertrauen auf (persönliche Begrüßung, Blickkontakt suchen, Selbstkundgabe nutzen).
- Er hat den Überblick über die Struktur der gesamten Veranstaltung und macht klare und prägnante Ansagen.
- Er schafft eine offene und humorvolle Atmosphäre. Dabei macht er deutlich, dass in dieser Veranstaltung nicht jedes Wort auf die Goldwaage gelegt wird.
- Er pflegt einen ungezwungenen Umgang mit dem Co-Moderator. Das Moderationsteam ist damit Vorbild für den Kommunikationsstil in der Veranstaltung.
- Der Moderator hält sich konsequent aus den Inhalten der Veranstaltung heraus, stattdessen ist er Gestalter für den Prozess und die Dramaturgie in der großen Gruppe.
- Er spricht die Selbstoffenbarungsebene der Kommunikation offen aus und meldet die Stimmungen und Gefühle in der großen Gruppe zurück.
- Er unterstützt den Auftraggeber bei seinen aktiven Parts und gibt ihm Rückmeldungen zum Verlauf der Veranstaltung und Empfehlungen zum Verhalten.
- Er hält seinen eigenen Narzissmus im Zaum, ist in weiten Veranstaltungsteilen eher unsichtbar und sorgt dafür, dass die Teilnehmer erfolgreich im Mittelpunkt stehen.

## Don'ts für die Moderation

- Der Moderator hat Zweifel bezüglich des Ablaufs der Veranstaltung und überträgt das verbal und nonverbal auf die Teilnehmer.
- Er stellt einen Teilnehmer bloß, indem er eine Aussage karikiert oder Fehler und Versprecher besonders deutlich macht.
- Er interpretiert Aussagen der Teilnehmer, z. B. »Sie meinten doch sicherlich …«, und nimmt sich damit häufig das letzte Wort.
- Er dramatisiert oder bagatellisiert die Äußerungen von Teilnehmern. Die Gefahr des Bagatellisierens besteht vor allem, wenn Konflikte in der Luft liegen.
- Der Moderator hat seine Hausaufgaben nicht gemacht (kennt z. B. die Namen oder Titel der Referenten nicht, hat den Ablauf nicht präsent, verwendet Begriffe, die nicht zur Organisationskultur passen).
- Er hat Angst vor großen Gruppen und steht nicht gerne auf der Bühne.
- Er verleitet Teilnehmer zu Äußerungen, die sie anschließend bereuen oder die ihnen unangenehm sind.

Unsere Erfahrungen und Empfehlungen, die wir in den Do's und Don'ts zusammengefasst haben, passen sehr gut zu den Faktoren, die Königswieser

(Königswieser u. Keil 2003) als relevant für die Moderation von Großveranstaltungen darstellt:

- Kraftvolle energetische Präsenz
- Positive Persönlichkeit, die Vertrauen, Reife, Gelassenheit, Integrität ausstrahlt
- Neutralität – es sollen weder Partikularinteressen noch manipulative Tendenzen spürbar sein
- Hohe Sensibilität für kollektiv Unbewusstes und für latente Themen
- Systemische Werthaltungen (Vertrauen in Selbstorganisation, Prozesse usw.)
- Lust an offenen Prozessen
- Anschlussfähigkeit an die Kultur, die Werte, die Sprache des Systems
- Unerschütterlicher Glaube an die Großgruppeninterventionsmethoden
- Bewusstheit bezüglich der eigenen Stärken und Schwäche

## 1.6    Lernen attraktiv machen – Lerntheoretischer Hintergrund

### 1.6.1 Großgruppen bilden komplexe Gehirnprozesse ab

In lebendigen Großgruppenveranstaltungen gehen Menschen neue Wege. Es gibt kein langes festes Sitzen neben den immer gleichen Kollegen und Bekannten. Abweichungen von den ausgetretenen Trampelpfaden des Denkens sind nicht nur erwünscht, sondern werden gezielt inszeniert. Wie die elektrischen Impulse im Gehirn, gehen die Menschen in Großgruppen bestimmten Gedanken, Themen und Problemen nach: dieses Thema in dieser Gruppe und dieser Konstellation von Teilnehmern und Aufgabenstellung, jener Aspekt in einer anderen Zusammensetzung mit anderen Hilfsmitteln; hier werden neue Kontakte geknüpft und vielleicht später weiter ausgebaut, an einer anderen Stelle wird ein neuer informeller Kanal gegraben und insgesamt gesehen ein neues soziales Netz geknüpft, das vielleicht später beruflich-fachlich genutzt wird.

Immer ist Bewegung im Spiel: Menschen gehen aufeinander zu, stellen Weichen und schlagen neue Wege ein. Sie nehmen mit dem eigenen Körper Haltungen oder Positionen ein, die für alle sichtbar im Raum ihren Blick auf das Thema oder ihre Einschätzung eines Problems ausdrücken. Nach Arbeitsphasen in Kleingruppen werden die Ergebnisse immer wieder allen anderen in Kurzpräsentationen mithilfe theatraler Darstellung, Thesenbildung, Gedicht, Lied, interaktiver Aktion vorgestellt. Die Teilnehmer tauschen sich in vielfältiger Weise untereinander aus.

Das war auch Owens geniale Idee, den chaotischen Austausch in der Kaffeepause zum Strukturprinzip für sein »Open Space« zu machen. Damit hat er Lernprozessen einen äußeren Rahmen gegeben, wie sie sich vermutlich analog in unserem Gehirn abspielen – und umgekehrt. Die äußeren Vorgänge, die eine komplexe Großgruppenveranstaltung prägen, beeinflussen und formen auch wieder die Gehirnstruktur. Das nennen wir »Plastizität des Gehirns«, der einzigen Ressource, die sich bei Gebrauch vermehrt. Nutzen wir sie!

*Neuronen spielen Großgruppe im Gehirn*

---

**Plastizität des Gehirns**

Und es wächst doch, das menschliche Gehirn, und zwar bis ins hohe Alter. Santiago Ramón y Cajal hatte sich mit seinen Studien über Nervensystem und Gehirn große Verdienste erworben und sogar 1906 den Nobelpreis für Medizin erhalten. Aber seine Behauptung »Im erwachsenen Gehirn sind die Nervenbahnen starr und unveränderlich. Alles kann sterben, aber nichts kann regenerieren« wirkte viele Jahrzehnte wie ein Denkverbot in der Zunft.

*Lernen verjüngt das Gehirn*

Erst in den letzten Jahren konnten interdisziplinäre Teams von Medizinern, Neurobiologen und Informatikern das Dogma erschüttern, und jetzt ist es auf dem Müllhaufen der Medizingeschichte gelandet. Das menschliche Gehirn produziert nicht nur ein Leben lang immer wieder neue Hirnzellen (Neurogenese), diese können sogar im Gehirn umherwandern (postnatale Migration von Interneuronen), je nachdem, wo sie gebraucht werden. Das bewies das Forschungsteam um Hannah Monyer am Medizinzentrum der Universitätsklinik Heidelberg (Interdisciplinary Center for Neurosciences: http://www.izn.uni-heidelberg.de/e/profiles/monyer.html).

---

## 1.6.2 Großgruppen schaffen gute Lernräume

Großgruppenverfahren machen sich die Erkenntnisse der Neurowissenschaften zunutze. Diese besagen: Das Gehirn kann sich nur dann optimal entwickeln, wenn es durch Bewegungsanreize schon im frühkindlichen Alter stimuliert wird. Es bildet dabei Funktionsschleifen heraus, die bestimmte Bereiche des Gehirns miteinander verbinden. Fehlen in dieser

Entwicklungsphase entsprechende Anreize, werden das Verhältnis und die Wirkungsweise der Botenstoffe Dopamin und Serotonin in den neuronalen Anpassungsprozessen gestört. Dies behindert die Bildung neuer Hirnzellen und synaptischer Verbindungen. Körperliche Bewegung und Gehirnentwicklung stehen das ganze Leben lang in einer bedeutenden Beziehung zueinander, im Alter nicht mehr so stark wie in der Kindheit.

Die Zauberformel heißt: Beweg dich beim Lernen!

In wissenschaftlichen Studien, z. B. von Fabre et al. (2002) und Dordel u. Breithecker (2003), wurde ebenfalls nachgewiesen, dass sich der Lerneffekt erhöht, wenn ein Bewegungsimpuls und ein mentaler Impuls gleichzeitig eine Nervenzelle stimulieren. Menschen lernen besser, wenn sie sich dabei bewegen.

Großgruppenverfahren setzen diese Erkenntnisse um, indem sie die Teilnehmer auf unterschiedlichste Weise gleichzeitig mit mentalen und Bewegungsimpulsen anregen:

Beispiele

- Die Teilnehmer wandern zwischen Info-Marktständen umher, entweder nach einem vorgegebenen Rhythmus oder nach freier Wahl (▶ Kap. 5.8.6).
- Sie bewältigen Info-Parcours mit kleinen Aufgaben.
- Sie informieren sich und tauschen sich untereinander im Lernspaziergang in Gruppen aus, entweder mit einem übergeordneten Thema oder Spezialthemen, die an bestimmten Raststellen vertieft werden.
- Sie bauen aus verschiedensten Materialien Skulpturen, die Elemente der Unternehmenskultur oder Führungsprinzipien darstellen (▶ Kap. 5.5).
- Sie lassen sich durch theatrale Impulse in imaginierte Welten entführen und lernen bei der Rückkehr in die Realität, diese mit geschärftem Blick zu analysieren (▶ Kap. 5.1).
- Sie positionieren sich mit ihrem Körper im Raum zu Statements auf großen Plakaten und drücken dadurch eine bestimmte Haltung oder Perspektive zu diesem Thema aus.
- Sie nehmen eine bestimmte Körperhaltung ein und drücken somit ihre mentale Haltung zu einem bestimmten Thema körperlich aus.

Je interessanter die Lernumgebung, umso nachhaltiger der Eindruck. Darum suchen wir immer entsprechend geeignete Orte und Umgebungen für Großgruppenveranstaltungen, die in dieser Weise ihren anregenden Charakter entfalten, z. B. eine Indoor-Kartbahn für die Kfz-Abteilung eines Versicherungskonzerns. Oder wir besteigen mit den Teilnehmern einen Berg unter dem Motto des Veränderungsprozesses des Unternehmens »Auf dem Weg zur Spitze«.

Nicht immer finden wir passgenaue Orte, in denen sich das Thema der Veranstaltung spiegelt. Darum gestalten wir häufiger die genutzten Lernorte wie große Konferenzräume in Hotels oder Kongresshallen um, sodass sie eine besondere Wirkung entfalten (▶ Kap. 6.3).

Fehlen die Orte, gestalten wir selbst

Wir verwickeln die Teilnehmer gleich beim Eintritt in Bewegungsaktionen zum Thema. Beispiel: Wurfbude mit Spielzeugautos und Bällen und der Aufforderung: »Verringern Sie die Standzeiten!« Dabei konnten die angereisten Händler und Verkäufer eines großen Automobilkonzerns einerseits ihren Zorn über Fehlentwicklungen zeigen, andererseits in einer gemeinsamen Aktion Kontakt aufnehmen, um sich untereinander besser kennenzulernen und auszutauschen. Wir bestuhlen die Plenarräume nicht, sondern lassen die Stühle am Rand des Saales stapeln, sodass die Teilnehmer zunächst keinen festen Platz haben und sich im Raum frei bewegen. Die Teilnehmer müssen sofort beim Eintritt in das Gebäude die Entscheidung treffen, ob sie den Veranstaltungsraum über den Parcours »Kundenhimmel« oder »Kundenhölle« betreten wollen, wobei sie nicht wissen, was sie dort erwartet. Weiterhin werden die Teilnehmer durch vielfältige Aktionen und Animationen in Situationen gebracht, in denen sie einem Bewegungs- und einem mentalen Impuls gleichzeitig ausgesetzt sind.

Animieren und stimulieren – nicht nur informieren

Wenn die Einflüsse einer Großgruppenveranstaltung mit starken Lernanreizen mehrere Tage dauern, dann sind die Lernprozesse erfolgreicher, da die ständig neu gebildeten neuronalen Stammzellen nur dann zu funktionstüchtigen Neuronen heranwachsen, um das neu Erfahrene und Gelernte nachhaltig in der Gehirnstruktur zu verankern. Sind die Lernimpulse zu schwach oder zu kurz, sterben die Stammzellen gleich wieder ab. Lernen findet nicht statt. Deshalb sind Lerneinheiten in der Tendenz eher länger anzulegen. Eine 3- bis 5-tägige Großveranstaltung kann deshalb eine größere Wirkung beim Einzelnen entfalten als eine eintägige oder gar nur halbtägige Veranstaltung.

Kommt eine große Gruppe unter einer bestimmten Fragestellung zusammen, impliziert das fast automatisch immer wieder Neues und fördert eine erfolgreiche Neurogenese. Stammzellen aus dem vorderen Stirnlappen reifen zu voll funktionsfähigen Neuronen heran. Diese wandern anschließend in die Hirnregion (postnatale Migration), wo sie sich mit anderen Neuronen vernetzen. Das aktuell Gelernte kann sich nun langfristig besonders fest verankern. Wenn mentale Inhalte, Bewegungsreize, soziale Kontakte und emotionale Ansprache gleichzeitig – quasi als kompositorischer Auftritt im Ensemble – das Neuron beeindrucken, dann hinterlässt das im Gehirn deutliche Spuren: Lernspuren. Das Gehirn verändert sich. Es nutzt seine Plastizität.

Diese günstigen Lernvoraussetzungen werden leider immer wieder durch den oft massiv vorgetragenen Wunsch eines Kunden konterkariert, möglichst viele Informationen in eine Großgruppenveranstaltung einfließen zu lassen. Die Situation sei doch so günstig, endlich einmal alle Betroffenen zusammen in einem Raum zu haben. In diesem Fall müssen wir hart gegensteuern – was uns leider nicht immer gelingt – und versuchen, Überzeugungsarbeit zu leisten. Denn hier ist weniger oft mehr. Eine Überfülle an Informationen erhöht nicht den Lerneffekt, im Gegenteil. Die gehörten Informationen können nicht alle aufgenommen und verdaut werden. Der Zuhörer schaltet ab. Im ungünstigen Fall fühlt er sich überfordert und wird ärgerlich. Das ist keine gute Lernhaltung. Das Gehirn braucht in regelmäßigen Abständen Zeit, um das Aufgenommene zu sortieren, vergleichbar mit der Defragmentierung einer Festplatte. Neuronen brauchen Zeit, um die neuen Informationen im Gehirn zu den neuen Orten zu bringen und sie dort in den neu gebildeten Netzwerken zu verankern. Am förderlichsten ist ein dramaturgisch sensibel komponierter Ablauf mit Informationen, Bewegungsanreizen, Gelegenheiten zu emotionalen Kontakten und »freier« Zeit.

Lernen braucht Rhythmus

### 1.6.3 Großgruppen fördern soziale Kontakte

Woher kommt der Flow?

Großgruppen, die einen maximalen informellen Austausch nicht nur zulassen, sondern ihn gezielt fördern, verschaffen sich einen Zugang zum kollektiven Bewusstsein der Gruppe oder des Unternehmens. Hierin liegt die eigentliche Kraftquelle des Großgruppenverfahrens. Das, was Menschen in der isolierten Alltagsarbeit oftmals über längere Zeit als Stress erleben, löst sich auf in kollektiven Flow. Alle Beteiligten eines Veränderungsprozesses sind in einem Raum. Sie sind es im wahrsten Sinne des Wortes. Das Sein fokussiert sich im Hier und Jetzt, in der Simultanität des Geschehens, im Wechsel mit Phasen hoher Austauschfrequenz, im lebendigen Netzwerk und in der Amöbenhaftigkeit der streng vorgegebenen Struktur einer Großgruppenveranstaltung. Man spürt sich einer Lösung, eines Weges, einer möglichen positiven Zukunft nah. Die Lust, gemeinsam ein Problem zu bearbeiten, schafft den Raum und die Spannung für Inspiration, für gegenseitige Inspiration und auch – wenn es gut läuft – für Vision. Das Angestrebte wird in einer ersten Ahnung in dieser Gruppe als konkretes Gefühl erlebt, als starke Hoffnung und Zuversicht: Wir schaffen das. Wir wissen zwar noch nicht ganz genau wie, aber wir sind in hohem Maße gewillt, das fast schon Greifbare auch zu begreifen und zu packen, es gemeinsam weiter auszuformen und am Ende ... mit ein bisschen Glück, als Agenda für den Arbeitsalltag mitzunehmen.

Diese Energie wird nicht in gleichem Maße frei, wenn kleinere Teilnehmergruppen atomisiert in Einzelworkshops in isolierten Räumen in Klausur gehen. Selten schaffen es diese Gruppen, die möglicherweise dort erlebte Inspiration und Energie in die Großgruppe zu transferieren. Eine Ausnahme bildet diejenige Großgruppe, die schon im Arbeitsalltag in einem engeren Kontakt oder einer längeren Tradition der Zusammenarbeit steht (s. dazu die Projektbeschreibung der Management Summerschool ► Kap. 5.1).

Vom Flow zum Commitment

Die aufgekratzte Stimmung der Teilnehmer und die außergewöhnliche Atmosphäre können allerdings nicht immer in gleicher Weise und gemeinsam in den Arbeitsalltag hinübergerettet werden. Es macht sich dann u. U. ein Absturzgefühl breit, weil der Flow in der Weise, wie er auf der Großgruppenveranstaltung erlebt wurde, nicht aufrechtzuerhalten ist. Jetzt zeigt sich, ob auf der Veranstaltung nur ein Strohfeuer brannte oder ob das System Großgruppe Verantwortlichkeiten ankern konnte, die die entfachte Energie in operatives Geschäft umsetzen.

Symbolische Aktionen können dabei als hilfreiche Träger dienen, die gefundenen Optionen oder vereinbarten Vorhaben bei der Umsetzung zu begleiten und sie fester zu verankern (► Kap. 4.4.7).

Event und Organisationsentwicklung verschmelzen. Infotainment steht Pate

Hier wird die Trennlinie zwischen systemischen Großgruppenveranstaltungen als Organisationsentwicklungsmaßnahme und Event deutlich. Der Event lebt eher von der Einmaligkeit, dem Besonderen des Vorgangs, z. B. der Präsentation eines neuen Produkts.

Das Organisationsentwicklungswerkzeug Großgruppe verlangt Prozessintegration, es ist ein Instrument unter vielen, die koordiniert werden, um ein bestimmtes Unternehmensziel zu erreichen. Insofern ist eine ständige

Befragung und Überprüfung des Prozesses innerhalb der Prozessarchitektur mit Workshops, Coachings und Supervisionen immanent (▶ Kap. 2.6).

Ein besonders schönes Beispiel, mit Großgruppeninterventionen Unternehmensprozesse zu steuern, zeigte sich in der Fusion dreier süddeutscher Banken. Zentrales Thema der Veranstaltung war es, die Mitarbeiter der neu hinzukommenden dritten Bank als hilfreiche Unterstützung herzlich willkommen zu heißen. In vielfältigen Aktionen wie einem »Willkomm-höft«, einer gemeinsamen Pflanzaktion und fachlichem und menschlichem Austausch wurde an der Festigung des neuen Fundaments gearbeitet. Die erfolgreiche Fusion wurde nach Ablauf eines Jahres mit einer weiteren Großgruppenveranstaltung, einer inszenierten Hochzeit inklusive Filmproduktion, gefeiert (List et al. 2002).

## 1.6.4 Großgruppen inspirieren unterschiedliche Lerntypen

Der Ablauf einer Großgruppenveranstaltung wird mit größter Genauigkeit geplant. Die Ablaufgestaltung und die Entwicklung des Designs beanspruchen den größten Teil der Zeit bei einem Großgruppenprojekt. Eine einfühlsame Dramaturgie macht die Inhalte und die Probleme für die Teilnehmer in möglichst vielen Facetten erfahrbar (Informationen) und erlebbar (Emotionen).

Speziell gestaltete Großgruppen, wie wir es mit der Dramaturgie von congress in motion® tun, erlauben es, dass sich die unterschiedlichsten Charakter- und Lerntypen in verschiedenen Phasen des Prozesses engagieren können: Biete vielen etwas, dann bietest du manchem etwas! Und was motiviert mehr und ist nachhaltiger als ein inspirierender Impuls zum Selbstlernen?

*Viele unterschiedliche Impulse regen das Selbstlernen an*

Zwei Aspekte entfalten sich hier und sind von besonderer Tragweite. Zum einen wissen wir, dass es unterschiedliche Lerntypen gibt. Einer braucht beim Lernen die bildliche Vorstellung, eine Visualisierung des Prozesses oder des Ziels. Ein anderer lernt nur nachhaltig, wenn er inhaltliche Zusammenhänge auditiv aufnehmen kann. Ein Dritter muss sich von Zeit zu Zeit für einen Moment zurückziehen, um das neu Erfahrene für sich schreibend zu integrieren. Eine Großgruppendramaturgie, die in vielfältiger Weise Themen und Inhalte so entfaltet, dass sich die unterschiedlichsten Lerntypen angesprochen fühlen, wird bei mehr Teilnehmern einen starken Eindruck hinterlassen als beispielsweise ein Kongress mit mündlichen Vorträgen, die sich wie Perlen auf einer Schnur durch den Tag ziehen, aber die Lerntypbedürfnisse vieler nicht befriedigen. ▶ Kap. 4 gibt einen Überblick über vielfältige Gestaltungsmöglichkeiten, Lernbedingungen so zu planen, dass sich möglichst viele Lerntypen angesprochen und angeregt fühlen, sich am gemeinsamen Prozess zu beteiligen.

Belbins Theorie von den 9 Teamrollen, die ein erfolgreiches Team braucht, wird in jeder Großgruppenveranstaltung und in den sich oft amöbenhaft konstituierenden Kleingruppen neben der Arbeit im Plenum –

*Viele ideale Konstellationen sind möglich*

wenn auch nicht zielgerichtet hergestellt – so doch tendenziell automatisch verwirklicht. Die Größe einer Großgruppe bietet eine gewisse Garantie, dass alle Typen, die ein erfolgreiches Arbeiten im Team erfordert, anwesend sind und ihre spezifischen Stärken in den Kleingruppenprozessen einbringen können.

Die Moderation einer Großgruppenveranstaltung folgt einem minutiösen Ablaufplan. Diese Dramaturgie wird aber von den Teilnehmern mitnichten als Gängelung erlebt, sondern als Chance und Ermutigung zur Partizipation. Klarheit in der Struktur der Veranstaltung und Freiräume und Gestaltungsmöglichkeiten in der inhaltlichen Arbeit, das sind die Koordinaten einer erfolgreichen Veranstaltung. Die Moderatoren stellen diese Klarheit her: Was geht und was geht nicht? Gleichzeitig induzieren sie durch die Lebendigkeit ihres Auftritts mit beispielsweise kleinen szenischen Einlagen und lockerer Art eine Atmosphäre der Ungezwungenheit.

Die Wiederholung des Gelernten ist wichtiger Baustein im Lernprozess. Manche Menschen brauchen mehr, manche weniger Wiederholung. Das Spektrum der Wiederholung erstreckt sich von der identischen Wiederholung des Gleichen, z. B. beim sturen Vokabelnpauken, und reicht über das Lernen des Gleichen in anderen Zusammenhängen, z. B. Vokabeln immer wieder in anderen Zusammenhängen zu benutzen, bis hin zum Bearbeiten des Gleichen aus unterschiedlicher Perspektive. Mit unserem Modul »Handwerker – Verkäufer – Denker« geben wir den Teilnehmern Gelegenheit, z. B. ein und dasselbe Management-Führungsprinzip aus unterschiedlichen Aspekten zu begreifen: in handwerklicher Arbeit, aus Verkäufersicht und aus philosophischer Perspektive (▶ Kap. 5.5.4).

*Strenge in der Form schafft Freiraum im Inhal* (margin note)

*Wiederholung – aber bitte nicht langweilig* (margin note)

### 1.6.5 Fazit

Großgruppenverfahren mit lebendiger Dramaturgie nutzen die Ergebnisse der wissenschaftlichen Forschung, indem sie die wichtigsten Lernvoraussetzungen für die Teilnehmer schaffen:

- Sie bringen Teilnehmer in Bewegung und fordern zu unterschiedlichen Blickwinkeln auf.
- Sie regen Teilnehmer an, sich mit differenzierten inhaltlichen Aspekten auseinanderzusetzen, ohne sich selbst gleich schon endgültig festlegen zu müssen.
- Sie fördern soziale Kontakte, in denen das Erlebte und Erfahrene stärker emotional geankert wird, und motivieren die Teilnehmer deshalb, bestimmte Vorhaben auch im Alltag verantwortlich umzusetzen.
- Sie stimulieren durch die Vielfältigkeit ihres Designs unterschiedliche Lerntypen.

Ein weiteres Indiz dafür, dass die Prozesse in Großgruppenverfahren der Lernstruktur des Gehirns sehr entgegenkommen, sind u. a. Aussagen von Teilnehmern nach einer Großgruppenveranstaltung (wie die folgende von einem etwa 60-jährigen Teilnehmer einer Großgruppenveranstaltung der Freudenberg AG zum Thema »Umstrukturierung«):

> »Ich fühle mich lange nicht so kaputt wie nach den üblichen Kongressen mit schier endlosen Vorträgen, bei denen ich den ganzen Tag auf einem Stuhl sitzen und zuhören muss. Im Gegenteil. Ich habe etliche Kollegen besser kennen und schätzen gelernt und bin jetzt regelrecht voll Tatendrang.«

Ich habe Lust auf mehr!

# Bewährte Großgruppenverfahren

5 bedeutende Groß-
gruppenverfahren

Seit den 1980er Jahren entwickelten sich bis heute zahlreiche Verfahren
(Holman u. Devane 2006), um den Austausch in großen Gruppen zu
fördern und gemeinsame Arbeitsergebnisse zu erzielen. Wir stellen Ihnen
5 bedeutende Großgruppenverfahren vor, die in der Praxis vielfach angewendet werden und sich über die Jahre bewährt haben. Alle Verfahren
werden weltweit eingesetzt:

- Zukunftskonferenz
- Open Space
- Appreciative Inquiry (AI)
- Real Time Strategic Change (RTSC)
- World Café

Die einzelnen Verfahren unterscheiden sich in ihren Zielsetzungen und
Anwendungsfeldern, sind aber nicht gegensätzlich zu betrachten. Welche
Grundlagen für das Arbeiten in großen Gruppen von Bedeutung sind, hat
Weisbord bereits 1987 in 4 Leitgedanken zusammengefasst:

- Gesamtes System in einen Raum bringen und beteiligen
- Handlungsfähigkeit herstellen
- Zukunftsorientierung fokussieren
- Aufgabenpakete schnüren, die von den Beteiligten aus eigener Kraft
  erledigt werden können

Jedes der 5 Großgruppenverfahren basiert auf einem bestimmten Kerngedanken, aus dem dann ein spezifisches Vorgehen abgeleitet wird. Die Berater und Moderatoren von Großgruppenveranstaltungen wendeten diese Methoden über viele Jahre für unterschiedliche Zielsetzungen an und überprüften sie in der Praxis. Hieraus entwickelte sich ein reger Austausch auf nationaler und internationaler Ebene. Eine Vielzahl von Internet-Austausch-Communities entstand – oft auch auf einzelne Verfahren bezogen. Die Links zu den entsprechenden Foren sind in ❍ Tab. 2.1 aufgeführt. In Deutschland ist vor allem http://www.schnellerwandel. de bekannt – die deutschsprachige E-Mail-basierte Diskussionsliste und das Forum für Kooperation und Erfahrungsaustausch in der Arbeit mit großen Gruppen. Die Autoren berichten dort über ihre praktischen Erfahrungen, tauschen methodische Tipps aus und geben sich gegenseitig Anregungen. Die Chance, voneinander zu lernen, wird intensiv genutzt.

Diese Entwicklung hat dazu geführt, dass erfolgreiche Elemente einzelner Großgruppenverfahren in andere Verfahren integriert wurden. Aus der Zukunftskonferenz entstammt z. B. die spezielle Fragestellung nach Stolz und Bedauern, bei der die Teilnehmer auf Erfreuliches und Betrübliches ihrer gemeinsamen Entwicklung blicken. Genau diese Frage setzen Moderatoren oft bei RTSC-Konferenzen oder anderen Großgruppenveranstaltungen ein. Ein zweites Beispiel: In vielen Großveranstaltungen tragen die Teilnehmer Ergebnisse aus ihren Kleingruppendiskussionen vor, hier kommen immer wieder kreative Präsentationsformen zum Einsatz. Manchmal kombinieren die Berater sogar mehrere Verfahren miteinander in einer Veranstaltung, z. B. kann Appreciative Inquiry als ein Bestandteil einer Zukunftskonferenz genutzt werden.

Durch diese Form der »gegenseitigen Befruchtung« können wir Großgruppenveranstaltungen immer weniger nach ihren Ursprungsmethoden unterscheiden. Es hat sich eher ein pragmatisches Vorgehen durchgesetzt. Anlass, Ziele und Rahmenbedingungen bestimmen die methodischen Elemente einer Großgruppenveranstaltung. Die Auftraggeber und auch die Berater fragen sich: Welches methodische Element bringt den Veränderungsprozess im gewünschten Sinne voran? In ▶ Kap. 3 wird dieser Gedanke vertieft. Congress in motion®, das in ▶ Kap. 4 näher beschrieben wird, ist ein Beispiel für ein solches methodenübergreifendes Vorgehen. Wir prognostizieren, dass in der Praxis Differenzierungen nach den klassischen Großgruppenverfahren immer weniger von Bedeutung sein werden.

Im Folgenden möchten wir die 5 ausgewählten Verfahren mit ihren typischen Elementen darstellen. Daraus ist die ursprüngliche Intention der Autoren am besten ersichtlich. Es ist wichtig, sich die Kerngedanken des jeweiligen Verfahrens bewusst zu machen, um sie situationsgerecht in der jeweiligen Großgruppenveranstaltung einsetzen zu können. Weiterentwicklungen werden jeweils im letzten Unterabschnitt aufgezeigt.

Internet-Austausch-Communities

Grenzen zwischen einzelnen Verfahren verschwimmen

## Großgruppenverfahren im Überblick

**Tab. 2.1.** Großgruppen im Überblick

| Verfahren | Begründer | Kerngedanke | TN-Anzahl | Einsatzgebiete | Ablauf | Links |
|---|---|---|---|---|---|---|
| Zukunftskonferenz | Janoff und Weisbord, 1982 | Zukunft steht im Zentrum der gemeinsamen Arbeit, Teilnehmer unterschiedlicher Herkunftsgruppen arbeiten in unterschiedlicher Zusammensetzung | Ideal 64–81, möglichst ähnliche Teilnehmeranzahl aus jeder Herkunftsgruppe | Unterschiedliche Herkunftsgruppen zu einer gemeinsamen Zukunftsplanung zusammenbringen | Zurückblicken, Gegenwart betrachten (Stolz und Bedauern), Zukunftsbild entwerfen, Gemeinsamkeiten herausarbeiten, Maßnahmen planen | http://www.futuresearch.net |
| Open Space | Owen, 1985 | Kaffeepause zur Konferenz machen | 30 bis ca. 2000 | In kurzer Zeit mit sehr vielen Personen Lösungsmöglichkeiten für eine zu verändernde Situation erarbeiten | Fokusfrage zur Einstimmung, Teilnehmer benennen ihre Themen und entwickeln die Agenda, Workshopgruppen nach Interesse, in wechselnder Zusammensetzung, Marktplatz, Aktionsgruppen | http://www.openspaceworld.org |
| Appreciative Inquiry | Cooperrider u. Whitney, 1987 | Wertschätzende Erkundung, die »Juwelen« der Organisation entdecken und weiterentwickeln | 20 bis ca. 2000 | Wenn es darum geht, eine Haltung zu verändern und den Blick auf Ressourcen und Möglichkeiten zu lenken | Discovery (»Juwelen« erkunden und verstehen), Dream (Wünsche für die Organisation entwerfen), Design (Präzisieren der Visionen und Ziele), Destiny (Maßnahmen erarbeiten und vereinbaren) | http://www.appreciativeinquiry.case.edu |
| RTSC | Dannemiller, 1994 | Klare strategische Ausrichtung quer durch die Organisation erreichen | 30 bis ca. 2000 | Strategische Zukunftsthemen, bei denen die Richtung klar ist (**Was** steht weitgehend fest? **Wie** wird gemeinsam erarbeitet?) | Aufrütteln, Identifikation mit den Zielen erreichen, Maßnahmen erarbeiten | |
| World Café | Brown u. Isaacs, 1995 | Im Kaffeehaus-Setting Kommunikation fördern, die ein tieferes Verständnis ermöglicht und Vorwärtsbewegung auslöst | 12 bis ca. 1200 | Menschen und Ideen schnell miteinander vernetzen, intensive Gespräche und Begegnungen, kooperativer Dialog | Mehrere Diskussionsrunden an Kaffeehaustischen, Notizen auf Tischdecken, Gastgeber bleibt, TN wechseln, Erkenntnisse im Plenum sammeln, Handlungsalternativen ableiten | http://www.theworldcafe.com |

## 2.1 Zukunftskonferenz – Ziele und Wege erarbeiten und verbindlich machen

Mit hochrotem Kopf beendet der Bürgermeister seinen Appell. Mehrere Kollegen aus Nachbargemeinden, Landräte, Unternehmer, Gemeindemitglieder und Experten für demografischen Wandel geraten in eine heftige Diskussion über die möglichen Schwerpunkte der zukünftigen Entwicklung – mit weniger Geld. Ein Problem, viele Betroffene. Die politische Farbenlehre gleicht eher einem verwirrten Regenbogen. Grün spricht mit Schwarz. Graue Panther und rote Pfadfinder stecken die Köpfe zusammen. Wir sind mitten in einer Zukunftskonferenz.

### 2.1.1 Entwicklung, Urheber

Der Begriff »Zukunftskonferenz« (»future search«) steht für eine Konferenzmethode, die Marvin Weisbord in den USA entwickelt hat. Das Konzept fußt auf verschiedenen Experimenten aus dem Jahr 1982, die das Ziel hatten, neue Herangehensweisen für die Zusammenarbeit in Organisationen zu schaffen. Gemeinsam mit Sandra Janoff hat Weisbord diese Konferenzmethode geprägt und weiterentwickelt. Den Begriff »Zukunftskonferenz« verwendete Weisbord 1987 zum ersten Mal. Nachdem er zusammen mit Janoff andere Bezeichnungen wie z. B. »strategic futures conference« ausprobiert hatte, stellten sie letztlich fest, dass sich gerade der einfache Name »Zukunftskonferenz« besonders einprägte und bei den Beteiligten gut ankam (Weisbord u. Janoff 2001).

> Begriff »Zukunftskonferenz«

Die Wurzeln der Zukunftskonferenz bilden bewährte Theorien über die Arbeit in Gruppen. Bereits in den 1970er Jahren haben Ronald Lippit und Eva Schindler-Rainman in ihrer Arbeit mit Gemeinden das ganze System in einen Raum geholt und den Blick in die Zukunft gerichtet (Holman u. Devane 2006). Die Arbeiten von Eric Trist und Fred Emery (Search Conferences) prägten den Grundsatz, zunächst global zu denken, bevor man lokal handelt und die Planung in die Hände der Beteiligten legt (Holman u. Devane 2006). Insgesamt ist die Zukunftskonferenz demokratischen Idealen verpflichtet: Alle Teilnehmer werden gleichberechtigt an der Zukunftsplanung beteiligt, es herrscht Toleranz gegenüber unterschiedlichen Grundhaltungen.

> Zukunftskonferenz ist demokratischen Idealen verpflichtet

## 2.1.2  Kerngedanken der Methode

Wie der Name bereits aussagt, steht die Zukunft im Zentrum der gemeinsamen Arbeit. Innerhalb von 1 bis 3 Tagen entdecken 30 bis zu 300 unterschiedlichste Menschen eines »Systems« ihre gemeinsame Zukunft und beginnen sie konkret zu planen. Die Bürger einer Kleinstadt entwerfen z. B. die Idee einer prosperierenden und lebendigen Innenstadt: autofrei, begrünt, mit Spielplätzen, Straßencafés als Begegnungsstätten und vielfältigen Einkaufsmöglichkeiten bei regionalen Händlern. Dieses motivierende Bild der Zukunft schafft bei den Beteiligten die Bereitschaft zum gemeinsamen Handeln.

Gemeinsame Vision

Die Interaktion der Teilnehmer ist ein entscheidendes Element der Konferenz – sie kommen miteinander ins Gespräch, erhalten dadurch neue Einblicke und Perspektiven und lernen voneinander. In einer vergleichbar kurzen Zeit entwickeln sie ein tiefes Verständnis für ihre gemeinsame Vergangenheit, erkennen ihre gegenwärtige Situation vollständig und entwickeln eine gemeinsame Vision. In der letzten Phase der Konferenz entwerfen die Teilnehmer Aktionspläne auf der Basis der gemeinsam angestrebten Zukunft und nehmen individuelle Aufträge oder Vorhaben in Gruppen mit. Grundgedanke ist, dass sich erst dann sinnvolle Maßnahmen identifizieren lassen, die von allen mitgetragen oder wenigstens toleriert werden, wenn ein gemeinsamer Grundstein gelegt ist – ein Konsens über die wünschenswerte Zukunft.

Beteiligte bilden Querschnitt des Systems

Was macht Zukunftskonferenzen besonders wertvoll? Jeder, der mit dem »System« intern oder extern zu tun hat, ist in der Konferenz vertreten. Die Beteiligten bilden somit einen Querschnitt des gesamten offenen Systems ab. Das System kann ein Unternehmen, eine Organisation oder eine Gemeinschaft sein. Viele Zukunftskonferenzen finden inzwischen im öffentlichen Bereich statt (in Städten, Gemeinden, Schulen, Kirchen etc.). Sie beschäftigen sich mit gesellschaftlichen Fragestellungen, z. B. dem Gesundheitswesen, Umweltfragen, der Stadtentwicklung oder ganz allgemein den Konfliktfeldern verschiedener Herkunftsgruppen.

### Achterbahnfahrt

Den Verlauf emotionaler Prozesse während der Konferenz vergleichen Weisbord und Janoff (2001) mit einer Achterbahnfahrt (◘ Abb. 2.1):

> »Das Gleichnis der Achterbahnfahrt gefällt uns, weil es das Auf und Ab
> einer Zukunftskonferenz anschaulich widerspiegelt.«

Es handelt sich hierbei um einen typischen Ablauf, den man während der Konferenz immer wieder beobachten kann. Wichtig ist, dass die Moderatoren sich dieses Verlaufs bewusst sind, ohne den Teilnehmern in einzelnen Phasen bestimmte Emotionen aufzwingen zu wollen oder diese zu forcieren.

Zunächst steigen die Teilnehmer ein. Sie bringen ihre ganz individuellen Interessen, Erfahrungen und Werthaltungen zum Thema ein. Durch die Interaktion mit den übrigen Teilnehmern stürzen auf jeden Einzelnen eine Menge an Informationen ein. Wenn deutlich wird, wie komplex die Zusam-

**◘ Abb. 2.1.** Achterbahnfahrt

menhänge sind, kann sich bei den Teilnehmern Verwirrung, Ratlosigkeit bis hin zu Angst und Ohnmacht breitmachen. Weisbord und Janoff (2001) vergleichen diese Phase mit dem Sturz in die Tiefe. In einer Veranstaltung mit dem Vertrieb eines Pharmaunternehmens zeigte sich bei der Aufarbeitung der Vergangenheit, dass z. B. fehlende Folgeprodukte aus der Entwicklung, sinkende Verkaufszahlen und eine wenig kundenorientierte Marketing-Unterstützung für scheinbar schlechte Zukunftsaussichten sorgten. Die Teilnehmer sahen in diesem Moment keinen Ausweg, fühlten sich hilflos und frustriert. Das führte zu aggressivem Verhalten: Moderatoren und die Veranstaltungsform selbst wurden von einzelnen Teilnehmern infrage gestellt. Ein großer Teil ging mit schlechter Stimmung in den Abend.

Allmählich lösen sich die Teilnehmer aus ihrer Verwirrung, wenn sie erkennen, dass sie Teil des ganzen Systems sind und sich damit auseinandersetzen, was sie tatsächlich vorwärts bringt. Sie übernehmen Verantwortung für das eigene Handeln und lassen sich von ihren Idealvorstellungen über die Zukunft zu einem Höhenflug voller Hoffnung tragen. Wie in einer realen Achterbahn kommt nach dem Höhenflug eine kleine Talsohle, in der die Teilnehmer sich entscheiden müssen, ob sie gemeinsame Ziele finden und konkrete Maßnahmen planen möchten: Im Realitätsdialog geht es genau darum. Trotz möglicherweise ungelöster Differenzen gilt es, auf eine gemeinsame Vision der Zukunft hin zu arbeiten, aktiv zu werden und Maßnahmen und Vorhaben in Angriff zu nehmen.

Achterbahnfahrt als Synonym für emotionale Prozesse in der Zukunftskonferenz

> ❯ **Beispiel**
>
> In einer Konferenz eines Automobilherstellers machen die selbstständi-
> gen Händler in der ersten Phase deutlich, wie unzufrieden sie mit der Um-
> satzentwicklung der vergangenen Jahre und der aktuellen Produktpalette
> sind. Sie fühlen sich gegenüber anderen Marken stark benachteiligt und
> haben nur düstere Zukunftsvorstellungen. Nach dem ersten Konferenztag
> und der Analyse der Situation ist die Stimmung auf dem Tiefpunkt. Der
> zweite Tag bringt vielfältige Dialoge zwischen Händlern und Repräsen-
> tanten des Herstellers. Die Teilnehmer entwickeln ein differenzierteres
> Bild und entdecken Einflussmöglichkeiten und Handlungsperspektiven
> an verschiedensten Stellen. Die Teilnehmer übernehmen Verantwortung
> für Aktivitäten, die sie aus der unbefriedigenden Gegenwart herausführen
> können. Es keimt Hoffnung auf, dass Hersteller und Händler gemeinsam
> das Blatt wenden können.

Der Weg, den die Teilnehmer in einer Zukunftskonferenz gehen, lässt sich
auch in Form eines 4-Felder-Schemas beschreiben (❍ Tab. 2.2): Die Teilnehmer starten mit dem Blick auf die destruktiven Aspekte der Vergangenheit
und entwickeln zunehmend Mut, sich konstruktiven Chancen der Zukunft
zu öffnen.

### 4-Zimmer-Appartement

Als Modell für den Verlauf von Veränderungsprozessen hat der schwe-
dische Sozialpsychologe Janssen (1982) das sog. »4-Zimmer-Appartement«
entwickelt.

Die Grundgedanken sind leicht nachvollziehbar. Das 4-Zimmer-Apparte-
ment lässt sich sehr gut auf den Verlauf einer Zukunftskonferenz übertragen.
Insofern ist es gut geeignet, um den Teilnehmern zu Beginn einer Konferenz
die Dynamik einer Veränderungserfahrung nahezubringen. Anhand eines
Schaubilds beschreiben die Moderatoren den Kreislauf der Zukunftskonferenz und vermitteln damit den Teilnehmern einen Eindruck davon, wie sie
sich in bestimmten Phasen der Konferenz möglicherweise fühlen werden.

**Veränderungserfahrung im Bild des 4-Zimmer-Appartements**

Die Teilnehmer erfahren an dieser Stelle, dass Unsicherheit, Sorge und Hilflosigkeit im Laufe des Prozesses zu Klarheit und Handlungsfähigkeit führen.

Viele der Teilnehmer starten im **Zimmer der Selbstzufriedenheit.** Sie
nehmen die Dinge so wie sie sind und haben sich mit der aktuellen Situation arrangiert. Neue Erfahrungen, die den Status-quo beeinflussen, stören
die Selbstzufriedenheit. Um sich Veränderungen nicht eingestehen oder

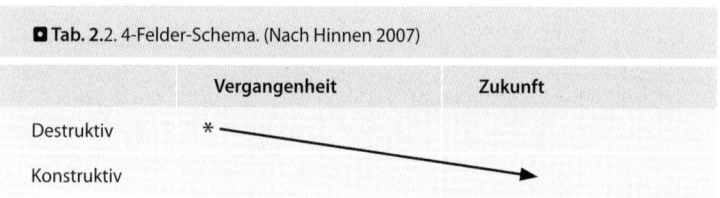

❍ **Tab. 2.**2. 4-Felder-Schema. (Nach Hinnen 2007)

|  | Vergangenheit | Zukunft |
|---|---|---|
| Destruktiv | * | |
| Konstruktiv | | |

sich damit auseinandersetzen zu müssen, gehen sie in das **Verleugnungs-zimmer.** Dort können sie so tun, als sei alles in Ordnung, wobei jedoch im tiefsten Inneren das Problembewusstsein wächst. Scheinbar unüberwindbare Hindernisse werden deutlich und führen dazu, dass die Teilnehmer sich eingestehen, dass sie verwirrt und frustriert sind. Jetzt befinden sie sich im **Verwirrungszimmer.** Hier herrschen Sorge und Unsicherheit vor, gleichzeitig wird kreative Arbeit verrichtet: Die Empfindungen im Verwirrungszimmer schaffen den Nährboden für Verantwortung bei den Teilnehmern und sind damit Voraussetzung für Neuerungen. Zum Schluss treten sie ins **Erneuerungszimmer,** wo sie neuen Mut schöpfen, die gemeinsame Zukunft entwickeln und konkrete Aktionen planen.

**Grundprinzipien**

Welche Grundprinzipien verfolgt die Zukunftskonferenz (◨ Abb. 2.2)?

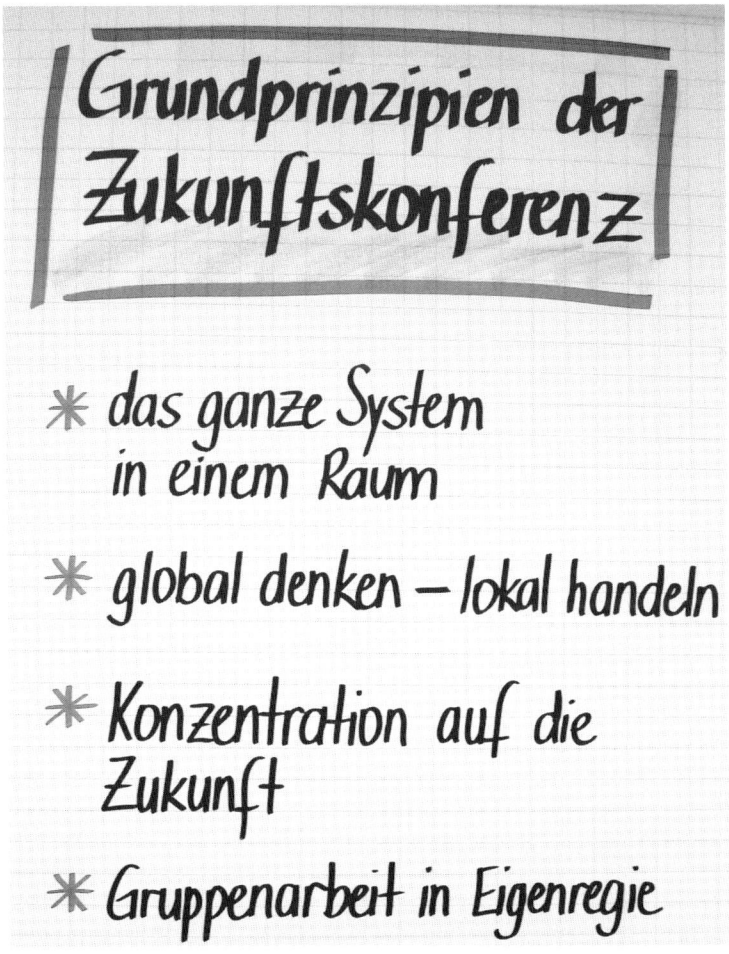

◨ **Abb. 2.2.** Grundprinzipien der Zukunftskonferenz

### Das ganze System in einem Raum

Wie bei fast allen anderen Großgruppenverfahren treffen sich die Teilnehmer gemeinsam in einem Raum. Bei der Zukunftskonferenz drückt dieses Prinzip allerdings eine Besonderheit aus. Alle wichtigen Herkunftsgruppen der Organisation, der Gemeinde oder des Unternehmens sind vertreten. Grundvoraussetzung ist, dass das Konferenzthema für sie bedeutsam ist. Auch externe Beteiligte wie Kunden, Lieferanten oder Familienangehörige können teilnehmen. An einer Zukunftskonferenz, die wir zum Thema »Missbrauch von Kindern« durchführten, trafen sich Sozialarbeiter der Stadt, Interessengemeinschaften von Opfern, Wissenschaftler, Heimleiter, Kindergartenerzieher, Ehrenamtliche und Eltern. So stellt die vorhandene Teilnehmergruppe ein Abbild des gesamten Systems dar. Durch diesen Mix unterschiedlicher Blickwinkel kann sich eine völlig neue Sicht auf das Ganze ergeben.

Oft finden sich dadurch Mitglieder von Gruppen ein, die im Alltag nicht direkt miteinander interagieren. Allein das Zusammentreffen dieser Gruppen bewirkt schon eine erwartungsvolle Spannung zu Konferenzbeginn.

### Global denken – lokal handeln

In der Zukunftskonferenz richten die Teilnehmer zunächst ihre Aufmerksamkeit auf das Ganze. Wichtige Einflussfaktoren aus unterschiedlichen Richtungen, Erfahrungen und Interessen der eingeladenen Gruppen fließen zusammen. Jeder Teilnehmer trägt seinen »Puzzlestein« bei. Damit ein gemeinsames Bild überhaupt erst entstehen kann, wird jeder »Puzzlestein« anerkannt und gewürdigt, auch wenn die Teile zunächst nicht zusammenzupassen scheinen. Durch die vielen komplexen Informationen entsteht bei den Teilnehmern ein Gefühl der Verwirrung. Gleichzeitig schärfen sie jedoch ihre Vorstellung von der Komplexität des Themas und ihr systemisches Denken. Nach und nach entsteht ein gemeinsames Bild, ohne dass Übereinstimmung in allen Punkten gefordert ist.

*Jeden »Puzzlestein« würdigen*

In einer zweiten Phase greifen die Teilnehmer einzelne Aspekte des gesamten Themas (global) auf und entwerfen Ideen und verabreden Maßnahmen, die sie im eigenen Handlungsbereich (lokal) umsetzen wollen. Die Teilnehmer werden sich über ihre individuelle Verantwortung für die kleinen Veränderungen bewusst. Entsprechend der Systemtheorie wirken diese Veränderungen wieder auf das gesamte System ein und führen hier zu einer Weiterentwicklung.

Bei der Konferenz zum Thema »Missbrauch von Kindern« bestanden globale Ansätze z. B. darin, eine Art »Charta ethischer Verpflichtungen« zu erstellen. Lokales Handeln bedeutete, sich zu fragen, was ich z. B. in meinem Kindergarten konkret tun kann.

### Konzentration auf die Zukunft

Die Konzentration auf die gemeinsame Zukunft macht ganz wesentlich den Charakter einer Zukunftskonferenz aus. Dies wird bereits im Namen deutlich. Die Orientierung auf die Zukunft erfolgt allerdings nicht automatisch oder per Anweisung des Moderators. Sie ist Ergebnis des Konferenzdesigns, in dem die Teilnehmer zunächst die Vergangenheit betrachten und dann Interessen und Trends in der Gegenwart zusammentragen. Erst danach ist der Weg frei, Visionen zu entwerfen und nach Gemeinsamkeiten in den Zukunftswünschen zu suchen.

Diese Vorgehensweise unterscheidet sich deutlich von der in vielen Gesprächsgruppen und Projektteams gewöhnlich angewendeten: Meist schauen die Teilnehmer dort zunächst auf die Probleme. Problemorientierung kann allerdings lähmend wirken. Probleme und aktuelle Konflikte treten auch in Zukunftskonferenzen zutage – sie werden zwar akzeptiert, aber nicht bearbeitet. Die Teilnehmer einer Zukunftskonferenz wenden vielmehr den Blick in die Zukunft und suchen gemeinsame Visionen. Daraus schöpfen sie Energie und Motivation für die Umsetzung ihrer Vorhaben.

*Zukunftsdenken motiviert*

## Gruppenarbeit in Eigenregie

Alle Plenumsaktivitäten einer Zukunftskonferenz steuern die Moderatoren. Den Austausch in heterogenen und homogenen Kleingruppen regeln die Teilnehmer eigenverantwortlich. Damit steigt das Verantwortungsgefühl jedes einzelnen Teilnehmers, das erfahrungsgemäß geringer ist, wenn ein vorbereiteter Moderator die Gesprächsführung in der Kleingruppe übernimmt.

Die Moderatoren geben in einem Arbeitsblatt lediglich eine Hilfestellung und schlagen vor, Moderator, Schreiber und Sprecher innerhalb der Kleingruppe festzulegen. Die Teilnehmer übernehmen damit verteilte Rollen, die sie während der Konferenz immer wieder wechseln sollten, sodass jeder Teilnehmer unterschiedliche Positionen innehat. Dieses Vorgehen erleichtert den Teilnehmern, sich als Teil des Veränderungsprozesses zu erleben und einen aktiven Beitrag beizusteuern.

Eine weitere Besonderheit macht es möglich, mit Zukunftskonferenzen auch dann erfolgreich zu arbeiten, wenn die teilnehmenden Gruppen sehr unterschiedliche und widerstrebende Interessen vertreten, die normalerweise zu massiven Konflikten führen und einen Konsens nicht ermöglichen. In einer Zukunftskonferenz stellen die Teilnehmer ihre wichtigen Interessen und Grundhaltungen vor und hören den anderen Gruppen zu. Dazu gibt es weder Diskussionen noch den Versuch, die anderen Teilnehmer von der eigenen Haltung zu überzeugen. Der Blick auf die vielen unterschiedlichen Interessen und Meinungen öffnet das Sichtfeld und macht die Teilnehmer bereit, nach den Stellhebeln im System zu suchen, nach den übereinstimmenden Zielen und Zukunftsideen. Sie arbeiten an diesen Zielen und machen Umsetzungspläne, ohne dass sie deshalb ihre grundlegenden Interessen und Werthaltungen aufgeben müssen.

*An gemeinsamen Zielen arbeiten, ohne eigene Werthaltungen aufzugeben*

> ### ❯ Beispiel
>
> In einer Zukunftskonferenz eines großen Versicherungskonzerns sind u. a. die Abteilungen Vertrag und Vertrieb vertreten. Während die Vertragsmitarbeiter an einer langfristigen Profitabilität der Verträge interessiert sind und ihr Gehalt unabhängig ist vom Umsatz, sieht das bei den Vertriebsmitarbeitern ganz anders aus: Sie sind an einer quantitativ hohen Anzahl an Vertragsabschlüssen und einem hohem Umsatz interessiert. Durch eine

provisionsorientierte Vergütung ist ihr Gehalt wesentlich davon abhängig. Nun hat das Unternehmen eine neue Strategie verkündet, die zu massiven Gehaltseinbußen bei den Vertriebsmitarbeitern führt. Bereits vor Beginn der Konferenz steht fest, dass es keine einvernehmliche Lösung geben kann. Ziel ist nicht, vorhandene Spannungen aufzulösen, sondern sinnvoll damit umzugehen, ohne dass diese Spannungen dem Gesamtunternehmen die Energie entziehen. Es geht also darum, Zukunftsideen zu entwickeln und Aktionen zu planen, die dem Gesamtsystem dienen.

### 2.1.3  Typischer Ablauf

#### Vorbereitung

Planungsteam zur Planung des Konferenzablaufs

Bevor eine Zukunftskonferenz beginnen kann, sind umfangreiche Vorbereitungen erforderlich. Neben der Auswahl des geeigneten Konferenzortes, der Raumplanung, der Verpflegung und weiterer organisatorischer Details geht es auch um die Planung des Konferenzablaufs. Wir empfehlen, ein Planungsteam mit der Vorbereitung zu beauftragen. Dieses Planungsteam setzt sich im Idealfall aus einem Repräsentanten jeder Herkunftsgruppe zusammen. Ist eine dieser Gruppen nicht repräsentiert, können ersatzweise Interviews mit ausgewählten Schlüsselpersonen geführt werden, um die Interessen dieser Gruppe zu wahren. Einen oder mehrere Vertreter der Leitungsebene einzubeziehen, erweist sich als günstig. Repräsentanten der Leitungsebene können als Unterstützer und Schrittmacher im Planungsprozess auftreten, durch ihre vielfältigen Kontakte die richtigen Leute ansprechen und erforderliche Ressourcen bereitstellen.

Das Planungsteam trifft sich meist zweimal zur Vorbereitung der Konferenz. Im ersten Planungstreffen geht es darum, den Beteiligten das Gesamtkonzept, Hintergründe und Prinzipien des Konferenzdesigns vorzustellen sowie Erwartungen und Erfolgsbedingungen zu diskutieren. Das zweite Treffen dient dazu, den genauen Ablauf mit den entsprechenden Leitfragen für die einzelnen Phasen, die Zeiten und Rahmenbedingungen festzulegen.

#### Teilnehmer

Gruppenarbeit in 3 unterschiedlichen Zusammensetzungen

Weisbord u. Janoff (2001) empfehlen eine Teilnehmerzahl zwischen 60 und 80 Personen. Die Teilnehmer arbeiten auf 3 unterschiedliche Arten miteinander:
- Als gesamte Gruppe
- In Herkunftsgruppen
- In gemischten Gruppen mit Repräsentanten der verschiedenen Herkunftsgruppen

> **Beispiel**
> Bei der Zukunftskonferenz der Vertriebsorganisation eines Autoherstellers nehmen Führungskräfte und Mitarbeiter aus 8 verschiedenen Autohäusern teil. Jedes Autohaus bringt 8 Teilnehmer aus den unterschiedlichen

Abteilungen und Bereichen mit: Geschäftsführer, Vertriebsleiter, Vertriebsmitarbeiter, Serviceleiter, Serviceberater, Leiter Teileverkauf, Teileverkäufer, Disposition. So können einerseits Autohausgruppen, andererseits Funktionsgruppen über die Autohäuser hinweg gebildet werden. Gemeinsame Herausforderung ist, den Kundenbeziehungsprozess (CRM) im Autohaus zu reflektieren und neu zu gestalten.

---

Nicht immer gelingt es, Herkunftsgruppen mit gleicher Teilnehmerzahl zu bilden. Das Planungsteam passt dann den Ablauf der Konferenz an die Teilnehmerzahl und die Anzahl der Gruppen an. Besonders problematisch wird es, wenn eine wichtige Herkunftsgruppe gar nicht repräsentiert ist. Hier sollte sich das Planungsteam fragen, wie wichtig die Teilnahme dieser Gruppe ist. Terminverschiebung der Konferenz, erneute Ansprache und Einladung dieser Gruppe können das Problem ggf. lösen.

> Was tun, wenn Herkunftsgruppen unterschiedlich stark besetzt sind?

## Ablauf

### Phasen einer Zukunftskonferenz

- Phase 1: Einführung
- Phase 2: Rückblick in die Vergangenheit in heterogenen Gruppen
- Phase 3: Gegenwart betrachten in Herkunftsgruppen
- Phase 4: Entwurf der Zukunft in heterogenen Gruppen
- Phase 5: Gemeinsamkeiten herausarbeiten
- Phase 6: Maßnahmenplanung
- Phase 7: Schluss

### Phase 1: Einführung

Den Grundprinzipien der Konferenz folgend, steht Interaktion der Teilnehmer im Mittelpunkt, sodass die Moderatoren »auf gleicher Augenhöhe« mit den Teilnehmern agieren, d. h. ohne Podest oder Bühne. Die Moderatoren eröffnen die Veranstaltung und stellen Konferenzablauf, Arbeitsprinzipien und Spielregeln dar. Anschließend erläutert der Auftraggeber in einem persönlichen Statement Ziele, Hintergrund und Nutzen der Veranstaltung. In diesem Statement kann er seine persönliche Motivation darstellen und den Teilnehmern vermitteln, weshalb ihm die Konferenz am Herzen liegt.

### Phase 2: Rückblick in die Vergangenheit in heterogenen Gruppen

Der Blick zurück startet mit einer Einzelarbeit der Teilnehmer. Jeder Teilnehmer erhält zunächst Gelegenheit, sich Notizen zu machen zu seiner persönlichen Sicht auf die vergangenen Jahre. Was ist für jeden persönlich passiert? Welche Geschichte hat das Umfeld und die betreffende Organisation, die im Mittelpunkt der Konferenz steht? Alternativ dazu kann dieser erste Rückblick bereits in gemischten Gruppen gemacht werden. Dadurch besteht die Möglichkeit, von Beginn an ein Gemeinschaftsgefühl aufzubauen. Die jüngeren Teilnehmer lernen von den Älteren und umgekehrt. Informationen und Emotionen haben ihren Platz.

Diese Erinnerungen werden im nächsten Schritt an einem Zeitstrahl entlang visualisiert. Auf diese Weise entsteht ein Stück Organisationsgeschichte mit den wichtigsten Entwicklungen, Erkenntnissen und Meilensteinen der Vergangenheit. Die heterogen zusammengesetzten Tischgruppen betrachten nun unterschiedliche Aspekte dieser Zeitbahn:

Ein Stück Organisationsgeschichte entsteht

- Persönliche Entwicklung der Beteiligten
- Entwicklung der Organisation
- Entwicklung im Umfeld

Sie diskutieren, welche Folgerungen sich aus diesen Entwicklungen für die Arbeit in der Konferenz ziehen lassen. Diese Rückschau dient einer gemeinsamen Informationsbasis: Unterschiede, Ähnlichkeiten und gemeinsame Werte werden sichtbar. Bevor die Teilnehmer ihren Blick auf die Gegenwart richten, blicken sie noch einmal gemeinsam auf Erfolge und Misserfolge. Sie kreieren ein Bild davon, wie sie dorthin gekommen sind, wo sie jetzt stehen. Oftmals entsteht an dieser Stelle ein besonderes Gemeinschaftsgefühl und das Bewusstsein, dass es schon immer Herausforderungen gab, die es zu meistern galt. Der Rückblick in die Vergangenheit legt damit das Fundament für einen konstruktiven Dialog.

### Phase 3: Gegenwart betrachten in Herkunftsgruppen

In dieser Phase rückt die aktuelle Situation, die Realität in den Mittelpunkt. Die Teilnehmer treffen sich daher in neuer Zusammensetzung, diesmal in ihren Herkunftsgruppen. Die einzelnen Gruppen können ihre Ausgangspositionen diskutieren und zum Ausdruck bringen. Unterschiedliche Sichtweisen an dieser Stelle deutlich zu machen bewahrt davor, dass sich die Auffassungen einzelner Herkunftsgruppen zu früh vermischen.

> »Defizite werden als gegenwärtige Realität betrachtet und nicht als Probleme, die gelöst werden müssen.«
> (zur Bonsen, http://www.all-in-one-spirit.de)

Die Betrachtung der Gegenwart gliedert sich in 2 Schritte:

- Analyse des Umfelds
- Blick auf das eigene Handeln (Stolz und Bedauern)

Analyse des Umfelds

Für die Analyse des Umfelds kann es sinnvoll sein, jeden Teilnehmer einen Zeitungsausschnitt oder einen Gegenstand mitbringen zu lassen. Die Teilnehmer setzen sich dadurch bereits vor dem eigentlichen Beginn mit dem Konferenzthema auseinander. Anhand der mitgebrachten Utensilien untersuchen sie dann während der Konferenz das Umfeld ihrer Organisation: Welche externen Entwicklungen, Ereignisse und Trends haben Einfluss auf das Konferenzthema? Die Ergebnisse dieser Überlegungen können in Form eines riesigen »Mindmap« Schritt für Schritt an einer der Wände entstehen. Vom Hauptthema in der Mitte gehen einzelne Hauptäste ab, die wiederum in Unterthemen münden und sich dann in weiteren Details verzweigen. Auf Zuruf entsteht im Ergebnis eine gemeinsame Landkarte mit all den relevanten Trends und Verbindungen, die die Zukunft der Organisation beeinflussen, den Problemen und manchmal sogar ersten Lösungsideen.

Alle Teilnehmer versammeln sich in dieser Phase vor der Mindmap und sind gemeinsam an seiner Entstehung beteiligt.

Zum Ende des ersten Konferenztages markiert jeder Teilnehmer dann die Trends, die seiner Ansicht nach am wichtigsten sind für das Konferenzthema. Alle Vertreter einer Herkunftsgruppe erhalten gleichfarbige Klebepunkte. Zielsetzung dabei ist, eine visualisierte Orientierungshilfe für die Weiterarbeit am nächsten Morgen zu bekommen. Die Teilnehmer müssen sich dafür mit all den Aspekten vertraut machen, die in der Mindmap enthalten sind, um entscheiden zu können, welche Trends für sie persönlich die größte Bedeutung haben.

In dieser Phase kann sich Verwirrung und Ernüchterung breitmachen, da der Arbeitsprozess nicht abgeschlossen und meist der Tiefpunkt der Achterbahnfahrt erreicht ist. Das vorübergehende Aushalten von Lösungslosigkeit ist für die Teilnehmer schwer und erzeugt Gefühle von Hilflosigkeit und Aggression. Gleichzeitig unterstützt jedoch genau diese schwierige Phase dabei, den Lernprozess lebendig zu halten, und erleichtert anschließend den Wiedereinstieg ins Thema: Nach einem gemeinsamen Blick auf die entstandene Mindmap mit den markierten Schwerpunkten setzen Herkunftsgruppen ihre Arbeit fort und erstellen ihre eigene Mindmap. Dort nehmen sie die Trends auf, die ihnen am wichtigsten sind, und stellen entsprechende Verbindungen und Zusammenhänge zwischen den einzelnen Trends her. Bei der anschließenden Präsentation im Plenum werden Gemeinsamkeiten und Unterschiede einzelner Herkunftsgruppen offensichtlich.

Im zweiten Schritt der Gegenwartsbetrachtung richten die homogenen Gruppen den Blick auf Aspekte des eigenen Handelns: »Worauf sind wir momentan stolz (im Hinblick auf das Konferenzthema)? Was bedauern wir?« Ziel dieses Schrittes ist es, sich gemeinsame Werte und auch unangenehme Wahrheiten bewusst zu machen und Verantwortung für das eigene Handeln zu übernehmen. Den Herkunftsgruppen wird deutlich, was sie in die Zukunft mitnehmen und was sie lieber zurücklassen möchten.

> Blick auf eigenes Handeln: Stolz und Bedauern

## Phase 4: Entwurf der Zukunft in heterogenen Gruppen

Auf der Grundlage dieser Gegenwartsanalyse entwerfen die Gruppen nun ein Idealbild der Zukunft. Es treffen sich die heterogenen Gruppen in ihrer Zusammensetzung des Vortages. Die Teilnehmer können sich dadurch recht schnell wieder aufeinander einstellen und weiterarbeiten. Jeder Einzelne ist aufgefordert zu fantasieren: sich 5, 10 oder 15 Jahre in die Zukunft zu versetzen, so als sei die Zukunft bereits erlebbar. Welche konkreten Bilder und Beispiele kennzeichnen das Idealbild der Zukunft? Was ist das Beste, was aus dieser Organisation werden könnte? Welches Haupthindernis musste auf dem Weg dorthin überwunden werden? Diese Fantasien dienen als Basis für die Präsentationen im Plenum. Gestaltungsmaterial, wie z. B. farbige Stifte, buntes Papier, Zeitschriften, Klebstoff und Scheren, stehen zur Verfügung. In kreativer Form stellen die Arbeitsgruppen anschließend ihre Szenarien vor und umreißen damit das Bild einer gemeinsamen Zukunft. Sketche, Lieder, Gedichte, Raps, kurze Szenen, Reden oder pantomimische Darstellungen bringen das Wesentliche auf

> Was ist das Beste, was aus dieser Organisation werden könnte?

den Punkt. Jeder Gruppe stehen dabei nur wenige Minuten für ihre Präsentation zur Verfügung. Durch bewegende Präsentationen und die Begeisterung der Teilnehmer wird an dieser Stelle ein Teil der Zukunft im Raum greifbar und lebendig.

### Phase 5: Gemeinsamkeiten herausarbeiten

Hier gilt es, sich in der Gesamtgruppe auf gemeinsame Ziele für die Zukunft zu einigen und die Themen herauszufiltern, in denen alle übereinstimmen. Die Arbeitsgruppen bleiben in gleicher Besetzung und fertigen z. B. jewils 3 Flipcharts an. Auf der ersten Liste »Gemeinsame Zukunft« sammeln die Teilnehmer ihre Zukunftsvorstellungen: Auf welche Begriffe kann sich die gesamte Gruppe verständigen? Wo besteht Übereinstimmung? Diese Liste enthält, was alle befürworten. Die zweite Liste »Mögliche Projekte« besteht aus konkreten Vorschlägen und Ideen, wie das erreicht werden kann, was die Gruppe anstrebt. Auf dem dritten Flipchart, der »Kein-Konsens-Liste«, sammelt die Gruppe alle die Punkte, über die kein Einvernehmen bei den Beteiligten besteht (ungelöste Zielkonflikte). An dieser Stelle ist es sinnvoll, dass die Teilnehmer bereits innerhalb ihrer Arbeitsgruppen ihre Themenlisten priorisieren.

»Kein-Konsens-Liste«

Anschließend führen die Kleingruppen ihre Listen im Plenum zusammen. Die Teilnehmer klären, welche übereinstimmenden Ziele sie haben, und verfolgen diese weiter. Alle übrigen Punkte werden auf die »Kein-Konsens-Liste« übertragen. Bei sehr divergierenden Herkunftsgruppen ist das manchmal ein mühsamer Prozess. Durch dieses Vorgehen ist allerdings am Schluss klar ersichtlich, welche Entscheidungen alle Beteiligten mittragen.

### Phase 6: Maßnahmen planen

Maßnahmenplanung in 2 Etappen

Die folgende Maßnahmenplanung findet in 2 Etappen statt: In der ersten Etappe legen die Teilnehmer fest, welche nächsten Schritte sie wie umsetzen möchten, welche Ressourcen und Kompetenzen sie dafür bereitstellen möchten und wessen Unterstützung hierbei erforderlich ist. Sie präsentieren anschließend dem Plenum ihre Aktivitäten, die sie in Angriff nehmen wollen.

In der zweiten Etappe ergeben sich neue Umsetzungsgruppen: Gleichgesinnte tun sich zusammen und legen gemeinsam ihre Maßnahmen fest. In Organisationen ist es erforderlich, dass entsprechende zeitliche und materielle Ressourcen zur Verfügung gestellt werden. Schon vorher bestehende Projektgruppen haben an dieser Stelle die Chance, die Konferenzergebnisse in ihre Projektplanung zu integrieren. Die anschließende Präsentation im Plenum unterstreicht die Verpflichtung der Teilnehmer, die geplanten Maßnahmen in Angriff zu nehmen.

### Phase 7: Schluss

Die Konferenz endet damit, dass die Teilnehmer den Verlauf und die Ergebnisse reflektieren. Schlussworte des Auftraggebers runden die Veranstaltung ab und geben den Startschuss für die weiteren Umsetzungsaktivitäten.

Durch die Moderation erhalten die Teilnehmer Richtlinien und Instruktionen, um an verschiedenen Aufgaben zu arbeiten und ihre Kleingruppen selbst zu organisieren. Wir empfehlen, die Konferenz mit 2 Moderatoren durchzuführen, um die komplexen gruppendynamischen Prozesse registrieren und entsprechend handeln zu können. Es empfiehlt sich darüber hinaus, eine Assistenz für die unterstützenden Tätigkeiten heranzuziehen (Strukturierung für die Arbeit in unterschiedlich zusammengesetzten Gruppen, Material muss transportiert werden, Stühle und Tische müssen hin- und hergeschoben werden usw.).

Die Hauptaufgabe der Moderatoren einer Zukunftskonferenz besteht darin, den zeitlichen und thematischen Rahmen abzustecken, innerhalb dessen die Teilnehmer möglichst eigenverantwortlich in nichthierarchischen Gruppen arbeiten können. Sie moderieren die Plenumsgespräche und achten darauf, dass sich das Thema der Zukunftskonferenz stets wie ein roter Faden durch die Veranstaltung zieht.

**Aufgaben der Moderatoren**

Aufgrund der Vielzahl unterschiedlicher Interessen und Perspektiven besteht die Gefahr, vom Zeitplan abzuweichen und bestehende Konflikte bereinigen oder Probleme lösen zu wollen. Im Plenum gilt es daher, straff zu moderieren und Punkte, die längere Zeit (z. B. 10 min) ohne einvernehmliches Ergebnis diskutiert werden, auf die »Kein-Konsens-Liste« zu übertragen, um sie ggf. zu einem späteren Zeitpunkt nach der Konferenz aufgreifen zu können. In den Kleingruppen kann diese Situation durch die konkrete Rollenvergabe eines »Zeitnehmers« entschärft werden.

Die Moderatoren gehen die Achterbahn mit, indem sie sich des Verlaufs bewusst sind, die Entwicklungen in den einzelnen Phasen zulassen und den Teilnehmern Mut machen. Im klassischen Sinne einer Moderation treffen sie keine Entscheidungen für die Teilnehmer, sondern fördern eigenverantwortliches Handeln. Sie sorgen dafür, dass jeder Teilnehmer und jede Gruppe ihren Standpunkt äußern kann, geben damit allen Betrachtungsweisen Raum und schaffen ein vertrauensvolles Klima. Gerade abweichende Standpunkte, die sich von der breiten Masse unterscheiden, erfordern Mut, sie zu äußern und sind für die Weiterarbeit außerordentlich wertvoll.

Am Beispiel der CRM-Konferenzen der Autohäuser eines Automobilkonzerns wurde deutlich, dass sich die Servicemitarbeiter als »letztes Glied der Kette« betrachteten, ihren geringen Einfluss auf den CRM-Prozess bemängelten und dies auch an ihrer Position im Raum festmachten. Der Tisch der Servicemitarbeiter befand sich (zufällig?) am äußeren Ende des Veranstaltungsraums. In solchen Situationen ist es Aufgabe des Moderators, diese Teilnehmergruppe gezielt einzubeziehen und zu Wort kommen zu lassen.

Die Kunst besteht darin, den Teilnehmern Gelegenheit zu geben, Unterschiede zu akzeptieren und daraus einen Nutzen zu ziehen. Weisbord und Janoff (2001) fassen dieses Paradox der Zukunftskonferenz wie folgt zusammen:

> »Je mehr Perspektiven eine Gruppe zusammenträgt, desto größer ist ihre potenzielle Geschlossenheit, wenn sie zum Handeln übergeht.«

### 2.1.4 Nutzen und Einsatzgebiet

Zukunftskonferenzen sind vielseitig einsetzbar und werden von unterschiedlichsten Organisationen angewendet: Im deutschsprachigen Raum planen sowohl Unternehmen wie Krankenhäuser, Wohlfahrtsverbände, Schulen, Kirchengemeinden, Entwicklungshilfeorganisationen oder Universitäten ihre Zukunft mithilfe dieser Methode. Es handelt sich um ein Verfahren, das vor allem im öffentlichen Bereich großen Zuspruch findet, da es die Möglichkeit bietet, verschiedene Herkunftsgruppen »an einen Tisch« zu bringen und konstruktiv zusammenzuarbeiten.

Ihr Begründer Weisbord definiert 3 allgemeine Einsatzgebiete (Weisbord u. Janoff 2001):

> »1. Zukunftskonferenzen eignen sich, gemeinsame Visionen der beteiligten Herkunftsgruppen zu entdecken und zu entwickeln.
> 2. Sie führen dazu, Übereinstimmungen zwischen den Zielvorstellungen der beteiligten Herkunftsgruppen zu erkennen und Verantwortung für die Umsetzung ihrer Ziele zu übernehmen.
> 3. Zukunftskonferenzen können darüber hinaus unterstützen, eine Vision zu verwirklichen, die bereits existiert.«

Der Nutzen einer Zukunftskonferenz erstreckt sich dabei auf 2 Ebenen – die konkreten inhaltlichen Ergebnisse, messbar an Diskussionsergebnissen, Protokollen, Aktionsplänen, und die weniger greifbaren ideellen Resultate. Gerade der ideelle Nutzen einer Zukunftskonferenz ist nicht zu unterschätzen. Ideell heißt in diesem Zusammenhang, dass soziales und emotionales Lernen stattfindet und sich die Erlebnisse in der Zukunftskonferenz auf das Denken und die persönlichen Einstellungen auswirken können. Hier spielen vor allem gruppendynamische Aspekte eine Rolle, die Teilnehmer lernen einen wertschätzenden Umgang miteinander – auch bei großen Unterschieden in ihren persönlichen Auffassungen. Der persönliche Kontakt mit Mitgliedern anderer Herkunftsgruppen, die im Alltag möglicherweise niemals direkt aufeinandertreffen würden, regt das gegenseitige Verständnis an und hilft beim Abbau von Vorurteilen. Im Rahmen der Konferenz entsteht ein starkes Gemeinschaftsgefühl, das gemeinsame »Durchleben der Achterbahn« stärkt die Zuversicht, dass es trotz unterschiedlicher Auffassungen übereinstimmende Ziele geben kann und es nach einem Tal auch wieder bergauf geht.

*Soziales und emotionales Lernen findet statt*

---

**Bei welchen Themen und in welchen Situationen ist die Zukunftskonferenz als Methode besonders geeignet und wirkungsvoll?**

- Es zeichnen sich Veränderungen ab, die Betroffenen selbst realisieren noch keinen akuten Veränderungsbedarf. An dieser Stelle unterstützt die Zukunftskonferenz dabei, die Teilnehmer »aufzurütteln« und für den Veränderungsbedarf zu sensibilisieren.
- Die Teilnehmer bearbeiten ein neues und komplexes Themenfeld, für das es bisher noch keine oder nur wenige ausgearbeitete Konzepte gibt. Hier sind insbesondere solche Themen lohnend, bei denen Veränderungen und heterogene Interessen die Entwicklung prägen.

- Die Führung strebt eine Neuausrichtung ihrer Organisation an, z. B. nach einer Fusion oder nach einer Umorientierung in der Marktpositionierung.
- Die Vertreter der Geschäftsleitung sind bereit, nach einer Einstimmung der Teilnehmer auf das Ziel der Veranstaltung, in den Hintergrund zu treten und sich in den Prozess zu integrieren.
- Die Meinungen und Perspektiven vieler unterschiedlicher Beteiligter sollen zusammenfließen. Die Initiatoren erwarten, dass hieraus ein besonderer Mehrwert erwächst.
- Die Eingeladenen verfügen über Handlungsspielräume im Themenfeld, das sie in der Konferenz bearbeiten. Sie können die Ideen für Zukunftsgestaltung aufgreifen und verantwortlich umsetzen. Die Teilnehmer unserer CRM-Konferenz arbeiteten in ihren Autohäusern alle in der direkten Kundenbeziehung. Damit hatten sie vielfältige Möglichkeiten, Konferenzideen aufzugreifen und im alltäglichen Kontakt mit dem Kunden umzusetzen. Nicht nur der Geschäftsführer war gefragt, sondern auch der Mitarbeiter im Teileverkauf oder der Servicetechniker.
- In einem Arbeitsbereich wird eine langfristige Perspektive gesucht. Zeit für eine ausführliche Betrachtung und die anschließende schrittweise Umsetzung ist vorhanden. Eine sehr langfristige Perspektive verfolgten z. B. die Bewohner der Stadt Weinsberg in ihrer Zukunftskonferenz mit der Frage: »Wie soll Weinsberg im Jahr 2030 sein, wie wollen wir hier leben, miteinander und dem Rest der Welt umgehen?«

## In welchen Situationen ist vom Einsatz einer Zukunftskonferenz abzuraten?

- Organisatorische Veränderungen stehen an, die sich auf die Zukunftsplanung nachhaltig auswirken würden. Beispielsweise sollte keine Zukunftskonferenz zur Arbeitssicherheit in der Produktion gemacht werden, wenn kurz darauf wesentliche Teile der Produktion ausgelagert werden sollen.
- Die Führungskräfte sind nicht bereit oder in der Lage, die Ergebnisse der Konferenz in der Umsetzung zu unterstützen. Sie stellen die erforderlichen Ressourcen an Zeit und Geld nicht zur Verfügung. Oder sie sind nicht bereit, den Mitarbeitern ausreichend Eigenverantwortung zum Mitdenken und Entwickeln eigener Ideen zu übertragen.
- Die Visionen und Strategien sind in der Führungsebene schon formuliert. Die Zukunftskonferenz ist nur als »Absicherungsveranstaltung« gedacht, um diese Strategien in einem erweiterten Kreis »nachzuformulieren«.
- Eine Teilgruppe hat bereits vor der Konferenz am Thema gearbeitet. Im Rahmen der Zukunftskonferenz soll das Thema erneut beleuchtet werden, ohne dass klar ist, was mit den vorherigen Ergebnissen aus der Teilgruppe passiert.
- Für die Herkunftsgruppen besteht zukünftig keine Notwendigkeit der Kooperation. Hier sind wahrscheinlich Zukunftskonferenzen innerhalb einzelner Herkunftsgruppen sinnvoller.

- Die Teilnehmer haben nicht ausreichend fachliches Know-how, um über das Thema der Zukunftskonferenz kompetent sprechen zu können. Das heißt natürlich nicht, dass jeder Teilnehmer einer Zukunftskonferenz von vornherein über alle Teilaspekte informiert sein muss. Aber dennoch gibt es Themen, die sich für einen derartigen Austausch nicht eignen oder Schulungen und Informationsveranstaltungen voraussetzen.
- Es besteht ein ganz dringender Handlungsbedarf. Kurzfristig sollen Maßnahmen ergriffen werden, um ein akutes Problem zu beseitigen. In diesem Fall sind andere Veranstaltungsformen empfehlenswerter, denn eine Zukunftskonferenz hat eine längere Perspektive, und die Teilnehmer bearbeiten nicht gezielt aktuelle Probleme.

**Welche Ziele lassen sich mit einer Zukunftskonferenz nicht erreichen?**

Es ist nicht möglich, mit einer Zukunftskonferenz ineffektive Führungskräfte zu kompensieren. Alle Formen von Großgruppenveranstaltungen brauchen starke Führungskräfte, die die richtigen Impulse in die Veranstaltung hineingeben und anschließend konsequent die Umsetzung der Ergebnisse vorantreiben.

Unterschiedliche Grundhaltungen und Wertvorstellungen

Eine Zukunftskonferenz kann nicht die unterschiedlichen Grundhaltungen und Wertvorstellungen der verschiedenen beteiligten Gruppen harmonisieren. Dieser Eindruck entsteht manchmal, denn viele Teilnehmer empfinden die Zusammenarbeit in einer solchen Veranstaltung als sehr harmonisch und erleben einen besonderen Dialog. Das eigentliche Ziel ist eher, gemeinsame Zukunftsperspektiven auch bei unterschiedlichen Grundhaltungen und Interessen zu entwickeln.

Skeptiker können nicht durch die Zukunftskonferenz überzeugt werden, aktiv zu werden. Selbst wenn in der Veranstaltung ein Euphoriegefühl entsteht, erfolgt die anschließende Umsetzung nicht automatisch. Sie ist wieder ein hartes Stück Arbeit, das viel Energie und Beharrlichkeit verlangt. Skeptiker resignieren da schnell.

Konfliktlösung nicht möglich

Eine Zukunftskonferenz kann keine Konflikte lösen. Die Teilnehmer sprechen Konflikte in der Phase des Rückblicks und der Gegenwartsbewertung an und nehmen sie wahr. Diese Themen werden anschließend jedoch nicht bearbeitet, sogar teilweise ausgeblendet. Die Teilnehmer richten ihre gesamte Energie in der Zukunftsgestaltung auf die Themen, die im Konsens angegangen werden können.

## 2.1.5 Nachhaltigkeit – statt Show und Strohfeuer

Da der Transfer in den Arbeitsalltag bereits vor der Veranstaltung beginnt, ist es sinnvoll, dass sich das Vorbereitungsteam überlegt, wie die Zukunftskonferenz in einen Entwicklungs- oder Veränderungsprozess eingebunden ist und mit welchen anderen Maßnahmen sie verknüpft werden soll.

Ein weiterer wichtiger Punkt betrifft die Dokumentation der Veranstaltung. Sie erfüllt 2 Funktionen: Nichtanwesende informieren und Anwesende erinnern. In welcher Form die Veranstaltungsinhalte dokumentiert werden, ist davon abhängig, welche Ziele man erreichen möchte. Ein **Fotoprotokoll** mit allen Ergebnissen auf Flipcharts, Pinnwänden oder Zeitbahnen reicht aus, um Anwesenden die Inhalte ins Gedächtnis zu rufen und als Grundlage für die Weiterarbeit an der Aktivitätenliste zu dienen. Gerade der Charakter eines Fotoprotokolls mit seiner 1:1-Dokumentation der echten Visualisierungen unterstützt optimal, die Ergebnisse lebendig zu halten. Für Nichtanwesende ist diese Form allerdings nur bedingt geeignet und sollte durch andere Dokumentationsformen ergänzt werden. **Videoaufzeichnungen** vermitteln auch Nichtanwesenden einen Eindruck von der Atmosphäre der Veranstaltung und bilden damit die ideale Ergänzung schriftlicher Formen wie Zeitungsberichten und Maßnahmenplänen. Besonders wirkungsvoll ist die **Kombination von Kurzberichten, Fotos, Interviews und Videosequenzen** im Intranet eines Unternehmens oder auf der Website der ausrichtenden Organisation.

*Dokumentation kann Spaß machen*

Ist die eigentliche Veranstaltung zu Ende, geht es darum, die verabredeten Maßnahmen tatsächlich in Angriff zu nehmen und alle Beteiligten über die Aktivitäten auf dem Laufenden zu halten. Weisbord und Janoff (2001) empfehlen 3 bewährte Follow-up-Strategien:

*Follow-up-Strategien*

### 1. Regelmäßige Koordinierungstreffen
Die ursprünglichen Teilnehmer der Zukunftskonferenz kommen für 4–6 h zusammen und erörtern den Stand der Umsetzung in Form von kurzen Präsentationen. Die Teilnehmer bewerten den Umsetzungsstand und können weitere Schritte aufeinander abstimmen.

### 2. Rundschreiben
Rundbriefe oder Mails informieren die Konferenzteilnehmer über den aktuellen Stand der Umsetzungsaktivitäten.

### 3. Websites
Sowohl Ablauf und Ergebnisse der Konferenz als auch laufend aktualisierte Infos der einzelnen Umsetzungsgruppen sind hier für alle Beteiligten abrufbar. In speziellen Foren besteht darüber hinaus für die einzelnen Umsetzungsgruppen die Möglichkeit, sich auszutauschen.

Wichtige Aufgabe des Planungsteams ist es, von vornherein einen Prozess festzulegen, wie die Zukunftskonferenz in einen gesamten Veränderungsprozess einzubetten ist.

Krummenacher (2006) hat am Beispiel der Zukunftskonferenz der Schweizer Gemeinde Horw eindrucksvoll deutlich gemacht, wie die Ergebnisse einer solchen Veranstaltung anhaltend in den Alltag überführt werden können. Ziel war, die verschiedenen Leitbilder zu Themen wie Alter, Naturschutz, Jugendpolitik, Familienbetreuung oder räumliche Entwicklung zu einem übergeordneten Leitbild zusammenzuführen. Das übergeordnete Leitbild sollte im Sinne einer visionären Strategie die Entwicklung der Gemeinde für die nächsten 10–20 Jahre aufzeigen. Das

*Beispiel: Zukunfts-konferenz der Schweizer Gemeinde Horw*

◘ **Tab. 2.3.** Zeitlicher Prozessverlauf rund um Zukunftskonferenzen. (In Anlehnung an Hinnen 2007)

| Was? | Dauer | Zeithorizont 1 | Zeithorizont 2 |
|---|---|---|---|
| 1. Treffen Planungsteam (Gesamtkonzept, Hintergründe und Prinzipien, Erwartungen und Erfolgsbedingungen) | 2 h | 4 Wochen | Vorbereitung: 2 Monate |
| Vorbereitungszeit | | | |
| 2. Treffen Planungsteam (Ablauf, Zeiten und Rahmenbedingungen) | 2 h | 4 Wochen | |
| Vorbereitungszeit | | | |
| Zukunftskonferenz | 2 Tage | 2 Wochen | |
| Kick-off-Sitzung der Arbeitsgruppen | 2 h | | Nachbereitung: 4 Monate |
| Arbeitsgruppen setzen um – Teil I | | 7 Wochen | |
| Boxenstopp | 2 h | | |
| Arbeitsgruppen setzen um – Teil II | | 7 Wochen | |
| Ergebniskonferenz | 1 Tag | | |

Vorbereitungsteam aus Repräsentanten unterschiedlichster Bereiche wie z. B. Bau/Planung/Hauseigentümer, Umwelt/Natur, Jugend/Kirche, Sport, Soziales etc. bereitete in Kooperation mit den Moderatoren die Großgruppenveranstaltung vor. In der 1,5-tägigen Konferenz entwickelten 200 Teilnehmer Vorschläge für Leitsätze zu Themen wie »Natur erhalten/Entwicklung in definierten Zonen« oder »Jugendförderung/-treffpunkt«, die anschließend vom Gemeinderat aufgenommen und in den Leitbildentwurf integriert wurden. Alle Teilnehmer der Zukunftskonferenz erhielten nun die Einladung zur sog. Ergebniskonferenz, die bereits ca. 2 Monate später stattfand und der rund 120 Personen folgten. In der Ergebniskonferenz unterzogen sie den Leitbildentwurf des Gemeinderates einer kritischen Prüfung und meldeten zurück, was sie begrüßen, welche Fragen sie haben und was sie kritisch sehen. Die wichtigsten Punkte wurden von allen Teilnehmern priorisiert und flossen in die Formulierung des neuen Leitbilds ein. Ungefähr 4 Wochen später lag das endgültige Leitbild der Gemeinde Horw allen Haushalten vor.

Dieses Beispiel illustriert die einzelnen Schritte im Prozessverlauf, der in ◘ Tab. 2.3 zusammengefasst ist.

## 2.1.6 Weiterentwicklung

Beispiel: Agenda 21

Eine große Rolle spielt die Zukunftskonferenz im Zusammenhang mit Aktivitäten rund um die Agenda 21. Bei der Agenda 21 handelt es sich um ein

»[...] entwicklungs- und umweltpolitisches Aktionsprogramm für
das 21. Jahrhundert, ein Leitpapier zur nachhaltigen Entwicklung,
beschlossen von 179 Staaten auf der ‚Konferenz für Umwelt und Entwicklung der Vereinten Nationen' (UNCED) in Rio de Janeiro (1992)«
(Wikipedia).

Sie wurde als Maßnahmenpaket vereinbart, das sich vor allem an internati-
onale Organisationen und nationale Regierungen wendet und gleichzeitig
alle nachgeordneten Ebenen auffordert, nach den vereinbarten Prinzipien
zu handeln. Jede Kommune der 179 unterzeichneten Staaten ist somit
verpflichtet, eine lokale Agenda 21 zu entwickeln. Derzeit haben 2600 Gemeinden in Deutschland beschlossen, eine lokale Agenda zu erarbeiten
(Wikipedia, Stand: 09/2006). Hier gilt das Motto »Global denken – lokal
handeln« – einer der Kerngedanken der Zukunftskonferenz.

Insofern hat sich die Zukunftskonferenz als geeignetes Instrument für
die lokale Umsetzung von Agendaprozessen bewährt. Viele Städte und
Kommunen haben zwischenzeitlich mithilfe dieser Methode den Prozess
zur Aufstellung einer lokalen Agenda eingeleitet. Als erste Gemeinde in
Deutschland hat Olching 1998 die Zukunftskonferenz erfolgreich eingesetzt. Auch heute noch – einige Jahre nach der sog. Wachstumsphase der
lokalen Agendaprozesse (1998–2002) – ist die Zukunftskonferenz in vielen
Städten und Gemeinden noch das »Mittel der Wahl«.

*Zukunftskonferenz ideal für lokale Umsetzung von Agendaprozessen*

Peking hat vom 15. bis 17.08.2006 seine erste Zukunftskonferenz
durchgeführt. Peking steht vor der Herausforderung, Zuwanderer aus länd-
lichen Regionen ins städtische Leben einzugliedern. Ziel dieses in China
einmaligen Prozesses war, Maßnahmen zu erarbeiten, die eine bessere Integration ländlicher Migranten in die städtische Gesellschaft ermöglichen.
Lokale, nichtstaatliche Organisationen hatten die Konferenz ins Leben
gerufen und Regierungsorganisationen, -organe, gemeinnützige Organisationen, Anwälte, Sozialarbeiter, inoffizielle Vertreter der Wanderarbeiter,
Betroffene und Bürger aus unterschiedlichen Stadtteilen versammelt. Ein
Vertreter der Stiftung MITARBEIT Bonn moderierte die Veranstaltung
(http://www.mitarbeit.de).

Hannes Hinnen ist ein prominenter Anwender der Methode der Zukunftskonferenzen und hat 5 Thesen zu dieser Methode formuliert, die
auch für andere Großgruppenmethoden gelten:

Zukunftskonferenzen sind:
- Ausnahmezustände
- Basis für kollektive Weisheit
- Plattform für das Individuum und die Gemeinschaft auf mehreren
  Ebenen
- Anlass, das Wesentliche vom Unwichtigen zu unterscheiden
- Spiegel eines Systems

### Interview mit Zukunftskonferenz-Experte Hannes Hinnen

Hannes Hinnen ist Gründungspartner der frischer wind, AG für Organisationsentwicklung. Er hat selbst über 100 Zukunftskonferenzen durchgeführt und ist Dozent für Großgruppenverfahren. Homepage: http://www.frischerwind.com

#### Wie sind Sie mit der Methode Zukunftskonferenz in Kontakt gekommen?

In meinem Leben war ich in sehr unterschiedlichen Führungspositionen. Als Geschäftsführer einer kritischen Zeitschrift habe ich Journalisten geführt. Denen kann man nicht einfach sagen, was sie zu tun haben, sondern ich musste sie so überzeugen, dass sie es selbst herausfinden. Das hat mich sehr geprägt. 1996 war ich Geschäftsführer eines Musikhauses mit vielen Filialen. Wir mussten uns für die Zukunft neu ausrichten. In diesem Prozess habe ich das Buch von zur Bonsen gelesen, und das hat mich umgehauen. Sofort habe ich mit ihm die erste Zukunftskonferenz durchgeführt.

#### Was hat Sie spontan an der Methode Zukunftskonferenz fasziniert?

Ich glaube, in der heutigen Gesellschaft können wir nur noch führen, wenn wir die Leute in die Entscheidungsfindung mit einbeziehen. Meine tiefe Überzeugung ist, Identifikation geschieht über Partizipation, und in Zukunftskonferenzen wird das möglich.

#### Was sind typische Fragestellungen?

Wie können wir einen Konsens entwickeln in ganz bestimmten Themenbereichen? Das kann strategische Stoßrichtungen haben, das kann eine Leitbildentwicklung sein. Aber es geht immer darum, mit den Leuten partizipativ eine gemeinsame Sichtweise zu entwickeln. Im Gegensatz zu Marvin Weisbord und Sandra Janoff arbeite ich auch zunehmend mit Konfliktthemen in Großgruppen und stelle fest, das funktioniert.

#### Für welche Auftraggeber arbeiten Sie vorwiegend?

Da sind wir eher in einer Sondersituation, weil wir in einem kleinen Markt in der Schweiz arbeiten. Wir sind zunehmend im öffentlichen Bereich tätig, aber auch für Wirtschaftsunternehmen.

#### Wie stehen Sie zum Thema »Macht in der Großgruppe«?

Macht ist ja grundsätzlich nichts Schlechtes. Wenn durch einen solchen Entwicklungsprozess die Macht der Führung steigt, dann ist es noch nicht schlecht. Die Problematik ist die Ohnmacht oder der Machtmissbrauch. Und in Unternehmen stelle ich sehr oft fest, dass in Führungsbereichen Ohnmacht herrscht. Wenn jetzt eine Zukunftskonferenz die Macht der Führung stärkt, ohne dass sie in Machtmissbrauch ausartet, dann ist das durchaus okay. In einer Zukunftskonferenz oder in anderen partizipativen Großgruppenkonferenzen gibt man auch ein bisschen Macht ab. Und dieses Machtabgeben stärkt manchmal auch die eigene Macht. Das bedeutet natürlich, dass der Auftraggeber in seinem Inneren von Partizipation überzeugt sein muss.

#### Was begeistert die Menschen in einer Zukunftskonferenz?

Es ist zum einen die Vernetzung untereinander, miteinander sprechen zu können. In der Zukunftskonferenz mische ich die Leute immer wieder von Arbeitsschritt zu Arbeitsschritt neu, und das schätzen die Leute. Da sitzen sie plötzlich mit Menschen zusammen, zu denen sie bis zu diesem Tag Vorurteile gehabt haben, und stellen fest, dass diese Vorurteile plötzlich weg sind. Sie sprechen über alle

Hierarchien hinweg miteinander. In den Gruppen diskutieren die Leute plötzlich auf gleicher Augenhöhe miteinander. Der zweite Punkt ist das, was manche »kollektive Weisheit« nennen. Ich habe schon oft in Zukunftskonferenzen erlebt, dass Lösungen erarbeitet wurden, die sich kein Teilnehmer vorher vorstellen konnte. Das gelingt nicht immer, aber häufig und macht meist auch den Flow aus.

**Was finden Sie bedenklich oder kritisch an dieser Methode?**
Das Schwierigste an dieser Methode sind die Moderatoren. Wir müssen die Inhalts- und Ergebnisverantwortung strikt voneinander trennen. Immer wenn wir meinen, dass wir als Moderatoren gescheite Lösungsansätze entwickeln müssen, ist das falsch. Ich nehme mich in der Prozessbegleitung, in der Moderation ganz stark zurück, weil nicht ich im Vordergrund stehe, sondern die Leute.

**Wie wird die Methode Zukunftskonferenz weiterentwickelt werden?**
Menschen akzeptieren heutzutage immer weniger Fremdbestimmung. Die Sehnsucht nach Eigenverantwortung, nach Mitbestimmung und Selbstverwirklichung wird immer größer, vor allem auch bei Führungskräften. In Zukunftskonferenzen erleben sie, wie man eigenverantwortlich miteinander arbeiten kann.
Ressourcenverknappung und Sparen führen mehr und mehr zu Konflikten. Wir gehen heute Konflikte vielleicht schneller an als noch eine Generation zuvor, und ich denke, dass in diesen Großgruppenformaten der Umgang mit Konflikten zunehmen wird.

## Weiterführende Literatur zur Zukunftskonferenz

Weisbord M, Janoff S (2001) Future Search. Die Zukunftskonferenz. Wie Organisationen zu Zielsetzungen und gemeinsamem Handeln finden. Klett-Cotta, Stuttgart
http://www.futuresearch.net – Marvin Weisbord und Sandra Janoff sind Begründer der Methode Zukunftskonferenz und Mitinitiatoren dieses internationalen Netzwerks. Es enthält viele Beispiele von erfolgreichen Projekten.

## 2.2 Open Space – Die Kaffeepause zur Konferenz machen

Soll ich zu diesem Thema oder zu dem anderen? Ach, da drüben sind die netteren Leute. Eigentlich hätte ich ja mehr Lust, in der Lounge ein kühles Blondes zu trinken und die Beine auszustrecken, und da gibt's immer was zu gucken. Hey, was haben die denn da hinten auf ihre Pinnwand geschrieben? Das guck ich mir erst mal an. Ich kann ja später noch ...' (Innerer Monolog eines Teilnehmers beim Open Space)

### 2.2.1 Entwicklung, Urheber

Das Großgruppenverfahren Open Space geht auf den Amerikaner Harrison Owen zurück und wurde 1985 erstmals angewendet. In Deutschland fanden die ersten Open-Space-Veranstaltungen 1996 statt.

Wie kam es dazu? Bei einer klassisch organisierten Konferenz mit 250 Teilnehmern hatte Owen 1983 Folgendes beobachtet (vgl. Owen 1997): Die Teilnehmer schienen während der Vorträge und Diskussionen oft träge und gelangweilt zu sein. Einige wirkten abwesend, beschäftigten sich mit Kleinigkeiten wie ihrem Terminplaner oder führten leise Seitengespräche, nur wenige beteiligten sich an den Diskussionen. In den Kaffeepausen allerdings war das völlig anders. Jetzt unterhielten sie sich angeregt, waren engagiert und interessiert, tauschten sich zielgerichtet aus. Hier entstanden offenbar die besten Ideen.

Daraufhin stellte sich Owen die Frage, wie er die Dynamik einer Kaffeepause auf die ganze Konferenz übertragen könne, um sie für effektives Arbeiten und noch bessere Ergebnisse zu nutzen. So entwickelte er den Gedanken, eine ganze Konferenz nach den Regeln der Kaffeepause zu organisieren. Jeder kann mit jedem anderen Teilnehmer sprechen, und zwar über das Thema, das ihn persönlich am meisten interessiert. Wenn es nichts mehr zu besprechen gibt, können die Menschen ihren Workshop verlassen, neue Gesprächspartner suchen oder zum Buffet gehen. Owen wollte damit ein Konferenzdesign entwickeln, bei dem die Teilnehmer mit ihrem Wissen und mit ihrer Kreativität, ihrem Engagement und ihrem Verantwortungsgefühl im Mittelpunkt stehen. Die Teilnehmer entwerfen selbst die Agenda, steuern die Diskussionen in ihren Workshops und dokumentieren die Ergebnisse. Owen war überzeugt, dass Menschen sich selbst organisieren können – schließlich taten sie das während der Kaffeepausen auch.

Inzwischen hat sich Open Space als eines der bekanntesten – wenn nicht sogar als das bekannteste – Großgruppenverfahren etabliert. Das führt zu einer inflationären Verwendung des Begriffs: Open Space wird häufig als Synonym für Großgruppenveranstaltung verwendet. Wenn also ein potenzieller Kunde an Sie herantritt, um eine Open-Space-Veranstaltung zu buchen, kann es sein, dass er ganz allgemein eine Großgruppenveranstaltung im Sinn hat.

*(Randnotiz: Dynamik der Kaffeepause nutzen)*

*(Randnotiz: Open Space wird häufig als Synonym für Großgruppenveranstaltung verwendet)*

### 2.2.2 Kerngedanken der Methode

Open Space (offener Raum, Freiraum) nutzt das Modell eines typischen »Dorfmarktplatzes«, um die Veranstaltung zu strukturieren. Für die Startphase setzen sich die Teilnehmer in einen Stuhlkreis, der meist aus mehreren Reihen besteht. Der Kreis bildet damit das zentrale Element und symbolisiert, dass Beiträge von jedem Teilnehmer erwünscht sind. Hierarchie, Berufsfeld oder Abteilung spielen keine Rolle. Open Space ist damit eine kreative und offene Methode, gleichzeitig ist es das teilnehmerorientierteste unter den gängigen Großgruppenverfahren.

Es werden keine Themen oder Handlungsfelder für die Bearbeitung vorgegeben. Die Verantwortlichen für die Veranstaltung formulieren lediglich das Leitthema oder eine Fokusfrage und laden die Teilnehmer ein. Dieses übergeordnete Leitthema führt die Menschen zusammen, jede Person ist bedeutend. Bei einem Open Space in seiner ursprünglichen Intention nehmen nur die Menschen daran teil, die sich wirklich für das Thema

*(Randnotiz: Kreis als zentrales Element)*

interessieren und bereit sind, persönliche Verantwortung zu übernehmen. Keiner wird zur Teilnahme gezwungen. Leidenschaft und Verantwortung sind die 2 wesentlichen Säulen, auf denen eine Open-Space-Veranstaltung fußt. Ohne Leidenschaft ist keiner wirklich am Thema interessiert, ohne Verantwortung bewegt sich nichts. Owen (1997) fasst seine Intention wie folgt zusammen:

> »For Open Space Technology to work, it must focus on a real business issue that is of passionate concern to those who will be involved.«

Der Moderator gestaltet den Veranstaltungsrahmen, achtet auf die Zeiteinhaltung, stellt das erforderliche Material zur Verfügung und sorgt damit dafür, dass die Gruppen gut arbeiten können. Die Teilnehmer übernehmen die Verantwortung für die Inhalte, die Workshopergebnisse und die Dokumentation. In einer Open-Space-Veranstaltung sind die Spielregeln einfach und ungewöhnlich. Sie stellen allerdings unser Verständnis von üblichen Abläufen eher auf den Kopf. Es gelten 2 Säulen, 4 Leitlinien und 1 Gesetz.

*Leidenschaft und Verantwortung*

---

**2 Säulen, 4 Leitlinien, 1 Gesetz (in Anlehnung an Owen 1997)**
**2 Säulen:**
**Leidenschaft und Verantwortung.** Beides brauchen die Teilnehmer zur aktiven Gestaltung: Leidenschaft, die sie mobilisiert, und Verantwortungsgefühl, das die Umsetzung voranbringt.

**Leitlinie 1:**
**Wer immer kommt, ist die richtige Person.** Es zählt nicht, wie viele oder welche Menschen kommen, sondern es geht [Spielregeln für den Open Space]darum, mit Interesse und Motivation an diesem Thema zu arbeiten. Jeder gilt, hierarchieunabhängig, als Experte zur Problemlösung. Die Anwesenden sollen etwas zum Thema sagen können und wollen.

**Leitlinie 2:**
**Was immer geschieht, ist das Einzige, was geschehen kann.** Wirkliches Lernen und tatsächlicher Fortschritt können nur stattfinden, wenn die Teilnehmer ihre »Schranken im Kopf« und konventionelle Erwartungen überwinden. Aufgeschlossenheit gegenüber unerwarteten Ideen ist gefordert!

**Leitlinie 3:**
**Es startet immer zur richtigen Zeit.** Kreativität und Inspiration lassen sich nicht verordnen und richten sich nicht nach der Zeit. Wann immer Ideen und Visionen entstehen, sind sie willkommen.

**Leitlinie 4:**
**Wenn es vorbei ist, ist es vorbei.** Wenn die produktive Zeit vorüber und die Aufgabe erledigt ist, sollte abgebrochen werden. Geplante Zeit

▼

> bis zum Ende zu nutzen, führt häufig dazu, dass die Gruppe sich im Kreis dreht.
>
> **Gesetz der 2 Füße:**
> Dieses Gesetz fordert dazu auf, mit Überzeugung für die eigenen Ideen einzutreten! Wenn ein Teilnehmer feststellt, dass er weder etwas beitragen noch etwas lernen kann, sollte er seine »beiden Füße benutzen« und eine andere Arbeitsgruppe aufsuchen. Diese Regel ist das einzige »Muss« in der gesamten Veranstaltung.

Die Grundregeln des Open Space fördern eine hierarchieübergreifende Kommunikation, bei der das Wissen aller Teilnehmer einfließen kann. Jeder Einzelne hat die Chance, sich einzubringen und von anderen zu lernen, dafür ist er selbst verantwortlich.

### Gesetz der 2 Füße

Nach Owen (1997) hat das »Gesetz der 2 Füße« 2 wichtige Auswirkungen:

#### 1. Dauerredner werden diszipliniert

Bei langatmigen Monologen oder uninteressanten Ausführungen können Teilnehmer den Workshop verlassen. Diese Aussicht führt bei Dauerrednern und Besserwissern dazu, sich selbst disziplinierter zu verhalten und den übrigen Teilnehmern mehr Raum zu geben.

#### 2. Jeder Teilnehmer ist für die Qualität des Lernens oder seines Beitrags selbst verantwortlich

Statt höflich sitzen zu bleiben, sich zu ärgern und seine Zeit zu vergeuden, kann jeder Teilnehmer selbst entscheiden, ob er bleiben oder gehen möchte. Die Anwesenden können mit Interesse an ihrem Thema weiterarbeiten, ohne dass gelangweilte Miene, Demotivation oder Ärger drohen, die Stimmung zu verderben. Die Qualität der Arbeit steigt, unproduktives Arbeiten wird vermieden.

»Hummeln« und »Schmetterlinge«

Das »Gesetz der 2 Füße« trägt dazu bei, dass unter den Open-Space-Teilnehmern 2 unterschiedliche Typen ausgemacht werden können: »Hummeln« und »Schmetterlinge«. Mit ihrer jeweiligen Haltung verleihen sie der Veranstaltung eine ganz eigene Dynamik.

»**Hummeln**« nehmen das »Gesetz der 2 Füße« sehr ernst und machen regen Gebrauch davon. Sie bleiben so lange in einem Workshop, wie sie etwas beitragen oder lernen können. Dann gehen (oder besser: »fliegen«) sie zum nächsten Workshop und bringen dort ihre Gedanken und Anregungen direkt ein. Vergleichbar mit ihren Namensgebern in der Natur nehmen sie Ideen und Erkenntnisse wie Pollen in der einen Gruppe auf, tragen sie weiter in die nächste Arbeitsgruppe und setzen sie dort ab. Dadurch findet eine gegenseitige Befruchtung statt.

»**Schmetterlinge**« hingegen sind völlig anders. Oftmals nehmen sie an keiner Arbeitsgruppe teil – man findet sie am Büffet, beim Kaffeetrinken in einer gemütlichen Ecke, an Stehtischen oder draußen. Auf den ersten Blick ist ihr Beitrag zur Veranstaltung schwer auszumachen, sie flattern nur herum. Und gerade darin liegt ihr Nutzen: Sie schaffen einen Bereich der Inaktivität. Sie stören arbeitende Gruppen nicht und sprechen dennoch oftmals vorbeikommende Personen einfach an. Dadurch entwickeln sich scheinbar völlig ungeplant bedeutsame Gespräche. Möglicherweise erhalten Teilnehmer gerade dadurch wichtige Anregungen für laufende Workshops.

Im deutschsprachigen Raum gibt es einen großen Anteil sehr engagierter Teilnehmer, die im Workshop zu ihrem Thema wichtige Beiträge liefern, diskutieren und mitgestalten. Die Neigung, vom »Gesetz der 2 Füße« Gebrauch zu machen, ist jedoch oft eher gering ausgeprägt. Manche Teilnehmer wechseln, die meisten bleiben jedoch bis zum Ende des Blocks in dem Workshop, für den sie sich entschieden haben.

Ein kleinerer Teil ist zunächst unentschlossen, geht aber dann doch in einen Workshop, auch wenn ihm das Thema nicht unbedingt »unter den Nägeln brennt«. Es ist häufig zu beobachten, dass diese Teilnehmer sich in der Diskussion eher zurückhalten und wenige Beiträge liefern. Dennoch verbleiben sie meist bis zum Ende in ihrer Gruppe, ohne sonderlich aufzufallen oder negative Stimmung zu verbreiten.

Über die Ursachen lässt sich spekulieren: Hat es etwas mit unserer Mentalität und Sozialisation zu tun? Liegt es an der jeweiligen Unternehmenskultur? Kann man sich als Mitarbeiter in Zeiten knapper Arbeitsplätze solche Freiheiten nicht mehr leisten?

Wer macht Gebrauch vom »Gesetz der 2 Füße«?

Dabei ist wichtig, sich Folgendes vor Augen zu führen: Die Teilnahme an Open-Space-Veranstaltungen in Organisationen ist meist nicht ganz freiwillig – von den Mitarbeitern wird erwartet, dass sie teilnehmen. Gleichzeitig setzt die Unternehmensleitung ein gewisses Engagement voraus. Dem wird offensichtlich entsprochen, indem die weniger engagierten Teilnehmer zumindest in die Workshops gehen und nicht als »Schmetterlinge herumflattern«. Dennoch liefert das »Gesetz der 2 Füße« meist auch hier einen wichtigen Beitrag für gute Ergebnisse. Selbst wenn die Teilnehmer kaum Gebrauch davon machen, wissen sie, dass grundsätzlich die Möglichkeit besteht, den Workshop zu verlassen. Das trägt insgesamt zu einem höheren Engagement bei.

**Aufgabe des Moderators**

Dem Moderator kommt im Open Space die Aufgabe zu, einen sicheren Rahmen zu schaffen, in dem die Teilnehmer arbeiten können. Alle Teilnehmer sind gleichberechtigt, jeder entscheidet eigenverantwortlich, ob und welches Thema oder welchen Beitrag er einbringen möchte. Den größten Part hat der Moderator damit in der Einführungsphase bis zur Eröffnung des Marktplatzes. Während der Arbeitsphasen sollte er zwar präsent und für alle Teilnehmer erreichbar sein, sich inhaltlich allerdings heraushalten. Ansonsten greift der Moderator nur dann in den Prozess ein, wenn die Leitlinien oder das »Gesetz der 2 Füße« missachtet werden. Meist reicht ein kurzer Hinweis auf dieses Gesetz, wenn z. B. der Eindruck entsteht, dass die Teilnehmer sich nicht trauen, zwischen den Workshops zu wechseln.

### 2.2.3 Typischer Ablauf

Open-Space-Veranstaltungen dauern zwischen 1 und 3 Tagen – je nach Teilnehmerzahl und Komplexität des Themas. Bis zu 1000 Teilnehmer einer Organisation haben in Europa bereits an Open-Space-Veranstaltungen teilgenommen. Dem Grundgedanken des Open Space folgend, erarbeiten die Teilnehmer die Agenda selbst. Der Ablaufplan für den ersten Tag gestaltet sich in der Regel wie in ❏ Abb. 2.3 dargestellt. Am zweiten Tag beginnen die Workshopeinheiten dann bereits nach einer kurzen Morgenankündigung, der dritte Tag steht ganz im Zeichen der Ergebnissicherung.

**Teilnehmer erarbeiten Agenda selbst**

In Anlehnung an den »Open Space« – den offenen Raum – starten die Teilnehmer in einem gemeinsamen Stuhlkreis (❏ Abb. 2.4). Der Veranstaltungsraum muss daher ausreichend groß sein, damit alle Teilnehmer im gemeinsamen Kreis Platz finden, der meist aus mehreren Reihen besteht.

**Stuhlkreise als bestimmende Sitzordnung**

Stuhlkreise sind insgesamt die bestimmende Sitzordnung. Da sich Plenum und Gruppenarbeitsphasen abwechseln, werden viele weitere nutzbare kleinere Räume oder Bereiche benötigt (z. B. im Foyer, im Garten o. Ä.). Hier können die Gruppen in ihren Workshopphasen ungestört arbeiten. Pinnwände und Flipcharts sowie ausreichend Moderationsmaterial müssen zur Verfügung sein. PCs oder Notebooks für die Verarbeitung und Dokumentation der Gruppenergebnisse können im Veranstaltungsraum selbst oder in einem geeigneten nahe gelegenen Raum bereitstehen. Auch die

■ **Abb. 2.3.** Ablauf Open Space

■ Abb. 2.4. Räumliche Anordnung im Open Space

Verpflegung kann im Veranstaltungsraum selbst aufgebaut sein, sofern die Gegebenheiten vor Ort dies zulassen.

Das Anschlagbrett bzw. die Nachrichtenwand im Veranstaltungsraum dient dazu, wichtige Anliegen bekannt zu machen, und hat grundlegenden Informationscharakter. Die Nachrichtenwand sollte für alle gut zugänglich sein.

Zu Beginn der Veranstaltung existieren nur ein Leitthema und viele freie Wände. Insbesondere in der Startphase kommt es darauf an, dass es dem Moderator gelingt, die Teilnehmer in Schwung zu bringen. Die erste Stunde einer Open-Space-Veranstaltung stellt die Weichen für einen erfolgreichen Verlauf.

In der ursprünglichen Form des Open Space nach Owen führt der Moderator zum Thema hin und erläutert die Fokusfrage. Häufig ist es allerdings sinnvoll, dass der Initiator der jeweiligen Veranstaltung diese Aufgabe übernimmt. Die Fokusfrage ist für alle Teilnehmer sichtbar auf großen Plakaten visualisiert. Der Initiator stellt dar, weshalb diese Fragestellung wichtig ist, welches Ziel dahintersteht und was sich die Organisation durch die besondere Form der Veranstaltung erhofft. Mit einem engagierten Vortrag nimmt er die Teilnehmer mit und fordert sie auf, über den Tellerrand hinauszuschauen. Am besten gelingt dies, wenn er in den Kreis hineintritt und in freiem Vortrag mit den Teilnehmern in Kontakt kommt. Das freie Reden im Innenkreis ist für viele Führungskräfte zunächst etwas ungewohnt, da sie zwangsläufig einigen Teilnehmern den Rücken zuwenden müssen. Dies trägt allerdings dazu bei, dass der Redner idealerweise abwechselnd Blickkontakt mit möglichst vielen Teilnehmern sucht und dafür den Innenkreis langsam abgeht. Das macht den Vortrag dynamischer und symbolisiert Beweglichkeit.

Von besonderer Bedeutung für den Erfolg eines Open Space ist die Auswahl des Leitthemas bzw. die Formulierung der übergeordneten Fokusfrage. Hierin müssen sich die beiden Säulen »Leidenschaft« und »Verantwortung« widerspiegeln. Auf die richtige Mischung kommt es an: Die Fragestellung sollte dabei möglichst offen sein, um den Teilnehmern den Weg zu bahnen, ihre eigenen Themen einzubringen. Eine eingeschränkte, zu detaillierte Fragestellung (z. B. »Wie sollte die Organisation des Vertriebs in Zukunft aussehen?«) bremst das Engagement der Teilnehmer. Ein zu weit gefasstes Leitthema führt dazu, dass Themen aufgegriffen werden, die der Auftraggeber nicht bereit ist anzupacken (z. B. »Wie machen wir unser Unternehmen zukunftstauglich?«, wenn es nur um den Vertrieb geht).

Manchmal haben in einer Organisation nur die Führungskräfte Leidenschaft für das Thema, manchmal auch Druck. Wenn die Beteiligten es (noch) nicht als ihr Leitthema erleben, weil es ggf. zu weit in der Zukunft liegt oder es nicht mit ihren Interessen in Einklang zu bringen ist, besteht folgende Gefahr: Die generierten Themen werden nicht mit dem identisch sein, was sich die Führung erhofft hat, und sie werden oft nicht mit der nötigen Umsetzungsverantwortung vorangetrieben.

Wir haben Ihnen in der folgenden Übersicht eine Auswahl an Fokusfragen aus der Praxis zusammengestellt, an denen Sie sich bei der Formulierung Ihres Leitthemas orientieren können:

*Auf die richtige Fragestellung kommt es an*

> **Beispiel**
> **Fokusfragen aus der Praxis**
> - Wie können wir uns als Provider für den gesamten Konzern profilieren? (IT-Abteilung eines Tochterunternehmens der Sparte Chemie eines industriellen Großkonzerns)
> - Was können wir tun, um unser Unternehmen fit für die Zukunft zu machen? (IT-Unternehmen)
> - In welchen Handlungsfeldern muss der Vertrieb Deutschland aktiv werden, um auch in Zukunft erfolgreich zu sein? (Vertrieb eines Automobilkonzerns)
> - Wie heben wir das Qualitätsniveau im Bereich der Fahrgestellfertigung an? (Automobilkonzern)
> - Wie sollte sich unser Unternehmen positionieren, um auch in 5 Jahren profitabel zu sein? (weltweite Autovermietung)
> - Welche Themen sind für die Zukunft der Vertriebs-GmbH besonders wichtig? (Vertrieb eines Unternehmens der Haushaltschemie)
> - Was muss aus Ihrer Sicht aufgenommen werden, damit das Leitbild nach innen und außen zukunftsweisend ist? (Entsorgungsunternehmen)
> - Unsere Kunden und wir – Wie kann unser gemeinsamer Weg in die nächsten Jahre aussehen? (Bereich Prävention einer Berufsgenossenschaft)
> - Wie können wir Beratung im Arbeitsschutz umsetzen und verstärken? (Berufsgenossenschaft)
> - Wie wollen wir gemeinsam und kreativ unsere Zukunft gestalten? (Bereich Prävention einer Berufsgenossenschaft)
> - Wie setzen wir das Modell zur integrativen Förderung Hochbegabter praktisch um? (öffentliche Stiftung)
> - Welche Ziele wollen wir als Kreiselternbeirat in den kommenden 5 Jahren erreichen? (Elternbeirat eines Landkreises)

Fokusfragen aus der Praxis

Jetzt ist der Moderator gefordert: Er erläutert die für den Open Space maßgebenden Regeln und sozialen Normen. Hierbei kommt es besonders darauf an, bei den Teilnehmern Leidenschaft und Verantwortung für ihre Themen zu wecken. Der Moderator schafft einen Rahmen, der es den Teilnehmern erleichtert, ihre Themen zu nennen, um anschließend eigenverantwortlich daran zu arbeiten. Owen (1997) bereitet seine Teilnehmer gezielt darauf vor, überrascht zu werden. Er sagt:

> »If at the end of our time together you find yourself walking out with just what you walked in with, you will have wasted your time. It is a common experience in Open Space that our precious agendas are trashed. While this experience in Open Space may be painful, it is not without benefit, for when our old agendas depart, new ideas may emerge. So do yourself a favour, trash that agenda right now. Or at the very least get ready to. Be prepared to be surprised!"

Während dieser Phase ist durchgängig die größte Energie im Raum zu spüren. Wenn der Moderator den Teilnehmern hier aus dem Herzen spricht, ist ein wichtiger Schritt im Open Space getan.

Energie im Raum spürbar

Nun ein Vorschlag für die mögliche Einleitung eines Open Space, die mehrfach in der Praxis erprobt ist und sich bewährt hat. Natürlich ist dabei jeder von Ihnen aufgefordert, für sich zu prüfen, inwiefern die Wortwahl der eigenen entspricht und übernommen werden kann:

❯ **Beispiel**
**Wie entsteht die Tagesordnung?**
»Wir haben uns in einem Kreis mit seiner spezifischen Energie zusammengesetzt, da dies die Urform jeder Besprechung war und ist. Schon unsere Vorfahren und die meisten Naturvölker haben sich in einem Kreis zusammengesetzt, wenn sie gemeinsam über die Themen der Zukunft beraten wollten.
Was braucht es dazu?
- Die richtige Fragestellung,
- Leidenschaft für ein Thema und
- Verantwortung, meine Gedanken und Ideen mit anderen zu teilen.

Der Endzustand wird folgendermaßen aussehen: Hier im Raum verteilt und in den angrenzenden Gruppenräumen werden sich viele kleine Gruppen befinden, die heftig über die Themen der Zukunft diskutieren, sich anregen, Ideen entwickeln und diese visualisieren. Das Ganze in einer Atmosphäre der Freude und des Arbeitens.
Wie kommen wir dahin? Eine alte Weisheit besagt, dass die wirklich wichtigen Themen einer Organisation in den Pausen besprochen werden. Also muss es uns gelingen, die Pausenthemen unter der Leitfrage ‚…‘ zu unseren Workshopthemen zu machen. Die Führung gibt kein Thema vor, sondern Sie als Experten werden die wirklich wichtigen Themen selbst benennen und daran arbeiten.
Was brauchen wir dazu als Erstes? Wir brauchen Themengeber! Was ist deren Aufgabe? Die Aufgabe der Themengeber ist, ein Thema zu nennen, zu dem es sich lohnt, mit den anderen Teilnehmern zu diskutieren. Ein Thema, das die Zukunft beeinflussen kann. Der Themengeber stößt somit ein Thema an, und damit ist seine wichtigste Aufgabe erledigt.
Wie geht das praktisch? Wenn Sie ein Thema haben, kommen Sie zu mir in die Mitte und schreiben es als Stichwort auf einen Plakatkarton. Notieren Sie Ihren Namen dazu und erläutern Sie kurz, weshalb Sie dieses Thema mit den Teilnehmern diskutieren möchten. Dann pinnen Sie es an die entsprechende Stelle an der Zeit-/Raumtafel und nehmen wieder Platz. Dies geht so lange, bis wir die wichtigsten Zukunftsthemen zu unserer Leitfrage gefunden haben.
Jetzt braucht es Leidenschaft für ein Thema, Mut, es zu äußern, und Verantwortung, es in den Kreis zu bringen. Wer ein Thema nennen möchte, kommt in die Mitte, und es beginnt.«

*Zur Themensammlung hinführen*

---

Es kann nach der Aufforderung des Moderators je nach Teilnehmergruppe unterschiedlich lange dauern, bis der erste Teilnehmer aufsteht und sein Thema nennt. Meist ist diese Phase aber nicht länger als 1 min, die dem Moderator natürlich viel länger erscheinen kann. Vielleicht werden Sie

an dieser Stelle befürchten, es könnte gar kein Teilnehmer aufstehen, weil keine Themen im Raum sind. Das haben wir bislang noch nicht erlebt. Es ist auch nicht zu erwarten, da die meisten Menschen gerne etwas beitragen und in einer solchen Veranstaltung die Chance sehen, ihr Thema mit anderen Teilnehmern zu diskutieren.

Sollte wider Erwarten nach 3–4 min noch kein Themengeber in die Mitte des Kreises getreten sein, kann folgende Anregung es den Teilnehmern erleichtern, ihr Thema zu benennen:

> ❯ **Beispiel**
>
> **Was tun, wenn zunächst kein Teilnehmer ein Thema nennt?**
> »Manchmal ist es gar nicht so leicht, auf Anhieb ein Thema zu nennen und das, was einem am Herzen liegt, in wenige Worte zu fassen. Ich möchte Ihnen daher jetzt Gelegenheit geben, 2 min lang mit Ihrem direkten Nachbarn die Köpfe zusammenzustecken und miteinander zu ‚murmeln'. Tauschen Sie sich über das aus, wofür Sie sich gerne einsetzen möchten und was Sie bewegt. Anschließend werde ich nochmals zur Themensammlung aufrufen, und Sie haben dann Gelegenheit, hier nach vorne zu kommen und Ihr Thema aufzuschreiben.«

*Notfallmaßnahme*

In der anschließenden Phase der Themensammlung kommt es darauf an, den allgemeinen Geräuschpegel niedrig zu halten, damit alle Teilnehmer die vorgeschlagenen Themen und Namen der Themengeber hören können. Beides schreiben die Themengeber auf große Plakate und kündigen an: »Mein Name ist …, mein Thema ist …« Das führt automatisch dazu, dass Teilnehmer ihr eigenes Thema nicht mehr nennen müssen, wenn es bereits

**Ritual der Themenfindung**

von einer anderen Person vorgeschlagen wurde. Die Anzahl der Themen wächst dabei nicht proportional zur Teilnehmerzahl, sondern bleibt weit darunter. Indem der Themengeber seinen Namen notiert, fühlt er sich automatisch seinem Thema stärker verpflichtet. Den Namen des Themengebers zu hören und zu lesen, gibt den Teilnehmern Orientierung und hilft bei der späteren Auswahl der Workshops, an denen sie mitarbeiten möchten. Es entsteht somit eine deutlich sichtbare Verbindung zwischen Person und Workshopthema.

Nach seiner Ankündigung im Plenum wählt der Themengeber eine Zeit und einen Raum aus und hängt sein Plakat in das entsprechende Feld der Zeit-Raum-Tafel (◘ Abb. 2.5). Innerhalb von kurzer Zeit – meist 15–30 min – wird auf diese Weise die Agenda gemacht.

Sinn und Zweck dieses Rituals der Themenfindung ist, dass nur wirklich wichtige Themen vorgeschlagen werden, die den anwesenden Beteiligten am Herzen liegen. Die Aufmerksamkeit und Spannung kann durch das ritualisierte Vorgehen gehalten werden.

**Wie werden Führungskräfte in den Prozess der Themenfindung integriert?**

Wenn sich die Zeit-Raum-Tafel langsam füllt, ist eine aktivierende Unruhe im Raum zu spüren. Der Moderator achtet darauf, dass auch jetzt noch jeder Teilnehmer die Chance bekommt, sein Thema zu nennen. In diesem Zusammenhang kommt vor allem in Unternehmen häufig die Frage auf, wie sich die Führungskräfte sinnvoll in den Prozess der Themenfindung integrieren. Ein pragmatisches Vorgehen mit entsprechender Balance ist hier angezeigt: Die Führungskräfte sollten den Anfang nicht mit ihren Themen dominieren, im weiteren Verlauf aber durchaus auch ihre Themen einbringen. Nur den oberen Führungskräften ist zu empfehlen, sich zunächst völlig herauszuhalten: Falls aus ihrer Sicht zum Schluss noch ein Thema fehlt, bringen sie es ein – immer mit dem Risiko, dass sich kein Teilnehmer für ihr Workshopthema einträgt.

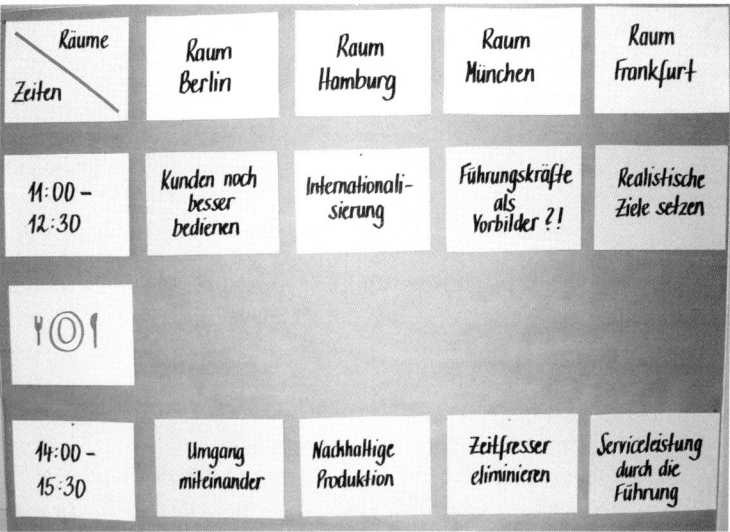

◘ Abb. 2.5. Übersicht Zeit-Raum-Tafel

Werden keine weiteren Themen mehr genannt, beendet der Moderator die Themensammlung und weist darauf hin, dass jederzeit neue Themen hinzugefügt werden können. Gleichzeitig eröffnet er den Marktplatz und lädt die Teilnehmer ein aufzustehen, sich an die Zeit-Raum-Tafel zu begeben und sich dort für so viele Workshops einzutragen, wie sie möchten.

Im Folgenden finden Sie beispielhaft die Themen, die im Rahmen des Open Space der IT-Abteilung eines Tochterunternehmens der Sparte Chemie eines industriellen Großkonzerns gesammelt und bearbeitet wurden.

> **Beispiel**
> **Fokusfrage: Wie können wir uns als Provider für den gesamten Konzern profilieren?**
>
> - Nischen im Konzern besetzen
> - Aufbau von mehr Wissen über den Konzern und seine Entscheidungsträger
> - Aktives Benchmarking mit dem Mitbewerber XY betreiben
> - Einladung/Roadshow für wichtige Leute aus neuen Standorten
> - Wir machen das einfach!
> - Highlights der Abteilung ins Konzern-Intranet und Stärken der Abteilung intern kommunizieren
> - Hohe Kundenzufriedenheit beweisen
> - Transporteure der Botschaft suchen
> - Überblick über die Anforderungen des Konzerns erlangen
> - Konzern bei IT-Standardisierung proaktiv beraten
> - Vorteile des internen Dienstleisters herausstellen
> - Mitbewerber XY besser kennenlernen
> - Unsere Abteilung als Referenzkunde
> - Outsourcing
> - Außergeschäftliche Beziehungen aufbauen
> - Werben mit Leistungen, die wir bereits weltweit für das Tochterunternehmen erbringen

*Themenvorschläge zur Fokusfrage*

Die Teilnehmer bilden daraufhin Arbeitsgruppen zu den vorgeschlagenen Themen. Eine Arbeitsphase dauert 90 min. Es ist durchaus möglich, dass an einem Thema 2 Personen arbeiten, während sich für ein anderes Thema vielleicht 30 Teilnehmer interessieren. Wir empfehlen großen Gruppen, sich aufzuteilen: Es ist sinnvoller, in kleineren Gruppen von max. 8–10 Teilnehmern zu einem Thema zu arbeiten, als in einer Gruppe von 30 Personen kaum zu Wort zu kommen.

Nach rund 90 min findet jeweils eine (Kurz-)Pause statt. Anschließend starten neue Themen gemäß dem Zeit- und Raumplan, und die Teilnehmer suchen ihre nächste Arbeitsgruppe auf. Um die eigenverantwortliche Arbeit in den Workshopgruppen weiterhin zu unterstützen, sollte Verpflegung im Plenumsraum oder Foyer stets ohne zeitliche Einschränkungen für alle zur Verfügung stehen.

*Weiterer Verlauf des Open Space*

Auch die Zeit-Raum-Tafel verändert sich immer wieder. Einzelne Workshops werden zusammengelegt, fallen aus und neue kommen hinzu. Jeder Teilnehmer arbeitet im Verlauf der Veranstaltung folglich in verschiedenen Gruppen mit, die jedes Mal anders zusammengesetzt sind. Hieraus ergeben sich viele neue Kontakte. Teilnehmer aus unterschiedlichsten Bereichen und Hierarchieebenen diskutieren zusammen. Genau das macht die Kreativität und die Ideenvielfalt aus. Die Teilnehmer fühlen sich zusammengehörig und tragen gemeinsam Verantwortung für die Ergebnisse.

»Abendnachrichten« beenden jeden Workshoptag. Die Gruppe hat jetzt Gelegenheit, neue Themen vorzuschlagen, organisatorische Aspekte anzusprechen oder die Ereignisse des Tages zu reflektieren. Wichtig ist, dass nicht lange über Workshopinhalte diskutiert wird.

Wie entsteht aus den unzähligen Diskussionsbeiträgen nun ein gemeinsames Konferenzergebnis? Präsentationen einzelner Gruppenergebnisse im Plenum sind bei 30 und mehr Arbeitsgruppen, die im Verlaufe einer Open-Space-Veranstaltung zusammenkommen, nicht sinnvoll und praktikabel.

**Protokolle bringen die Ergebnisse auf den Punkt**

Jede Arbeitsgruppe schreibt deshalb ein möglichst kurzes, prägnantes schriftliches Protokoll (ca. 1–3 Seiten), das die Resultate ihres Workshops zusammenfasst. Sie notieren Thema, Inhalte, Ziele, Maßnahmen und Empfehlungen sowie Namen des Themengebers und der Workshopteilnehmer. Im Plenumsraum oder in einem nahe gelegenen separaten Raum stehen eigens zu diesem Zweck Notebooks bereit.

**Protokollformular**

Eine vorab entwickelte Protokollvorlage mit den wichtigsten Stichworten (Thema, Inhalte, Ziele …) erleichtert den Teilnehmern die Dokumentation. Jeder Teilnehmergruppe wird dieses Protokollformular auf USB-Stick zur Verfügung gestellt. Sie trägt die Ergebnisse ein, speichert sie auf dem USB-Stick und gibt den Stick anschließend wieder beim Moderator ab. Wenn Sie die Gruppe auffordern, gemeinsam die Ergebnisse beim Moderator abzuliefern, können Sie bei der Abgabe ein Gruppenfoto machen. Auf diese Weise hält jede Arbeitsgruppe nicht nur die Namen der Teilnehmer fest, sondern hat für die Weiterarbeit ein »Bild« der ursprünglichen Teilnehmer vor Augen.

Die Protokolle stehen jeweils abends ausgedruckt an der Nachrichtenwand für alle Teilnehmer zur Verfügung. In der Nacht zum letzten Tag einer Open-Space-Veranstaltung entsteht ein Dokumentationsband für alle Teilnehmer, der sämtliche Protokolle enthält. Die Mappen mit den Protokollen liegen dann zum Start in den letzten Tag aus. Die Konferenzteilnehmer lesen zunächst so lange, bis sie sich über alle Workshopergebnisse ausreichend informiert fühlen. Jetzt startet die Priorisierung. Ob manuell durch Punkten oder elektronisch – im Ergebnis entsteht eine Liste mit den wichtigsten Themen. Der Moderator visualisiert diese »Topthemen« auf Flipcharts im Raum. Im Anschluss treffen sich noch

**Priorisierung der Themen**

einmal all diejenigen in Umsetzungsgruppen zu den »Topthemen«, die definitiv bereit sind, auch nach der Konferenz an dem jeweiligen Thema weiterzuarbeiten. Die Arbeitsgruppen planen erste Schritte und Maßnahmen und organisieren weitere Nachtreffen. Die Nacharbeit findet daher im Anschluss an die eigentliche Konferenz statt.

Zum Veranstaltungsabschluss kommen alle Teilnehmer noch einmal im Kreis zusammen. Owen (1997) schildert die Abschlusszeremonie mithilfe des »talking stick«. Der Moderator gibt einen Holzstab oder in größeren Gruppen ein Mikrofon herum. Jeder Teilnehmer hat nun Gelegenheit, ein Schlusswort zur Veranstaltung zu sprechen.

### 2.2.4 Nutzen und Einsatzgebiet

Open-Space-Veranstaltungen sind geeignet, mit einer Gruppe von 30 bis 1000 Personen in kurzer Zeit (1–3 Tage) Lösungen zu einem bestimmten Thema zu finden (z. B. »Wie machen wir unseren Vertrieb zukunftstauglich?« oder »Was können wir in den nächsten 5 Jahren für unseren Service tun?«). Open-Space-Veranstaltungen sind auch als Auftaktveranstaltungen für Veränderungsprozesse sinnvoll. Es gibt vielfältige Einsatzfelder – sowohl in Unternehmen als auch im Non-Profit-Bereich (öffentliche Verwaltung, Gemeinden, Städte, Kirchen …) kann die Methode wertvolle Beiträge liefern. Am besten eignen sich umfassende Zukunftsthemen oder komplexe Probleme mit vielen Beteiligten. Wichtig ist, dass es noch keinen vorgegebenen Lösungsweg gibt. Die Teilnehmer finden somit auch völlig neue und unerwartete Antworten auf Fragen. Persönliche Betroffenheit der Beteiligten und ein dringender Handlungsbedarf sind beste Voraussetzungen.

Eine Teilnehmergruppe mit viel Kreativität und Energie eignet sich hervorragend; heterogene Zusammensetzung ist von Vorteil. Gleichzeitig handelt es sich bei Open Space um das energetischste und teilnehmerorientierteste Verfahren unter den bewährten Großgruppenverfahren: Für die Teilnehmer besteht kein Denkverbot – im Gegenteil, sie werden sogar aufgefordert, über den Tellerrand hinauszuschauen. Sie bringen ihre eigenen Themen ein, d. h. die Themen, die ihnen wirklich am Herzen liegen.

Energetisches und teilnehmerorientiertes Verfahren

In kritischen Situationen, auch bei drängenden Schwierigkeiten oder in aktuellen Krisensituationen, kann Open Space eine sinnvolle Methode sein. Besonders spannend sind Themen und Aufgaben, die mithilfe von Teilnehmern aus dem gesamten Unternehmen gelöst werden. Vielfalt der Teilnehmer ist bei Open Space erwünscht. Wichtig ist, dass der Gruppe Zeit und Raum gewährt werden, nach der Veranstaltung an der Fortführung der Ergebnisse zu arbeiten.

Ein Vorteil dieser Methode liegt darin, dass die Teilnehmer als selbstgesteuerte Teams mit einem hohen Maß an persönlicher Verantwortung und Führung arbeiten. Die Teilnehmer erfahren, dass sich tragfähige Resultate auch ohne endlose Vorbereitungsschleifen erzielen lassen.

Gleichzeitig stellt eine Open-Space-Veranstaltung hohe Ansprüche an die Leitung in Organisationen. Viele Führungskräfte sorgen sich, dass die Mitarbeiter nicht die »richtigen« Themen einbringen. Sie befürchten,

Mutige Leitung erforderlich

dass es den Mitarbeitern um banale oder materielle Fragen gehen könnte, z. B.: »Wie bekommen wir bessere Dienstwagen?« Unserer Erfahrung nach ist diese Sorge zwar verständlich, aber unbegründet. Wenn die übergeordnete Fragestellung sorgfältig bedacht wurde, den Kern trifft und den Teilnehmern »unter den Nägeln brennt«, wird dies nicht passieren. Insofern erfordert es Mut der Leitung, sich auf das Wagnis einzulassen, die Themenfindung den Mitarbeitern zu überlassen. Ein wichtiger Baustein ist in diesem Zusammenhang die Fokusfrage, die Formulierung des Leitthemas: Wenn der Initiator aus der Organisation in den Kreis tritt, um das Thema zu nennen und die Hintergründe zu erläutern, kann er die wichtigen Aspekte hervorheben, den Weg bahnen und Begeisterung wecken.

### Vorteile und Chancen von Open Space

- Eigene Interessen zum Thema machen
- Hohe Identifikation mit den Themen erreichen
- Energie für eine gemeinsame Sache freisetzen
- Themenvielfalt schaffen
- Schnelle, kreative Ansätze für Veränderungsprozesse finden
- Durch vernetzte Kommunikation zeitliche und finanzielle Ressourcen einsparen
- Ungeplantes, Neues entstehen lassen
- Spaß, Freude und Motivation fördern
- Vertrauen in das eigene, selbstbestimmte Arbeiten der Teilnehmer unterstützen
- Hohe Akzeptanz bei den Teilnehmern erreichen
- Teamarbeit und Netzwerkkontakte fördern
- Hierarchieübergreifendes Arbeiten ermöglichen

### Fallstricke – Wann ist von Open-Space-abzuraten?

- Wenn die Verantwortlichen für das Thema oder die Aufgabe/das Problem bereits eine Lösung gefunden haben, von der sie glauben, es ist die richtige (nicht ergebnisoffen).
- Wenn der Auftraggeber nur eine eingeschränkte Fragestellung bearbeiten lassen möchte, z. B.: »Wie kann der Vertrieb in Zukunft organisiert sein?« Besser: »Wie machen wir unseren Vertrieb zukunftstauglich?«
- Wenn die Verantwortlichen nicht bereit sind, der Gruppe der Teilnehmer die Kontrolle über die Veranstaltung und über die Ergebnisse zu überlassen.
- Wenn nicht genügend Zeit vorhanden ist, die Projekte nach der Konferenz zu bearbeiten.
- Wenn Ungewohntes eher schlecht akzeptiert wird.
- Wenn Wissen vermittelt werden soll.

## 2.2.5 Nachhaltigkeit – statt Show und Strohfeuer

Für Großgruppenveranstaltungen wie Open Space besteht die Gefahr, dass einzelne Veranstaltungen zwar sehr erfolgreich verlaufen und Aufbruchstimmung bei den Beteiligten hervorrufen, langfristig betrachtet allerdings an Wirkungskraft verlieren.

Da der Transfer bekanntlich bereits vor der Veranstaltung beginnt, ist es wichtig, die Teilnehmer auf ihre eigenverantwortliche Rolle vorzubereiten. Gerade wenn zum ersten Mal eine Open-Space-Veranstaltung in Unternehmen durchgeführt wird, ist eine sensible Einstimmung der Teilnehmer wichtig. Dabei ist die richtige Mischung an Vorabinformation wichtig, um die Teilnehmer zwar vorzubereiten und neugierig zu machen, aber nicht zu verschrecken oder gar zu überfordern. Die Einladung enthält daher neben dem Leitthema am besten erste Hinweise zu Art und Rahmen der Veranstaltung, weist auf die aktive Beteiligung hin und lädt die Teilnehmer ein, über den Tellerrand hinauszuschauen. Sie sollte eine gewisse Spannung erhalten und die Attraktivität der Veranstaltung steigern. Eine Agenda kann und wird selbstverständlich nicht bekannt gegeben, sie entsteht ja gerade im Verlaufe der Veranstaltung.

*Teilnehmer neugierig machen, aber nicht verschrecken*

Ebenso wichtig ist die Vorbereitung der Initiatoren oder Führungskräfte in Vorgesprächen. Dabei stimmen sie sich auf die Chancen und Herausforderungen der Veranstaltung ein und nutzen diese gezielt.

Die gute logistische Organisation während der Veranstaltung stellt eine weitere Rahmenbedingung dar. Ausreichend große Räume, Medien, ein gut organisiertes Anschlagbrett und eine erfahrene Moderation sind Grundvoraussetzungen, um den intensiven, eigenverantwortlichen Arbeitsprozess zu unterstützen.

Wie werden die erarbeiteten Inhalte nach der Veranstaltung in der Organisation kommuniziert? Da meist eine repräsentative Auswahl an Mitarbeitern und Führungskräften eines Unternehmens an der Open-Space-Veranstaltung teilgenommen hat, kommt es darauf an, die übrigen Mitarbeiter und Führungskräfte angemessen zu informieren. Ein integriertes Informations- und Kommunikationsmanagement kann dabei z. B. aus Videodokumentationen der Veranstaltung bestehen, die an Führungskräfte weitergegeben werden mit dem Auftrag, die eigenen Mitarbeiter entsprechend zu informieren. Der Vorteil liegt darin, dass neben der sachlichen Information ein gewisses Gefühl für die Atmosphäre der Open-Space-Veranstaltung auch an die Führungskräfte und Mitarbeiter transportiert werden kann, die nicht »live« dabei waren. Auch hier kommt es darauf an, die Sequenzen bedacht auszuwählen, um einen möglichst umfassenden Eindruck herzustellen.

*Erarbeitete Inhalte kommunizieren*

Entscheidend ist weiterhin die konsequente Nacharbeit in den Umsetzungsgruppen. Eine Steuerungsgruppe kann dabei unterstützen, indem sie sich in regelmäßigen Abständen trifft, evtl. Probleme aufgreift und abstellt. Übergreifende Maßnahmen, z. B. Follow-up-Veranstaltungen oder der Einsatz weiterer Großgruppenverfahren, sind eine ideale Unterstützung.

*Konsequente Nacharbeit in den Umsetzungsgruppen ist entscheidend für den Erfolg*

Aus dem Open Space des Bereichs Prävention einer Berufsgenossenschaft zum Leitthema »Wie wollen wir gemeinsam und kreativ unsere

Zukunft gestalten?« sind einige sehr wertvolle Vorgehensweisen zur Unterstützung der Umsetzung entstanden. Zum Beispiel hat die Führung auf alle gesammelten Themen reagiert und damit ihre Wertschätzung gegenüber den Beiträgen der Mitarbeiter deutlich gemacht. Darüber hinaus hat sich für jedes Themenfeld ein »Pate« aus dem Führungskreis stark gemacht und sich mit der Arbeitsgruppe getroffen. Jede Arbeitsgruppe hat in regelmäßigen Abständen den gesamten Bereich Prävention über ihre Aktivitäten informiert. Dem Themenfeld »Gesundheit« kam – ausgelöst durch die Ergebnisse des Open Space – ein neuer Stellenwert zu. Es ist zum Schwerpunktthema der Zukunft geworden und stand bei der jüngsten Großgruppenveranstaltung des Bereichs Prävention im Zentrum der gemeinsamen Arbeit.

### 2.2.6  Weiterentwicklung

In einigen Unternehmen hat sich zwischenzeitlich eine regelrechte »Open-Space-Kultur« entwickelt. Kommunikative Räume sind Teil des Arbeitsalltags geworden, feste Zeiträume für regelmäßige Kurzformen des Open Space haben sich etabliert. Mitarbeiter und Führungskräfte eines Bereichs haben z. B. jeweils am ersten Freitag des Monats zwischen 10 Uhr und 11 Uhr regelmäßig Gelegenheit, im Rahmen eines Mini-Open-Space die Themen aufzugreifen, die ihnen am Herzen liegen.

Andere Unternehmen hingegen haben die Erfahrung gemacht, dass sie zwar viel Nutzen aus Open-Space-Veranstaltungen ziehen konnten und wertvolle neue Ideen kreiert bzw. auch umgesetzt haben. Nach einigen Veranstaltungen in dieser Form allerdings ist eine Art Sättigung eingetreten, und sie haben begonnen, sich nach Alternativen oder Kombinationen umzuschauen.

Virtuelles Open Space          Virtuelles Open Space ist eine neuere Form, das Verfahren ohne räumliche Beschränkungen zu nutzen. Gabriela Ender und ihr Team aus Berlin haben eine weltweit einzigartige Konferenzsoftware entwickelt, das Konferenzsystem »OpenSpace-Online®« (http://www.openspace-online. de). Es handelt sich um ein textbasiertes Konferenzsystem, das Open-Space-Veranstaltungen ohne Online-Moderatoren ermöglicht. Ein virtueller Begleiter führt 5–75 Personen durch die in Phasen nacheinander ablaufende Internet-Konferenzmethode. In 2–8 h entwickeln die Teilnehmer als Experten für ein übergeordnetes Thema zahlreiche Ideen. Die Konferenzdokumentation liegt zum Ende der Online-Session auf Knopfdruck vor. OpenSpace-Online® eignet sich zur lebendigen Gestaltung interner und/oder externer Kommunikation über Distanzen hinweg (▶ Kap. 3). Teamentwicklung, Bürgerbeteiligung, Projektmanagement und Veränderungsprozesse sind nur einige mögliche übergeordnete Themenfelder.

### Interview mit Open-Space-Expertin Carole Maleh

Carole Maleh ist Industrie- und Diplomkauffrau und hat in Berlin und Cambridge studiert. Seit 1998 leitet sie das Beratungsunternehmen cama Institut für Kommunikationsentwicklung in Hannover. Sie berät Unternehmen im In- und Ausland. Als eine der ersten hat sie die Großgruppenverfahren, besonders die Open-Space-Methode, im deutschsprachigen Raum angewandt und durch zahlreiche Veranstaltungen, Vorträge und Publikationen bekannt gemacht. Homepage: http://www.cama-institut.de

### Wann sind Sie mit der Methode Open Space zum ersten Mal in Kontakt gekommen?

Ich habe Wirtschaftswissenschaften in London studiert. Mein Mentor war Organisationsentwickler und machte mich auf die damals ganz neue Methode aufmerksam. Es gab 1997 noch keine deutschen Texte dazu – außer einem einzigen Artikel von Katrina Petri. Mein Mentor sagte: »Schau dir das mal an, schreib mal darüber«, und ich habe mich entschieden, darüber zu schreiben.

### Was hat Sie an Ihrem ersten Open Space fasziniert?

Das war 1997 – ich kann mich noch gut erinnern. Als Studentin fand ich es unglaublich, dass Menschen ohne Anleitung arbeiteten. Alle wollten von sich aus arbeiten und haben unzählige Tafeln vollgeschrieben. Sie wussten alle, worüber sie sich austauschen wollten und waren unheimlich engagiert – keiner saß passiv rum. Für die Organisation kam etwas richtig Gutes dabei heraus, und da hab ich mir gesagt: So etwas möchte ich auch tun!

Dass Menschen einfach arbeiten, hat mich am meisten fasziniert. Besonders an die Gesichter kann ich mich gut erinnern: die wirkten sehr zufrieden, haben gelacht dabei, waren offen und sind stark in Kontakt gekommen. Ich hatte den Eindruck, das macht denen richtig Spaß. Und Arbeiten und Freude – das ist etwas, das auch zu meinem Leben gehört.

### Bei der Open-Space-Methode kann man den Eindruck gewinnen, sich in einem machtfreien Raum zu bewegen. Stimmt das?

Durch das »Gesetz der 2 Füße« kann ich als Hummel oder Schmetterling aktiv sein, d. h. die ganze Zeit in einer Gruppe bleiben oder rein- und rausgehen oder einfach nur Kaffee trinken. Dadurch ist die Wahlfreiheit extrem groß. Ich moderiere das auch ganz offensiv an, indem ich sage: »Menschen, die viel reden, die Leute einnehmen und den Chef raushängen wollen, können sich evtl. darauf einstellen, dass sie in ihrem Workshop irgendwann alleine sind.« Ich habe allerdings noch nie erlebt, dass das passiert. Es gibt eine Tendenz, die Türen der Kleingruppen zu schließen. Wir kleben die Türen auf. Außerdem gehen wir rum und schauen uns verschiedene Gruppen an, um einen Eindruck zu gewinnen, wie die Stimmung ist. Ich habe bisher noch nicht erlebt, dass Macht stark sichtbar wurde, sie ist allerdings da.

### Führen Sie heute noch viele Open Space nach der »reinen Lehre« durch?

In Veränderungsprozessen führe ich am meisten die anderen Großgruppenmethoden durch.

### Was hat sich aus Ihrer Sicht in den letzten Jahren verändert?

Viele Unternehmen, die Open Space durchgeführt haben und anschließend eine Open-Space-Kultur entwickeln wollten, haben zu wenig auf die Nachhaltigkeit geachtet. Dadurch ist die Methode etwas in Verruf geraten. Andererseits ist alles Mögliche unter dem Begriff »Open Space« subsumiert worden.

Ich hatte damals angefangen, Open Space zu verkaufen – das mache ich heute überhaupt nicht mehr. Sehr schnell habe ich gesehen, dass Veränderung so nicht funktioniert. Heute kommen die Unternehmen und sagen: »Wir haben ein Problem/eine spezielle Situation – was können wir da tun?« Ich suche dann mit ihnen gemeinsam nach der entsprechenden Lösung.

**Wenn Sie Großgruppen mit einem Produktlebenszyklus in Verbindung bringen, wo stehen wir im Moment?**
Wir stehen erst am Beginn und sind noch lange nicht am Ende. Wenn ich z. B. Vorträge halte, wird deutlich, dass viele Berater diese Methode schon kennen. Aber was den eigentlichen Markt angeht, also Unternehmen, da sehe ich uns erst in der Mitte des Anstiegs mit ganz, ganz viel Potenzial nach oben.

**Wenn Sie an die Zukunft denken, werden sich neue Methoden durchsetzen?**
Eher nein. Ich glaube, wir haben genügend hervorragende Methoden. Wir werden sie in Zukunft mehr mischen. Mitarbeiterbeteiligung wird immer wichtiger werden, das wird sich verändern. Vor Jahren bekam ich oft zu hören: »Was ist denn das für ein Humbug?« Inzwischen gelangen meine Auftraggeber immer mehr zu der Erkenntnis, dass es wichtig ist, ihre Leute einzubinden. Sie suchen nach Möglichkeiten, wie sie das schaffen können, haben aber noch Angst. Ich bin überzeugt, das ist der richtige Weg, und deswegen glaube ich, die Methoden fahren noch richtig hoch.

## Weiterführende Literatur zu Open Space

Maleh C (2001) Open Space: Arbeiten mit großen Gruppen. Ein Handbuch für Anwender, Entscheider und Berater. Beltz, Weinheim

Maleh C (2002) Open Space in der Praxis. Erfahrungsberichte: interessante Highlights, Grenzen und Möglichkeiten. Beltz, Weinheim

Owen H (1997) Open Space Technology. A user's guide. Berret-Koehler, San Francisco

Owen H (2001) Open Space Technology. Ein Leitfaden für die Praxis. Klett-Cotta, Stuttgart

http://www.spaceworld.org – »This is an open space for open space.« Ein internationales Netzwerk zum Austausch rund um die Methode.

http://www.openspace-online.de – Textbasiertes Konferenzsystem, das Open-Space-Veranstaltungen ohne Online-Moderatoren ermöglicht. Entwickelt von Gabriela Ender und Kollegen.

## 2.3    Appreciative Inquiry – Wir erkunden unsere Stärken

**A**: Schönen guten Morgen!
**B**: Morgen (*nicht mit sprühender Begeisterung, mit leicht resignativem Unterton gesprochen*)
PAUSE.
**A** (*nachdenklich*): Wie geht's Dir denn heute Morgen?
**B** (*leicht frustriert*): Ach, irgendwie liefen gestern alle Dinge schief, und das bedeutet noch mehr Arbeit heute, und wenn es heute wieder schiefläuft,

dann staut sich die ganze Arbeit weiter auf. Und das ist einfach Stress, und ich muss noch länger arbeiten als sonst. Dabei wollte ich doch meine Frau überraschen und ins Theater mit ihr gehen.

**A** (*verständnisvoll*): Ja, das ist sehr unangenehm.

**B** (*murmelnd*): Mmm, ja.

**A** (*spritzig*): Darf ich dich mal was fragen?

**B** (*etwas verwundert*): Ja, klar.

**A** (*neugierig*): Was schätzt du denn an deiner Arbeit besonders?

**B** (*leicht aufhellend*): Ich finde es toll, wenn ich unseren Kunden ihre Probleme lösen kann und dass sie es dann leichter in ihrer Arbeit haben. Die anstehenden Aufgaben sind sehr reizvoll, und ich muss immer wieder neue Wege gehen, um passende Lösungen zu entwickeln.

**A** (*sehr neugierig*): Kannst du mal ein konkretes Beispiel geben?

**B** (*beflügelt*): Na klar. Letzte Woche Freitag. Es war schon spät, rief mich einer meiner Lieblingskunden an. Bei ihm war gerade alles zusammengebrochen, und ich war seine letzte Hoffnung ...

**A** (*sehr interessiert*): Das ist ja wirklich interessant, wie du das kreativ hingekriegt hast und mit welcher Leichtigkeit.

**B** (*noch immer beflügelt*): Ja, das war echt toll. Dann werde ich heute einfach mit dieser Leichtigkeit und Kreativität meine Dinge angehen. Vielleicht klappt es ja dann so gut wie am Freitag.

**A** (*motiviert*): Ja, davon schneide ich mir für den heutigen Tag auch eine Scheibe ab.

### 2.3.1 Entwicklung, Urheber

Ende der 1980er Jahre hat David Copperrider die Methode Appreciative Inquiry (AI) im Rahmen seiner Doktorarbeit in den USA entwickelt. Sie entstand aus dem Experiment, mit einem anderen Blickwinkel auf Organisationen zu schauen, sie anders zu befragen und mit wissenschaftlicher Neugierde zu beobachten, was dann passiert. Die Ursprungsidee hatte sein Doktorvater Suresh Srivastva.

Mit einem anderen Blickwinkel auf Organisationen schauen

Eine treffende Übersetzung ins Deutsche, in der alle Experten übereinstimmen, steht noch immer aus. Oft wird die Methode als »**wertschätzende Erkundung**« oder »**wertschätzende Befragung**« oder »**wertschätzendes Lernen**« bezeichnet. Die wertschätzende Befragung von Teilnehmern mittels einer einfachen Interviewmethode bildet das Grundgerüst dieses Verfahrens. Bahnbrechend war zum damaligen Zeitpunkt die konsequente Abkehr vom defizitorientierten Vorgehen (Was ist das Problem? Was läuft schlecht?). Als völlig neuer Ansatz in der klassischen Unternehmensentwicklung fanden die Grundgedanken des Appreciative Inquiry zunächst Anklang als Change-Managementmethode und Managementphilosophie für die Arbeit mit kleinen Gruppen in Organisationen. Später dann, in den 1990er Jahren, wurden die AI-Prinzipien an Großgruppen adaptiert, sodass AI heute vor allem als Großgruppenverfahren populär ist (oftmals auch unter der Bezeichnung »Appreciative Inquiry Summit«).

Stärken und Ressourcen
herausstellen

In der Herangehensweise zeichnet sich AI durch einen Blick auf das Wertvolle, die Stärken und Ressourcen aus. Die Mitglieder einer Organisation gehen auf die gemeinsame Suche nach dem Besten in der Organisation, um diese Stärken gezielt für die Unternehmensentwicklung zu nutzen.

## 2.3.2 Kerngedanken der Methode

Zur Bonsen und Maleh (2001) nutzen in der Einleitung ihres Buches »Appreciative Inquiry: Der Weg zu Spitzenleistungen« eine kleine Geschichte über Winston Churchill, um das Wesentliche an AI zu charakterisieren. Es geht um die Zeit ab 1940, als Churchill den Geist, den »Spirit« und die Kultur Englands veränderte, um Hitler zu stoppen:

> »Winston Churchill weigerte sich zu akzeptieren, dass seine Landsleute tatsächlich so mutlos waren und sich gegenseitig lähmten. Er urteilte nicht nach der äußeren Erscheinung. Er wusste vielmehr, dass in den Engländern ein enormes Potenzial steckte, das sich nur noch nicht richtig entfaltet hatte. Er sah in seinen Landsleuten Helden, die zu großen Taten fähig waren. Und er sagte es ihnen auch […] Und indem er seine Sicht der Realität sehr wirkungsvoll mitteilte, begannen die Engländer in einer kritischen Phase der Geschichte selbst an ihr großes Potenzial zu glauben. Sie änderten das Bild, das sie von sich selber hatten, und begannen zu erkennen, zu welchen Heldentaten sie fähig waren […]«

Verstärkt wird, worauf
Menschen ihre Aufmerk-
samkeit richten

Diese Geschichte bringt sehr eindrucksvoll einen der Kerngedanken des Appreciative Inquiry auf den Punkt: die Annahme, dass das verstärkt wird, worauf Menschen oder menschliche Systeme ihre Aufmerksamkeit lenken, bekannt auch unter dem Pygmalion-Effekt oder Rosenthal-Effekt.

Wenn Menschen dazu neigen, vornehmlich das Negative zu sehen und alles schlechter zu machen, als es tatsächlich ist, drückt dies unvermeidbar auf die Stimmung. Erwartungen und Überzeugungen wirken als eine sich selbst erfüllende Prophezeiung. Im weitesten Sinne bedeutet dies, dass die Menschen letztlich zu dem Bild werden, das sie sich von sich selbst machen.

Geschichten spielen bei AI eine große Rolle. Jedes Mitglied einer Organisation macht sich ein Bild über »seine« Organisation und gibt dieses Bild an andere weiter, indem es Geschichten erzählt. Geschichten darüber, wie die Organisation nach außen wirkt, wie die einzelnen Mitarbeiter miteinander umgehen, und Geschichten über die Führung. Geschichten erzählen ist eine Form, die Wirklichkeit zu strukturieren, und repräsentiert unterschiedliche Wahrnehmungen der Erzähler. Gleichzeitig enthält jede Geschichte eine »Moral«. AI nutzt Geschichten, die sich Mitglieder einer Organisation über die Organisation erzählen und damit die Kultur eines Unternehmens prägen.

Durch die »wertschätzende Erkundung« in Form von Interviews mit konsequent positiver Blickrichtung hilft der Ansatz, ein Bewusstsein dafür zu schaffen, dass zwar lange nicht alles vollkommen ist, doch genügend Positives vorhanden ist, um die Zukunft besser zu gestalten. Probleme werden nicht direkt bearbeitet, sondern in Veränderungswünsche umformuliert. Dabei geschieht eine grundlegende Veränderung der Wahrnehmung. Bestimmte Probleme haben keine Bedeutung mehr, weil man sich jetzt um Grundlegenderes kümmert – um den Nährboden –, und dann verschwinden sie wie von selbst.

> Konsequent positive
> Blickrichtung

Die Methode knüpft an Spitzenleistungen an und will diese in Zukunft erzeugen, indem sie angenehme Erfahrungen und besondere Erfolge ins Blickfeld führt. Diese Erfolgserlebnisse werden zur Basis zukünftigen Handelns. AI als wertschätzende Erkundung hilft, die »Juwelen« einer Organisation zu entdecken und damit das Beste, was die Organisation zu bieten hat, zu erkennen und weiterzuentwickeln. AI richtet somit den Blick auf das vorhandene Potenzial einer Organisation, das es zu entfalten gilt. Dabei ist der motivationspsychologisch fundierte Grundgedanke leitend, die Organisation gezielt »zu etwas hinzubewegen«, anstatt »von etwas weg«. Dies deckt sich mit der Philosophie, die dem Führen durch Zielvereinbarung zugrunde liegt (Drucker 1998). Auch hier gilt es, den angestrebten Zielzustand positiv zu formulieren, z. B. »Kundenzufriedenheit ist um X% gesteigert« anstelle von »Anzahl der Kundenbeschwerden sind um X% reduziert«.

> »Juwelen« einer
> Organisation entdecken

Gleichzeitig berücksichtigt AI die Erkenntnis, dass Menschen sich leichter für Veränderungsprozesse öffnen, wenn sie Teile der Vergangenheit mitnehmen dürfen (Bekanntes bewahren). Durch den Fokus auf die herausragenden Ereignisse sorgt AI dafür, dass es sich dabei um die besten Teile handelt. Wenn die Beteiligten erkennen, dass und welche positiven Ansätze bereits vorhanden sind, hat das Auswirkungen auf den Veränderungsprozess. Das Selbstbewusstsein wächst, und der Veränderungsprozess scheint machbar, denn immerhin ist bereits vielerlei vorhanden, was den Prozess begleiten und fördern kann.

**Grundannahmen und Grundprinzipien von AI**

▬ Jeder Mensch, jedes Team und jede Organisation verfügt über ein ungeahntes Potenzial, das dann und wann deutlich wird. In jeder Organisation gibt es Ansätze einer erfolgreichen Unternehmenskultur.

▬ Die Richtung, in die sich eine Organisation entwickelt, wird beeinflusst durch die Fragestellung, auf die sie ihre Aufmerksamkeit richtet und mit der sie sich beschäftigt (Pygmalion-Effekt): Menschen und Systeme bewegen sich in die Richtung, in die sie schauen.

▬ **Konstruktivistisches Prinzip:** Der Zusammenhang und der Bezug von Dingen zueinander sind nicht vorgegeben, sondern davon abhängig, wie wir sie erleben. Organisationen werden als lebende menschliche Konstruktionen begriffen.

▬ **Prinzip der Gleichzeitigkeit:** Erkundung/Diagnose und Veränderung sind nicht zeitlich voneinander zu trennen, sie entstehen zeitgleich. Bereits die Erkundung ist eine Intervention. Der Formulierung von Fragen kommt hohe Bedeutung zu, denn entscheidend ist nicht: »Führt eine Frage zu richtigen oder falschen Antworten?«, sondern: »Wie wirkt sich die Frage auf die Zukunft einer Organisation aus?«

▬ **Poetisches Prinzip:** Die Mitglieder einer Organisation sind die »Geschichtsschreiber«, deren Interpretationen Vergangenheit, Gegenwart und Zukunft einer Organisation bestimmen.

▬ **Antizipatorisches Prinzip:** Bilder von der Zukunft formen unsere aktuellen Handlungen (s. auch Pygmalion-Effekt). Die kollektive Vorstellungskraft gilt als **die** Ressource, um ein gemeinsames Bild von der Zukunft zu schaffen.

▬ **Positives Prinzip:** Fragestellungen mit positiver Zielrichtung unterstützen erfolgreiche und nachhaltige Veränderungsprozesse. Hoffnung, Fürsorge, Inspiration etc. sind Triebkraft für Veränderung.

Erfolgreiche Verhaltensweisen bewusst machen

Ausgangspunkt einer wertschätzenden Unternehmensentwicklung ist die Identifikation eines unternehmensrelevanten Themas, wie z. B. Kundenorientierung fördern, Produktqualität erhöhen, Teamgedanken ausbauen etc. Persönliche Erfahrungen und Verhaltensweisen der Mitarbeiter legen den Grundstein, um Erfolge auszubauen. Im Rahmen der wertschätzenden Erkundung wird nicht nur erfragt, welche herausragenden Ereignisse es waren, die den Menschen in Erinnerung geblieben sind, sondern tiefer gegangen: Welche Rahmenbedingungen (Aufgaben, Kollegen, Führungskräfte etc.) haben diese Ereignisse möglich gemacht? Zur Bonsen und Maleh (2001) sprechen von »belebenden Faktoren«. Wenn man diese Einflüsse kennt, kennt man den Nährboden für zukünftige Erfolge. Freiraum, tatsächlich etwas beitragen zu können, Teamspirit oder innovativer Geist im Unternehmen sind Beispiele für solche belebenden Faktoren. Im Sinne von AI gilt es, diese Schlüsselfaktoren gezielt zu stärken.

Walter Bruck (http://www.wsue.de), einer der Experten für AI im deutschsprachigen Raum, beschreibt die Wirkungsweise von AI (◘ Abb. 2.6) als wertschätzende Unternehmensentwicklung wie folgt:

■ Abb. 2.6. Wie wirkt Appreciative Inquiry?

»In dem Lernprozess der wertschätzenden Unternehmensentwicklung werden ausgehend von den persönlichen Erfahrungen der Mitarbeiter erfolgreiche Verhaltensweisen bewusst gemacht. Diese bilden die Basis, um Erfolge durch gezielte Förderung und Wertschätzung auszubauen. Die wertschätzende Unternehmensentwicklung führt zu Neuem und zu mehr von dem, was heute schon sehr gut ist.«

Bereits die Interviews stellen dabei eine Intervention aus organisationspsychologischer Sicht dar. Ihre Ausrichtung auf das Positive, auf den kommunikativen Aspekt des Geschichtenerzählens (Erlebtes wiedergeben), und die Tatsache, dass der Gesprächspartner sich Zeit nimmt zum

Sich Zeit nehmen zum
Zuhören kann bereits
Veränderung bewirken

Zuhören, können bereits eine Veränderung bewirken. Die Betonung auf Erzählungen, Metaphern und damit Sprache bietet dabei die Chance, die jeweilige Person als einzigartiges Individuum kennenzulernen, anstatt die Rolle des Mitarbeiters zu fokussieren.

---

### AI und die Sucht nach negativen Gedanken

»AI schafft eine künstliche Situation, die nur das Positive in den Vordergrund rückt und negative Aspekte unter den Teppich kehrt – das entspricht nicht der Unternehmensrealität.« So oder ähnlich klingt Kritik, die häufig am AI-Ansatz geübt wird. Was hat es mit dieser Kritik auf sich? Ein Blick in Richtung Zukunftsforschung bringt Licht ins Dunkel. Horx (2007) betrachtet die Sucht nach negativen Gedanken und Botschaften, die von den Medien regelmäßig bedient wird, als ein bewährtes soziokulturelles Phänomen. Dieses Phänomen hat 2 Hauptaspekte: Zum einen haben Horrorszenarien für den einzelnen Menschen einen entlastenden Effekt. Die Dinge werden immer schlimmer – der Glaube an solche Horrorszenarien und die unaufhaltsame Entwicklung zum Schlechten enthebt den Einzelnen von seiner Verantwortung. »Man kann ja ohnehin nichts machen« lautet die Entschuldigung für die eigene Untätigkeit. Zum anderen kann man sich durch Schreckensnachrichten, Weltuntergangsstimmung und bevorstehende Katastrophen wunderbar von eigenen, banalen Alltagssituationen ablenken.

Ein weiterer Aspekt ist die oft fehlende Neugier, mit der erwachsene Menschen an Dinge herangehen. Vorhandene Stereotypen im Kopf werden auf neue Situationen angewandt mit dem Effekt, dass sich nichts Neues ergeben kann, weil alles irgendwie ins herkömmliche Muster passt. Gehörtes wird gleich eingestuft und in die passende Schublade gepackt. Als »Zukunftszynismus« bezeichnet Horx (2003) das Phänomen – »[…] die Leugnung, dass die Auseinandersetzung mit der Zukunft überhaupt einen Sinn machen kann«.

Die Methode des AI bricht mit diesen lieb gewonnenen Gewohnheiten, indem sie durch ihren konsequenten Blick auf Stärken und positive Erlebnisse die herkömmlichen Denkschemata, Gesprächs- und Wahrnehmensgewohnheiten durchbricht. Neugierde, Staunen und ein echtes Interesse kennzeichnen die Grundhaltung bereits von Beginn an in den Interviewsituationen. Probleme wahrzunehmen und daraus umgehend Wünsche für die Zukunft zu formulieren, widerspricht unserem gängigen Denkmuster.

---

Zukunftsforschung
bemühen

Die Wirkweise von AI beruht auch darauf, durch konsequentes Verstärken der Qualitäten und Stärken quasi nebenbei Fehler und Schwächen auszumerzen, ohne dass darauf besonders viel Mühe verwandt werden muss. Sabine Bredemeyer (http://www.bredemeyerandfriends.de) zieht den Vergleich mit einem Gärtner heran, der nicht regelmäßig Unkraut jätet, um das Unkraut zu bekämpfen, sondern stattdessen mehr Blumen pflanzt, sodass das Unkraut irgendwann keinen Platz mehr hat. Man kümmert sich am besten um das Milieu des Bodens, damit sich die Blumen natürlich vermehren können. Ab und zu kann man dabei unterstützen, indem man ein paar Blumen mehr pflanzt und auch mal ein Unkraut jätet – aber nur insoweit es dem Milieu zuträglich ist.

### 2.3.3 Typischer Ablauf

Copperrider et al. (2004) haben seit Mitte der 1990er Jahren AI als Groß-gruppenmethode (AI-Summit) eingesetzt und damit die Basis für viele weitere Veranstaltungen in der ganzen Welt geschaffen. In Form eines Groß-gruppenverfahrens ist die Teilnehmerzahl grundsätzlich nicht beschränkt – es können 50 oder sogar über 2000 Teilnehmer sein. Die Veranstaltung dauert in der Regel zwischen 1 und 3 Tagen. Der AI-Prozess besteht dabei aus 4 Phasen (◘ Abb. 2.7):

4 Phasen im AI-Prozess

◘ Abb. 2.7. Phasen des AI-Prozesses

1. Discovery – Ressourcen und vorhandene Möglichkeiten erkunden und verstehen
2. Dream – Visionieren, wie es sein könnte
3. Design – Gestalten und entwerfen, was werden soll
4. Destiny – Konkrete Aktionen planen und umsetzen

Ähnlich der Vorgehensweise bei der RTSC-Konferenz (▶ Kap. 2.4) gibt es auch bei AI keinen fest vorgegebenen Ablauf, sondern einzelne Aktivitäten, die sich an den 4 Phasen orientieren. Die endgültige Dramaturgie entsteht aus der Aufgabenstellung und den Voraussetzungen in der jeweiligen Organisation und wird im Vorfeld mit den internen Auftraggebern abgestimmt. Auch hier ist es sinnvoll, ein internes Planungsteam zu bestimmen. Aufgabe des Planungsteams ist, gemeinsam mit den Beratern den für das Unternehmen und die aktuelle Situation passenden Ablauf festzulegen. Das Planungsteam legt die Kernthemen fest und achtet z. B. bei der Formulierung der Interviewfragen darauf, die Sprache des Unternehmens und der beteiligten Mitarbeiter zu verwenden.

Entsprechend dem Ziel der Veranstaltung – in wertschätzender Erkundung »Schätze zu heben« – empfiehlt es sich, eine Umgebung auszuwählen, die dieses Vorgehen unterstützt und ebenfalls Wertschätzung für die Teilnehmer ausdrückt. Ein großzügiger Veranstaltungsraum ist Voraussetzung. Hervorragend geeignet sind Plenumsräume, die die Möglichkeit bieten, sich in den Interviewphasen in kleine »Nischen« zurückzuziehen.

### Discovery – Ressourcen und vorhandene Möglichkeiten erkunden und verstehen

Besonders spannend ist der Einstieg in eine AI-Veranstaltung. Nach der Begrüßung und den einleitenden Worten durch Vorstand oder Geschäftsleitung finden sich jeweils 2 Gesprächspartner zu wertschätzenden Interviews zusammen. Sie befragen sich gegenseitig und erzählen sich besondere Höhepunkte ihrer Arbeit in der Organisation. Sie rücken Momente ins Bewusstsein, in denen exzellente Leistungen gelungen sind. Ein vorbereiteter **Interviewleitfaden** hilft beim Entdecken der »Juwelen« und bildet das zentrale Werkzeug. Innerhalb kurzer Zeit sind Hunderte von Teilnehmern in intensive Gespräche vertieft.

*Wertschätzende Interviews in Zweierteams*

Hier einige Fragestellungen, an denen sich die Interviews orientieren:
- Beschreiben Sie ein herausragendes Erlebnis, das Sie in diesem Unternehmen hatten. Eine Zeit, in der Sie sich lebendig und engagiert fühlten: Was ist passiert? Weshalb war das wichtig für Sie? Wodurch wurde das möglich? Was haben Sie gefühlt, wie ist es Ihnen ergangen?
- Ohne bescheiden zu sein: Was schätzen Sie besonders an sich selbst, an Ihrer Arbeit und an dem Unternehmen, in dem Sie arbeiten? Wenn Sie sich bei der Arbeit besonders gut fühlen: Was an Ihrer Aufgabe mögen Sie dann so sehr?

- Wenn Sie jetzt an Ihre Organisation denken: Was glauben Sie, sind die Kernfaktoren, ohne die sie nicht dieselbe wäre? Welches sind Ihrer Meinung nach die wichtigsten Faktoren, die Ihre Organisation erfolgreich machen und ihr Energie verleihen?
- Wenn sich Ihre Organisation zu ihrer vollsten Blüte entfaltet hätte, was wären die 3 bedeutendsten Dinge, die sie dann auszeichnen?

Der Gesprächspartner hört aufmerksam zu, fragt nach und macht sich Notizen. Die erkundende und interessierte Fragehaltung und das intensive Zuhören lassen die Teilnehmer gerne erzählen. Die Art der Fragestellung inspiriert, sich an Details zu erinnern und Gefühle zuzulassen. Dies wiederum inspiriert den anderen Gesprächspartner, sodass sich die Ideen und Gedanken gegenseitig »befruchten«. Der bejahende und bestätigende Charakter der Fragen, das interessierte Zuhören und gezielte Verstärken schaffen damit eine lebendige Atmosphäre, die Energie der großen Gruppe wird bereits zum Einstieg spürbar. Eine solche Interviewphase kann bis zu 2 oder sogar 3 h dauern. Bereits mit den ersten Interviews verändert sich die Stimmung in der Gruppe.

*Erkundende und interessierte Fragehaltung*

An dieser Stelle kommt häufig die Frage nach einer Vorbereitung der Interviewer, einem Interviewertraining, auf. Die Erfahrung lehrt, dass keine außergewöhnliche Vorbereitung erforderlich ist. Jeder Mitarbeiter ist in der Lage, wertschätzende Fragen zu stellen. Entscheidend ist, die Grundhaltung eines neugierigen, unbefangenen Kindes einzunehmen und Reaktionen wie (Er-)Staunen zuzulassen. Regeln des aktiven Zuhörens unterstreichen diese Grundhaltung.

*Neugierige und unbefangene Herangehensweise*

### Tipps und Hinweise für Interviewer

- Nehmen Sie sich Zeit und Ruhe, schaffen Sie eine innere Bereitschaft zum Zuhören.
- Seien Sie aufmerksam für die Themen des anderen und neugierig auf seine Erfahrungen und Gefühle.
- Lassen Sie den Gesprächspartner ausreden, gönnen Sie ihm von Zeit zu Zeit ausreichend Pausen zum Nachdenken.
- Ermuntern Sie ihn durch offene Fragen, wie z. B.: »Wie wirkte das auf Sie?«, »Wie ging es Ihnen dabei?«, »Weshalb war Ihnen das so wichtig?«, »Was war Ihr eigener Beitrag?«, »Was haben andere dazu beigetragen?«, »Was ist die Moral von der Geschichte?«
- Eine Frage nicht zu beantworten ist okay.
- Jede Geschichte und jede Emotion sind erlaubt.
- Wenn Sie glauben, etwas noch nicht ganz verstanden zu haben, fragen Sie nach.
- Halten Sie Ihre eigene Meinung, Bewertung und Interpretation erst einmal zurück.
- Zeigen Sie durch Ihre Körpersprache, dass Sie zuhören (Blickkontakt, zugewandte Körperhaltung, Nicken, Lächeln …).
- Machen Sie sich kurze Notizen und achten Sie gezielt auf gute Geschichten und Zitate.

Bereits in den ersten Interviews werden Kernpunkte angesprochen, die im weiteren Verlauf der Veranstaltung immer wieder zum Thema werden können. Denn hier wird schon nach Zukunftsvorstellungen und ersten möglichen Maßnahmen gefragt. Dieses Vorgehen kommt den Teilnehmern zugute, die am liebsten sofort in die Umsetzung gehen möchten.

**Unterschiede akzeptieren und Gemeinsamkeiten erkennen**

Anschließend kommen die Interviewpaare in Kleingruppen (z. B. Achtergruppen) zusammen und stellen ihre Interviewpartner durch deren beste Geschichten und Zitate vor. Die Devise lautet: Unterschiede akzeptieren und Gemeinsamkeiten erkennen. Die Teilnehmer wählen die herausragendste Geschichte aus und erzählen sie im Plenum. Aus den Geschichten heraus leiten sich Muster und Ähnlichkeiten ab, die als Schlüsselfaktoren helfen, den Erfolg der Organisation zu identifizieren. Oft entsteht hier eine Timeline aus Stärken, die den Teilnehmern deutlich macht, welche Potenziale aus der Vergangenheit mit in die Zukunft genommen werden sollten. Es kommen bewegende persönliche Geschichten ans Tageslicht, die bereits an dieser Stelle auf Stärken der Mitarbeiter hinweisen, die zu verschiedenen Zeitpunkten exzellente Leistungen möglich gemacht haben. Die bereits erlebten, hier wiederentdeckten Erfolgsmomente schaffen Hoffnung und Vertrauen in die Zukunft.

### Dream – Visionieren, wie es sein könnte

In der Phase des Visionierens entwickelt die Großgruppe ein gemeinsames Bild davon, wie eine mögliche Zukunft sein könnte. Es geht darum, Wünsche und Ziele für sich selbst und die Organisation zu definieren und Lust auf die Zukunft zu bekommen. Diese Phase gleicht damit der Phase des Visionierens aus der Zukunftskonferenz (▶ Kap. 2.1.2), baut jedoch auf den bisherigen Erfolgen auf und erhöht damit die Kraft der Vision. Vorab definierte Kernthemen werden besonders berücksichtigt. Es handelt sich um einen außerordentlich kreativen Abschnitt, der die Juwelen der ersten Phase nutzt. Da es sich bei den Juwelen um persönliche Erlebnisse handelt, wird deutlich, dass die daraus »gesponnenen« Ideale eine echte Chance besitzen, zur Realität zu werden. Kleingruppen malen ein Bild, schaffen eine Collage, schreiben einen Brief an einen Freund in der Zukunft, stellen eine Skulptur oder dichten Verse zu ihren Vorstellungen von der gemeinsamen Zukunft.

**Kreativer Abschnitt, der die Juwelen der ersten Phase nutzt**

Ein konkreter Arbeitsauftrag an die Gruppen zum Thema »Leitbild« könnte lauten:

- ▬ Was könnte in der Zukunft sein?
- ▬ Wie werden die einzelnen Aspekte des Leitbildes erlebt?

### Design – Gestalten und entwerfen, was sein soll

In dieser Phase geht es darum, die Organisation neu zu entwickeln und ihr eine neue Architektur zu geben. Strukturen, Prozesse und Fähigkeiten sind in dieser Phase wichtig. Prinzipiell eignen sich dafür alle ganzheitlichen Modelle, mit denen es gelingt, neue Strukturen zu entwickeln, die stützend und fördernd sind für die Vision.

»Woran erkennen wir/unsere Kunden/unsere Mitarbeiter, dass die Vision Wirklichkeit geworden ist?« Die Inhalte der kreativen Präsentationen werden in Stichworten festgehalten, sortierte Stichwort-Cluster anschließend priorisiert. Hieraus entstehen unterschiedliche Bereiche, die für den Veränderungsprozess wichtig sind. Zu den wichtigsten Bereichen erarbeiten Kleingruppen ihre Zukunftsaussagen. Sie fassen ihre Zukunftsideen in konkrete, sorgfältig formulierte Aussagen zur Zukunft der Organisation, bringen ihre Vision in klare Sätze. Die Zukunftsaussagen sollen den Prinzipien der Zielformulierung genügen: positiv formuliert, verständlich, konkret, nachvollziehbar, erstrebenswert und realistisch.

*Zukunftsideen in konkrete Aussagen packen*

Für die Führungskräfte eines Medienunternehmens bedeutete das in dieser Phase, sich in themenbezogenen Kleingruppen zu den Leitlinien ihres Unternehmens zusammenzufinden. Diese Arbeitsgruppen zu Leitlinien wie Kreativität, Offenheit, Vertrauen etc. hatten folgenden Auftrag:

1. Bitte notieren Sie namentlich die Teilnehmer Ihrer Arbeitsgruppe.
2. Legen Sie fest, wer aus Ihrer Arbeitsgruppe Botschafter dieser Leitlinie sein wird, um die erarbeiteten Inhalte im weiteren Prozess ins Unternehmen zu tragen.
3. Welche Aspekte erscheinen Ihnen für Ihre Leitlinie am wichtigsten?
4. Welche konkreten Formulierungsvorschläge haben Sie?

## Destiny – Konkrete Aktionen planen und umsetzen

Verantwortung übernehmen für die nächsten Schritte lautet die Devise in dieser letzten Phase. Jeder Teilnehmer entscheidet, für welchen Punkt er Leidenschaft und Verantwortung für die Umsetzung spürt. In dieser Phase wird die konkrete Ausprägung der Prozesse und Strukturen unter die Lupe genommen, die in der vorangegangenen Design-Phase entwickelt wurden. Handlungsstrategien, Checklisten und To-dos helfen bei der Umsetzung.

Die wichtigsten Fragen in dieser Phase lauten: »Was hält unsere Motivation am Leben?« und »Welches sind die Schritte, die leicht sind und dennoch viel bewegen?« Diese und ähnliche Fragen unterstützen, die Vision Wirklichkeit werden zu lassen. Dazu sind Aktionsplanungen auf verschiedenen Ebenen und in verschiedener Teilnehmerzusammensetzung möglich.

*Transfer in den Arbeitsalltag sicherstellen*

Führungskräfte eines Pharmakonzerns haben z. B. in dieser Phase den Auftrag, Umsetzungspläne in Arbeitsgruppen zu ihren Führungsprinzipien unter Berücksichtigung folgender Aspekte zu erstellen:

- Was soll erreicht werden?
- Warum ist das wichtig?
- Was ist dazu zu tun?
- Wer soll verantwortlich und wer beteiligt sein?

Zu diesen 4 Fragen erhält jede Arbeitsgruppe vorbereitete 4-Felder-Aktionsposter. Diese Aktionsposter dienen als Ideenpool, um in nachfolgenden Abteilungsworkshops Umsetzungsaktivitäten auf Abteilungsebene zu beschließen.

Im Unterschied zu anderen Großgruppenverfahren überlegen die Teilnehmer an dieser Stelle auch, wie sie den wertschätzenden Ansatz des AI in ihren Arbeitsalltag übertragen können: Wie wollen wir künftig stärker das Positive herausstellen? Wie können wir Best-practice-Beispiele besser bekannt machen (▶ Kap. 2.3.5)?

Im Folgenden stellen wir Ihnen einen Beipielablauf für eine 1½-tägige Veranstaltung vor (◘ Tab. 2.4).

◘ **Tab. 2.4.** Beispielablauf für eine 1½-tägige Veranstaltung

| Tag | Aktivitäten |
| --- | --- |
| 1. Tag, nachmittags | **Begrüßung und Einführung**<br>▬ Zielsetzung der Veranstaltung: gemeinsam ein Unternehmensleitbild entwickeln |
| | **Discovery – Ressourcen erkunden**<br>▬ Paarinterviews<br>▬ Kleingruppen: den Interviewpartner anhand seiner besten Geschichte in der Kleingruppe vorstellen<br>▬ Kleingruppen wählen herausragendste Geschichte aus<br>▬ Einige herausragende Geschichten im Plenum erzählen, auf Erfolgsmuster/belebende Faktoren achten<br>▬ Kleingruppen: »best-practice«/Erfolgsmuster identifizieren und auf große Plakate notieren<br>▬ Kurzreflexion im Plenum |
| 2. Tag, vormittags | **Dream – Visionieren, wie es sein könnte**<br>▬ Einstieg mit einem Kurzstatement des Vorstands zum 1. Tag und: Was uns für das Unternehmensleitbild wichtig ist (Kernthemen)!<br>▬ Wie wollen wir in unserer Organisation künftig arbeiten? Wie wollen wir miteinander umgehen? Kleingruppen entwerfen kreatives Zukunftsbild und bringen es in kreativer Form auf den Punkt<br>▬ Kreative Präsentationen der Kleingruppen (Lieder, Sketche, Gedichte, Szenen …) |
| | **Design – Gestalten und entwerfen, was sein soll**<br>▬ Woran erkennen wir/unsere Kunden, dass unser Unternehmensleitbild Wirklichkeit geworden ist?<br>▬ Kernthemen hängen aus, weitere Themen identifizieren<br>▬ Kleingruppen zu den verschiedenen Themen bilden: Zukunftsaussagen zum Unternehmensleitbild formulieren |
| 2. Tag, nachmittags | **Destiny – Auf 3 Ebenen konkrete Aktionen planen und umsetzen**<br>▬ Umsetzungsthemen nennen und sammeln (alternativ: nach Themen aus dem Unternehmensleitbild)<br>▬ Maßnahmenplanung in Kleingruppen nach Themen (Zuordnung nach Interesse): Welche Maßnahmen sind sinnvoll? Wer übernimmt wofür Verantwortung?<br>▬ Maßnahmenplanung in Heimatgruppen: Was können wir in unserem Team tun, um das Unternehmensleitbild mit Leben zu füllen?<br>▬ Individuelle Maßnahmenplanung/Commitment: Was werde ich persönlich an meinem Arbeitsplatz tun?<br>▬ Kurzpräsentationen aus den unterschiedlichen Ebenen |
| | **Abschluss**<br>▬ Stellungnahme des Vorstands: persönliche Bewertung und Infos zum weiteren Prozess<br>▬ Feedback der Teilnehmer |

## 2.3.4  Nutzen und Einsatzgebiet

Welche Ziele verfolgt die Methode des AI? In einem Satz zusammengefasst, geht es um Folgendes: Vorhandene Kompetenzen aktivieren und
konstruktiv einsetzen, dabei positives Denken und Handeln fördern und
gemeinsam mit allen Beteiligten Wege für Veränderungen erarbeiten. Es
geht darum, eine Haltung zu verändern und den Blick auf Ressourcen und
Möglichkeiten zu richten.

Die Einsatzmöglichkeiten sind vielfältig. Ganz allgemein ist AI dann
sinnvoll, wenn die Zukunft eines Systems neu entworfen oder gestaltet
werden soll. Neben Veränderungen in Unternehmen wie Strategiepla-
nung oder Entwicklung der Unternehmenskultur, Leitbildprozesse oder
Teamentwicklung eignet sich AI auch für gesellschaftliche und politische
Prozesse, z. B. im Rahmen einer Stadtentwicklung. Da die Methode des AI
gute mündliche Ausdrucksmöglichkeiten voraussetzt – Interviews und Geschichten sind das Herzstück –, ist sie für den Einsatz bei Personengruppen
mit Sprachschwierigkeiten (z. B. Migranten) nur bedingt geeignet.

> Einsatzgebiet:
> Zukunftsentwürfe

Im Folgenden werden einige Bausteine aus AI-Veranstaltungen he-
rausgegriffen, um daran gezielt Einsatzgebiete, aber auch Stolpersteine zu
erläutern.

### Konkrete Einsatzgebiete und Stolpersteine – Beispiele
#### Fachforum für Hochbegabtenförderung
Jedes Bundesland bringt ein Beispiel gelungener Hochbegabtenförderung
mit, das im Rahmen einer Ausstellung präsentiert wird. In regionalen
Gruppen (Nord, Mitte, Süd) treten die Teilnehmer anschließend in einen
Dialog ein, um gegenseitig ein noch detaillierteres Bild über ihre »Best-
practice-Beispiele« zu bekommen. Die Wirkung dieser Aktion ist über-
wältigend und liegt darin begründet, dass »von den Besten lernen« bislang
nicht aktiv und in diesem Ausmaß praktiziert wurde. Die Kombination des
Ausstellungscharakters (Messe) mit anschließenden intensiven Diskussionen in kleineren Gruppen lässt einerseits Raum für Engagement in der
Präsentation der eigenen Erfolge und erlaubt andererseits echtes Interesse,
gepaart mit Neugierde und Anerkennung seitens der Kollegen aus anderen
Bundesländern, um aus den Erfolgen zu lernen.

#### Teamentwicklung
Ein Finanzdienstleister ist mit der aktuellen Situation im Team unzufrie-
den. In Zweiergesprächsgruppen erinnern sich die Teammitglieder an erfolgreiche Teamerlebnisse. Dies gelingt zunächst recht gut. Im Rahmen der
Präsentation der besten Erlebnisse entwickelt sich jedoch eine Problem-
diskussion, die die Berater nicht verhindern können. Dies hat zwar einen
kathartischen Effekt, führt allerdings immer tiefer eine negative Spirale
hinab, sodass sich der eigentliche Fokus verschiebt. An die Stelle erfolgreicher Teamerlebnisse rücken Problemfelder. Anscheinend ist die Grundstimmung zu kritisch, sodass die Teilnehmer (noch) nicht bereit sind, sich
auf einen positiven Prozess einzulassen. Generell ist dieses Ergebnis nicht

> Stolperstein: statt
> erfolgreicher Teamerleb-
> nisse Problembearbeitung

auszuschließen. Ein ausführlicheres Testen des wertschätzenden Interviews im Vorfeld kann dazu beitragen, ein solches Ergebnis zu verhindern.

### Fusion zweier Abteilungen

Gemischte Teams aus Mitgliedern der beiden »alten« Abteilungen finden sich in kleinen Gesprächsgruppen zusammen, um sich gegenseitig ihr schönstes Erlebnis in der »alten« Abteilung zu erzählen. Ziel dieser Intervention ist, neben gegenseitigem Kennenlernen, den Blick darauf zu werfen, wo die einzelnen Mitarbeiter herkommen: Wie war die Kultur in der alten Abteilung? Welche Werte wurden geschätzt? Die Gesprächsgruppen ziehen sich in Nischen zurück und berichten lebhaft über ihre Erlebnisse. Das Highlight des Tages gehört den beiden Abteilungsleitern der »alten« Abteilungen, als sie Folgendes berichten: Vor einem gemeinsamen Transatlantikflug im Rahmen einer Geschäftsreise vor vielen Jahren hatte der eine Abteilungsleiter dem anderen wegen seiner Flugangst das Versprechen abgenommen, während des gesamten Fluges »seine Hand zu halten« – was er dann auch tatsächlich getan haben soll. Solche emotional bewegenden Geschichten, mit einem Augenzwinkern erzählt, können zu echten Meilensteinen auf dem Weg in eine gemeinsame Zukunft werden.

#### Vorteile und Chancen – Wann ist AI sinnvoll?

- Zur Stadt-, Unternehmens- und Teamentwicklung, wenn es darum geht, kulturellen Wandel zu fördern oder möglichst viele Beteiligte für eine gemeinsame Vision zu gewinnen.
- Fusionierende Abteilungen oder Organisationen können mittels AI das Beste ihrer jeweiligen Vergangenheit sichtbar machen und für eine gemeinsame Zukunft einbringen.
- Führungsleitbilder können aus dem Besten, was bislang an Führung praktiziert wurde, entwickelt werden.
- AI kann wieder Schwung in Projekte bringen, deren Mitarbeiter aufgrund zu geringen Erfolgs demoralisiert sind.
- Die Führungsmannschaft unterstützt den Prozess, beteiligt sich und ist offen für die Vorschläge und Ideen der Mitarbeiter (»echte« Wertschätzung).

#### Fallstricke – Wann ist von AI abzuraten?

- Wenn das Management nicht bereit ist, den positiven Ansatz auch nach der Veranstaltung mitzutragen.
- Wenn die Verantwortlichen nicht bereit sind, die Meinungen und Vorschläge ihrer Mitarbeiter einfließen zu lassen.
- Wenn ein konkret definiertes Problem im Vordergrund steht, für das ganz schnell eine Lösung gesucht wird: Hier empfiehlt sich eher die Methode des Appreciative Open Space (Bruck u. Müller 2007).

- Wenn eine kritische, schwierige oder konflikthafte Grundstimmung vorherrscht, die Teilnehmer voraussichtlich nicht bereit sein werden, sich auf den positiven Prozess einzulassen und nicht ausreichend Zeit vorhanden ist, die Teilnehmer vor dem klassischen AI zu öffnen.
- Wenn der Berater keine innere Überzeugung für den wertschätzenden Ansatz aufbringen kann.

## 2.3.5 Nachhaltigkeit – statt Show und Strohfeuer

Die Methode des Appreciative Inquiry ist für eine nachhaltige Wirkung prädestiniert. Ist das Experiment erst einmal gelungen, Repräsentanten eines ganzen Unternehmens oder ein gesamtes Team dazu zu bewegen, im Rahmen einer AI-Veranstaltung auf die Stärken und Potenziale zu blicken, ist bereits ein Teil des Transfers geleistet. Da die Grundhaltung der Beteiligten durch den Gedanken der Wertschätzung infiltriert wird, bietet es sich an, die Prinzipien in die tägliche Praxis zu integrieren. Wie will man die Kollegen und Mitarbeiter, die nicht persönlich an einer solchen Veranstaltung teilnehmen konnten, besser mit den Grundprinzipien vertraut machen, als die Prinzipien ganz einfach praktisch umzusetzen. So können z. B. regelmäßige Besprechungen und Teamsitzungen mit einem Blick auf positive Aspekte, Stärken oder »Best-practice-Gedanken« starten. Auf diese Weise ist langfristig eine Veränderung der gesamten Unternehmenskultur möglich (▶ Kap. 2.3.6). Eine solche Veränderung ist allerdings oftmals nicht von heute auf morgen zu leisten, wie das folgende Beispiel zeigt.

*AI ermöglicht langfristige Veränderung der Unternehmenskultur*

### ❯ Beispiel

Im Betriebsrat eines Maschinenbauunternehmens herrscht eine Grundstimmung, in der keiner bereit ist, eigene Erfolge in der großen Runde vorzustellen. Es gilt als Angeberei, Selbstbeweihräucherung oder Hervortun. Deshalb ist es zunächst sehr schwierig, den »Best-practice-Punkt« als regelmäßigen Teil der Agenda aufzunehmen. Hier hilft es, in kleinen Schritten vorzugehen und am Ende des Meetings z. B. zu fragen: »Was ist das Wertvollste, was Sie persönlich aus dem heutigen Meeting mitnehmen? Welcher Teil in unserem heutigen Meeting war besonders effektiv? Was hat das ermöglicht?« Ob es tatsächlich dauerhaft gelingen wird, diesen wertschätzenden Anteil zu implementieren, bleibt zu hoffen. Die Leitung wünscht sich zwar eine solche Entwicklung, ist allerdings selbst nicht immer ein Vorbild an Wertschätzung.

Darüber hinaus stehen selbstverständlich die bewährten Transfermethoden zur Verfügung. Durch die konkrete Maßnahmenplanung auf verschiedenen Ebenen (in inhaltlichen Themengruppen, Heimatgruppen und auf individueller Ebene) wird die Übertragung der Vorhaben in den Unternehmensalltag gefördert. Follow-up-Veranstaltungen nach einer angemessenen Zwischenzeit sorgen dafür, dass die geplanten Umsetzungsmaßnahmen

*Follow-up-Veranstaltungen*

einem Check unterzogen werden (Wie weit sind wir in den einzelnen Themen? Welche Vorhaben sind ggf. nicht mehr aktuell? Was kommt neu hinzu?), AI-Gedanken aufgefrischt und mit neuem Schwung wieder ins Unternehmen getragen werden können.

### 2.3.6 Weiterentwicklung

Inzwischen werden AI-Elemente sehr häufig mit Elementen anderer Großgruppenverfahren kombiniert. Bereits im traditionellen AI-Großgruppenansatz sind Ansätze aus RTSC, Open Space oder der Zukunftskonferenz enthalten. Ganz im Sinne von AI gilt es, die besten Elemente aus anderen Großgruppenverfahren zu integrieren. Für einzelne Schritte einer individuellen AI-Dramaturgie kommen z. B. Open-Space-Anteile oder World-Café-Ansätze in Betracht. Sie bringen einerseits Abwechslung in den Ablauf und können andererseits z. B. die persönliche Entscheidung und öffentliche Verpflichtung der Teilnehmer unterstreichen. Darüber hinaus gibt es spezielle Dramaturgien, die aus dem Verschmelzen von AI mit einem anderen Ansatz entstanden sind, wie z. B. der Appreciative Open Space (Bruck u. Müller 2007).

Daneben fließen AI-Gedanken und Bausteine inzwischen in viele andere Großgruppenveranstaltungen ein, wie z. B. in RTSC-Konferenzen oder in Veranstaltungen nach der Dramaturgie von congress in motion®. Ein konkretes Beispiel dafür ist die Perlenwanderung (▶ Kap. 4.4.1). Die Perle als Symbol guter Kontakte und anregender Gespräche im Rahmen einer Großgruppenveranstaltung steht für Wertschätzung – sie kann die Juwelen einer Veranstaltung symbolisieren.

Im weiteren Sinne ist AI geeignet, ganze Unternehmen zu einer wertschätzenden Organisation zu machen und die Wahrnehmung für das Beste im Unternehmen gezielt zu schärfen. Grundgedanken lassen sich auf einzelne Elemente des Unternehmensalltags übertragen:

- Projektabschlüsse bewusst feiern und damit Erfolge besonders wertschätzen
- Bei herausragenden Leistungen auch zwischendurch Anerkennung ausdrücken oder den Anspruch an die Führungskräfte ableiten
- AI-Elemente in den Führungsalltag übernehmen, z. B. Meetings rituell mit einem Blick auf das herausragendste Ereignis der Woche beginnen oder in Mitarbeitergesprächen den Schwerpunkt auf die Wahrnehmung von Stärken und besonderen Leistungen richten

Doch AI bleibt nicht auf Großgruppenveranstaltungen oder Veränderungsprozesse in Organisationen beschränkt. Grundgedanken des AI (Wertschätzung, Konzentration auf Stärken, Formulierung von Veränderungswünschen anstatt Konzentration auf Problemfelder) können in vielen weiteren Bereichen einen wertvollen Beitrag leisten, z. B. im persönlichen Bereich, in sozialen Beziehungen oder gesamtgesellschaftlichem Kontext – als gegensätzlicher Trend zur »Sucht nach negativen Gedanken« (▶ Kap. 2.3.2). Bruck und seine Kollegen (Bruck u. Müller 2007) sprechen in diesem Zusammenhang vom »Gedankengut des AI«.

*Marginalien:*

AI – prädestiniert für Kombination mit anderen Großgruppenverfahren

Gedankengut des AI inspiriert

**Interview mit Appreciative-Inquiry-Experte Walter Bruck**

Walter Bruck gestaltet Wandel innovativ und integriert den Menschen als einen entscheidenden Faktor für den Unternehmenserfolg. Er hat maßgeblich den Ansatz für Veränderungsprozesse – Appreciative Inquiry – im deutschsprachigen Raum bekannt gemacht und weiterentwickelt. Homepage: http://www.walterbruck.com

**Wann sind Sie zum ersten Mal mit dem AI-Ansatz in Kontakt gekommen?**

Das war 1996 auf einem Kongress »Spirit in Business« in Schottland mit rund 500 Teilnehmern aus der ganzen Welt. Ein Teilnehmer aus den USA hat mir dort zufällig davon erzählt, und ich wusste irgendwie: Das ist es. Zu dieser Zeit war ich gerade dabei, mich selbstständig zu machen, insofern passte das sehr gut. Ich hatte das Gefühl, auf diesem Ansatz aufbauen zu können. Zunächst habe ich AI für die Anwendung in Kleingruppen kennengelernt und eingesetzt. 1999 bin ich dann gemeinsam mit Matthias zur Bonsen zum ersten AI-Großgruppentraining in die USA geflogen.

**Was fasziniert Sie am AI-Ansatz?**

Mich fasziniert die Grundsicht auf die Dinge – die Natürlichkeit, das Ansprechen des Menschlichen und die Verbindung mit dem Business, also die Integration von Hard- und Softfacts. Man entdeckt viel Neues dabei. In diesem Zusammenhang von AI spreche ich übrigens nie vom Positiven, sondern immer nur vom Wertvollen. Das ist der grundlegende Unterschied zwischen dem klassischen positiven Denken und dem AI-Ansatz. Positiv denken bedeutet für mich – überspitzt betrachtet – das Negative in eine Ecke setzen, ein schönes Mäntelchen drum und dann ist alles gut. Das ist überhaupt nicht AI. AI versucht die Wirkmechanismen hinter den Erfolgen besser zu verstehen und welchen Nährboden es für die Erfolge braucht.

Dennoch gerät man immer wieder in Konflikt, wenn man versucht, Menschen die Sichtweise von AI und den Blick auf das Wertvolle, die Juwelen zu erklären. Ich versuche daher gar nicht mehr, den Ansatz zu erklären, sondern wende diesen vom ersten Moment an, um den Auftrag zu klären. Dabei gibt es meist eine Grundhürde zu nehmen, weil der Auftraggeber zunächst sein Problem schildern möchte. Ich höre zu, wertschätze dieses Problem und versuche es zu verstehen, ohne zu tief zu bohren. Wenn wir dann an einem neutralen Punkt angelangt sind, kann ich durchstarten mit AI und bin schon mitten im AI-Prozess. Es ist etwas anderes, wenn der Auftraggeber die Methode selbst erlebt, dann hat er die neue Erfahrung und kennt ihren Wert.

**Was begeistert denn den »normalen« Mitarbeiter an einer AI-Veranstaltung?**

Bei einem ganz normalen Mitarbeiter – ohne akademischen Hintergrund – ist AI oft etwas ganz Natürliches. Viele Mitarbeiter denken gar nicht so kompliziert, sodass die Grundphilosophie von AI viel näher an ihrem Verständnis von Menschlichkeit liegt und deswegen relativ leicht aufzunehmen ist. Problemorientierung wird meiner Erfahrung nach viel stärker durch eine akademische Ausbildung geprägt.

**Wie sieht Ihr Blick in die Zukunft aus?**

Virtuelle Großgruppen werden einen hohen Stellenwert erhalten. Das wirklich Spannende daran ist, eine virtuelle Großgruppe nicht nur zeitgleich an unterschiedlichen Orten, sondern über einen bestimmten Zeitraum sogar noch zeitlich versetzt arbeiten zu lassen. Innerhalb einer Woche können sich überall Kleingruppen treffen und durch einen Schritt ihrer Dramaturgie gehen. Die Ergebnisse werden über Internet und eine spezielle Software miteinander verbunden und verwebt. Damit können sie nicht nur über Zeitzonen hinweg arbeiten, sondern jede lokale Gruppe kann die für sie ideale Zeit für diesen Entwicklungsprozess auswählen.

Der zweite spannende Punkt mit der Virtualität ist: Sie haben eine echte Großgruppe, zu der sich virtuell Leute aus der ganzen Welt zuschalten können. Die schauen sich an, was erarbeitet wird und geben ihren »Senf« dazu. Hier gilt es, passende Strukturen zu schaffen, die das alles gut kanalisieren. Eine weitere spannende Sache ist, das Ganze umzudrehen. Im Anschluss an eine virtuelle Großgruppe kommt eine Präsenzgroßgruppe zusammen, die die Ergebnisse abschließend zusammenbringt. Dadurch erreichen Sie eine enorme Partizipation in einer Organisation.

Insgesamt glaube ich, dass die großen Zeiten noch kommen werden, weil die Notwendigkeit des Dialogs innerhalb einer Großgruppe mit der Komplexität weiter zunehmen wird. Wir sehen das auch an der Tendenz im Internet, es ist ja ein permanenter Großgruppendialog, der dort stattfindet. Ich glaube nicht, dass ein Unternehmen 10 Großgruppen im Jahr haben wird – es wird bei einer überschaubaren Anzahl von etwa 1–2 bleiben –, aber es wird sich als Standardform des Miteinanders etablieren.

Das Design von Großgruppen wird sich zukünftig immer weiter von den Methoden in Reinform wegentwickeln, hin zu einer Art Baukastensystem. Dabei werden Standardelemente ausgewählt, angepasst und neu zusammengefügt.

## Weiterführende Literatur zu Appreciative Inquiry

Bruck W, Müller R (2007) Wirkungsvolle Tagungen und Großgruppen. Gabal, Offenbach
Coperrider DL, Whitney DL, Stavros JM (Hrsg) (2004) Appreciative inquiry handbook. Berrett-Koehler, San Francisco
zur Bonsen M, Maleh C (2001) Appreciative Inquiry (AI): Der Weg zu Spitzenleistungen. Beltz, Weinheim
http://www.appreciativeinquiry.case.edu – Weltweites AI-Portal.
http://www.appreciative-inquiry.de – Homepage von Walter Bruck zu Appreciative Inquiry und anderen Großgruppenverfahren.

## 2.4    Real Time Strategic Change (RTSC) – Strategien in Maßnahmen umsetzen

»Wie sieht das denn mit Ihren Mathekenntnissen aus, Herr Lauber?«, fragt der Vorstand seinen Personalentwicklungsreferenten. Dieser stutzt. »Na ja, ... ich weiß nicht, ... aber Sie haben mich ja nicht wegen meiner Mathekenntnisse eingestellt, ... oder?«

Der Vorstand bittet seinen Personalentwickler zu einem Flipchart und fängt an zu rechnen.

»U x V x E > W« steht nun auf dem Flipchart.

Herr Lauber guckt verdutzt.

»Und«, fragt der Vorstand, »stimmt das Ergebnis?"

»Äh, ich weiß nicht. Was bedeuten diese Buchstaben? Wofür stehen die? Was ist das für eine Formel?«

»Ganz einfach«, so der Chef, »mit dieser Formel berechnen Sie den Widerstand gegen unsere neue strategische Maßnahme ‚Zukunft 2020‘.«

»Ach!«, entfährt es seinem Mitarbeiter. »Das ist ja der Hammer! So einfach geht das?«

Der Vorstand grinst.

## 2.4.1 Entwicklung, Urheber

Kathleen Dannemiller entwickelte diese Großgruppenmethode im Verlaufe der 1980er Jahre in den USA. Robert Jacobs, einer ihrer ehemaligen Mitarbeiter, stellte sie 1994 in seinem Buch »Real Time Strategic Change« erstmals öffentlich vor. Ungefähr zeitgleich mit Marvin Weisbords »Zukunftskonferenz« und Harrison Owens »Open Space Technologie« erlangte damit ein weiteres Großgruppenverfahren breite Aufmerksamkeit.

Der ursprüngliche Ansatz stellt den Aspekt der Kommunikation sehr stark in den Mittelpunkt: Von Diskussionen in heterogen zusammengesetzten Kleingruppen über das Sammeln der wichtigsten Diskussionspunkte auf Flipcharts und Pinnwänden bis hin zu Präsentationen und Diskussionen im Plenum. Dieser Austausch bleibt weiterhin zentraler Bestandteil. Erlebnisorientierte Bausteine ergänzen und unterstreichen an vielen Stellen die Zielsetzung der Konferenz. Sie bilden inzwischen ein wichtiges Herzstück, das allerdings immer in Verbindung mit dem jeweiligen Veränderungsvorhaben steht und nicht als Selbstzweck dient. Erlebnisorientierte Elemente charakterisieren damit die Einmaligkeit einer jeden RTSC-Konferenz.

*Erlebnisorientierte Elemente*

Holman u. Devane (2006) beschreiben die Entwicklung von RTSC als:

> »[…] Abkehr von der eventzentrierten Technik und die Hinwendung zu einem Ansatz, der auf das Veränderungsvorhaben fokussiert und Events als Teil davon impliziert«.

## 2.4.2 Kerngedanken der Methode

RTSC rankt sich um den Begriff »Strategie« und wird häufig mit »Strategische Veränderung in Echtzeit« übersetzt und gleichgesetzt (Holman u. Devane 2006). Das Verfahren unterstützt dabei, eine klare strategische Ausrichtung durch die gesamte Organisation zu erreichen.

RTSC-Konferenzen machen es möglich, mit mehreren 100 Menschen innerhalb einer Organisation am selben Ort einen strategischen Richtungswechsel zu erreichen und Zukunft gemeinsam zu planen. Von der Geschäftsleitung erarbeitete Visionen und strategische Ziele werden gemeinsam mit den betroffenen Mitarbeitern überarbeitet. Ziel ist es, möglichst viele Mitarbeiter dafür zu gewinnen und den strategischen Richtungswechsel gleichzeitig auf breiter Basis anzustoßen. Sind alle Beteiligten in

*Fokus auf Strategie*

der Großgruppe präsent, dann erübrigt sich ein separater kaskadenartiger Prozess über alle Hierarchieebenen. Werden die verschiedenen Gruppen von einzelnen Mitgliedern repräsentiert, muss die Kommunikation ins Unternehmen als wichtiger Planungsschritt im Vorfeld berücksichtigt werden. Die Teilnehmergruppe sollte in diesem Fall einen möglichst repräsentativen Querschnitt der gesamten Organisation abbilden.

Im Gegensatz zu anderen Großgruppenverfahren, wie z. B. der Zukunftskonferenz, wird das Ziel nicht von den Teilnehmern selbst erarbeitet. Vielmehr geht es darum, Kräfte zu mobilisieren und die Umsetzung voranzutreiben. Die Teilnehmer kennen die Richtung und tragen dazu bei, sie zu fokussieren. Grundgedanke ist, durch Partizipation die Bereitschaft zum Handeln zu fördern. Damit sind RTSC-Konferenzen stärker top-down-orientiert als andere Großgruppenverfahren. Das Management hat gezielte Interventionsmöglichkeiten. Die Führungsspitze hat bereits vorgedacht, wohin die Veränderung gehen soll. Im Rahmen der Konferenz präsentiert sie das Ziel den Teilnehmern, stellt es zur Diskussion und lässt es weiter verarbeiten.

| Stärkere Top-down-Orientierung als andere Großgruppenverfahren |

Die Urheber des RTSC haben mit ihrer »Formel für Veränderung« auf relativ einfache Art und Weise die Veränderungsenergie im Prozess der RTSC-Konferenzen auf den Punkt gebracht (nach zur Bonsen 2003):

| Formel für Veränderung |

**U** × **V** × **E** > **W**
**Unzufriedenheit** mit der Realität × **Vision** einer positiven Möglichkeit × **Erste Schritte** > **Widerstand** gegen Veränderung

Um Veränderung möglich zu machen, muss die Energie zur Veränderung größer sein als der Widerstand dagegen. Die Veränderungsenergie ist repräsentiert durch das Produkt aus Unzufriedenheit, Vision und ersten Schritten. Folglich darf keiner dieser 3 Faktoren fehlen: Ist einer der Faktoren gleich null, dann entsteht keine Veränderungsenergie.

Der Faktor **U (Unzufriedenheit mit der Realität)** beinhaltet das Aufrütteln: Entweder hat sich das Umfeld verändert, oder die Anforderungen des Umfelds werden nicht erfüllt, oder es existiert eine deutliche Diskrepanz zwischen der Ist-Situation und den angestrebten Zielen. Die Brisanz der aktuellen Situation kann anhand betriebswirtschaftlicher Kennzahlen deutlich werden, oder die Unternehmensführung bringt in einer Geschichte oder Metapher das Wesentliche auf den Punkt. Den Teilnehmern wird klar, dass dringender Handlungsbedarf besteht.

In den Faktoren **V (Vision einer positiven Möglichkeit)** und **E (Erste Schritte)** steckt der Anspruch, sich mit einem gemeinsamen Ziel zu identifizieren, und die Notwendigkeit, dass es der Führung gelingt, bei den Mitarbeitern Vertrauen zu schaffen: Alle gehen erste Schritte in eine gemeinsame Zukunft.

RTSC-Konferenzen haben keinen strikten, einheitlichen Ablauf mit vorgegebenen Einzelschritten. Der Baustein, der an einer bestimmten Stelle sinnvoll ist und den Prozess vorantreibt, wird eingesetzt. Insofern ist eine gute Vorbereitung und individuell auf die Organisation abgestimmte Prozessplanung entscheidend: Bevor eine RTSC-Konferenz stattfindet, sollten nächste Prozessschritte bereits geplant werden. Auch wenn der

| Zusammensetzung von Bausteinen statt einheitlichem Ablauf |

genaue Inhalt zunächst offen bleibt und sich erst im Verlauf der Konferenz herauskristallisiert, ist es wichtig, den weiteren Weg zu kennen. Follow-up-Workshops in allen Abteilungen können z. B. ein möglicher nächster Schritt sein.

Die Hierarchie im Unternehmen bleibt während der Konferenz bestehen, der Top-down-Charakter sichtbar: Führungskräfte beziehen Position, Mitarbeiter bleiben in ihrer Rolle. Dennoch kann eine solche Konferenz eine echte Kulturveränderung für das Unternehmen bedeuten. Die neue Strategie wird nicht nur mitgeteilt, sondern von den Konferenzteilnehmern hinterfragt. Dies kann für manche Unternehmen bereits eine große Veränderung bewirken.

### 2.4.3  Typischer Ablauf

Im Gegensatz zu Open-Space-Veranstaltungen oder Zukunftskonferenzen enthalten RTSC-Konferenzen nicht immer die gleichen Bausteine, sondern orientieren sich an stabilen Prinzipien. Auf diese Weise gleicht keine RTSC-Konferenz in ihrem Ablauf einer anderen.

RTSC-Konferenzen dauern in der Regel 2–3 Tage. Die Anzahl der Teilnehmer ist theoretisch unbegrenzt, so haben bereits mehrere 1000 Menschen gleichzeitig an RTSC-Konferenzen teilgenommen. Ideal ist eine möglichst interdisziplinär zusammengesetzte Teilnehmergruppe. Ähnlich wie bei Zukunftskonferenzen wird auch bei RTSC-Konferenzen abwechselnd gemeinsam im Plenum und in unterschiedlich zusammengesetzten Gruppen gearbeitet. Wenn möglich, ist eine Gruppengröße von 8 Teilnehmern anzustreben. Die überwiegende Zeit arbeiten die Achterrunden als gemischte Gruppen, d. h., es sollten möglichst Repräsentanten unterschiedlicher Hierarchieebenen, Funktionen, unterschiedlichen Alters und beiderlei Geschlechts vertreten sein. Achterrunden sind somit groß genug, um eine maximale Mischung – einen Querschnitt

In Achterrunden maximale Durchmischung erreichen

des Unternehmens – zu erreichen, und nicht zu groß, um eine lebhafte Diskussion zu ermöglichen. Tische werden nicht benötigt, die Gruppen arbeiten in Stuhlkreisen – versorgt mit einer Kiste Moderationsmaterial und Flipchart bzw. Pinnwand.

*Dramaturgie in 5 Phasen*

Die Dramaturgie einer RTSC-Konferenz folgt den 5 Phasen:

1. Startphase
2. Aufrütteln: Teilnehmer für das Thema sensibilisieren, Bewusstsein für Veränderung schaffen und emotional ansprechen, Wunsch nach Veränderung wecken
3. Identifikation mit den Zielen erreichen: eigenes Potenzial bewusst machen und Hoffnung auf eine positive Zukunft schaffen
4. Maßnahmen erarbeiten: Konsequenzen ableiten und konkrete Umsetzungsschritte planen
5. Schluss

RTSC-Konferenzen bedürfen – noch stärker als andere Großgruppenverfahren – einer detaillierten Planung und sind damit aufwendig in der Vorbereitung. Die Dramaturgie mit den jeweils passenden Bausteinen für jede einzelne Phase wird individuell zusammengestellt. Erlebnisorientierte Bausteine, wie die Arbeit mit Symbolen, Geschichten oder Märchen erzählen und besondere Rituale lassen sich sehr gut integrieren. Meist sind RTSC-Konferenzen Teil eines größeren Organisationsentwicklungsprozesses.

## Planung und Vorbereitung

Eine »gemischte« Planungsgruppe ist für den Erfolg einer RTSC-Konferenz unverzichtbar. Als Abbild der späteren Großgruppe sollten hier möglichst viele Funktionen und Hierarchieebenen vertreten sein.

*Detaillierte Planung und Vorbereitung wichtig*

Sind Zielsetzung und Erfolgskriterien für die Konferenz geklärt, folgt meist ein Workshop mit der Geschäftsleitung. Die Führungsspitze definiert in diesem Workshop das Ziel – die Vision, für die sie die Mitarbeiter gewinnen möchte. Auf dieser Grundlage erarbeitet die Planungsgruppe, gemeinsam mit den Moderatoren, nun einen passgenauen Konferenzablauf und stimmt die weiteren Prozessschritte ab. Die Planungsgruppe ist dabei vor allem Experte für die Inhalte, während die Moderatoren entsprechende Methoden und Prozessschritte vorschlagen. Die Planungsgruppe nimmt anschließend an der selbst vorbereiteten Konferenz teil. Ihre Mitglieder können dabei verschiedene Rollen einnehmen, z. B. als »normale« Teilnehmer, Unterstützer im Hintergrund, Rückmeldesystem für die Moderatoren oder als Gestalter einer Teil-Sequenz in der Veranstaltung.

Der anstehende Konferenztermin kann dabei Motor sein, den Strategieprozess voranzubringen. Häufig unterstützt der festgelegte Termin die Geschäftsleitung dabei, sich über die endgültigen strategischen Ziele klar zu werden. Wir haben erlebt, dass am Vorabend der Konferenz noch einmal heftig an der Formulierung gefeilt wurde – ein Klärungsprozess, der ohne die anstehende Konferenz sicher weitaus später oder vielleicht gar nicht erfolgt wäre.

Da es keinen festgelegten, allgemeingültigen Ablauf gibt, sollen im Folgenden mögliche Arbeitsschritte oder Bausteine erläutert werden, die in den einzelnen Phasen sinnvoll sein können. Entscheidend ist die Zielsetzung der jeweiligen Veranstaltung, sodass einzelne Schritte durchaus auch an einer anderen Stelle des Ablaufs passen können.

### Schritt 1: Startphase

Während nach und nach die Teilnehmer im Foyer eintreffen, bleiben die Türen des Veranstaltungsraums noch geschlossen. Im Foyer gibt es Kaffee und Getränke, Namensschilder und Unterlagen. Kurz vor Beginn der RTSC-Konferenz öffnen sich die Türen. Die Teilnehmer erwartet eine Überraschung – z. B. übernehmen hochrangige Führungskräfte die persönliche Begrüßung an den Eingängen.

*Überraschender Einstieg*

Im nächsten Schritt der Startphase erläutert der »Gastgeber« – ein Vertreter der Geschäftsleitung – Hintergründe und Zielsetzung der Veranstaltung: Weshalb hat sich die Geschäftsleitung entschieden, ein solches Konferenzdesign zu wählen? Weshalb diese Teilnehmergruppe? Was soll mit der Veranstaltung erreicht werden? Wenn an dieser Stelle deutlich wird, dass die Zielsetzung dem »Gastgeber« persönlich am Herzen liegt, ist bereits ein wichtiger Schritt geschafft. Der »Gastgeber« stellt das Planungsteam vor und erläutert, wie es sich zusammensetzt. Die Teilnehmer können nachvollziehen, dass die Konferenz nicht »da oben« geplant wurde, sondern Repräsentanten ihrer Funktionsgruppe oder Hierarchieebene vertreten waren. Das schafft Vertrauen.

Anschließend übergibt der »Gastgeber« das Wort an die Moderatoren, die sich kurz vorstellen und den Ablauf erläutern. Die Moderatoren geben einen möglichst guten Überblick mit den wichtigsten Phasen, ohne zu sehr ins Detail zu gehen. Sie stellen Methoden und Arbeitsformen dar und erläutern die Zusammensetzung der Teilnehmer in den Arbeitsgruppen. In den Stuhlkreisen soll eine maximale Durchmischung erreicht werden. Ähnlich wie in der Vorbereitungsgruppe sollen hier möglichst alle Funktionen und Hierarchieebenen vertreten sein.

*»Gastgeber«, Moderatoren und Teilnehmer stellen sich vor*

In ihren Stuhlkreisen stellen sich die Teilnehmer gegenseitig kurz vor, um miteinander in Kontakt zu kommen und »warmzuwerden«. Mögliche Fragen sind:
- Was hat mich in der letzten Zeit beschäftigt?
- Welche Herausforderungen werden aus meiner Sicht auf unsere Organisation zukommen?

Selbstverständlich sind auch andere Auftaktaktionen möglich, wenn sie eine Verbindung zum Konferenzthema haben.

### Schritt 2: Aufrütteln

In dieser wichtigen Phase geht es darum, die Mitarbeiter für das Thema und seine Dringlichkeit zu sensibilisieren und sie gleichzeitig emotional anzusprechen. Alle werden auf den gleichen Infostand gebracht. Ganz im

*Mitarbeiter sensibilisieren und emotional ansprechen*

Sinne der Redewendung »Zuerst die schlechte Nachricht, dann die gute« empfiehlt es sich, schwierige Botschaften an den Anfang zu stellen und klar zu formulieren. Bei den Teilnehmern entsteht auf diese Weise ein Gefühl für die Dringlichkeit.

Ein Mitglied der Geschäftsleitung erläutert, »was ihn nachts nicht schlafen lässt« (zur Bonsen 2003). In einem freien Vortrag ohne Rednerpult stellt er die Fakten dar und macht dabei deutlich, welche Herausforderungen er wahrnimmt und wie das Unternehmen aus seiner Sicht diese Herausforderungen annehmen kann.

Um in der Konferenz ein Bild der relevanten Trends zu zeichnen, die sich auf die Situation im Unternehmen auswirken, werden Experten eingeladen, die »live« und direkt zu Wort kommen. Zum Beispiel bietet es sich an, einen echten Kunden einzuladen, der die Kundensicht glaubhaft darstellt. Dass dieser Kunde sorgfältig ausgewählt sein will, versteht sich nahezu von selbst. Alternativ dazu können Videofilme mit Experteninterviews eingespielt werden.

In der Phase des Aufrüttelns ist es wichtig, den Teilnehmern nach jedem Beitrag Gelegenheit zu geben, das Gehörte zu verdauen. Dazu eignen sich kleine Gesprächsgruppen von je 4–5 Teilnehmern, um sich zunächst über die Eindrücke auszutauschen und anschließend Fragen an den Referenten zu richten. Das erleichtert den Sprechern, auch kritische Fragen zu stellen, da sie die ganze Gruppe repräsentieren.

**Wunsch nach Veränderung wecken**

Unterschiedlichste Interventionen wecken den Wunsch nach Veränderung: In Kleingruppen diskutieren die Teilnehmer die Frage, was passieren würde, wenn nichts passiert, und malen sich dazugehörige Horrorszenarien in allen Einzelheiten aus. Oder sie schlüpfen in andere Rollen hinein, z. B. in die Rolle eines Kunden oder Wettbewerbers. Eine weitere Methode ist »Stolz und Bedauern« – ein Arbeitsschritt aus der Zukunftskonferenz. Dafür setzen sich die Teilnehmer in homogenen Gruppen zusammen und diskutieren, auf welche eigenen Leistungen sie stolz sind und welche eigenen Versäumnisse sie bedauern. »Glads, sads, mads« ist eine Aufgabe, die von Dannemiller et al. (2000) stammt. Zu ausgewählten Themen, die die gesamte Organisation betreffen, sammeln die Teilnehmer, was sie froh (glad), traurig (sad) und wahnsinnig (mad) macht. Dazu eignen sich eher sachliche als kulturelle Themen. Weiterhin können Prozess- oder Kraftfeldanalysen in dieser Phase sinnvoll sein.

**Parcours**

Oftmals arbeiten wir mit einem sog. Parcours. An verschiedenen Stationen vermitteln Experten ihr Fachwissen. So können Führungskräfte aus unterschiedlichen Bereichen Informationen zu relevanten Projekten aus ihrer Sicht vorstellen. Während der Finanzexperte die Eckdaten des Businessplans erläutert, stellt der Personalleiter die Auswirkungen auf die Belegschaft dar. Oder Marktforscher bringen ihr Expertenwissen mit Blick von außen ein. Die Gesamtgruppe unterteilt sich dabei in so viele Kleingruppen, wie Stationen im Raum sind, und durchläuft nacheinander alle Stationen in einer bestimmten Reihenfolge, z. B. im Uhrzeigersinn. Nach einem festen Zeitrhythmus wird gewechselt. Bei einer sehr großen Teilnehmergruppe kann es sinnvoll sein, den Teilnehmern die Möglichkeit zu bieten, eine bestimmte Anzahl, z. B. 3 aus 8 Stationen auszuwählen. Natürlich ist auch sog. Freeflow möglich, an dem jeder Teilnehmer frei von Stand zu Stand gehen kann. Die unterschiedlichen Eindrücke werden anschließend zusammengeführt, indem in den Stuhlkreisen z. B. ein Austausch darüber erfolgt, was die Teilnehmer am meisten überrascht hat.

Mit der Phase des Aufrüttelns endet meist der erste Tag einer RTSC-Konferenz.

### Schritt 3: Das eigene Potenzial bewusst machen und Hoffnung auf eine positive Zukunft schaffen

Dieser Teilschritt beruht auf den Grundgedanken des Appreciative Inquiry (zur Bonsen u. Maleh 2001) (▶ Kap. 2.3) und soll Hoffnung auf eine positive Zukunft machen. Die Methode des Appreciative Inquiry unterstellt, dass Menschen nur dann auf eine positive Zukunft hoffen und daran glauben können, wenn sie ein positives Bild ihrer Gegenwart und Vergangenheit haben. Daher richten die Teilnehmer ihren Blick auf das, was gut läuft. Im Sinne von »best practice« oder den »Juwelen« der Organisation erinnern sich die Teilnehmer in Kleingruppen an ganz konkrete Erlebnisse oder Ereignisse. Daraus ergeben sich inspirierende Geschichten aus der Organisation und über die Organisation. Visualisiert auf Pinnwänden und Flipcharts entsteht eine »Galerie der best practices« (zur Bonsen 2001). An jedem Stand erläutern Repräsentanten der Gruppen den interessierten Kollegen ihre Beispiele. Den Teilnehmern werden das eigene Potenzial und ihr Anteil am Erfolg bewusst. Daraus entwickelt sich die Haltung, dass auch unter schwierigen Bedingungen eine positive Zukunft möglich ist. Das Selbstvertrauen wächst.

*Beruht auf Grundgedanken des AI*

»Voneinander lernen« ist ein weiteres wichtiges Stichwort für diese Phase. Ein Vertreter einer vergleichbaren Organisation (ggf. Mitbewerber) ist dafür gut geeignet. Sein Unternehmen sollte bereits wichtige Hürden genommen haben und auf dem Weg in die Zukunft »einen Schritt weiter« sein. Er kann an dieser Stelle glaubhaft darstellen, welche Klippen es auf dem eigenen Weg gab und wie die Organisation damit umgegangen ist. Selbstverständlich sollte sich hier eine Frage-Antwort-Runde anschließen, die es den Teilnehmern ermöglicht, Einzelheiten zu hinterfragen und die Übertragbarkeit auf die eigene Organisation zu überprüfen.

*Voneinander lernen*

Die Geschäftsleitung setzt in dieser Phase durch ihren Beitrag über Vision und Ziele der Organisation wichtige Akzente, die bei den Teilnehmern das Bild von der Zukunft entstehen lassen. Wenn es der Geschäftsleitung gelingt, ihre Zukunftsideen und Strategien in einer möglichst bildhaften Sprache darzustellen, lässt sie ihre Vision bei den Teilnehmern lebendig werden und weckt Lust auf die Zukunft.

Jetzt geht es darum, die Vision der Geschäftsleitung mit Leben zu füllen. Die Teilnehmer versetzen sich dafür in das Jahr X. Der Moderator leitet die Teilnehmer in einer Gedankenreise an, sich eine ideale Zukunft vorzustellen und in allen Einzelheiten auszumalen. Anschließend tragen die Teilnehmer in kleinen Gruppen ihre Ideen zusammen und entwickeln

*Blick in die Zukunft richten*

daraus kreative Präsentationen. Die besondere Herausforderung liegt darin, das Wesentliche in einer Präsentationszeit von max. 2, 3 oder 5 min auf den Punkt zu bringen. Je nach Teilnehmergruppe kann es an dieser Stelle auch sinnvoll sein, Collagen oder Skulpturen herzustellen, die aus vorhandenem »Baumaterial« (Zeitschriften, Luftballons, Stoffe, Plakatkarton, Stöcke, Draht, Kordel etc.) gefertigt werden.

Alternativ dazu kann jede Kleingruppe beauftragt werden, sich mit einem bestimmten Teilaspekt der Zukunft auseinanderzusetzen und eine Präsentation für dieses ausgewählte Thema zu erstellen. Die einzelnen Bausteine der gesamten Zukunft werden dann in einem folgenden Schritt zusammengefügt. Im Rahmen einer RTSC-Konferenz für ein Unternehmen der Energiewirtschaft ging es z. B. darum, dass 12 Kleingruppen 12 verschiedene Blickwinkel (intern und extern) einnehmen und die positive Entwicklung darstellen. Aus Sicht von Führungskräften, Mitarbeitern, des Betriebsrats, eines Hauptkunden … war die im Folgenden dargestellte Aufgabe zu erfüllen.

> ❯ **Beispiel**
> **Anweisung für die Kleingruppen: Blick in die Zukunft**
> »Heute ist der 31.12.2012. Die Veränderungen in Ihrem Unternehmen wurden überaus erfolgreich weitergeführt. Die festgelegten Ziele wurden erreicht. Die Presse hat davon Wind bekommen, Reporter schwärmen aus und wollen von den Beteiligten und Betroffenen Erfolgsstorys erfahren.«
> Bitte ziehen Sie Ihre Rolle und bilden Sie 12 Gruppen. Bitte bereiten Sie eine 2-minütige Aktion vor, die einen Rückblick aus Ihrer Rolle auf die vergangenen erfolgreichen 5 Jahre wirft. Anregungen: Interview, Radiosendung, TV-Spot, Performance, Talkrunde, Satire oder was Ihnen einfällt.

Visionieren schafft positive, aktive Stimmung

Diese Phase des »Visionierens« ist sehr wichtig für die RTSC-Konferenz. Es entsteht eine positive, aktive Stimmung. Den Teilnehmern bereitet es Freude, sich kreativ mit der Zukunft auseinanderzusetzen und sich für ein gemeinsam geschaffenes Zukunftsbild einzusetzen. Ein Gefühl der Gemeinschaft entsteht zwischen all den unterschiedlichen Repräsentanten einer Organisation.

Ein weiterer Nutzen dieser kreativ dargestellten Zukunft liegt darin, die Vorstellungen der Teilnehmer mit den Zielen der Leitung abzugleichen. Jede Kleingruppe reflektiert die Ausführungen der Leitung, klopft die Zielvorstellungen kritisch ab und notiert Ergänzungs- oder Verbesserungsvorschläge. Alle Teilnehmer priorisieren abschließend alle Verbesserungsvorschläge mit Klebepunkten. Hier endet für die Teilnehmer meist der zweite Tag einer RTSC-Konferenz.

Dieses Vorgehen hat sich inzwischen etabliert und die ursprüngliche Vorgehensweise von Dannemiller et al. (1994) abgelöst. Dannemiller et al. ließen die Teilnehmer erst dann visionieren, wenn das Zielpapier der Führungsspitze bereits überarbeitet vorlag. Jedes Ziel war dabei im Raum visualisiert und wurde von den Teilnehmern mit Kärtchen ergänzt. Auf diesen Kärtchen hielten die Teilnehmer fest, was im Jahr X alles erreicht sein würde und was sich beobachten ließe, wenn die Ziele umgesetzt wären. Mit diesem Vorgehen erreichte man weniger Lebendigkeit und Kreativität, leistete jedoch eine gute Vorarbeit für den nachfolgenden Schritt der Umsetzungsplanung.

Die Leitung – ein kleiner Kreis von Führungskräften, ggf. einige Vertreter der Planungsgruppe – setzt sich am Abend dieses zweiten Konferenztages mit den Moderatoren zusammen, um ihren ursprünglichen Visionsentwurf zu überarbeiten. In einer Nachtsitzung sichtet und diskutiert sie systematisch alle Vorschläge und Anregungen der Mitarbeiter und überprüft, inwieweit sich ihr Visionsentwurf mit den Vorstellungen der Mitarbeiter deckt. Vorschläge und Anregungen der Mitarbeiter werden in die Vorlage eingearbeitet. Diese Sitzung kann häufig bis in die frühen Morgenstunden dauern und endet mit einer überarbeiteten Präsentation und einem Ausdruck des neuen Zielpapiers für alle Teilnehmer. Dieses Papier dient als Arbeitsgrundlage für den dritten Tag der RTSC-Konferenz.

> Nachtsitzung der Leitung

## Schritt 4: Maßnahmen erarbeiten

Der letzte Tag der RTSC-Konferenz startet mit der Vorstellung der überarbeiteten Ziele. Anschließend geht es in die Umsetzungsplanung. Hierfür sind unterschiedliche Konstellationen für kleine Arbeitsgruppen möglich. Übergreifende Maßnahmen, die nicht nur eine Abteilung oder ein Team betreffen, können in sog. Freiwilligengruppen bearbeitet werden. Die Themen orientieren sich dabei entweder direkt an den Zielen, sodass zu jedem Ziel eine Arbeitsgruppe gebildet wird. Alternativ dazu können die relevanten Themen in Anlehnung an das Vorgehen beim Open Space aus dem Teilnehmerkreis benannt werden. Jeder Themengeber visualisiert sein Thema und versammelt alle Freiwilligen um sich, die daran mitarbeiten möchten.

> Maßnahmenplanung auf 3 Ebenen: Freiwilligengruppen, homogene Gruppen, persönliche Aktion

Oftmals ist es im Rahmen einer RTSC-Konferenz sinnvoll, die weitere Umsetzung in homogenen Gruppen (z. B. Abteilungen, regionale Gruppen) zu planen. Damit die Gruppen in ihrer weiteren Umsetzungsplanung handlungsfähig sind, sollte der jeweilige Vorgesetzte anwesend sein. Ob ein konkreter Maßnahmenplan entsteht oder der Fokus auf Konsequenzen für die zukünftige Zusammenarbeit in der homogenen Gruppe liegt (Leitlinien umsetzen), hängt von der jeweiligen Themenstellung der Konferenz ab.

Jeder Teilnehmer sollte bereits während der Konferenz Gelegenheit haben, sich auf eine persönliche Aktion zu verpflichten. Unter dem Motto »Was werde ich beitragen?« hält jeder Teilnehmer z. B. auf eigens dafür erstellten Commitment-Karten (◧ Abb. 2.8) seine persönliche Aktivität fest und macht damit deutlich, wie wichtig ihm die Umsetzung ist.

> Commitment-Karten

Jede Gruppe entscheidet eigenverantwortlich, mit welchen konkreten Maßnahmen sie die übergeordneten Ziele am besten unterstützen kann. Dabei ist es wichtig, auf sog. quick wins zu setzen – Schritte, die wenig

> »Quick wins«

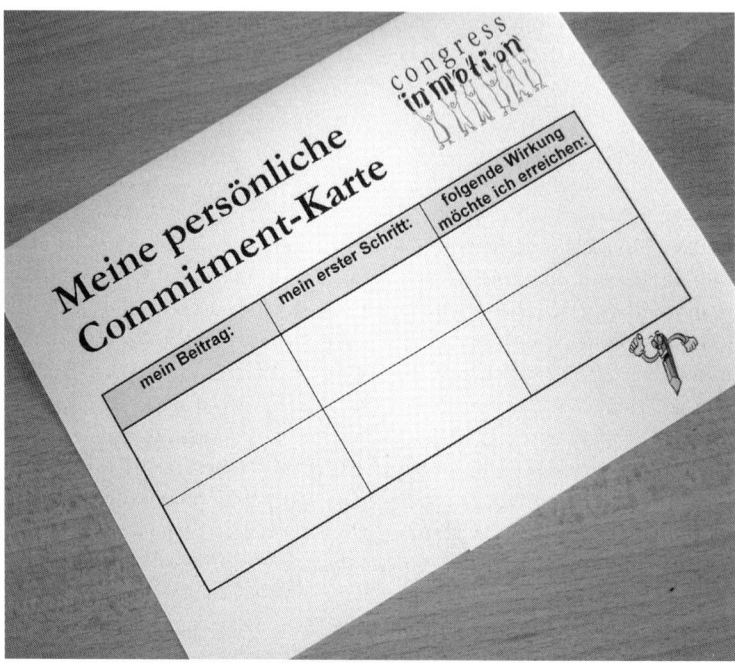

◘ Abb. 2.8. Commitment-Karte

Aufwand und geringe Kosten verursachen und dabei schnell durchzuführen sind. Das schafft Motivation und Antrieb auf dem langen Weg der Veränderung. Von einer Präsentation der Maßnahmenpläne aller Gruppen im
Plenum raten wir aus Zeitgründen ab, detaillierte Plenumspräsentationen
wirken an dieser Stelle oft lähmend und rauben der Gruppe die Energie.
Präsentationen in Form eines Marktplatzes geben einen guten Überblick
und stellen damit eine mögliche Alternative dar. Alle Teilnehmer haben
Gelegenheit, innerhalb eines festgelegten Zeitfensters (z. B. 20 min) von
»Stand« zu »Stand« zu gehen und sich über die geplanten Aktivitäten der
anderen Gruppen zu informieren.

Es kann allerdings durchaus angemessen und legitim sein, gänzlich
auf Präsentationen zu verzichten. Ein **Fotoprotokoll,** das sämtliche Arbeitsergebnisse enthält, dient der Weiterarbeit für die einzelnen Gruppen
und gibt gleichzeitig einen guten Gesamtüberblick. Ein angemessenes

**Kommunikationskonzept**  Kommunikationskonzept ist weiterer Garant für einen erfolgreichen
Veränderungsprozess. Als letzten Schritt überlegen sich die einzelnen
Gruppen, was sie wie und bis wann den Kollegen berichten wollen, die
nicht an der Konferenz teilgenommen haben. Ein sog. **Transferchart**
– ein Flipchart mit einem Leitfaden der wichtigsten Punkte – ist dazu
gut geeignet. Selbstverständlich sollten diese Einzelaktionen von einem
unternehmensweiten Gesamtkonzept getragen werden: Ausstellungen,

Berichte im Intranet, Videodokumentationen und Ergebnischarts sind nur einige mögliche Maßnahmen.

### Schritt 5: Schluss

Zum Abschluss der Konferenz nimmt die Leitung dazu Stellung, wie es weitergeht. Was sind die nächsten Schritte? Hier ist es hilfreich, wenn die nächsten Schritte bereits visualisiert sind und den Teilnehmern vorgestellt werden können. Außerdem kann es für die Teilnehmer sehr motivierend sein, wenn der Leitungskreis bereits zu der einen oder anderen Maßnahme gezielt Position bezieht und ggf. schon seine Unterstützung zusagt. Wir warnen an dieser Stelle allerdings vor zu großer Euphorie und halten die Führungskräfte an, nur realistische Zusagen zu machen.

Leitung stellt nächste Schritte vor

Auch für den Ausklang einer RTSC-Konferenz stehen verschiedene methodische Varianten zur Verfügung. Die klassische »**Talking-stick-Runde**« gibt jedem einzelnen Teilnehmer die Möglichkeit, ein paar Worte zum Abschluss zu sagen. Dafür stehen alle Stühle im Kreis und das Mikrofon, der »talking stick«, wird von Teilnehmer zu Teilnehmer weitergegeben: »Was nehme ich mit?«, »Mit welchen Gedanken und Gefühlen fahre ich nach Hause?«. Jedem Teilnehmer steht es frei, etwas zu sagen. Diese Runde nimmt oftmals viel Zeit in Anspruch.

Eine andere Variante ist die »**Graffiti-Wand**« – mehrere Pinnwände stehen zur Verfügung, auf denen die Teilnehmer ihre Abschlusskommentare schreiben oder zeichnen. Ihr Fazit können die Teilnehmer alternativ auf Puzzleteile schreiben, die anschließend zu einem Ganzen zusammengesetzt werden. Das Puzzle mit themenbezogenem Hintergrundmotiv wird nach der Veranstaltung an prominenter Stelle im Unternehmen aufgehängt.

Wenn zum Ausklang Veranstaltungsfotos in Form einer Beamershow gezeigt werden, schafft dies eine angenehme, ungezwungene Atmosphäre. Eine solche **Beamershow** lässt sich z. B. hervorragend begleitend zu einem gemeinsamen Abschlussimbiss einsetzen.

---

### Was passiert wann? Phasen einer 2-tägigen RTSC-Konferenz

#### Erster Tag, Nachmittag

- Begrüßung
- Auftaktaktionen bringen die Teilnehmer in Kontakt, Geschäftsleitung erläutert Hintergründe und Zielsetzung der Konferenz
- Teilnehmer werden für das Thema und seine Dringlichkeit sensibilisiert

#### Zweiter Tag

- Identifikation mit den Zielen erreichen, den Teilnehmern das eigene Potenzial bewusst machen und Hoffnung auf eine positive Zukunft schaffen (Visionieren)
- Geschäftsleitung überarbeitet am Abend die Ziele nach den Vorschlägen der Mitarbeiter

▼

> **Dritter Tag, Vormittag**
> - Geschäftsleitung stellt die überarbeiteten Ziele vor
> - Teilnehmer erarbeiten und verabreden Maßnahmen
> - Stellungnahme der Geschäftsleitung zu den nächsten Schritten und symbolische Schlussaktionen

### Moderation

Für die Moderation einer RTSC-Konferenz ist viel Know-how zu prozessorientierten Vorgehensweisen erforderlich. Da eine RTSC-Konferenz meist einen Baustein im umfassenden Gebilde eines Organisationsentwicklungsprozesses darstellt, sollten die Moderatoren mit OE-Instrumenten vertraut sein. Den Moderatoren kommt – stärker als in anderen Großgruppenverfahren – eine ausgeprägte Leitungsfunktion zu: Die Teilnehmer sind durch häufig wechselnde Phasen zu führen, dabei werden immer wieder präzise Erläuterungen der nächsten Schritte fällig. Es liegt in der Hand der Moderatoren, die Gesamtdramaturgie deutlich zu machen und dabei gewandt von der einen Phase zur anderen überzuleiten. Verschiedene Instrumente und Hilfsmittel unterstützen dabei die Arbeit der Moderatoren:

*Moderatoren sollten mit OE-Instrumenten vertraut sein*

- Arbeitsaufträge und Anweisungen für die Teilnehmer immer mündlich und schriftlich zu vermitteln, ist eine wichtige Grundregel.
- Komplexe oder komplizierte Instruktionen können durch vorheriges »Probesprechen« in ihrer Verständlichkeit optimiert werden.
- Veranstaltungscharts in allen Phasen der Konferenz unterstützen die mündlichen Anweisungen.
- Die ausgedruckten Arbeitsaufträge für die einzelnen Arbeitsphasen werden in Form einer Unterlage für jeden Teilnehmer zur Verfügung gestellt.

Für die Einteilung von Zufallsgruppen ist es sinnvoll, verschiedene Symbole auf den Namensschildern zu verwenden oder z. B. unterschiedliche Schokoriegel auszugeben. Schilder und Beschriftungen im Raum kennzeichnen die »Arbeitsplätze« und helfen den Teilnehmern, ihre Arbeitsgruppe zu finden.

Als Unterstützung für die Zeiteinhaltung sind Signale hilfreich – z. B. ein Gong, der als Ritual jeweils das Ende einer Pause oder einer Arbeitsphase deutlich macht. In turbulenten Phasen der Konferenz kann dieses Instrument von den Moderatoren eingesetzt werden, um sich auf charmantem Wege Gehör zu verschaffen.

### 2.4.4  Nutzen und Einsatzgebiet

RTSC-Konferenzen sind in unterschiedlichen Stadien einer Strategieentwicklung möglich und sinnvoll. Es ist nicht erforderlich, dass sie ganz an den Anfang einer Strategieentwicklung gestellt werden. Ebenso sind sie nicht an explizite Voraussetzungen gebunden, ihr Einsatz und die Dramaturgie können flexibel auf die jeweiligen Gegebenheiten angepasst werden.

Das »Was« einer Veränderung sollte dabei feststehen, um das »Wie genau« gemeinsam mit den Repräsentanten der Unternehmensbereiche in der Konferenz zu erarbeiten. Nachstehend werden kurz einige Beispiele für die Anwendung von RTSC-Konferenzen erläutert, an denen unterschiedliche Strategien in unterschiedlichen Stadien in unterschiedlichen Organisationen deutlich werden.

»Was« steht fest, »Wie« erarbeiten

> ● **Beispiel**
> **Gewerbliche Berufsgenossenschaft**
> Strategisches Ziel: Veränderung von Aufgabe und Selbstverständnis der technischen Aufsichtspersonen – von der Kontrolle zur Beratung
> Die Mitarbeiter entwickeln in der Konferenz ein Konzept, wie sie zukünftig mehr Beratung beim Kunden anbieten und durchführen können. Sie reflektieren dabei ihre bisherige Rolle in der Überwachung und suchen Lösungen für die Rollenkonflikte zwischen Kontrolle und Beratung.
>
> **Entsorgungsunternehmen**
> Strategisches Ziel: Von der Behörde zum Wirtschaftsunternehmen
> Der Führungskreis des Unternehmens diskutiert die vom Vorstand entwickelten Eckpfeiler der Unternehmensstrategie im Rahmen einer RTSC-Konferenz in folgenden Schritten: Vorstellung der Strategie – Positionierung der Führungskräfte – Differenzierung – Reaktion des Vorstands auf die Rückmeldungen. Die Teilnehmer setzen zahlreiche Strategieprojekte auf, die diese Entwicklung vorantreiben.
>
> **Logistikunternehmen**
> Strategisches Ziel: Akzeptanz für Neuorganisation schaffen
> Die Geschäftsführung plant, zukunftsträchtige Unternehmensfelder zu stärken, um die Rendite langfristig zu erhöhen. Dies hat Organisationsveränderungen im gesamten Unternehmen zur Folge, über die die Geschäftsführung in einer RTSC-Konferenz mit ihren Führungskräften diskutiert. Die Teilnehmer leiten daraus Konsequenzen für die Ablauforganisation und die Zusammenarbeit der Bereiche ab.
>
> **Unternehmen der Versicherungsbranche**
> Strategisches Ziel: Von der Umsatz- zur Renditeorientierung
> In einem Versicherungsunternehmen waren traditionell die Außendienstmitarbeiter am erfolgreichsten, die die meisten Verträge abschlossen. Im Rahmen einer RTSC-Konferenz setzt der Vorstand ein neues Grundprinzip: Erfolg heißt, möglichst renditestarke Verträge abzuschließen. Verträge mit zu hoher Schadensrate werden gekündigt. In der Konferenz setzen sich die Teilnehmer mit dieser fundamental neuen Grundhaltung auseinander und diskutieren die Auswirkungen.

**Vorteile und Chancen: Wann sind RTSC-Konferenzen besonders geeignet und wirkungsvoll?**

- Die Verantwortlichen wollen eine wichtige strategische Entscheidung für ihre Organisation treffen und möchten mit allen Hierarchieebenen zusammenarbeiten.
- Die Verantwortlichen haben bereits klare Vorstellungen davon, was sie vorhaben, und sind bereit, ihre Meinung auf der Basis von Feedback korrigieren bzw. optimieren zu lassen.
- Die Verantwortlichen wollen ihre Mitarbeiter für strategische Ziele, ein Leitbild oder eine Vision gewinnen.
- Es ist eine relativ rasche Veränderung notwendig (Dringlichkeit).
- Die Verantwortlichen wollen starke Führung – gestützt von ihren Mitarbeitern – übernehmen, den Veränderungsprozess aktiv anführen und dabei persönlich sichtbar werden.
- Die Kommunikation und das Vertrauen innerhalb des Unternehmens/ der Organisation soll verbessert werden.
- Bei der Zukunftsplanung wollen die Verantwortlichen Meinungen und Perspektiven vieler unterschiedlicher Menschen sowie Experten und externen Beteiligten berücksichtigen.
- Die Verantwortlichen sind risikobereit genug, mit ihren Mitarbeitern offen zu kommunizieren.
- Die RTSC-Konferenz ist in ein Organisationsentwicklungskonzept eingebettet.

**Fallstudien: Wann ist vom Einsatz einer RTSC-Konferenz abzuraten?**

- Die Verantwortlichen sind nicht bereit, echtes Feedback zu geben und anzunehmen. Sie sind nicht bereit, ihre Pläne optimieren oder korrigieren zu lassen, sondern legen lediglich Wert darauf, dass ihre Mitarbeiter ihre Pläne »kaufen«.
- Die Verantwortlichen sind nicht bereit, schnell und flexibel auf Feedback von außen zu reagieren.
- Die Führung hat Angst vor der Initiative der Mitarbeiter.
- Es besteht wenig Bereitschaft, Zeit und Geld zu investieren, um die Veranstaltung angemessen vorzubereiten und durchzuführen.
- Das Thema ist nicht von breitem Interesse, ggf. sogar banal.
- Die RTSC-Konferenz soll als alleinige Maßnahme eingesetzt werden.

### 2.4.5 Nachhaltigkeit – statt Show und Strohfeuer

Prozessgedanke steht im Vordergrund

Mehr als bei allen anderen Großgruppenverfahren ist der Gedanke des Veränderungsprozesses für RTSC-Konferenzen entscheidend. RTSC-Konferenzen repräsentieren in den seltensten Fällen die alleinige Methode der Wahl, sie sind vielmehr ein Baustein in der Architektur eines Veränderungsprozesses. Insofern sind RTSC-Konferenzen fast unwillkürlich ein Spiegelbild dafür, dass einem Unternehmen die Nachhaltigkeit seiner Interventionen besonders am Herzen liegt:

Der Planungsprozess beginnt mit **intensiven Vorgesprächen.** Meist sind in ersten Gesprächen einzelne Geschäftsleitungsmitglieder oder Verantwortliche aus dem Personalbereich eines Unternehmens vertreten. Für die gezielte und passgenaue Vorbereitung einer RTSC-Konferenz ist ein Planungsteam unverzichtbar, das sich möglichst repräsentativ aus Vertretern aller Hierarchieebenen und Bereiche zusammensetzt.

Ein **Workshop** mit der gesamten Geschäftsleitung stellt sicher, dass Ziele für die Konferenz vorgegeben und Inhalte mitgetragen werden. Die intensive Auseinandersetzung der Unternehmensführung mit den strategischen Themen schafft im Vorfeld viel Klarheit und dient als Basis für alle folgenden Schritte. Jetzt beginnt die Hauptaufgabe des Planungsteams, das in enger Abstimmung mit den Moderatoren die passenden Schritte und Bausteine für den Ablauf der RTSC-Konferenz zusammenstellt. Es entsteht eine individuelle Dramaturgie, die minutiös jeden methodischen Schritt beschreibt.

Während der Konferenz sorgt die Blickrichtung auf Maßnahmen- und Umsetzungspläne dafür, dass erarbeitete Ideen und Ergebnisse weiterverfolgt werden. **Umsetzungsgruppen** treffen sich nach der Konferenz, um an ihren speziellen Themen zu arbeiten. Gleichzeitig ist eine begleitende Informationskampagne erforderlich, um den Mitarbeitern des Unternehmens, die in der Konferenz nicht dabei sein konnten, ein Bild von Inhalten, Stimmung und Ergebnissen der Veranstaltung zu vermitteln.

Informationskampagne

Eine **Steuergruppe** dient als Ansprechpartner für die Umsetzungsgruppen, koordiniert übergreifend sämtliche Aktivitäten und sorgt für den permanenten Informationsfluss ins Unternehmen. Nach einem bestimmten Zeitraum kann eine sinnvolle Maßnahme darin bestehen, die

Teilnehmer der ersten Konferenz in gleicher Zusammensetzung zu einer erneuten Konferenz einzuladen. Die Umsetzungsgruppen berichten über ihre Ergebnisse, neue Erkenntnisse fließen ein und geben der Arbeit an den einzelnen Themen neuen Schwung. In Abstimmung mit der Geschäftsleitung wird entschieden, welche Projekte weitergeführt werden und welche ggf. neu hinzukommen sollen.

### 2.4.6  Weiterentwicklung

Whole-Scale-Change-Ansatz

Die Grundgedanken der RTSC-Konferenzen entwickelten Kathleen Dannemiller und ihre Kollegen zum sog. Whole-Scale-Change-Ansatz weiter. Dieser Ansatz macht die Absicht des Konzepts noch deutlicher: Veränderungen sollen in der gesamten Breite der Organisation stattfinden und von allen mitgetragen werden. Whole Scale bezieht sich dabei auf alle Arten von Veränderungsprozessen: von der Strategie bis zu Fusionen, Qualitätsmanagement, Kulturveränderungen etc.

Insofern wird eine Ausweitung des Anwendungsgebietes über den Gesichtspunkt der Strategie hinaus deutlich. So haben wir z. B. die Frage, wie sich ein neues, anwendungsnahes Tarifsystem für ein Versicherungsunternehmen auswirkt, im Rahmen einer RTSC-Konferenz beleuchtet:

❯ **Beispiel**
**Neues Tarifsystem für ein Versicherungssystem**
Teilnehmer der Veranstaltung sind Außendienstmitarbeiter, die im Bereich Kfz-Versicherungen tätig sind. Das Versicherungssystem befindet sich im Umbruch, demografische Kriterien dienen der immer genaueren Zuordnung zu Schadensklassen. Diese Umstellungen sorgen für viel Ungewissheit, selbst erfahrene Mitarbeiter können erst nach einer umfassenden Analyse Aussagen zur Beitragshöhe treffen. In der Konferenz herrscht deshalb viel Unruhe und Misstrauen gegenüber dem neuen Tarifsystem. Die Außendienstmitarbeiter befürchten, ihren Kunden durchweg höhere Beiträge zumuten zu müssen. Die RTSC-Phase des Aufrüttelns geschieht dadurch beinahe automatisch.
Die Teilnehmer haben in der nächsten Phase die Möglichkeit, sich anhand eigener Praxisfälle mit ihren Befürchtungen auseinanderzusetzen. An 10 Rechenstationen im Raum vergleichen sie die alte Einstufung mit der neuen. Es zeigt sich ein sehr heterogenes Bild: Es gibt sowohl Beitragssteigerungen als auch -senkungen. Die neue Einstufungslogik können die Teilnehmer anhand ihrer eigenen Beispiele nachvollziehen. So wird den Mitarbeitern das neue Tarifsystem Schritt für Schritt klarer und vertrauter.

An diesem Beispiel wird deutlich, dass wir auch sehr praktische Veränderungen im Unternehmensalltag im Rahmen einer RTSC-Konferenz wirkungsvoll bearbeiten können.

### Interview mit RTSC-Experte Dr. Matthias zur Bonsen

Dr. Matthias zur Bonsen studierte Betriebswirtschaftslehre an der Hochschule St. Gallen und an der Business School der University of Chicago. In den 1990er Jahren brachte er maßgeblich die Großgruppenverfahren nach Deutschland. Jedes Jahr führt er in einem offenen Netzwerktreffen das Lernforum Großgruppenarbeit durch.

Homepage: http://www.all-in-one-spirit.de

**Wann sind Sie mit der Methode RTSC zum ersten Mal in Kontakt gekommen und wie war das?**

Die erste RTSC-Konferenz habe ich 1994 bei einem Folienhersteller in Wiesbaden durchgeführt. Das Bemerkenswerteste für mich war zu erleben, wie sehr die Beteiligten es schätzten und genossen, als ganzes Unternehmen für 2 Tage in einem Raum zu sein und dabei zu spüren: »Auf uns kommt es an.« Es ist in dieser kurzen Zeit eine richtige Gemeinschaft entstanden.

**Was fasziniert Sie persönlich an der Methode?**

An der Methode RTSC fasziniert mich am meisten, dass man sie stark variieren und auf unterschiedlichste Zwecke zuschneiden kann. RTSC-Konferenzen eignen sich im Zuge von Fusionen oder wenn es darum geht, Menschen für neue Strategien zu gewinnen, oder auch, sie für alte Strategien zu mobilisieren. Man kann sie zum Thema »Führung« oder zum Thema »Kultur« einsetzen. Man hält sich an Grundprinzipien und hat darüber hinaus sehr viel Gestaltungsfreiheit.

**Kommen Auftraggeber zu Ihnen und fragen explizit nach einer RTSC-Konferenz?**

Die meisten Auftraggeber kennen den Begriff »RTSC« überhaupt nicht. Sie haben ein Problem erkannt, z. B.: »Unser Projektmanagement funktioniert nicht, und wir wollen die 100 oberen Projektleiter und Linienführungskräfte zusammenbringen. Wie wir alle Beteiligten für eine bessere Zusammenarbeit gewinnen können, ist uns noch nicht klar.« Dann machen wir uns gemeinsam auf den Weg und müssen oftmals ziemlich intensiv nachfragen, um die tatsächlichen Ziele herauszufinden. Es kann z. B. herauskommen, dass durch den Prozess möglichst vielen Mitarbeitern bewusst werden soll, dass die Prozesse nicht so bleiben können, wie sie sind. Im Rahmen der RTSC-Konferenz entwickeln wir dann eine Vision davon, welche Qualität die Prozesse künftig haben sollen, und arbeiten bereits ansatzweise daran, bestehende Prozesse zu verändern.

**Binden Sie die Konferenzen in einen Gesamtprozess ein, oder sind Sie »nur« auf die Großgruppe spezialisiert?**

Das ist unterschiedlich. Es gibt tatsächlich Situationen, in denen wir nur eine einzelne Veranstaltung planen. Jede RTSC-Konferenz hat allerdings einen Vorlauf mit Planungsgruppentreffen. In anderen Fällen arbeiten wir in mehreren Schritten, z. B. zunächst mit der Geschäftsleitung, dann mit den obersten 20 Führungskräften und danach erst in einer Konferenz mit 100 oder 300 oder 500 Mitarbeitern. Hinterher kann es noch weitergehen, indem wir die in dieser Konferenz entstandenen Projekte unterstützen, bis hin zu Zwischenstopps und einer Folgeveranstaltung als Ergebniskonferenz ein gutes halbes Jahr später.

**Worauf legen Sie Wert, wenn Sie eine Planungsgruppe zusammenstellen?**

Uns ist wichtig, dass die Planungsgruppe einen repräsentativen Querschnitt der späteren Teilnehmer darstellt. Wenn die Planungsgruppe zumindest für einen Teil der Veranstaltung Verantwor-

tung übernimmt und diesen selbst gestaltet, hat das einen besonderen Effekt und noch
mal eine andere Energie.

**Sie sprechen häufig von Energie in einem Unternehmen oder von Spirit.
Was ist darunter zu verstehen?**
Spirit ist leider schwer zu definieren, aber ohne ihn würde nichts geschehen. Man muss sich aktiv
überlegen, was tun wir eigentlich, damit diese Organisation voller Energie ist und diese Energie
auf gemeinsame Ziele gerichtet ist? Energie ist spürbar daran, dass Menschen gut drauf sind,
positiv eingestellt sind zu ihrem Unternehmen, dass sie handeln wollen und aktiv sind. RTSC-
Konferenzen können eine Art Energiespitze erzeugen, die zwar hinterher wieder abflacht, aber
das Energieniveau insgesamt ein Stück höher hebt, als es vorher war.

**Wie schätzen Sie die Zukunftsaussichten von RTSC-Konferenzen ein?**
Ich glaube, dass in Zukunft noch viel mehr RTSC-Konferenzen stattfinden werden – allerdings
fast nie mit dieser Bezeichnung. Viele Führungskräfte haben heute noch immer Angst vor groß-
en Gruppen. Sie sorgen sich, es könnte irgendetwas außer Kontrolle geraten oder etwas geschehen, was sie nicht wollen. Ich denke, mit der Zeit wird diese Angst zurückgehen, und es wird
alltäglicher werden, große Gruppen zusammenzuholen. Ich kenne bereits jetzt Unternehmen, die
sehr konsequent und regelmäßig Konferenzen für das ganze Unternehmen durchführen. Es sind
bisher erst wenige, und genau da sehe ich großes Wachstumspotenzial.

## Weiterführende Literatur zu RTSC

zur Bonsen M (1995) Simultaneous Change – Schneller Wandel mit großen Gruppen. Orga-
    nisationsentwicklung 4: 30–43 [Beschreibung einer RTSC-Anwendung in Deutschland]
zur Bonsen M, Maleh C (2001) Appreciative Inquiry (AI): Der Weg zu Spitzenleistungen. Beltz,
    Weinheim
zur Bonsen M (2003) Real Time Strategic Change. Schneller Wandel mit großen Gruppen.
    Klett-Cotta, Stuttgart

## 2.5    World Café – Die Kraft des Gesprächs nutzen

»Mannomann! Hier riecht's ja so gut wie im Kaffeehaus! Herrlich!«, entfährt
es den ankommenden Gästen des World Café. Kaffeeduft durchströmt das
Foyer des Kongresses. Nichts Ungewöhnliches bei der Ankunft im Hotel?
In diesem Fall schon. Erstens ist der Duft erheblich stärker und frischer
und überhaupt intensiver. Er wird mit kleinen, geschickt verdeckten Ven-
tilatoren über frisch geöffneten Kaffeepulverschalen in Richtung Emp-
fangshalle geblasen. Und zweitens erzeugt typische Kaffeehausmusik eine
deutlich andere Atmosphäre als gewöhnlich.

## 2.5.1 Entwicklung, Urheber

Die Idee des World Café stammt aus Kalifornien von Juanita Brown und David Isaacs. Dort ist sie beinahe beiläufig entstanden, wie die folgende Schilderung zeigt. Der 27.01.1995 wird als Entstehungstermin genannt. Seitdem verwenden Großgruppenmoderatoren diese Methode in den USA. In Deutschland wurde sie lange Zeit nicht beachtet, bis 2004 das jährliche Großgruppenlernforum von »All in one zur Bonsen & Associates« von Sabine Bredemeyer nach der Methode des World Café gestaltet wurde. Seither verbreitet sich das Verfahren auch in Deutschland.

Geburtsstunde

---

**Die Entdeckung des World Café: Intellectual Capital Pioneers**
(Aus: Brown u. Isaacs 2007, S. 26–27)
*Erzählt von David Isaacs*
*Mill Valley, Kalifornien – Januar 1995.* Es regnet in Strömen. Ich werfe einen Blick über die Terrasse und sehe in der Ferne den Mt. Tamalpais in dichten Nebel gehüllt. Heute findet bei uns der zweite Teil eines Strategiedialogs über »Intellektuelles Kapital« statt, und in einer halben Stunde werden 24 Teilnehmer eintreffen. Gastgeber sind Juanita und ich in Zusammenarbeit mit Leif Edvinsson, ehemaliger Vizepräsident und erster Verantwortlicher für »Intellektuelles Kapital » bei der Skandia Corporation, einem schwedischen Versicherungs- und Finanzdienstleister. Es ist der zweite Tag der Gesprächsrunde der »Intellectual Capital Pioneers« – einer Gruppe von Führungspersönlichkeiten, Wissenschaftlern und Beratern aus sieben Ländern.

Der Bereich des intellektuellen Kapitals und des Wissensmanagements steckt noch in den Kinderschuhen. Es gibt noch kaum Bücher darüber, keine vorgezeichneten Wege – wir erarbeiten uns dieses Gebiet gewissermaßen, während wir uns intensiv damit befassen. Gestern Abend befanden wir uns mitten in der Erkundung der Frage: »*Welche Rolle spielt die Führung bei der Maximierung des Wertes von intellektuellem Kapital?*«

Juanita beginnt sich allmählich Sorgen zu machen. Während sie das Frühstück zubereitet und den Kaffee aufsetzt, überlegt sie, wie wir unsere Gäste unterbringen sollen – wenn es so weiterregnet, können wir unsere Terrasse als vorübergehenden Aufenthaltsort nach der Begrüßung vergessen. Auf einmal kommt mir eine Idee. »Warum stellen wir nicht einfach unsere Fernsehtischchen ins Wohnzimmer und schenken den Leuten erst einmal Kaffee aus? Sie können dann zwischen den Tischen hin und her gehen und miteinander reden, während wir auf die Nachzügler warten. Wenn alle Gäste da sind, bringen wir die Tische einfach wieder zurück und fangen ganz normal mit der Gesprächsrunde an.«

Juanita atmet erleichtert auf. Während wir die Tischchen und die weißen Kunststoffstühle im Wohnzimmer verteilen, trifft Tomi Nagai-Rothe ein, unsere Grafikerin. Sie schaut sich um. »Die sehen ja aus wie kleine Cafétische, also ich finde, da gehören noch Tischdecken drauf!« Sie holt sich weiße Papierbögen vom Flipchartständer und breitet sie über jeweils zwei zusammengestellte Tische. Keiner macht sich mehr Gedanken wegen des strömenden Regens – im Gegenteil, die Sache beginnt uns allmählich richtig Spaß zu machen! Juanita beschließt, dass wir auf unseren »Cafétischen« eigentlich auch Blumen bräuchten, und geht nach unten, um ein paar Vasen zu holen. In der Zwischenzeit verteilt Tomi auf den Tischen bunte Zeichenstifte, wie man sie bei uns in vielen Nachbarschaftscafés findet. Und sie malt ein wunderhübsches Schild für unsere Eingangstür – *Welcome to the Homestead Café* – in Anspielung auf die Straße, in der wir wohnen, Homestead Boulevard.

Gerade als Juanita die kleinen Blumenvasen auf die Tische stellt, treffen die ersten Gäste ein. Sie finden die Idee amüsant und unser »Café« sehr gemütlich. Während wir Kaffee und Croissants servieren, versammeln sich die Leute in zwanglosen Gruppen an den Tischen und nehmen das Gespräch über die Frage von gestern Abend auf. Schon bald unterhalten sich alle eifrig miteinander und fangen an, die Papiertischdecken zu bekritzeln. Juanita und ich beraten uns kurz und beschließen dann, dass wir einfach alles so lassen, wie es ist. Anstatt das Treffen wie geplant mit einer förmlichen Dialogrunde zu eröffnen, werden wir die Teilnehmer einfach ermutigen, mit den Gesprächen fortzufahren, ihre Ideen und Gedanken weiter sprudeln zu lassen und alles, was zur Aufklärung des wesentlichen Zusammenhangs zwischen Führung und intellektuellem Kapital beitragen könnte, einfach aufzuschreiben.

Diese Gesprächsrunde dauert eine weitere Stunde. Im Raum herrscht inzwischen lebhaftes Gemurmel! Die Leute sind sichtlich angeregt und mit großem Elan bei der Sache. Ein weiterer Teilnehmer meldet sich zu Wort: »Warum probieren wir nicht einfach aus, an jedem Tisch einen neuen Gastgeber zu ernennen und die anderen wieder weiterwandern zu lassen? Auf diese Weise könnten wir unsere Ideen noch mehr austauschen und miteinander vernetzen.«

Und so geht es weiter. Draußen gießt es wie aus Kübeln. Drinnen sitzen Menschen an kleinen Tischen, stecken die Köpfe zusammen, erkunden ihre Ansichten und Ideen, bauen gemeinsam neues Wissen auf, ergänzen gegenseitig ihre mitgebrachten Diagramme und Zeichnungen, kritzeln Schlüsselbegriffe und Kernideen auf die Papiertischdecken. Irgendwann schauen Juanita und ich auf und merken, dass es fast Mittag ist. Wir haben beide selbst an den Café-Gesprächen teilgenommen, und es kommt uns vor, als seien die Stunden wie Minuten verflogen.

Die Energie im Raum ist fast greifbar – es liegt eine flirrende Spannung in der Luft. Ich bitte die Teilnehmer, mit ihren Gesprächen zum Ende zu kommen und sich um ein langes Stück Wandpapier zu versammeln, das Tomi mitten auf dem Wohnzimmerteppich ausgerollt hat. Es sieht aus wie die überdimensionale Ausführung einer unserer kleinen Papiertischdecken. Wir bitten die einzelnen Arbeitsgruppen, ihre bemalten und beschriebenen Tischdecken rings um dieses große Wandpapier zu verteilen und dann einen »Rundgang« zu machen, um sich der Muster, Themen und Erkenntnisse gewahr zu werden, die in der Mitte zum Vorschein kommen.

Während Juanita und ich beobachten, wie unsere kollektiven Entdeckungen und Einsichten auf dem riesigen Wandpapier inmitten der Teilnehmergruppe allmählich immer deutlicher zum Vorschein kommen, spüren wir beide, dass hier gerade etwas ganz Außergewöhnliches stattgefunden hat. Wir sind Zeugen von etwas, das wir nicht in Worte fassen können. Es scheint, als wäre die Intelligenz eines größeren kollektiven Selbst für uns alle sichtbar geworden – eine Intelligenz jenseits des individuellen Selbst jedes Einzelnen von uns. Es fühlt sich beinahe wie »Magie« an – ein erregender Moment des Erkennens dessen, was wir gerade gemeinsam entdecken, das nur schwer beschreibbar, aber gleichzeitig seltsam vertraut ist. Das Café-Ambiente hat es irgendwie ermöglicht, dass die Gruppe Zugang zu einer Form kooperativer Intelligenz erlangte, die, während die Teilnehmer von Tisch zu Tisch wanderten und ihre Ideen und Erkenntnisse untereinander austauschten, immer stärker wurde und immer neue Verknüpfungen hervorbrachte.

## 2.5.2 Kerngedanken der Methode

Im World Café finden sich die Teilnehmer in einer Atmosphäre wie in einem Straßencafé zusammen (☐ Abb. 2.9). Kleine Tischchen mit 4 oder 5 Stühlen beherrschen das Bild. Papiertischdecken mit bunten Stiften ermöglichen es den Teilnehmern, Gedanken festzuhalten, kurze Kommentare zu schreiben, kleine Bilder zu malen und zu »scribbeln«.

Diese besondere Ausstattung und Atmosphäre ist die Grundlage der Methode. Die Moderatoren übernehmen die Funktion des Gastgebers innerhalb des World Café. Ihnen geht es darum, Teilnehmer in lockeren, aber dennoch intensiven Gesprächen zusammenzuführen. In den Café-Runden diskutieren die Teilnehmer eine Frage aus unterschiedlichen Perspektiven, tragen eine Fülle von Aspekten zum Thema zusammen und setzen sich mit den Sichtweisen der »Tischpartner« auseinander. Es geht darum, das Thema intensiv zu durchdringen, ganz wie bei einer engagierten Diskussion in einem Straßencafé im Sommer. Durch die Gespräche in wechselnden Café-Runden tragen die Teilnehmer Gedanken, Ideen und Erfahrungen von einer zur nächsten Gruppe. Die Gesprächsergebnisse verbinden sich immer stärker, Ideen und Erkenntnisse verweben sich miteinander, die kollektive Intelligenz wird spürbar, und die Teilnehmer können in einem darauffolgenden Plenum gemeinsame Erkenntnisse formulieren.

> Moderatoren als Gastgeber

Peter Senge schreibt in seinem Nachwort bei Brown u. Isaacs (2005):

> »The World Café is not a technique. It is an invitation into a way of being with one another that is already part of our nature.«

Das World Café ist eine flexible Methode, die der Veranstalter auf die jeweiligen Bedürfnisse und Gegebenheiten anpassen kann. World Café eignet sich einerseits zur Gestaltung einer gesamten Konferenz, kann andererseits aber auch in Kombination mit anderen Großgruppenverfahren ein Abschnitt innerhalb eines Konferenzdesigns sein. Es sollten mindestens 20 Personen teilnehmen, nach oben gibt es theoretisch keine Grenze. Ein World Café dauert mindestens 2 h, kann sich aber auch übere mehrere Tage erstrecken.

☐ Abb. 2.9. Blick auf ein World Café mit rund 300 Teilnehmern

Leitlinien entstehen in
Kaffeehausatmosphäre

Wir setzten World Café beispielsweise bei der Entwicklung von Leitlinien für ein kommunales Unternehmen ein. Führungskräfte des Unternehmens informierten zunächst in einem Parcours über die geplante Struktur des neuen Leitbildes und die Themenfelder, die sie damit ansprechen wollten. In der darauf folgenden Café-Runde diskutierten alle Teilnehmer die Frage: »Welche Themen und Aussagen wünsche ich mir für unser Leitbild?« Eine Fülle von Ideen und Anregungen entstanden auf den Tischdecken und in den Köpfen der Teilnehmer. In der nächsten Phase bildeten sich Fokusgruppen, die sich mit Schwerpunkten auseinandersetzten und die weitere Leitbildentwicklung und die Auseinandersetzung im gesamten Unternehmen planten.

Die Kernelemente des World Café machen deutlich, welche Einsatzgebiete und Fragestellungen besonders geeignet sind. Das Café regt breite Diskussionen an. Viele unterschiedliche Gedanken und Meinungen kommen zusammen. Das ist besonders nützlich, wenn die Verantwortlichen einer Organisation ein neues Thema (neue Strategie, Umbruch in den Märkten, Veränderung der Unternehmenskultur, neue Management- oder Führungsinstrumente, Vernetzungen verschiedener Organisationseinheiten) angehen möchten und dazu zunächst eine breite Meinungsbildung brauchen. Oder wenn in ein Anliegen möglichst viele Personen einbezogen werden sollen und einen Beitrag zur Entwicklung gemeinsamer Erkenntnisse liefern können.

Keine Maßnahmenplanung
im World Café

Nicht geeignet ist die Methode, um Entscheidungen in großen Gruppen zu treffen oder Pläne für Aktivitäten und Umsetzung von Vorhaben zu machen. Dazu ist ein World Café zu wenig stringent auf Maßnahmenplanung ausgerichtet. Maßnahmen können zwar abgeleitet werden, das bleibt aber eher der Initiative des einzelnen Teilnehmers oder einer Gruppe überlassen. In Kombination mit Elementen aus anderen Großgruppenverfahren ist es natürlich möglich, auch diesen Aspekt einzubeziehen. Dann kann der Moderator nach den eher intuitiv laufenden Café-Runden eine Verdichtung auf Schwerpunkte anregen und anschließend Aktionsgruppen mit der Umsetzungsplanung beauftragen.

### Café-Leitlinien

Die Café-Leitlinien geben eine gute Orientierung, was bei einem World Café zu tun ist.

**Prinzip 1: Klären Sie Sinn und Zweck**
Wie bei jeder anderen Großgruppenmethode auch, ist es erforderlich, Hintergründe und Ziele der Veranstaltung zu klären. Darauf aufbauend kann der Veranstalter über die richtige Teilnehmerzusammensetzung entscheiden und das Format an die Erfordernisse des Themas anpassen.

**Prinzip 2: Kreieren Sie einen gastfreundlichen Raum**
Die Teilnehmer sollen sich im Café-Ambiente wohlfühlen und wie in einem attraktiven Straßencafé sich davon angezogen und eingeladen fühlen. Die Moderatoren verstehen sich selbst als Gastgeber, die dafür sorgen, dass die Teilnehmer gerne kommen, sich an den Tischen wohlfühlen und sich in in-

tensive Gepräche begeben. Jeder Raum und jedes Umfeld bieten spezielle Möglichkeiten, diese Atmosphäre zu kreieren. Kreativität ist gefordert.

### Prinzip 3: Überlegen Sie sich Fragen, die wirklich relevant sind

Es ist möglich, im Café eine einzige Frage in allen Runden zu diskutieren. Alternativ können die Moderatoren verschiedene Fragen vorgeben, die aufeinander aufbauen und jeweils eine logische Fortsetzung der vorherge- henden Café-Runde darstellen. Für das Gelingen der Gespräche ist es sehr wichtig, relevante und inspirierende Fragen zu stellen, die den Bedürfnis- sen der Teilnehmer entsprechen und vielfältige Diskussionen auslösen.

### Prinzip 4: Ermutigen Sie die Teilnehmer zum Beitragen

Die Moderatoren erleichtern es jedem Teilnehmer, sich einzubringen und etwas zum Gespräch in den Café-Runden beizutragen. Das spezielle informelle und einladende Setting ist eine Anregung für diejenigen Teil- nehmer, die nicht gerne vor großen Gruppen und mit Mikrofon sprechen. Natürlich sind verschiedene Menschen auch in den kleinen Gesprächs- runden unterschiedlich aktiv und engagiert. Es ist auch möglich, nur zuzuhören. Die Erfahrung zeigt aber, dass dieses spezielle Setting mit den kleinen Gruppen auch introvertierte Menschen zum Austausch anregt, die sich sonst in Großgruppenveranstaltungen kaum zu Wort melden.

World Café auch für Introvertierte

### Prinzip 5: Verbinden Sie unterschiedliche Perspektiven

Die erste Café-Runde ermöglicht einen Einblick in die Sichtweise von 4 oder 5 verschiedenen Teilnehmern. Anschließend wechseln die Teilneh- mer mehrfach den Tisch, und die Gesprächsgruppe setzt sich dadurch zufällig neu zusammen. Neue Perspektiven werden deutlich, immer mehr Gedanken und Ideen verbinden sich. Alle Teilnehmer hören in of- fenen Mitteilungsrunden von den Ideen und Erkenntnissen, die an den anderen Tischen entstanden sind, und können diese in die weiteren Ge- spräche einflechten. So entstehen schrittweise eine höhere Komplexität, eine Vernetzung und eine gegenseitige Befruchtung.

### Prinzip 6: Gelangen Sie zu neuen Erkenntnissen

Im World Café findet parallel ein individuelles und ein Gruppenlernen statt. Nach dem mehrfachen Wechsel erkennen die Teilnehmer Schwer- punkte und Strukturen in den besprochenen Themen. Daraus leiten sie einzeln und gemeinsam neue Erkenntnisse ab. Besondere Bedeutung bei der Gewinnung neuer Erkenntnisse hat das respektvolle Zuhören. Ohne Ergebnisdruck können sich die Teilnehmer aufeinander einstellen, auf- merksam zuhören und ihrer Kreativität freien Lauf lassen.

### Prinzip 7: Teilen Sie Ihre Entdeckungen mit

Nach 2 oder 3 Café-Runden ist es sinnvoll, die Entdeckungen im Plenum zusammenzuführen. Das Mikrofon wandert herum, und Teilnehmer nen- nen ihre Erkenntnisse. Oder die Moderatoren fordern dazu auf, wichtige Aspekte zu notieren oder aufzumalen und auf einer Wand festzuhalten.

Wenn ein World-Café erfolgreich läuft, entsteht eine zwanglose Atmosphäre. Die Teilnehmer fühlen sich nicht wie in einer »Arbeitskonferenz« und erleben den Verlauf als wenig anstrengend. Die Gespräche bleiben wie von selbst im Fluss, und die Erkenntnisse vernetzen sich immer stärker. Dieses Gefühl der Teilnehmer darf allerdings nicht darüber hinwegtäuschen, dass dem World Café dennoch eine sehr exakte Vorbereitung vorausgeht und dass die Moderatoren den Ablauf innerhalb der Veranstaltung gut steuern. Bredemeyer warnt Moderatoren und Veranstalter davor, in die Falle der Einfachheit zu tappen und die Methode blindlings anzuwenden (vgl. Gloger 2004). Die Vorbereitung eines World Café sei genauso aufwendig wie die Planung anderer Großgruppenkonferenzen.

**Falle der Einfachheit** *(Randnotiz)*

### 2.5.3 Typischer Ablauf

#### Vorbereitung

**Genaue Analyse, Zielklärung und Abstimmung notwendig** *(Randnotiz)*

Genau wie bei anderen Großgruppenverfahren sind die Analyse der Ausgangssituation, die Zielklärung und die Abstimmung im Vorfeld das A und O für den Erfolg der Veranstaltung. Neben speziellen inhaltlichen/fachlichen Zielen liegt ein wesentlicher Effekt des World Café darin, intensiven Austausch zwischen den Teilnehmern zu fördern und damit eine veränderte Kommunikationskultur zu etablieren. Mit der Methode World Café können keine Ziele in Richtung Projektplanung, Maßnahmensteuerung oder Umsetzung erreicht werden. Sollte der Auftraggeber diese Ziele im Auge haben, so sind weitere Großgruppenelemente an die Café-Runden anzuschließen. Hier ist eine klare Kommunikation mit dem Auftraggeber erforderlich, sonst entstehen falsche Erwartungen, die zwangsläufig in Enttäuschungen münden.

**Wenn der Kunde skeptisch ist** *(Randnotiz)*

In Vorbesprechungen ist es oft schwierig, den Entscheidern die Dynamik und die Wirkung einer solchen Methode zu verdeutlichen. Wir führen deshalb häufig Elemente aus der geplanten Veranstaltung mit den Entscheidern und dem Planungsteam praktisch durch. Das vermittelt ein besseres Gefühl, als es die bloße Schilderung oder das Vorführen einer Präsentation erzeugen könnte. In einer Fallbeschreibung einer Konferenz in Mexiko in Brown u. Isaacs (2005) schildert Carlos Mota Margain sein Vorgehen in der Planungsgruppe. Er führt mit dieser sehr methodenkritischen Gruppe ein Mini-Café durch und nutzt diese Form, um vorbereitende Fragen zur eigentlichen Veranstaltung zu bearbeiten. Das eigene praktische Erleben überzeugt und gibt den Entscheidern Sicherheit, den richtigen Weg einzuschlagen.

Wichtiger Bestandteil der Vorbereitung ist die Auswahl der Teilnehmergruppe. Beim World Café ist ein breites Spektrum an Teilnehmerstruktur möglich. Während in der Zukunftskonferenz viel Wert darauf gelegt wird, Repräsentanten aller Herkunftsgruppen einzuladen, lässt sich ein World Café auch mit einer sehr homogenen Teilnehmergruppe, z. B. den Mitgliedern einer Abteilung durchführen. Aber auch hier sind die Ergebnisse der Café-Runden umso vielfältiger und anregender, je mehr unterschiedliche Sichtweisen zusammenkommen. Allerdings wird dieser Austausch nicht gesteuert, sondern dem Zufall in der Zusammensetzung der Tischgruppen überlassen.

Die Teilnehmer erhalten eine Einladung und werden über den Ablauf und ihre Rolle innerhalb des World Café informiert. Diese Information ist vor allem dann erforderlich, wenn sich das Setting deutlich von der bisher üblichen Veranstaltungsstruktur unterscheidet. Insbesondere Referenten und andere Inputgeber sollten den Ablauf kennen, um sich darauf einstellen zu können.

Die Planungsgruppe hat natürlich auch die ganz praktischen Vorbereitungen zu leisten. Zeitliche und örtliche Abstimmungen, Raumgestaltung, Catering und Technik sind erforderlich. Gerade die angestrebte, sehr lockere Atmosphäre fußt auf einer präzisen Vorbereitung aller Rahmenbedingungen.

*Präzision in der Vorbereitung sorgt für Leichtigkeit in der Durchführung*

## Café-Ambiente schaffen

Isaacs (Brown u. Isaacs 2005) berichtet, wie er mit seinem Team einen riesigen, unpersönlichen Konferenzraum in ein gastfreundliches World Café für 1000 Teilnehmer verwandelte. Vor und nach der Café-Runde diente der Raum in Plenarbestuhlung für Vorträge und Podiumsdiskussionen. In 45 min wurde er in ein Café verwandelt und nach der Durchführung wieder für die nächste Vortragsrunde »rückgebaut«. Isaacs dekorierte den Raum mit Grünpflanzen, projizierte inspirierende Bilder und Sprüche an die kahlen Wände, dimmte das Licht und ließ 200 kleine Tischchen aufstellen. Rot-weiß karierte Tischdecken, weiße Papierüberdecken zum Beschriften, Blumen und Stifte gaben dem Raum eine einheitliche, einladende Optik. Vor dem Raum hingen Plakate (z. B. Café under construction), die neugierig machten und auf diesen besonderen Veranstaltungsteil hinwiesen. Die Teilnehmer erkannten den Plenarsaal, den sie erst vor einer knappen Stunde verlassen hatten, nicht wieder. Sofort veränderte sich die Stimmung bei den 1000 Teilnehmern, und sie nahmen die Aufforderung zum Austausch an den Tischchen begeistert auf.

Das Ambiente spielt für das World Café eine große Rolle. Für das Planungs- oder Vorbereitungsteam kann es eine reizvolle, manchmal aber auch herausfordernde Aufgabe sein, diese spezielle Atmosphäre im jeweils vorhandenen Raum zu schaffen.

Die Tische bieten 4–5 Personen Platz. Entweder überziehen Sie die Tische mit Papierdecken, die die Teilnehmer direkt mit den Stiften beschreiben können, oder Sie legen über die vorhandenen Stofftischdecken große, weiße Papierbögen. Die Tische sind über den ganzen Raum verteilt und locker angeordnet. Die Tischdecken sollten »wild« beschriftet werden, d. h. bunt, von unterschiedlichen Seiten geschrieben, mit unterschiedlichen Handschriften und mit Skizzen. Wir empfehlen, kein Flipchart-Papier auf die Kaffeetische zu legen, sondern spezielle Papiertischdecken zu besorgen. Flipchart-Bögen können dazu führen, dass nur ein Teilnehmer schreibt und sich dabei an den vorhandenen Linien orientiert. Dadurch wird das gesamte Setting ähnlicher einem normalen Workshop, und Wirkungen dieser speziellen informellen Café-Atmosphäre gehen verloren.

*Flipchart-Papier verhindert Vielfalt!*

❏ Abb. 2.10. Café-Etikette

Café-Etikette

Auf dem Tisch stehen einige Utensilien. Die Café-Etikette (Orientierung zum Verhalten im Café, ❏ Abb. 2.10) kann wie eine kleine Speisekarte in einem Plexiglasaufsteller untergebracht sein. Blumen schmücken, ein Glas mit farbigen Stiften liefert das notwendige Handwerkszeug.

Im Raum sind Möglichkeiten zum Aufhängen der beschrifteten Tischdecken geschaffen, z. B. Pinnwände zum Anbringen mit Nadeln oder freie Wände zum Ankleben oder gespannte Schnüre zum Aufhängen mit Wäscheklammern.

Kaffeehausatmosphäre lässt Kreativität erblühen

### Zusätzliche Ambiente-Ideen als Anstoß für weitere kreative Ausgestaltungen

- Eine große Kaffeemaschine wird im Raum aufgebaut. Die Teilnehmer versorgen sich zwischendurch mit Kaffeespezialitäten und Gebäck.
- Zu Beginn, in Pausen und zum Abschluss läuft spezielle Kaffeehausmusik, z. B. »Musik aus Kölner Kaffeehäusern« mit dem Salonorchester Cölln oder »So klang es damals im Kaffeehaus« vom Berliner Salon Ensemble.
- Kaffeebohnen sind auf einigen Tischen im Raum verteilt, es verbreitet sich der Geruch von frisch geröstetem Kaffee.
- Die Teilnehmer werden bedient wie in einem richtigen Kaffeehaus. Servicepersonal räumt zwischen den einzelnen Runden ab und serviert neu, wenn sich die Tischgruppen gefunden haben.
- Das Café erhält einen speziellen Namen, der aus dem Thema und dem Anliegen der Veranstaltung abgeleitet ist (»Futura-Café« bei einer Ideenfindung zu Zukunftsszenarien, »Strategie-Café« bei einer Auftaktveranstaltung zu einer neuen Unternehmensstrategie, »Bildungs-Café« bei einer pädagogischen Konferenz). Schilder im Haus und im Raum selbst weisen auf das Café hin.

## Eine kraftvolle Frage

Die Formulierung einer kraftvollen Frage oder mehrerer, aufeinander abgestimmten Fragen stellt eine wichtige Grundlage für das Gelingen des World Café dar. Einige Anhaltspunkte, die Orientierung bei der Formulierung geben können, lauten:

Formulierungshilfe

- Die Frage ist offen formuliert und lässt viele unterschiedliche Antwortmöglichkeiten zu.
- Sie ist einfach und leicht verständlich ohne Nebensätze.
- Die Frage regt dazu an, unterschiedliche Perspektiven einzunehmen.
- Sie enthält keine einschränkenden Bedingungen oder impliziert schon bestimmte Antwortrichtungen.
- Die Frage ist auf eine Weiterentwicklung und auf Zukunftsperspektiven ausgerichtet und regt die Fantasie der Teilnehmer an.
- Die Frage ist relevant für die Teilnehmer der Veranstaltung, d. h., hat sie Bedeutung für deren Leben, Arbeit und Empfinden?

Die Fragen können vorher in der Planungsgruppe oder bei Personen der Zielgruppe getestet werden. Das schafft mehr Sicherheit.

> »Wenn eine gute Frage besser ist als eine gute Antwort, warum investieren wir nicht mehr Zeit und Energie darin, gute Fragen zu formulieren. Ein Grund dafür könnte darin liegen, dass unsere westliche Kultur eher nach den ‚richtigen Antworten‘ sucht anstatt die ‚richtigen Fragen‘ zu entdecken!« (Brown et al. 2002)

**Beispiele für Fragen**
- Wie entwickeln wir ein attraktives Kulturangebot in unserer Stadt?
- Welche Personalstrategien sind für unser Unternehmen im Jahr 2020 nicht wegzudenken?
- Wie können wir der älteren Zielgruppe mit unseren Produkten dienen?
- Wie können wir eine anhaltende Partnerschaft zwischen der Universität und den Absolventen entwickeln?
- Wie erreichen wir, dass ganz Frankfurt über uns spricht?

## Das World Café starten

Die Teilnehmer betreten beim Start gemeinsam den Café-Raum. Hier wäre es besonders störend, wenn Teilnehmer schon früher in den Raum hineingehen und evtl. schon einzelne Tische in Gruppen besetzen würden. Die erste Orientierung im Raum, das Suchen eines Platzes in möglichst gemischten Gruppen sollte gemeinsam erfolgen. Normalerweise beginnen dann sofort die Gespräche in den kleinen Gruppen an den Tischen, und die bereitgelegten Utensilien werden begutachtet und kommentiert. Dies ist ein gutes Zeichen. Es macht deutlich, dass die Teilnehmer auf die besondere Raumgestaltung in der gewünschten kommunikativen Weise reagieren.

*Zentrale Frage als erster Impuls*

Der Moderator leitet nun die erste Café-Runde ein. Er stellt die zentrale Frage für die erste Runde, die möglichst auch im Raum visualisiert sein sollte. Dann können die Teilnehmer sich immer wieder daran orientieren. Anschließend erläutert er die Café-Etikette, die die Teilnehmer auch auf ihren Tischen finden (◘ Abb. 2.10). Der Moderator fordert die Teilnehmer auf, möglichst schnell auch die Tischdecken und Stifte zu nutzen und Ideen und Beiträge aufzuschreiben und zu malen. Dann gibt er das Startsignal für die erste Runde.

## Die Teilnehmer selbst in der Gastgeberrolle

Nach der vorher vereinbarten Zeit schließt der Moderator die erste Runde ab. Zwischen 20 und 40 min kann eine solche Runde dauern. Ein Teilnehmer bleibt am Tisch als Gastgeber für die nächste Runde zurück, die anderen wechseln an andere Tische. So ergeben sich völlig neue Zusammensetzungen.

*Gastgeber fasst Ergebnisse zusammen*

Zur Einleitung der zweiten Runde fasst der Gastgeber die Erkenntnisse der ersten Runde für seine neuen Gäste zusammen. Dann wird die Fragestellung der ersten Runde weiter vertieft, oder eine neue, weiterführende Frage steht im Fokus.

Die Gastgeber nehmen ihre Rolle spontan an. Sie begrüßen in einer neuen Café-Runde die hinzugekommenen Gäste und starten mit einer Zusammenfassung der Erkenntnisse aus der vorangegangenen Runde. Damit endet ihre spezielle Rolle auch wieder. Sie sollen weder als Moderatoren für die gesamte Tischgruppe fungieren noch sich besonders verantwortlich für Ergebnisse fühlen. Jeder andere Teilnehmer ist ebenso verantwortlich, wichtige Erkenntnisse weiterzutragen, die neu gebildete Gruppe zu inspirieren und den Dialog zu befruchten.

## Erkenntnisse ins Plenum tragen

Nach 2 oder 3 Café-Runden entsteht häufig das Bedürfnis, die Erkenntnisse aus dem Austausch in der kleinen Gruppe ins Plenum zu bringen. In den Hinweisen für die Durchführung von World Cafés (The World Café Community 2002) werden 5 Wege vorgeschlagen, kollektives Wissen aus einem World Café sichtbar zu machen:

*Kollektives Wissen sichtbar machen*

### 1. Nutzen Sie visuelle Protokolle

In manchen Café-Veranstaltungen werden alle Gruppengespräche von Illustratoren festgehalten, die die Ideen der Gruppe auf Flipcharts oder auf Wandpapier malen. Dabei nutzen sie Text und Bilder, um die Struktur und Muster der Gespräche zu illustrieren.

### 2. Machen Sie eine Galerie

Ein »handfestes« Ergebnis sind die beschrifteten Tischdecken. Sie werden für alle sichtbar im Raum aufgehängt. Nun können die Teilnehmer zu einer kleinen »Besichtigungstour« starten und sich die Ideen der anderen Tische ansehen.

### 3. Aushang der Erkenntnisse

Die Teilnehmer können große Post-its oder Moderationskarten mit einzelnen Erkenntnissen oder Ideen an eine Wand oder Pinnwand heften. Damit sind wichtige Schwerpunkte der einzelnen Tische auf einer extra Wand zusammengeführt.

### 4. Kreieren Sie Ideen-Cluster

Die Erkenntnisse auf den Post-its können an Wänden so gruppiert werden, dass zusammenhängende Ideen sichtbar werden und für die Planung der nächsten Schritte der Gruppe verfügbar sind.

### 5. Erzählen Sie eine Geschichte

Manche Cafés kreieren aus ihren Ergebnissen eine Zeitung oder ein Geschichten-Buch, um die Ergebnisse einem größeren Publikum zugänglich zu machen. Jemand, der die Bilder festhält, kann ein Bilderbuch mit Texten als Dokumentation gestalten.

Wir nutzen sehr häufig die ganz einfache Form, Erkenntnisse ins Plenum zu bringen. Wir gehen auf Teilnehmer der verschiedenen Tischgruppen zu und machen kleine Interviews: »Welcher Gedanke hat Sie im Gespräch besonders beschäftigt? Welche wichtige Erkenntnis konnten Sie gewinnen? Welches Thema hat besonderen Dissens ausgelöst?« Nachdem wir zunächst einige Teilnehmer direkt ansprechen und so die ersten Hemmnisse vor dem Sprechen im Plenum überwunden worden sind, geben wir das Mikrofon weiter herum. Die Antworten und Statements der Teilnehmer halten wir in Stichpunkten auf einem für alle sichtbaren Flipchart fest.

*Interviews und öffentliches Protokoll*

Wenn die Gesprächsthemen aus den Café-Runden weiter bearbeitet werden sollen, ist es erforderlich, sie zu sammeln und zu clustern, wie das zur Bonsen oben vorschlägt. Dazu sind alle Methoden tauglich, die auch bei anderen Großgruppenprozessen verwendet werden, z. B. kollektive Mindmaps – Sammlung von Karten an Pinwänden – Festhalten von Statements in Notebooks o. Ä.

### 2.5.4 Nutzen und Einsatzgebiet

In einem Artikel von ManagerSeminare (75/2004, zit. in Gloger 2004) nennt Bredemeyer folgende Einsatzfelder:

Die Methode World Café ist in einem Personenkreis von mindestens 20 bis mehr als 1000 Menschen gut nutzbar »wenn …

**20 bis 1000 Teilnehmer**

- ein Unternehmen, eine Gemeinde, ein Verband oder eine sonstige Organisation innovative Vorschläge benötigt, um ihre Zukunft zu gestalten.
- das Wissen und die Intelligenz vieler Personen für ein komplexes Thema genutzt werden soll.
- es gilt, den Input eines Redners in einer Gruppe zu verarbeiten.
- man ein neues Thema erschließen und dazu verschiedene Sichtweisen kennenlernen will.
- zwischenmenschliche Beziehungen geschaffen und vertieft werden sollen.«

**Beispiele**

Wir haben World Cafés zu folgenden Anlässen durchgeführt:

#### Strategieentwicklung in einem Medienunternehmen
Nach einem Parcours mit mehreren externen Impulsgebern kamen alle Teilnehmer in einem World Café zusammen. Unter der Frage »Welche Themen wollen wir in unserer neuen Strategie aufgreifen?« verarbeiteten sie die Inhalte des Parcours und leisteten Vorarbeit für die Entwicklung der spezifischen Unternehmensstrategie.

#### Auswertung einer Großgruppenveranstaltung zum Bereich »Qualitätsförderung«
Hier setzten wir das World Café an das Ende einer eintägigen Veranstaltung. Die Teilnehmer reflektierten in Café-Runden die Ergebnisse und die Gestaltung der Konferenz. Die beschriebenen Tischdecken dienten als Ideenbörse für den weiteren Qualitätsprozess.

#### Unternehmerforum als World Café
Geschäftsführer, Personalleiter und Betriebsräte aus KMUs einer Region kamen zum Thema »Gesundheitsförderung« zusammen. Im World-Café-Setting tauschten sie gute Praxisbeispiele aus und entwickelten Ideen, die Unternehmen der Region über gemeinsame Gesundheitsförderungsprojekte zu vernetzen.

#### Leitbildentwicklung in einem Olympia Café
Ein kommunales Unternehmen orientierte sich bei der Leitbildentwicklung am olympischen Gedanken. Wir luden die Mitarbeiter zu einem Olympia

Café ein, um Ideen für dieses Leitbild zu entwickeln. Dabei passte das Planungsteam auch die Café-Etikette an ihre Situation an und gestalteten sie mit sportlichen Grafiken:

*Eine Spezialität: das Sport Café*

- Teilen Sie Ihre Gedanken den Kollegen mit und begründen Sie Ihre Vorstellungen kurz.
- Denken Sie daran, Gefühle und Herzensangelegenheiten zu berücksichtigen.
- Hören Sie zu, was den Kollegen wichtig ist. Fragen Sie nach.
- Schauen Sie, dass jeder zu Wort kommt.
- Heben Sie Gemeinsamkeiten hervor.
- Halten Sie Ihre Ideen fest: Schreiben und malen Sie auf die Tischdecke!
- Und nun: … »Quatschen« Sie drauflos!

## 2.5.5 Nachhaltigkeit – statt Show und Strohfeuer

Die anderen in diesem Buch beschriebenen Großgruppenverfahren haben häufig das Ziel, Maßnahmen anzustoßen, die dann in der Folge umgesetzt werden können. Mit dem World Café wird ausdrücklich nicht angestrebt, dass die Teilnehmer Maßnahmenpläne entwickeln, Vorhaben ausarbeiten oder konkrete Aktionen auslösen. Also können wir die mittel- und langfristige Wirkung eines World Café auch nicht auf dieser Ebene suchen.

World Cafés zielen auf eine Veränderung der Kommunikationskultur. Der Originaluntertitel des Buches von Brown u. Isaacs »Shaping our futures through conversations that matter« (2005) macht diesen Schwerpunkt deutlich. In deutschsprachigen Veranstaltungen verwenden die Moderatoren Beschreibungen wie »Gespräche, die zählen« oder in längerer Variante »Gespräche, die sich wie Wellen ausbreiten und neue Möglichkeiten eröffnen«.

*Ziel: Veränderung der Kommunikationskultur*

Die Gespräche im World Café fallen den Teilnehmern leicht und entsprechen ihrem Bedürfnis nach selbstgesteuertem Austausch. Häufig erhalten wir die Rückmeldung, dass sich Teilnehmer auch für ihren Arbeitsalltag eine solche Kommunikationsform wünschen, bei der durch kurze, unkomplizierte Gespräche viele Ideen und Gedanken zusammenfließen. Wir machen dann Vorschläge, wie sich solche Gesprächsformen in die regulären Besprechungen integrieren lassen.

In vielen Organisationen werden inzwischen auch informelle Gespräche in Café-Ecken gepflegt und unterstützt. Innenarchitekten schaffen an Schnittstellen von Büros offene Kommunikationszonen, in denen die Mitarbeiter an kleinen Tischen zusammenstehen oder -sitzen. Abteilungen führen gemeinsame Frühstückszeiten ein, zu denen sie sich in diesen Kommunikationsecken treffen und eine Art spontanes World Café veranstalten. Gruppen stehen zusammen, diskutieren und inspirieren sich gegenseitig. Dann wechseln einige der Teilnehmer die Gruppe und klinken sich in die dort laufenden Gespräche ein. Die Mitarbeiter würden es sicher nicht so bezeichnen, aber hier findet eine selbstgesteuerte Form eines World Café statt.

*World Cafés im Alltag*

Je mehr in einer Organisation solche Kommunikationselemente eingeführt und gepflegt werden, umso stärker verändern sich die Kommunikationskultur und die Wertschätzung solcher intensiven Gespräche. Dann verschwindet auch der scheinbare Gegensatz zwischen Reden und Arbeiten »Jetzt haben wir genug geredet, jetzt lasst uns was tun«, den Brown, Homer u. Isaacs (Holman u. Devane 2006) diskutieren.

## 2.5.6  Weiterentwicklung

Die Methode des World Café trägt die Weiterentwicklung z. T. schon in sich. Die ursprünglichen Autoren selbst, aber auch viele weitere Anwender, machen immer wieder darauf aufmerksam, dass die Methode an die spezielle Aufgabenstellung und die Situation der Organisation angepasst werden soll. Es wird sogar angeregt, die Café-Leitlinien weiterzuentwickeln, sodass sie dem ursprünglichen Ziel, einen tiefen und inspirierenden Dialog auszulösen, dienen.

**Kombination mit anderen Großgruppenmethoden**

Die Kombination mit anderen Großgruppenmethoden liegt beim World Café besonders nahe, denn dadurch kann ein größeres Spektrum an Aufgabenstellungen und Zielen abgedeckt werden.

> **Beispiel**
>
> Im Mai 2007 fand in Dresden »The 1st World Café European Gathering« statt. 25 Experten der Methode World Café luden zu dieser besonderen Form ein, die Dresden mobilisierte. Die Veranstalter sagten zur Grundidee: »Unser Ziel ist es, im Geiste des World Café einen Raum zu schaffen, der die Menschen innerhalb und zwischen Organisationen und Gemeinschaften zu kollektivem Denken und zur gemeinsamen Erkundung kreativer Handlungsmöglichkeiten anregt – in Form von offenen, fruchtbaren Gesprächen, die im gesamteuropäischen Kontext etwas bewegen.« (▶ http://www.theworldcafe-europe.net)
>
> **Dresden im Koffeinrausch**
>
> Der Auftakt bestand aus 8 parallel laufenden Cafés an unterschiedlichen historischen Orten in Dresden. Für jeden Ort waren spezielle Sponsoren und Themen gefunden worden. Das Café in der Krypta der Frauenkirche wurde von der Stiftung der Frauenkirche initiiert und stand unter dem Motto »World Peace: The newly reconstructed Frauenkirche has long been a symbol of the atrocities of war. Recently re-built stone-by-stone, it is a symbol for forgiveness and reconciliation. A conversation in the crypt of the church will focus on peace and the meaning of forgiveness«.
>
> So spannte sich über ganz Dresden ein Netz an Cafés zu lokalen, europäischen und globalen Themen: Erziehung für die Zukunft, Choreografie der Kommunikation, Innovation in mittelständischen Unternehmen, Veränderung in der Universität, in Organisationen und Gemeinden, musikalische Erziehung in Dresden.
>
> Der zweite Tag diente an einem zentralen Ort dem Austausch in weiteren Café-Runden unter der Fokusfrage: »How can you create an environment which continuously fosters innovation in your teams and in your organization?« Am dritten Tag boten die Café-Moderatoren Workshops an, in

denen sie Erfahrungen mit der Methode vorstellten und Best-practice-Beispiele zum Lernen anboten.

Das Besondere bei dieser Aktion in Dresden war, dass die Initiatoren die Methode World Café als Leitidee zur Mobilisierung einer ganzen Region nutzten. Gleichzeitig waren Gäste aus aller Welt eingeladen, um sich über europäische und globale Dimensionen und die Grundlagen für Innovation auszutauschen.

---

Über die Anwendung des World Café in Jugendgruppen und eine Adaption für ihre Zwecke berichtet eine Pfadfindergruppe in einer Mitgliederzeitschrift unter der Überschrift: »Willkommen im Rover-Café. Die lange Rovernacht und warum man in den Pausen die besten Ideen hat …«

*Pfadfinder finden im Café neue Programmideen*

»Sitzungen und Besprechungen haben oft ein Problem: Wenige Leute reden, viele hören (nicht) zu, und es fällt schwer, hinter den getroffenen Entscheidungen zu stehen. Die besten Ideen kommen aber dann in den Pausen! Wenn die Teilnehmer Gedanken austauschen, sich an Diskussionen beteiligen und eine lockere Atmosphäre herrscht, sprudelt die Kreativität, und jeder will anpacken.

Deshalb gestalteten unsere Rovergruppen ihre Jahresplanung als eine einzige große Pause. Im Rover-Café herrschte an kleinen Tischen eine entspannte Gesprächsatmosphäre. Die Tischdecken wurden zu Notizblöcken für Spinnereien, Gedanken, Pläne und Konzepte. Kritzeln und Malen war nicht nur erlaubt, sondern gewünscht. Eine ganze Nacht nur für Rover.

Das ‚World Café‘ ist eine Moderationsform für kleine und große Gruppen, welche das Potenzial jedes einzelnen Teilnehmers fordert und fördert. Indem jede und jeder mitreden und mitbestimmen kann, wird das Ergebnis von allen mitgetragen.

Im ‚Rover Café‘ wechselte nach einiger Zeit die Besetzung der Tische. So wurden Ideen und Gedanken in immer neue Gesprächsrunden weitergetragen. Die lange Rovernacht dauerte wirklich lang. Am Ende diskutierten wir alle Vorschläge im Plenum. Heraus kam ein ganzer Jahresplan, hinter dem die gesamte Gruppe steht.«

Den Grundgedanken von informellen, aber intensiven Gesprächen in kleinen Runden finden wir in vielen Elementen der Großgruppenarbeit wieder. Wir setzen beispielsweise sehr häufig Murmelgruppen zur Verarbeitung eines Vortrags ein (▶ Kap. 4.4.3). 3 oder 4 Teilnehmer finden sich nach dem Vortrag zu einer kleinen Austauschgruppe zusammen. Die Leitfrage für dieses Gespräch orientiert sich am Vortrag und lautet beispielsweise: »Welche Reaktionen und Fragen löst der Vortrag von Herrn X bei Ihnen aus?« Diese Murmelgruppen laufen dann zwar nur wenige Minuten (max. 10 min), setzen aber genau wie das World Café bei dem Bedürfnis der Teilnehmer an, sich in kleiner Runde auszutauschen, Fragen, Gedanken und Ideen mitzuteilen und sich durch die Beiträge der Gesprächspartner inspirieren zu lassen.

*Murmelgruppen – Miniform des World Café*

**Interview mit World-Café-Expertin Sabine Bredemeyer**

Sabine Bredemeyer arbeitet seit 1987 als selbstständige Beraterin. Sie gründete 2000 ihr Beratungsunternehmen für holistische Organisationsentwicklung und Zukunftsgestaltung. Sabine Bredemeyer führt Ausbildungsseminare zu World Café und anderen Großgruppenverfahren durch. Homepage: http://www.bredemeyerandfriends.de

**Wann sind Sie zum ersten Mal mit der Methode World Café in Kontakt gekommen?**

Im Juni 2003 auf der internationalen Spirit-in-Business-Konferenz in San Fransisco, geleitet von Juanita Brown. Die Ausstattung des Konferenzraumes – kleine Bistro-Tische für 4 Personen, hübsch gedeckt mit karierten Tischtüchern, Blumen und bunten Stiften – und das Kaffeehausambiente erstaunten und begeisterten mich sofort. In den 2½ Tagen der Konferenz wurden immer wieder World-Café-Phasen in das Konferenzdesign eingeflochten. Die Ergebnisse dieser Phasen bereicherten die Konferenz tiefgreifend. Die Konferenz hatte etwa 250 Teilnehmer. Da ich selbst schon viele Großgruppen mit verschiedensten Methoden moderiert hatte und diese Methode nicht kannte, ließ ich mich in einer Art erwartungsvoller Offenheit auf diese neue Erfahrung ein. So konnte ich als Teilnehmerin sozusagen am eigenen Leib erfahren, wie World Café wirkt. Rückblickend kann ich sagen, dass dieses World Café bzw. die daraus entstandene persönliche Frage meine Arbeitsweise tiefgreifend beeinflusst hat.

**Gibt es typische Fragestellungen?**

Nein. Jede Organisation, jedes Unternehmen, jede Gemeinschaft von Menschen ist unterschiedlich. Ebenso die Ausgangssituation vor und das gewünschte Ergebnis nach einer Intervention. Deshalb kann ich sagen, dass es keine »typischen« Fragestellungen gibt. Mit den Fragen im World Café stehen und fallen die Qualität und das Ergebnis. Deshalb werden die Fragen für jedes World Café neu erarbeitet, und zwar zusammen mit dem vorher einberufenen Planungsteam. Es besteht idealerweise aus einem repräsentativen Querschnitt der gesamten Organisation. Erst nach einer eingehenden Analyse, in der die Ausgangssituation und das gewünschte Resultat eindeutig identifiziert wurden, werden die Fragen mit dieser Planungsgruppe gemeinsam entwickelt. Dadurch entstehen immer neue, ganz individuell auf die Organisation und ihre Erfordernisse zugeschnittene Fragen.

**Gibt es besonders gute Voraussetzungen für das Gelingen eines World Café? Worauf kommt es bei der Durchführung eines World Café an?**

Eine wichtige Voraussetzung für ein World Café ist, dass das Klima im Unternehmen in Ordnung ist und bereits eine gewisse Vertrauensbasis zwischen Führung und Mitarbeitern besteht. Es gibt keine andere Großgruppenmethode, in der Teilnehmer in kleinen Vierer- oder Fünfergruppen die Gelegenheit haben, ihren Gefühlen sozusagen freien Lauf zu lassen. So kann die Stimmung in einem World Café – bei vorheriger Fehleinschätzung des Unternehmensklimas – ganz schnell umschlagen, viel schneller als in jeder anderen Konferenzmethode. Einmal ist es mir passiert, dass das Planungsteam entgegen meiner Empfehlung ausschließlich aus Führungskräften bestand, die das Klima im Unternehmen völlig falsch einschätzten. Es war vieles im Argen in diesem Unternehmen, eine Menge unausgesprochener Ärger – also große Unzufriedenheit, derer sich die Führung nicht bewusst war. Das World Café haben die Teilnehmenden dann dazu genutzt, nicht die Fragen zu beantworten, sondern an den Tischen die Führung zu kritisieren und ihrem Ärger

Luft zu machen. Wenn Führungskräfte am Tisch waren, wurde nicht mehr offen gesprochen. Sie können sich vorstellen, dass die Ergebnisse dieser Konferenz andere waren, als die Führung erwartet hatte. Dennoch waren sie deutlich und führten zu einem tiefgreifenden Umdenken im Führungskreis.

### Was zeichnet ein gutes World Café aus?

Exzellente Vorbereitung, maximale Freiheit für die Teilnehmer und ein vorher geplantes Follow-up. Um exzellente Ergebnisse zu erzielen, also neue Perspektiven, neue, tiefer gehende Fragen zum bearbeiteten Thema und kreative Ergebnisse, die aus der kollektiven Intelligenz der gesamten Gruppe generiert werden, ist eine exzellente Vorbereitung unerlässlich. Die Qualität der Fragen beeinflusst ein positives Ergebnis ebenso wie die Offenheit der Führung gegenüber der Tatsache, dass das World Café selbst keine Maßnahmenpläne und Next-step-Dokumentationen hervorbringt. Die Teilnehmer können, anders als in jeder anderen Großgruppe, frei assoziieren. Sie haben, außer der Rolle des Gastgebers, die auch nur begrenzt verantwortungsvoll ist, keine Rollen oder Aufgaben zu erfüllen. Sie sind Gast in einem Café, können zum vorgegebenen Thema frei assoziieren, »rumspinnen«, wie ich es nenne, und sich in angenehmer Atmosphäre einfach mal verschiedensten Perspektiven öffnen und neuen Gedanken hingeben. Diese Freiheit führt dazu, dass die Teilnehmer sehr viel kreativer sind, als wenn sie eine von der linken Gehirnhälfte gesteuerte Aufgabe hätten.

Inspirierende Ideen entstehen dann, wenn sich Menschen ohne Druck oder Zwang in angenehmer Atmosphäre zum Ausdruck bringen können. Durch die wiederholten offenen Mitteilungsrunden im Raum und die häufigen Tischwechsel kann sich dann das gesamte Wissen im Raum, die kollektive Intelligenz, vernetzen und verweben. Dadurch entstehen häufig verblüffend neue Fragen oder Möglichkeiten. Wenn ein World Café gut vorbereitet ist und die Fragen kreativ, sind die Teilnehmer in einem Maße inspiriert, wie ich es selten in anderen Konferenzen erlebt habe.

Und wenn Menschen wirklich inspiriert sind, dann bleiben die neuen Ideen, die neuen Möglichkeiten nachhaltig »hängen«. Die Teilnehmer gehen mit dieser Inspiration nach Hause und gleichsam wie von selbst entwickeln sich die Ideen auch danach noch weiter. Nach meiner Erfahrung ebbt auch diese Inspiration wieder ab, wenn sie nicht aufgefangen wird und den Teilnehmern keine Gelegenheit gegeben wird, an ihren Ideen und neu erfundenen Projekten weiter zu arbeiten. Deshalb ist ein gutes Follow-up ein weiterer Erfolgsfaktor.

### Wie erreichen Sie, dass ein World Café nicht nur ein Strohfeuer ist?

Durch gute Vorbereitung in der Planungsgruppe. Bereits hier planen wir, wie mit den Ergebnissen umgegangen wird. In der Regel führe ich 10 Tage nach dem World Café eine Folgeveranstaltung durch, zu der all diejenigen Teilnehmer der ersten Veranstaltung eingeladen werden, die Leidenschaft oder Begeisterung für ein neues Projekt, eine Idee oder eine neue Möglichkeit empfinden. Das Follow-up, also Raum, Zeit, Design der Folgeveranstaltung und nachfolgende Freiräume zur weiteren Bearbeitung der neu geschaffenen Projektgruppen, wird in der Planungsgruppe, soweit möglich, bis ins Detail vorgeplant. Nach meiner Erfahrung liegt der Prozentsatz der Teilnehmer an diesen Folgeveranstaltungen zwischen 12 und 25%. Die Methoden, die ich für die Nachfolgeveranstaltung wähle, sind je nach Thema sehr unterschiedlich. Die Arbeits-/Projektgruppen, die sich bei meinen Kunden auf diese Weise aus einem World Café entwickeln, sind hochgradig inspiriert und haben schon erstaunliche Projekte realisiert. Der Katalysator dafür war die kollektive Intelligenz der Teilnehmer im World Café.

## Weiterführende Literatur zu World Café

Brown J, Isaacs D (2005) World Café. Shaping our futures through conversations that matter. Berrett-Koehler, San Francisco

Brown J, Isaacs D (2007) Das World Café. Kreative Zukunftsgestaltung in Organisationen und Gesellschaft. Carl-Auer, Heidelberg

Gloger S (2004) Neue Großgruppenmethode: Arbeiten beim Kaffeetrinken. ManagerSeminare, April 2004, S 50–56

http://www.theworldcafe.com – Seite der internationalen Community rund um das World Café.

http://www.theworldcafe-europe.net – Seite für europäische World-Café-Aktivitäten.

## 2.6    Prozessarchitektur – simultan statt sequenziell

Ein Kunde fragt an. Er erläutert seinen Wunsch nach Veränderungen in seinem Unternehmen. Das Beratungsteam erfragt seine Vorstellungen von der Zukunft und setzt diese oft ungenauen Beschreibungen in klar definierte Ziele um. Auslöser für Veränderungen sind z. B. Mitarbeiterbefragungen, Effizienzsteigerungsprogramme (▶ Kap. 5.7), neue Techniken, neue Abläufe und Strukturen (▶ Kap. 5.8), Veränderungen des Marktes.

### Arbeit der Planungsgruppe

Das Beratungsteam diagnostiziert den Ist-Zustand des Unternehmens und erarbeitet gemeinsam mit der Planungsgruppe einen Entwurf für die Interventionsarchitektur, um den angestrebten Soll-Zustand zu erreichen. Als Diagnoseinstrumente stehen beispielsweise zur Verfügung: **Mitarbeiterbefragungen, Kraftfeldanalyse, Einzelinterviews, Workshops.**

Diagnoseinstrumente

Planungsgruppen repräsentieren mehr oder weniger alle relevanten Unternehmensbereiche. Sobald eine Planungsgruppe in einem Unternehmen etabliert ist, kocht die Gerüchteküche. Vorteil: Das System gerät in Bewegung. Nachteil: Unsicherheit und Ängste entwickeln sich. Deshalb ist es grundsätzlich die Aufgabe der Planungsgruppe, neben der Prozesssteuerung eine Kommunikationsstrategie (z. B. Motto, Logo, Marketing, Kommunikation in den internen Medien bis hin zu einer originellen Einladung der Teilnehmer) zu entwickeln und mit der Prozesssteuerung zu verzahnen.

Alles – und möglichst schnell

Ein solider Prozess baut auf einem transparenten Plan und einem tragfähigen Fundament auf (◨ Abb. 2.11). Die Architekten dieses Plans wissen, wie wichtig es ist, dass alle Komponenten des Prozesses aufeinander abgestimmt sind und ineinandergreifen. Andernfalls wäre das Prozessgebäude instabil, und es stürzte bei der kleinsten Erschütterung ein.

Die Interventionsarchitektur beschreibt die zeitliche, räumliche, soziale und sachliche Gestaltung von einzelnen Schritten. Die traditionelle Interventionsarchitektur nutzt als Werkzeug zur Veränderung im Wesentlichen die Form der Workshops. Diese Workshops folgen der Hierarchie des Unternehmens, top-down, nutzen aber auch Impulse im Sinne von bottom-up.

Interventionsarchitektur

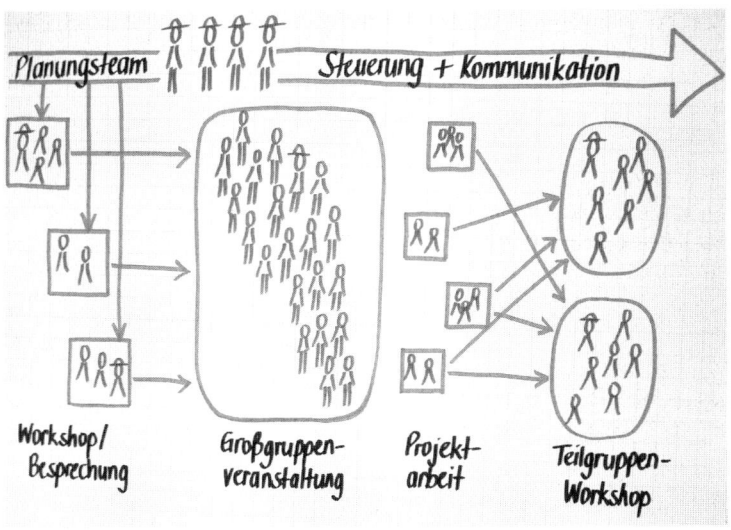

■ Abb. 2.11. Prozessarchitektur

**Woher die Veränderungsenergie kommt**

Nun kommt das Neue: An bestimmten Punkten der Architektur des Veränderungsprozesses werden Großgruppen installiert. Ziele, Unternehmenskultur, Risikobereitschaft, Mut der Unternehmensleitung und nicht zuletzt Vorlieben des Beratungsteams beeinflussen die Wahl des Großgruppenverfahrens. Doppler u. Lauterburg (2002) nennen als Schlüsselfaktoren erfolgreichen Vorgehens in Changeprozessen »Energie wecken und Vertrauen schaffen«. Genau dafür sind Großgruppen die geeigneten Methoden. Sie bilden im Rahmen der Architektur emotionale Höhepunkte und bringen das gesamte System in einen Raum. Nur durch solche Orte der Begegnung gelingt es, im Rahmen eines Change-Managementprozesses das notwendige Gemeinschaftsgefühl und die Verantwortung für den Prozess zu entwickeln.

Das Beratungsteam macht deutlich, dass nur mit viel Energie und starken Symbolen ein deutlicher Impuls zur gewünschten Veränderung erzielt werden kann. Je nach Großgruppenmethode ist der Anteil von Spiel, Kreativität, Informationsvermittlung, Themenbearbeitung und Austausch unterschiedlich hoch. Hauptaufgabe einer jeden Großgruppe ist nach Weisbord u. Janoff (2001), die »Handlungsfähigkeit« des Systems zu erhalten oder wieder herzustellen und »Aufgabenpakete zu schnüren«.

*Energie wecken und Vertrauen schaffen*

**Risiken**

In diesem Kontext werden erfahrungsgemäß immer wieder Gründe vorgetragen, die gegen eine Großgruppe sprechen:
- Eine vorhandene negative Stimmung könnte sich ausweiten.
- Die Veranstaltung wird als reine »Motivierungsveranstaltung« oder als »Betriebsausflug« interpretiert.

- Die Mitarbeiter werden kurzfristig emotional hochgepuscht und fallen danach in ein noch größeres Loch – ein Strohfeuer.
- Die Kosten und der logistische Aufwand für die Veranstaltung sind hoch, verglichen mit »normalen« Workshops. Ist ein Return of invest überhaupt zu erzielen?
- Können sich Vorstände und Mitarbeiter auf starke Symbole und Emotionen überhaupt einlassen?
- Werden die Mitarbeiter sich in diesem öffentlichen Umfeld überhaupt ehrlich äußern?

Auch um diese Risiken zu reduzieren, integriert die Planungsgruppe die Großgruppenveranstaltung in ein Bündel von zeitlich vor- und nachgelagerten Interventionen.

### Chancen

Direkter Kontakt mit der Geschäftsführung

Tiefer gelagerte Hierarchieebenen konnten früher der Geschäftsführung selten direkt eine Rückmeldung geben. Dies können sie nun unmittelbar und zeitnah. In der Großgruppe ist direkter Kontakt möglich. Die Sorge, dass sich Mitarbeiter selten trauen, in der Großgruppe laut kritische Kommentare zu äußern, stellt sich meist als unberechtigt heraus. Spezielle Werkzeuge wie beispielsweise »Murmelgruppen« (▶ Kap. 4.4.3), »Wünsche zur Zusammenarbeit« und »Bau der Klippenwand« (▶ Kap. 4.4.4) unterstützen die vielfältige Meinungsäußerung im Plenum.

Mitteilungen des Vorstands werden transparenter als in der traditionellen Informationskaskade, da alle Betroffenen anwesend sind. Mitarbeiter können Informationen direkt vor Ort hinterfragen, das beugt einer Gerüchtebildung vor.

Problematisch kann es allerdings werden, wenn der Vorstand in der euphorischen Atmosphäre der Veranstaltung Aussagen macht, die missverständlich aufgenommen werden können. Sei es, dass er Zusagen macht, die er später nicht einhält, die Teilnehmer jedes Wort auf die Goldwaage legen oder der Vorstand sich später nicht an das Gesagte erinnert. Zum Beispiel sagte ein Vorstand in einer unserer Veranstaltungen: »Die Atmosphäre ist toll hier –die Begeisterung, mit der an den wichtigen Themen gearbeitet wird, beeindruckt mich. So etwas sollten wir eigenlich jedes Jahr machen«. Mitarbeiter verstehen: Wir machen jetzt jedes Jahr eine Großgruppe. Sie sind dann enttäuscht, wenn der Vorstand sein »Versprechen« nicht einhält. Weitere Beispiele hierzu ▶ Kap. 5.10.

Identifikation durch Infomarkt

Immer wieder sind Infomärkte Bestandteil von Großgruppenveranstaltungen. Führungskräfte übernehmen die Aufgabe, ein bestimmtes Thema vorzubereiten und an ihrem Infostand zu präsentieren. Dadurch setzt automatisch ein Identifikationsprozess ein und das Thema erhält ein »Gesicht«.

Auch introvertierte Manager können hierbei offensiveres Auftreten erlernen. Die klare Zeitbegrenzung einer Großgruppe und ihrer einzelnen Schritte zwingt darüber hinaus dazu, schnell auf den Punkt zu kommen: Worum geht es? Wo sind die kritischen Erfolgsfaktoren? Dies führt zur

Konzentration und Verdichtung und macht die Prozesse transparenter, weil die Begründung hieb- und stichfest sein muss.

## Was im Vorfeld zu klären ist

Die erlebte gute Stimmung während einer Großgruppe weckt bei Mitarbeitern Erwartungen, dass sich die Kultur nun insgesamt positiv in diese Richtung verändert. Wichtig ist deshalb, schon im Vorfeld mit der Planungsgruppe und der Geschäftsleitung über die Emotionen in einer solchen Großgruppe zu sprechen und diese einzubeziehen. Des Weiteren wird schon im Vorfeld der Prozess danach in groben Zügen festgelegt:

*Fragen, Fragen, Fragen*

- Was soll entstehen?
- Gibt es vorgegebene Themen, die während der Großgruppe bearbeitet werden sollen? Wenn ja, was passiert dann damit?
- Wie lautet die Fokusfrage?
- Wer trägt sie vor?
- Was passiert mit den erarbeiteten Themen?
- Wie werden die Ergebnisse gesichert?
- Wer entscheidet, wann an welchen Themen weitergearbeitet werden soll?
- Wie werden die Teilnehmer über die weitere Beurteilung informiert?

All dies wird je nach Großgruppenverfahren im Detail sehr unterschiedlich gehandhabt. Die übergreifende Prozessarchitektur ist jedoch insgesamt sehr ähnlich. Die beiden Schritte 4 »Themenfelder beackern« (▶ Kap. 4.4.4) und 6 »Zukunft anpacken« (▶ Kap. 4.4.6) unseres Konzeptes »congress in motion®« machen z. B. die weitere Prozessplanung explizit zum Bestandteil der Großgruppenveranstaltung. Insofern ist es von herausragender Bedeutung, dass die in der Großgruppe freigesetzten Energien und Motivationen in konkrete Projekte kanalisiert werden.

Auch der Evaluationsprozess ist bei den einzelnen Verfahren sehr unterschiedlich geregelt und reicht von Interviews am Ende der Veranstaltung über Fragebogen bis zu Effektivitätskriterien.

Häufig differenzieren sich in der Endphase einer Großgruppe viele Einzelthemen, die in Kleingruppen/Projektgruppen später weiter bearbeitet werden. Art und Umfang hängen hier im Wesentlichen von der Unternehmenskultur ab. Zum Beispiel treffen sich alle »Inspirierten« 10 Tage später zu einer weiteren Großgruppe. Die Teilnahme ist dabei völlig frei (▶ Kap. 2.5.6 Interview mit Sabine Bredemeyer). Oder der Vorstand entscheidet über die Weiterverfolgung von bestimmten Themen und legt die Teilnehmerzusammensetzung fest. Daraus entwickeln die Teilnehmenden ein Projekt mit entsprechendem Projektantrag, Prozessplanung, Zielsetzung, Ressourcenbedarf und allem, was zu einer erfolgreichen Projektplanung gehört.

Uns ist wichtig, den Prozess immer klar zu kommunizieren, eine hohe Transparenz herzustellen und über Erfolge und sterbende Projekte zu berichten. Nach einer Projektarbeitsphase erleben die Teilnehmer eine

*Weitere Projektplanung*

weitere Großgruppe, die das Gefühl verstärkt, Teil eines Systems zu sein, weiteren Austausch anregt, neue Energie freisetzt und die Teilnehmer weiter inspiriert. Die Beteiligten feiern erfolgreiche Projekte, und die daraus gewonnene Energie fließt wiederum nutzbringend in die weitere Gestaltung des Veränderungsprozesses (vgl. List et al. 2002) ein.

### Fokussiert, schnell, preisgünstig

In Zeiten schnellen Wandels erweist sich die traditionelle kaskadenförmige Kommunikations- und Entscheidungsstruktur als zu träge und ineffizient. Sie beansprucht über längere Zeiträume Ressourcen, deren Energien sich aber leicht wieder verlieren. Unsere Prozessarchitektur bündelt diese Energien an einem entscheidenden Punkt in der Großgruppe. Sie schafft hier einen Raum, in dem idealerweise das gesamte System vertreten ist. Diese

Vorteile der Prozessarchitektur

Bedingung verschafft ihr einen entscheidenden Vorteil: Das System reagiert schneller und flexibler auf die anstehenden Herausforderungen. Und diese Architektur ist – mit spitzem Stift gerechnet – auch noch preisgünstiger. So jedenfalls Tom Gerum im Interview (▶ Kap. 5.1).

# Wo die Reise hingeht – Trends und Entwicklungen bei Großgruppenverfahren

## 3.1    Auftraggeber stellen neue Anforderungen

Als Großgruppenverfahren in den 1990er Jahren in Deutschland bekannt wurden, bedurfte es Überzeugungskraft und Geduld, um die potenziellen Auftraggeber mit den neuen Methoden vertraut zu machen und den Nutzen herauszuarbeiten. Die meisten Unternehmen hatten noch keine Erfahrungen mit Großgruppenverfahren gesammelt und kannten sich folglich kaum aus.

Nach mehr als 10 Jahren zeichnet sich unter den Auftraggebern inzwischen eine Entwicklung in die Breite ab. Eine steigende Anzahl von Kunden verfügt über Vorkenntnisse und Kompetenzen rund um Großgruppenverfahren. Ausschlaggebend dafür ist u. a. die Tendenz zu immer mehr und immer schnelleren Veränderungsprozessen in Unternehmen. Bevor die Umsetzung vollständig abgeschlossen ist, plant die Geschäftsführung bereits den nächsten Veränderungsprozess. Begünstigt wird die zunehmende Veränderungsgeschwindigkeit durch die fortschreitende Globalisierung auch in mittelständischen Unternehmen. Diese Geschwindigkeit und Komplexität lässt sich mit der herkömmlichen Vorstellung eines Top-down-Prozesses mit mehreren Einzelworkshops nur schwer unter einen Hut bringen. Großgruppenverfahren bieten hier eine attraktive Alternative.

*Zunehmende Veränderungsgeschwindigkeit*

Vor allem für Personalentwickler in Unternehmen – auf der Suche nach neuen Methoden und Herangehensweisen für aktuelle Herausforderungen – entwickeln Großgruppenverfahren daher starke Anziehungskraft. Mittlerweile tritt dieser Kundenkreis häufig mit konkreten Ideen, Vorstellungen und Anforderungen oder einer Liste von Zielen an die Auftragnehmer heran. Die Auftraggeber entwickeln ein stärkeres Bewusstsein dafür, eine bestimmte Methode mit Blick auf das Ziel, die Fragestellung und die Organisationskultur auszuwählen. In diesem Zusammenhang spielt die Nachhaltigkeit einer Intervention eine immer wichtigere Rolle und wird als Kriterium herangezogen, um die Qualität zu bewerten: Stellt die ausgewählte Methode sicher, dass es nicht nur ein einmaliges »Event« bleibt, sondern eine Problemlösung bietet? Diese Frage erfreut viele Berater und Moderatoren, trifft sie doch den Kern einer erfolgreichen Großgruppenintervention (▶ Kap. 2.6). Kunden und Berater können daraufhin gemeinsam herausarbeiten, wie sie die Großgruppenveranstaltung in den gesamten Veränderungsprozess einbetten:

*Nachhaltigkeit als Qualitätsmerkmal*

- Welche Schritte sind vorher zu tun?
- Was folgt auf die Großgruppe?
- Wie werden die erzielten Ergebnisse kommuniziert, um alle Mitarbeiter auf dem Laufenden zu halten?

In erfolgreichen Prozessen ist die Planung des Kommunikationsprozesses inzwischen untrennbar mit dem Veränderungsprozess verbunden. Die interne Kommunikationsabteilung wird von Beginn an beteiligt und findet sich zunehmend sogar in der Rolle des Initiators oder des Treibers wieder.

Für die Auftraggeber wird die Frage zunehmend bedeutsamer, wie effizient eine Großgruppenintervention ist: Was kostet sie? Was bringt sie? Die Auftraggeber möchten mit möglichst geringem Aufwand in kurzer Zeit viel erreichen.

*Effizienz zählt*

> **Beispiel**
> **Konkrete Anfrage eines Auftraggebers**
> Können Sie für 4 mal 300 Mitarbeiter eine Großgruppenveranstaltung
> konzipieren, deren Ziele sind:
> - Die schwierige Vergangenheit aufarbeiten (u. a. kein Vertrauen der
>   Mitarbeiter in die Führung)
> - Mittelfristige Ziele verstehen und gemeinsame Basis für die Zukunft
>   schaffen (Angst und Unsicherheit vor der Zukunft reduzieren)
>
> Sie haben jeweils einen halben Tag je Großgruppe zur Verfügung, und wir
> schlagen die Methode »World Café« vor.

Oftmals stellt auch der Wunsch nach noch mehr Input und noch einem
weiteren hochkarätigen Referenten für die Berater eine Gratwanderung
dar: Wie kann der Wunsch nach Informationsvermittlung sinnvoll mit Lebendigkeit und Interaktion verknüpft werden? Andererseits äußern immer
mehr Kunden explizit den Wunsch, Eventanteile in die Großgruppe aufzunehmen oder über die reine Veranstaltung hinaus z. B. Teile der Abendge-
staltung mit abzudecken. Umgekehrt sollen reine Events auch manchmal
um interaktive Elemente aus Großgruppendesigns und damit inhaltliche
Arbeit ergänzt werden. Von den Großgruppenmoderatoren fordern diese
Entwicklungen eine höhere Flexibilität und die Fähigkeit, spezielle Kundenwünsche sinnvoll zu integrieren. Oft bietet sich die Zusammenarbeit
mit Event- oder Kommunikationsagenturen an (▶ Kap. 3.2).

Zusammenarbeit mit
Event- oder Kommunika-
tionsagenturen sinnvoll

Hat ein Unternehmen bereits Erfahrung mit Großgruppenveranstaltungen gesammelt, müssen neue Ideen her. Es entsteht der Eindruck, als nutzten sich einzelne Methoden sehr schnell ab, wenn sie mehrfach wiederholt werden, z. B. hört man »Nun hatten wir schon dreimal Open Space – das will keiner mehr«. Gerade bei Veranstaltungen, die sich regelmäßig wiederholen, wie z. B. Tagungen oder Kongresse im jährlichen Turnus, wünscht sich der Auftraggeber etwas Neues: neue Impulse, einen Wechsel der Moderatoren, einen Wechsel der Methode oder ein anderes Umfeld. Dieser Wunsch nach Abwechslung birgt allerdings die Gefahr, sich allein um der Abwechslung willen von einem bewährten Vorgehen zu verabschieden (»Hauptsache etwas anderes«). Denn nur selten ist dieser Wunsch stichhaltig begründet, z. B., dass diese speziellen Teilnehmer genau diese Übungen schon mehrfach durchgeführt haben und daher gelangweilt wären. Für die Berater bedeutet dies, sich auf die eigene Erfahrung zu besinnen und den Kunden dahingehend zu beraten, welche Methode zu welchem Zweck sinnvoll ist. Sollten Kundenerwartungen zu weit von dem entfernt sein, was der Berater für vertretbar und richtig hält, ist es sicherlich besser, auf den Auftrag zu verzichten.

*»Hauptsache etwas anderes«*

Auf der anderen Seite kann die Vielfalt an Methoden und Verfahren die Auftraggeber überfordern: Was erreiche ich mit welcher Methode? Welche Methode passt für meine Zielsetzung? Ist Großgruppe überhaupt eine angemessene Intervention? Oftmals haben die Auftraggeber diffuse Anforderungen, z. B. »Wir wollen mal wieder etwas miteinander machen«, und wünschen sich Unterstützung und Beratung bei der Auswahl eines angemessenen Vorgehens.

*Neue Bereiche als Auftraggeber*

Ein weiterer Aspekt der Verbreiterung besteht darin, dass nicht nur Personalleiter und Personalentwickler als potenzielle Auftraggeber infrage kommen, sondern verstärkt die Bereiche Kommunikation oder strategische Entwicklung, die Geschäftsführung oder der Vorstand an die Berater und Großgruppenmoderatoren herantreten. Dies bedeutet vermehrten Kontakt zur oberen Führungsebene und damit neue Herausforderungen.

Mit Blick in Richtung Zukunft prognostizieren wir, dass sich die beschriebenen Trends verstärken werden: Die Auftraggeber werden immer kompetenter rund um den Einsatz von Großgruppenverfahren. Gleichzeitig wird sich allerdings weiterhin eine Verwirrung hinsichtlich der vielen unterschiedlichen Verfahren abzeichnen und die berechtigte Frage, welches Verfahren für welches Ziel sinnvoll ist, in den Vordergrund rücken. »All-inclusive«-Produkte werden zunehmend nachgefragt werden – von der Planung über die Vor- und Nachbereitung der Großgruppen einschließlich Rahmenprogramm am Abend für unterschiedliche Ansprüche und Zielgruppen. Dabei gehen wir davon aus, dass das Rahmenprogramm zukünftig verstärkt mehrere Optionen für die Teilnehmer bieten wird: Jeder Einzelne kann wählen, ob er am Abend auf der Megaparty »abtanzen«, das sportliche Abendprogramm mit Turniercharakter wählen oder sich ganz einfach zum »Chillen« in den Loungebereich zurückziehen möchte.

*»All-inclusive«-Produkte werden nachgefragt*

Kleine und mittlere Unternehmen treten langsam als Zielgruppe für Großgruppenveranstaltungen hervor. Gemeinsam mit dem Zukunftsfeld der öffentlichen Bereiche werden sie das Bild der Auftraggeber der Zukunft bereichern.

## 3.2 Grenzen verschwimmen – Integrativer Ansatz

### 3.2.1 Verfahrensgrenzen werden durchlässig

Ist das jetzt ein »reiner« Open Space? Können wir noch von einer »echten«
Zukunftskonferenz sprechen, auch wenn nicht alle Herkunftsgruppen
gleich stark besetzt sind? Mit jahrelanger Praxis in der Anwendung der
unterschiedlichen Verfahren etablieren sich kleinere Veränderungen in der
Herangehensweise und verschwimmen die Grenzen zwischen den einzelnen Großgruppenverfahren; Mischformen entstehen.

*Mischformen entstehen*

Ob es sich bei der geplanten Veranstaltung um einen »reinen« Open
Space handelt oder Elemente aus anderen Verfahren eingebunden sind,
spielt immer weniger eine Rolle. Wichtiger ist, ob mit der Veranstaltung
das angestrebte Ziel erreicht werden kann (▶ Kap. 3.1). Das führt zu mehr
Flexibilität, die Verfahren werden nicht mehr nur in Reinform durchgeführt, sondern Elemente aus verschiedenen Verfahren verwendet und
zusammengesetzt. So lässt sich das World Café z. B. hervorragend als
ein Baustein innerhalb einer Zukunftskonferenz einsetzen (▶ Kap. 2.5).
RTSC-Konferenzen sind prädestiniert dafür, auf Bestandteile aus anderen Verfahren zurückzugreifen. Mit einer wertschätzenden Befragung
aus dem Gedankengut des Appreciative Inquiry lässt sich zum Einstieg
hervorragend ein Blick auf die Stärken werfen, und die Themensammlung kann gut mit einer Open-Space-Sequenz gestaltet werden. Diese
Entwicklung erweitert den Handlungsspielraum und dient dazu, Großgruppenverfahren als Einheit sinnvoll weiterzuentwickeln und noch
attraktiver zu machen.

Parallel dazu qualifizieren sich die Moderatoren breiter. Es lässt sich
spekulieren, ob dies Ursache oder Wirkung der oben beschriebenen Entwicklung ist. Fest steht, dass die Moderatoren dadurch in der Lage sind,
Elemente aus mehreren Verfahren adäquat einzusetzen, was letztlich dem
Kunden hilft, seine Ziele besser zu erreichen.

Insgesamt gesehen zeichnet sich damit eine stärkere Orientierung an
der Gesamtdramaturgie einer Veranstaltung ab anstelle der Fokussierung
auf ein bestimmtes Verfahren (▶ Kap. 4). Bruck u. Müller (2007) bestätigen
diese Entwicklung und beschreiben sie wie folgt:

*Orientierung an der Gesamtdramaturgie statt Fokussierung auf ein Verfahren*

> »Oft wird man jedoch eine eigenständige Dramaturgie oder ein neues
> Ritual für die gesamte Großgruppenveranstaltung entwickeln. Dies
> besteht dann aus einer spezifischen Mischung der einzelnen Elemente
> und ist Bestandteil des Grobdesigns zusammen mit den anderen
> grundsätzlichen Elementen, wie Bestuhlung, Stakeholder und Struktu-
> rierung des Informationsflusses.«

Der Begriff »Dramaturgie« ist der Theater- und Filmwelt entlehnt und
betont, dass das Gesamtbild der Veranstaltung in sich stimmig und auf
die Ziele, die Kultur und die Teilnehmererwartungen abgestimmt sein
sollte (▶ Kap. 4). Im Einklang mit oben beschriebener Entwicklung wird

der Kunde daher immer stärker die dramaturgischen Elemente vorgeben und dem Berater die Feinjustierung überlassen. Aus dem Eventbereich stammt der Begriff »storyboard« oder »storyline«. Hierbei geht es um eine Art Spannungsbogen. Das »storyboard« gibt Auskunft über Inhalte, Struktur und Gestaltung einer Veranstaltung, es legt die dramaturgischen Eckpunkte fest.

**Nachteile einer Mischform**

Die beschriebene Entwicklung, weg von der Reinform, hin zum pragmatischen Umgang mit einzelnen Großgruppenverfahren, hat allerdings 2 Seiten. Ein Teil des Gedankenguts und damit des Charmes einer Veranstaltung in Reinform geht verloren. Die Anwender kennen teilweise die Hintergründe, die besonderen Elemente und Prinzipien eines Verfahrens nicht mehr. Andererseits werden die einzelnen Verfahren durch die praktische Nutzung und die verschwimmenden Grenzen geerdet und gewinnen dadurch an Umsetzungskraft. Der vermeintliche Widerspruch zwischen Pragmatismus und reiner Lehre wird sich allerdings auch in Zukunft nicht lösen lassen, denn beide Seiten haben ihre Berechtigung.

### 3.2.2 Eventmanager und Organisationsentwickler nähern sich an

Während noch in den 1990er Jahren eine klare Trennung zwischen Großgruppenveranstaltungen und »reinen« Events zu beobachten war, verschwimmt auch diese Grenze. Events waren meist im Rahmen von Produktpräsentationen, insbesondere innerhalb der Automobilindustrie, populär. Sie hatten damit die Funktion einer Marketing-Aktivität mit hohem Emotionalisierungsfaktor, um die Kundenbindung zu erhöhen. Vereinzelt wurden sie auch als Incentives für besondere Erfolge der Mitarbeiter eingesetzt, die dem Unternehmen zu einer guten wirtschaftlichen Entwicklung verholfen haben.

Großgruppenveranstaltungen verfolgten vorrangig inhaltliche Ziele, z. B. einen Blick in die Zukunft zu werfen und eine gemeinsame Vision für die kommenden 10 Jahre zu entwicken. Inzwischen äußern Kunden immer häufiger den Wunsch, Eventbausteine in ihrer Großgruppenveranstaltung zu berücksichtigen. Sie wünschen sich Konzepte sowohl für die inhaltlichen Teile als auch für die Eventanteile (▶ Kap. 3.1). Organisationsentwickler professionalisieren sich daher in der Gestaltung von Eventanteilen.

**Event gehört dazu**

In eine Großgruppenveranstaltung für die Vertriebsmannschaften zweier Reinigungsmittelhersteller integrierten wir z. B. eine Stadtführung durch Berlin mit Abendsnack an einer Original Berliner Currywurst-Bude und Abschluss im Friedrichstadtpalast. Berlin als ehemals geteilte Stadt war bewusst als Veranstaltungsort gewählt worden und diente als Metapher für das Zusammenwachsen der beiden Vertriebsmannschaften. Selbstverständlich beleuchteten die Mitarbeiter im Rahmen der Veranstaltung auch das neue Vertriebskonzept und setzten sich in Funktionsgruppen mit den gegenseitigen Erwartungen an die zukünftige Zusammenarbeit auseinander.

Die Kundenanforderungen an eine hohe professionelle Ausgestaltung der Eventanteile führen dazu, dass immer häufiger Organisationsentwickler mit Eventagenturen, Schauspielern und Regisseuren oder weiteren Spezialisten (Musiker, Bildhauer, Outdoorexperten, Feuerexperten) kooperieren. Im Rahmen der Jahrestagung eines Unternehmens der Automobilbranche entstand z. B. ein Rap, den die Mitarbeiter selbst texteten. Als absolutes Highlight der Veranstaltung wurde dieser Rap von allen Teilnehmern gemeinsam vorgetragen, aufgenommen und anschließend in die Telefonschleife der Gesellschaft eingestellt. Ein bekannter österreichischer Sänger und professioneller Rapper ermöglichte dieses außergewöhnliche Vorhaben.

*Kooperation mit Spezialisten*

Was die Event-/Werbeagenturen angeht, so zeichnet sich auch hier eine Veränderung in ihrem Wirkungsfeld ab. Sie wurden lange Zeit vorwiegend mit der externen Kommunikation beauftragt. Inzwischen greifen Unternehmen immer häufiger für die interne Kommunikation auf solche Agenturen zurück. Insbesondere im Zusammenhang mit Leitbildprozessen sind sie ein gefragter Partner, wenn es darum geht, die Mitarbeiter einer Organisation zu informieren und das Leitbild zu transportieren. Ein Unternehmen aus der Entsorgungsbranche beauftragte z. B. 2 Agenturen mit dem Konzept für eine interne Kampagne, um das neu entwickelte Leitbild in der Mitarbeiterschaft zu verankern. Später durften die Mitarbeiter »live« abstimmen, welches Konzept sie mehr überzeugt hatte und welche Agentur damit den Zuschlag erhalten sollte. Insofern greifen Eventagenturen zunehmend auch auf Mittel des Veränderungsmanagements zurück und blicken stärker auf die Nachhaltigkeit einzelner Prozesse.

Eventagenturen orientieren sich an Prinzipien zum Informationstransfer, die das Ziel haben, zu einer erfolgreichen Kommunikation beizutragen. Diese Prinzipien lassen sich damit hervorragend auf Großgruppenveranstaltungen übertragen: Die Kernbotschaft als wichtigster Teil einer kommunikativen Aussage sollte kurz und prägnant formuliert sein und bildet das Grundgerüst. Sie bringt den Sinn und Zweck der Veranstaltung in Form eines Slogans auf den Punkt. Sie sollte den emotionalen Aspekt oder Hauptnutzen beinhalten und etwas Interessantes für die Zielgruppe aussagen. Das Ziel gilt als Ende des Drehbuchs. Insofern ist es entscheidend, sich zunächst über das Ende klar zu werden. Die Story einer Veranstaltung verbindet die wichtigsten Informationen spielerisch zu einem großen Ganzen und sorgt dafür, dass einzelne Bestandteile gehirngerecht verarbeitet werden können. Vier Schritte führen auf den Weg zur »storyline« (http://www.praesenturgie.de):

*Kernbotschaft und »storyline«*

1. Was will ich erreichen?
2. Wie sieht die Welt der Teilnehmer aus?
3. Welche Inhalte will ich vermitteln?
4. Wie emotionalisiere und kodiere ich diese?

Ein weiteres praktisches Beispiel für die Annäherung zwischen Organisationsentwicklung und Event ist das jährlich stattfindende »Lernforum Großgruppenarbeit« der Beratergruppe um Matthias zur Bonsen (http://www.all-in-one-spirit.de). Dieses offene Netzwerktreffen für erfahrene

Netzwerktreffen mit
über 100 Großgruppen-
spezialisten

Großgruppenanbieter fand 2007 bereits zum zehnten Mal statt. Während in den ersten Jahren vorwiegend spezielle Großgruppenverfahren vorgestellt wurden, standen 2006 und 2007 Eventelemente (Musik und Feuer) im Zentrum der Veranstaltung: »Wie kann man solche kraftvollen Elemente sinnvoll in einen Organisationsentwicklungsprozess integrieren?« lautete eine vieldiskutierte Frage.

### 3.2.3 Integration unterschiedlichster Elemente

Eventelemente sind nur ein Bestandteil, der sich neben vielen weiteren immer stärker in Großgruppen durchsetzt. Schaut man einmal genau hin, lassen sich Elemente unterschiedlichster Herkunft identifizieren:

#### Spielen
Inspirationen aus dem Bereich Spiel halten Einzug. Ein Blick auf die Definition des Begriffs »Spiel« macht deutlich, weshalb gerade Spielanteile den Nutzen einer Großgruppe besonders unterstützen:

> »[…] ist eine Tätigkeit, die ohne bewussten Zweck zum Vergnügen, zur Entspannung, allein aus Freude an ihrer Ausübung ausgeführt wird. Es ist eine Beschäftigung, die um der in ihr selbst liegenden Zerstreuung, Erheiterung oder Anregung willen oft in der Gemeinschaft mit anderen vorgenommen wird. Ein Großteil der kognitiven Entwicklung und der Entwicklung der motorischen Fähigkeiten findet durch Spielen statt, beim Menschen ebenso wie bei zahlreichen Tierarten. Einem Spiel liegen oft ganz bestimmte Handlungsabläufe zugrunde, aus denen, besonders in Gemeinschaft, dann Regeln hervorgehen können.« (Wikipedia, 07.06.2007)

Lernen geschieht
nebenbei

Lernen passiert beim Spielen also nahezu nebenbei, mit einem Gefühl der Spannung und Freude, allerdings meist mit festen Regeln. Durch die Auswahl eines entsprechenden Spiels können unterschiedliche Ziele verfolgt werden – ob es darum geht, das Gemeinschaftsgefühl zu stärken oder den Wettkampfgedanken herauszuheben. Vor allem ein Informationsparcours (▶ Kap. 4.4.3) eignet sich hervorragend, spielerische Elemente einzubringen, um dadurch spezielle Facetten erlebbar zu machen: Bei einem Dartspiel mit vorgegebenen Regeln kämpfen z. B. mehrere Teams nacheinander um den Sieg. Sinn und Zweck ist, auf spielerische Weise den Leitsatz »Ergebnisse erzielen« eines Unternehmensleitbildes zu verankern. Die Teams überlegen sich jeweils vor Beginn, welche Gesamtpunktzahl (Ziel) sie insgesamt erreichen wollen. Es gewinnt das Team, das die geringste Abweichung vom vorher vereinbarten Ziel aufweist.

#### Theater
Theatrale Elemente bringen es auf den Punkt (▶ Kap. 4.4.5). Teilnehmer präsentieren ihre Hauptbotschaften in Miniszenen. Schauspieler schlüpfen in verschiedene Rollen und kommentieren das Geschehen aus dieser Brille. Ob z. B. als blinder Passagier auf dem »Tanker einer großen Vertriebsein-

heit«, als Journalist oder als Hausmeister – pointierte Darstellungen helfen, wesentliche Erkenntnisse zu verankern. Zur Kick-off-Veranstaltung einer aktuellen Kampagne der Berufsgenossenschaften begrüßen z. B. einheitlich gekleidete Pantomime-Künstler die Teilnehmer und weisen mittels Hinweisschildern und rein pantomimischer Darstellung den Weg.

## Messegestaltung

Messebauelemente sind vor allem zur Gestaltung eines Infomarktes oder zur Bühnendeko nützlich, z. B. mit Flaggen und weiteren Objekten. In einer Großgruppenveranstaltung eines Versicherungskonzerns dienten Messebauelemente dazu, den Veranstaltungsraum am äußeren Rand in Kleingruppen-Inseln zu unterteilen. Die Inseln waren in Richtung Raummitte offen und sorgten auf diese Weise für einen gewissen Schallschutz, ohne das Credo »Alles in einem Raum« zu beeinträchtigen. Die einzelnen Gesellschaften zogen sich in bestimmten Veranstaltungsphasen in homogenen Gruppen in diese Inseln zurück, um bestimmte Fragestellungen zu diskutieren.

## Sport

Sportliche Aktionen lockern auf, stärken das Gemeinschaftsgefühl und bringen die Teilnehmer in Bewegung (▶ Kap. 4). So fand z. B. die Summerschool eines Versicherungskonzerns unter dem Titel »Fokus und Energie« statt. Im Rahmen der Präventionstagung einer Berufsgenossenschaft, die ganz im Zeichen der betrieblichen Gesundheitsförderung stand, waren diverse Sportangebote in den Ablauf eingebettet. Unter dem Motto »Gesundheit erleben« konnten die Teilnehmer zwischen verschiedenen Sportangeboten wählen – von Nordic Walking über Rückenschule bis hin zur Einweisung im hoteleigenen Fitnessclub oder dem Entspannungstraining reichte das breite Spektrum. Sportliche Nachmittagsprogramme oder eine verlängerte Mittagspause zählen mittlerweile bei einigen Organisationen zum Standardprogramm im Rahmen einer Großgruppe. Ein leichtes Fingerfood als Mittagessen zu sich nehmen mit anschließender Gelegenheit zum Schwimmen, Radfahren, Joggen oder Entspannen in idyllischer Umgebung entwickelt sich immer stärker zum Trend.

*Auflockern und Gemeinschaftsgefühl stärken*

## Musik und Gesang

Musikalische Elemente sind aus Großgruppenveranstaltungen nicht mehr wegzudenken. Die Dramaturgie von congress in motion® (▶ Kap. 4.4.2) sieht z. B. vor, dass die gesamte Gruppe den Veranstaltungsraum gemeinsam betritt und dieser Veranstaltungsstart mit entsprechender Musik untermalt wird. Ebenso dient Musik als Signal für Anfang und Ende einer Pause. Als einmaligen Event engagierten wir im Rahmen einer World-Café-Veranstaltung z. B. einen professionellen Geiger, der Caféhaus-Musik spielte und darüber eine unverwechselbare Atmosphäre schaffte. Musikalische Elemente können überdies als spezielle Performance in den Ablauf einer Großgruppenveranstaltung integriert werden. In einer Klangperformance wurde z. B. der Name des Unternehmens zum Abschluss der Veranstaltung musikalisch umgesetzt und bildete mit dieser Aufführung das Finale und damit ein musikalisches Highlight.

*Musikalische Vielfalt*

## 3.3    Großgruppenverfahren – Vom Modetrend zum Standardprodukt

### 3.3.1    Entwicklung seit Einführung der Methoden – Ist der »Großgruppen-Hype« zu Ende?

In den 1980er und 90er Jahren entstanden zahlreiche neue Methoden, aus denen sich einige zentrale Verfahren herauskristallisiert haben (▶ Kap. 2). In den letzten Jahren hat sich dieser Trend verändert. Es werden zwar noch immer neue Methoden erdacht und angewandt – Holman u. Devane (2006) stellen in ihrem aktuellen Buch »The Change Handbook« allein 61 verschiedene Methoden vor –, allerdings handelt es sich dabei weniger um grundlegend neue Großgruppenmethoden. Es entstehen vielmehr Methoden für spezielle Fragestellungen, die häufig aus ursprünglichen Methoden abgewandelt werden.

Die Arbeit mit großen Gruppen wird mehr und mehr zu einem bewährten und anerkannten Werkzeug in der Kommunikation und Steuerung von Veränderungsprozessen (▶ Kap. 2.6). Weber (2005) beschreibt eine interessante Sichtweise. Sie wirft die Frage auf, inwiefern Großgruppenverfahren in ihrer Entwicklung und Verbreitung mit dem Produktlebenszyklus und damit einer Mode zu vergleichen sind:

Produktlebenszyklus

- Durchleben Großgruppenverfahren genauso wie Führungstheorien den Zyklus vergänglicher Produkte?
- Durchleben sie die 3 Stadien vom Auftauchen über das Dominieren bis hin zum Untergehen?

Kennzeichnend für Moden ist, dass sie in raschem Wandel dem Bedürfnis nach Abwechslung folgen, vor allem die Außenansicht betreffen, sich demonstrativ von »früher« abgrenzen und konkurrierende Muster als veraltet und rückständig bezeichnen (Weber 2005).

Betrachtet man die Entwicklung von Großgruppenverfahren in den letzten 10 Jahren, lässt sich ein vergleichbares Bild zeichnen. Mitte der 1990er Jahre treten Großgruppenverfahren im deutschen Sprachraum erstmals in Erscheinung. Während dieser Phase der Innovation wenden zunächst wenige Großgruppenmoderatoren als Pioniere die neuen Verfahren an. Da die Verfahren den potenziellen Auftraggebern noch nicht geläufig sind, ist viel Energie erforderlich, um Sinn, Hintergrund und Wirkweise der Interventionen zu erläutern (▶ Kap. 3.1). Die Berater sorgen sich, den Bedenken und der Skepsis vonseiten der Auftraggeber nicht angemessen begegnen zu können, und entwickeln unterschiedliche Strategien, um Akzeptanz für die neuen Verfahren zu schaffen. Die beste Möglichkeit, einen potenziellen neuen Auftraggeber für die Großgruppe zu gewinnen, ist die Teilnahme als Gast an einer Großgruppenveranstaltung für einen anderen Auftraggeber. Auf diese Weise kann sich der Kunde einen direkten Eindruck verschaffen und die Atmosphäre live erleben. Die einzige Hürde besteht darin, dass der Auftraggeber die Teilnahme aus Gründen der Vertraulichkeit möglicherweise ablehnt.

Umgang mit Skepsis

Ende der 1990er Jahre wendet eine sog. frühe Mehrheit von Organisationen die neuen Verfahren an. Einzelne Verfahren etablieren sich, Open

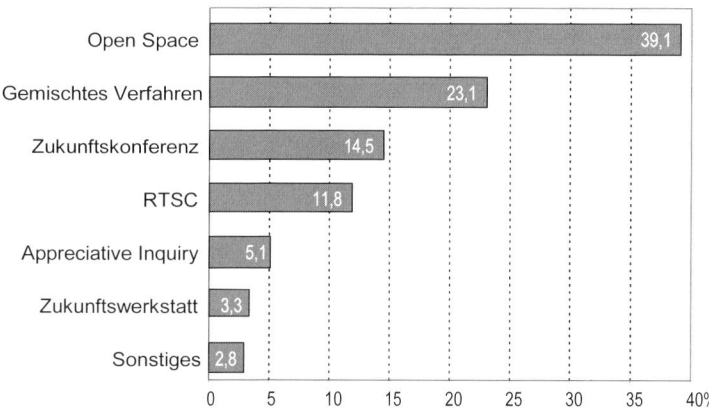

**Abb. 3.1.** Übersicht über die Verbreitung der einzelnen Methoden. (Nach der Erhebung von Weber 2005)

Space ist z. B. nach der Erhebung von Weber (2005) das am häufigsten eingesetzte Verfahren um die Jahrtausendwende (**Abb. 3.1).

Open Space wird am häufigsten angewandt

## 3.3.2 Aktuelle Entwicklung

In den letzten Jahren verbreiten sich die gängigen Verfahren und werden immer häufiger angewandt. Vielen Auftraggebern sind Open Space und Zukunftskonferenzen inzwischen ein Begriff. Die Anwendungsfelder weiten sich aus – Auftraggeber kommen aus unterschiedlichsten Gebieten: vom ehrenamtlichen Bereich über die Verwaltung, öffentliche Organisationen, regionale Netzwerke, politische Parteien bis hin zu Unternehmen aller Branchen, auch kleine und mittlere Unternehmen kommen hinzu. Mit dieser Ausweitung einzelner Verfahren geht eine Verbreiterung des Wissens einher, immer mehr Moderatoren qualifizieren sich und bieten Großgruppenverfahren an, Großgruppenverfahren werden zu einem »Standardprodukt« im Rahmen von Veränderungsprozessen. Entsprechend folgt ein Preisverfall.

Auftraggeber aus vielen Bereichen

Mittlerweile zeichnet sich eine klare Entwicklung ab, der Trend geht weg von klassischen Großgruppenveranstaltungen nach der reinen Lehre über Ausdifferenzierungen innerhalb einzelner Methoden hin zu gemischten Verfahren. Kundenwünsche können in solchen maßgeschneiderten Designs optimal berücksichtigt werden, zumal Großgruppen zunehmend in komplexen Veränderungsprozessen eingesetzt werden und sich als fester Bestandteil in Veränderungsprozessen etablieren (▶ Kap. 2.6). Gleichzeitig gehen die Bindung an die Autoren und Begründer einer Methode verloren und damit oft auch die theoretische Basis und der Kern eines Verfahrens. Die Gefahr bei dieser Entwicklung besteht darin, dass im Extremfall nur noch funktional bestimmte Ablaufpläne abgearbeitet werden, ohne den tieferen Sinn zu kennen und zu verstehen. Ein Beispiel hierfür ist die inflationäre Verwendung des Begriffs »Open Space«. Einige potenzielle Auftraggeber nutzen »Open Space« als Synonym für »Großgruppe«.

Trend zu maßgeschneiderten Designs

**Beispiel**

**Dialog zur Illustration der inflationären Verwendung des Begriffs »Open Space«**

*Auftraggeber:* »Wir haben gehört, Sie sind Experten im Bereich Open Space. Wir möchten in unserem Bereich gerne einen Open Space durchführen und Sie ggf. damit beauftragen.«

*Auftragnehmer:* »Das freut uns sehr, vielen Dank. Lassen Sie uns doch zunächst mal einen Blick auf die Ziele Ihrer Veranstaltung werfen. Was sind da Ihre Vorstellungen? Was möchten Sie mit der Veranstaltung erreichen?«

*Auftraggeber:* »Wir haben vom Leiter unseres Nachbarunternehmens davon gehört, und uns hat der Begriff des offenen Raumes – so heißt es doch übersetzt – gut gefallen. Machen Sie mit uns doch auch einen offenen Raum!«

*Auftragnehmer:* »Stimmt, wir haben eine Großgruppenveranstaltung für Unternehmen X durchgeführt. Die Themensammlung zur Bearbeitung der Kernfrage hatten wir in Form eines Open Spaces gestaltet. Die Veranstaltung war insgesamt allerdings kein reiner Open Space, sondern wir haben verschiedene Bausteine und Methoden kombiniert, die geeignet waren, die Veranstaltungsziele zu erreichen. Lassen Sie uns daher noch einmal zurückkommen auf die Ziele Ihrer Veranstaltung.«

*Auftraggeber:* »Ach so, wir dachten, die ganze Veranstaltung war ein offener Raum!?«

*Auftragnehmer:* »Was halten Sie davon, wenn ich Ihnen das Konzept erläutere, d. h., welche Bausteine und Methoden wir in der Veranstaltung für Unternehmen X eingesetzt haben? Anschließend können wir dann schauen, ob ein Open Space die angemesse Veranstaltungsform für Sie ist.«

*Auftraggeber:* »Einverstanden.«

---

Das Wissen um diese Entwicklung hilft, bereits im Vorfeld Missverständnisse auszuräumen. Umso wichtiger ist es, Ziele und Hintergründe der Auftraggeber konkret zu hinterfragen, um gemeinsam das angemessene Design zu finden.

Gleichzeitig zeichnet sich ein uneinheitlicher Trend in der Ausgestaltung ab: Einerseits wünschen sich Auftraggeber immer spektakulärere Veranstaltungsdesigns mit beeindruckenden Effekten und viel technischen Finessen. Auf der anderen Seite existiert ein Wunsch nach »Schlichtheit« – z. B. eine Art »Lagerfeuer-Romantik«, um zum Kern der Großgruppe zurückzukehren. Darüber hinaus setzt sich ein Trend nach zeitlicher Reduktion durch, viele Auftraggeber geben einen stark begrenzten zeitlichen Rahmen vor, z. B.: »Wir haben aber nur einen halben Tag Zeit.«

Elemente aus Großgruppenveranstaltungen fließen in Settings ein, die man traditionell wenig mit den Grundgedanken einer interaktiven Großgruppe verbindet. In Organisationen entsteht der Wunsch, reguläre Veranstaltungen, wie z. B. regelmäßige Tagungen, in Richtung Großgruppenveranstaltung umzustellen und Elemente aus Großgruppenverfahren

Spektakuläre Designs vs. Schlichtheit

an diese Veranstaltungen zu adaptieren. Großgruppenmethoden inspirieren Workshops und Seminare mit kleinen Gruppen.

Elemente aus Großgruppenverfahren erobern Tagungen

### Praxistipps zur Gestaltung von Klausuren und Tagungen

**Weniger ist mehr:** Anzahl der Themen reduzieren und z. B. jede Tagung unter ein spezielles Motto bzw. Schwerpunktthema stellen. Vortragszeit der Referenten kürzen zwingt zur Fokussierung und Verdichtung, z. B. 3-2-1-Raster für Vorträge etablieren: Ausgangslage in 3 Sätzen präzise definieren, Handlungsnotwendigkeit mit 2 Sätzen nachvollziehbar begründen, kritischen Haupterfolgsfaktor in 1 Satz benennen.

**Plenum auflösen:** Ein Informationsparcours oder die Gestaltung in Form einer Messe (▶ Kap. 4.4.3) bieten die Chance zum Informationstransfer und Austausch mit den Kollegen in kleineren Gruppen. Die Möglichkeiten schriftlicher Kommentare oder einer Bewertung mit Klebepunkten an einzelnen Stationen schaffen Transparenz.

**Orientierung an der Tagesleistungskurve:** Angenehme Themen zum Einstieg, schwierige Themen zum Vormittagshoch, nachmittags leichtere Themen und mehr Bewegungsaktionen, indem z. B. weitere Räume genutzt werden, aber auch Kreativspaziergänge oder Kurzgymnastik.

**Moderation:** Ein interner Moderator sorgt für die konsequente Steuerung nach einer vorab beschlossenen Agenda. Er braucht die Akzeptanz des gesamten Teilnehmerkreises und Durchsetzungsfähigkeit gegenüber dem Vorstand. Ein externer Moderator verfügt über zusätzliche Möglichkeiten, innovative Methoden einzusetzen, vor denen interne Moderatoren oft zurückschrecken.

## 3.4    Einbindung moderner Technologien

Moderne Technologien, die lange Zeit den ganz großen Konferenzen vorbehalten blieben, halten immer stärker Einzug in Großgruppenveranstaltungen. Technologien verstehen wir hierbei in Übereinstimmung mit Bruck u. Müller (2007) vor allem in ihrer Funktion als Werkzeuge für Kommunikation und Zusammenarbeit. Sie unterstützen den Ablauf und erleichtern somit den Veranstaltern und Teilnehmern die Arbeit. Interviews oder Vorträge finden z. B. an verschiedenen Orten statt und werden in der Großgruppenveranstaltung live zugeschaltet. Oder einzelne Info- bzw. Show-Elemente werden zentral aufgenommen und in die Moderation eingebunden. Eine weitere Variante ist, dass die an einem Ort stattfindende Veranstaltung an dezentrale Standorte übertragen wird. Ein Praxisbeispiel hierfür ist die Veranstaltung ProChrist.

*Moderne Technologien als Werkzeuge nutzen*

> ❯ **Beispiel**
>
> **Die Veranstaltung ProChrist (Quelle: Wikipedia)**
>
> Seit 1993 findet im 2- bzw. 3-jährigen Turnus eine Großevangelisationsveranstaltung statt, die per synchroner Satellitenübertragung in mehreren 100–1000 Orten Europas präsent ist. Das Konzept dieser christlichen Missionsveranstaltung basiert auf der Hauptveranstaltung in einer Stadt, die dann in verschiedene lokale Veranstaltungen eingebettet werden kann. An ProChrist 2000 beteiligten sich z. B. über 1200 Übertragungsorte mit 1,4 Mio. Besuchern in Deutschland, Österreich, der Schweiz, Luxemburg, Frankreich, Polen, Ungarn und weiteren europäischen Ländern. Das Programm wurde simultan in 15 Sprachen übersetzt. 2006 wurde ProChrist aus der Olympiahalle in München übertragen. Das Hauptprogramm bestand aus Musik, Interviews, Theater und einem Vortrag des Hauptredners. Die Veranstalter vor Ort konnten damit ein lokales Rahmenprogramm entwickeln und die Teilnehmer begleiten.

Unterschiedlichste Medien fließen in Großgruppen ein. Filme werden gedreht oder Live-Protokolle erstellt und über Beamer in die Veranstaltung eingebracht. Inzwischen hat sich das Vorgehen etabliert, Online-Kommentare von Teilnehmern direkt über Beamer auf die Leinwand zu projizieren. Auf diese Weise können Diskussionsbeiträge und Anregungen vieler Teilnehmer sofort in den weiteren Veranstaltungsverlauf einfließen.

Einige Großgruppenveranstaltungen finden ausschließlich virtuell statt (▶ Kap. 2.2.6 »OpenSpace-Online®«). Virtualität schafft zeitliche und räumliche Unabhängigkeit, Zeitzonen oder limitierte Reisebudgets werden irrelevant. Manche Teilnehmer sind nur phasenweise dabei, das ermöglicht z. B., weltweit vertretene Kunden oder Lieferanten einzubeziehen, und erhöht insgesamt die Teilnehmervielfalt. Bruck u. Müller (2007) widmen ein ganzes Kapitel ihres Werkes den Großgruppen mit virtueller Ausprägung. Sie unterscheiden dabei zwischen folgenden Möglichkeiten:

*Großgruppen mit virtueller Ausprägung*

## Präsenz-Großgruppen mit virtuellen Anteilen

Die einfachste Variante ist hierbei, TED-Abfragen in eine Präsenz-Großgruppe mit Echtzeitkommunikation zu integrieren. Ein weiteres Beispiel ist der sog. Change Day des Beraterteams um Prof. Dr. Peter Kruse von der Universität Bremen und der Management School St. Gallen (http://www. nextpractice.de). Nextpractice betont neue Dimensionen in der Moderation von Großgruppenveranstaltungen. Die Mitarbeiter eines Unternehmens treffen sich für einen Tag, um Impulse für einen systematischen Entwicklungsprozess zu erarbeiten. Via Computernetzwerk können beliebig viele Teilnehmer in einem Raum in Echtzeit interagieren. Jede Kleingruppe arbeitet mit Notebook, sodass jederzeit alle Teilnehmer über sämtliche eingebrachten Ideen und Inhalte verfügen. Für den Prozess bedeutet dies absolute Transparenz.

Ein spezielles computergestütztes Analysetool verbindet qualitative und quantitative Auswertungsverfahren und stellt damit verschiedene Meinungsbilder anschaulich dar. Präsenz-Großgruppen mit zeitversetzter Kommunikation ermöglichen z. B., ein regelmäßiges Feedback zu erarbeiteten Ergebnissen von virtuellen Teilnehmern einzuholen. Viele weitere Variationen sind hierbei möglich: So können sich virtuelle Teilnehmer gemeinsam mit Präsenz-Teilnehmern oder Vortragenden über sog. Chats austauschen, die sogar in der Veranstaltung live über Großbildleinwand projiziert werden können.

*Viele Variationen möglich*

## Virtuelle Großgruppen aus Präsenz-Kleingruppen

Lokale Kleingruppen sind über virtuelle Kommunikation zu einer virtuellen Großgruppe verbunden. Die Kleingruppenveranstaltungen können dabei zeitversetzt oder zeitgleich ablaufen, sodass einerseits Zeitautonomie besteht, andererseits aber auch Echzeitkommunikation zwischen den Teilnehmern möglich ist. Der Vorteil einer solchen Großgruppenvariante liegt darin, dass ein gesamtes Unternehmen beteiligt werden kann, ohne den Betriebsablauf lahmzulegen. Im Gegensatz zu herkömmlichen Einzelworkshops werden die Teilergebnisse zeitnah vernetzt und ermöglichen eine unmittelbare Weiterarbeit.

*Treffen im virtuellen Raum*

## Rein virtuelle Großgruppen (Online-Konferenzen)

Online-Konferenzen eignen sich für verschiedene Anwendungsbereiche, von der Vorbereitung einer Präsenz-Großgruppe über die eigenständige Online-Konferenz bis hin zur Verarbeitung der Ergebnisse einer Präsenz-Großgruppe. OpenSpace-Online® (▶ Kap. 2.2.6) ist ein berühmter Vertreter reiner Online-Konferenzen. Moderatio.digital (http://www.moderatio.de), die computergestützte Moderation von Großveranstaltungen, stellt ihre Vorzüge wie folgt dar:

> »[…] Dabei werden Techniken und Methoden der BusinessModeration auf die Ebene eines Computer-Netzwerkes (LAN) übertragen. Auf diese Weise können mehrere hundert Personen in einer Online-Moderation miteinander vernetzt werden und gemeinsam Fragestellungen bearbeiten, vom Brainstorming bis hin zur Entwicklung konkreter Maßnahmenpläne.«

Die Vorteile von Online-Konferenzen bewegen sich auf unterschiedlichen Ebenen: Teilnehmer sind zum einen gefordert, ihre spontanen Beiträge beim Eintippen auf 1–2 Sätze und damit aufs Wesentliche zu reduzieren, zum anderen ist die Teilnehmerzahl theoretisch unbegrenzt.

**Plädoyer für Präsenz-Großgruppe**

Auch wenn der technologische Fortschritt in rasanter Zeit vieles denkbar und möglich erscheinen lässt und viele Vorteile auf der Hand liegen, möchten wir an dieser Stelle ein Plädoyer für die Präsenz-Großgruppe halten. Bruck u. Müller (2007) empfehlen einen Computereinsatz von weniger als 20% der Gesamtzeit, um ausreichend Zeit für Gruppengespräche und persönlichen Face-to-face-Austausch zu belassen. Gerade die Qualitätskriterien für gute Großgruppenveranstaltungen (▶ Kap. 1.3) mahnen, einen angemessenen Anteil an persönlichem Austausch beizubehalten. Bewegung erzeugen und intensive Kontakte ermöglichen sind die beiden ersten Kriterien für gute Qualität. Positionen im Raum verändern und damit Eindrücke über unterschiedliche Sinneskanäle bekommen, persönlichen Kontakt zu immer wieder neuen Personen zu bekommen, denen ich im Alltag nie begegnen würde (»networking«) – allein das schafft nur die Präsenz-Großgruppe. Insofern ist unser Credo, die entscheidenden Vorteile einer Präsenz-Großgruppe durch maßvolle virtuelle Kommunikation und angemessenen Computereinsatz zu unterstützen.

## 3.5    Großgruppen und Megatrends

**Zukunftsforscher Matthias Horx**

Der bekannte Zukunftsforscher Horx (2003) identifiziert sog. Megatrends – das sind langfristige Trends, die den Wandel prägen und sich global auf alle Bereiche des menschlichen Lebens auswirken. In Anlehnung an die von ihm definierten Megatrends betrachten wir deren Auswirkungen auf Großgruppenverfahren: Wo spiegeln sich Megatrends in der Entwicklung von Großgruppen wider? Welchen Einfluss üben Megatrends auf Großgruppenverfahren aus?

### 3.5.1  Globalisierung

Der Megatrend Globalisierung führt laut Horx (http://www.zukunftsinstitut.de) zu Wohlstandszuwächsen in den Schwellenländern und zu neuen, internationalen Arbeitsteilungen. Informationen und Wissen verbreiten sich immer schneller, Lebensstile und Konsumwünsche gleichen sich weltweit an. Global betrachtet nimmt die Mobilität von Produkten und Menschen zu.

**Interkulturelle Aspekte immer wichtiger**

Ein Ziel für Großgruppenveranstaltungen der Zukunft wird damit sein, das interkulturelle Verständnis zu fördern. Sie werden immer stärker über Ländergrenzen hinweg stattfinden – sei es als reale Konferenzen mit Teilnehmern eines internationalen Konzerns, sei es virtuell. Hieraus ergibt sich zum einen die Frage nach der Art der Kommunikation: Es wird zunächst vermehrt Sprachprobleme und Verständigungsschwierigkeiten geben. Wie kann man diesen Herausforderungen begegnen? Die Sprache der näheren

Zukunft wird in erster Linie Englisch sein. Als Folge davon gilt es, das Sprachniveau anzupassen, eine einfache und verständliche Sprache zu sprechen. Die Moderatoren können hierbei Vorbildfunktion übernehmen, indem sie die Teilnehmer motivieren, sich gegenseitig sprachliche Hilfestellungen zu geben, und Kontakt und Kommunikation gerade bei Sprachschwierigkeiten fördern. Eine gute Möglichkeit ist, ein Moderatorenteam zu beauftragen, das sich aus einem Moderator mit guten Englischkenntnissen (Nativespeaker) und einem Moderator mit einfachen Englischkenntnissen zusammensetzt. Die Moderatoren werden gefordert sein, flexibel zwischen der Muttersprache und Englisch hin- und herzuwechseln.

> Moderatoren als sprachliche Vorbilder

Zum anderen stellt sich die Frage, wie mit langen Anreisewegen umzugehen ist. Neben den diversen Möglichkeiten virtueller Anteile in Großgruppen (▶ Kap. 3.4) wird es dennoch weiterhin Präsenz-Großgruppen geben. Eine Variante ist, rotierende Veranstaltungsorte für regelmäßige Großgruppenveranstaltungen zu wählen, sodass sich für jeden Teilnehmer kurze und lange Anreisewege abwechseln. Damit können z. B. auch Besichtigungen der einzelnen Standorte oder Produktionsstätten als »Austragungsorte« für die Großgruppen verbunden werden.

Elemente interkultureller Trainings werden verstärkt in Großgruppenveranstaltungen Platz finden. Es wird darum gehen, Besonderheiten der Herkunftsländer zu würdigen und in spezielle Aktionen einzubauen. So können die Teilnehmer bereits im Vorfeld eingeladen werden, einen Gegenstand mitzubringen, der ihre spezielle Kultur repräsentiert (▶ Kap. 4.4.1). Oder sie bringen eine typische kulinarische Spezialität ihres Landes mit, aus dem ein Länderbuffet entsteht. Eine weitere Möglichkeit ist, die Veranstaltung mit einer Begrüßung in allen Landessprachen zu starten. Die Teilnehmer schlüpfen damit gleich in eine individuelle Expertenrolle. Die Zusammensetzung der Kleingruppen zur Bearbeitung einzelner Themen kann sich z. B. am Herkunftsland, der Sprache, kultureller Aspekte o. Ä. orientieren. Entscheidend wird auch hierbei sein, die einzelnen Elemente passend zu den Veranstaltungszielen auszuwählen.

## 3.5.2 New Work

Wie werden wir in Zukunft arbeiten? Wird tatsächlich jeder unabhängig vom eigenen Schreibtisch mit seinem Rollcontainer ins Büro gehen und sich einen Platz zum Arbeiten suchen? Fest steht: Unabhängig vom Ort der Arbeit wird der Anteil elektronisch-mobiler Arbeit wachsen, die Arbeitszeit von Gruppen oder Teams wird immer weniger festen Schemata unterliegen (»9 to 5«). Unabhängig vom Arbeitgeber wird der Anteil der Arbeitsplätze als Projektarbeit zunehmen, die Teamarbeit wird sich an Unternehmensprozessen bzw. Projektstrukturen ausrichten. Die Grenzen zwischen der Organisation und dem Umfeld werden immer stärker verschwimmen.

> Modernes Nomadentum

Für die Großgruppenarbeit bedeutet dies eine offenere Teilnehmerstruktur: Leiharbeiter, Projektmitarbeiter, Zulieferer, Kunden – jeder, der etwas beitragen kann, wird stärker integriert werden. »Je mehr ortsunge-

Großgruppen passen
ins Bild

bundene Arbeit, desto wichtiger wird der soziale Kontakt, die physische Begegnung mit dem Team«, schildert Horx (2003) die zukünftige Entwicklung. Insofern wird es neue Zielsetzungen für Großgruppenveranstaltungen geben – Großgruppen einerseits als Möglichkeit der realen Begegnung mit dem Team, den Kollegen und als Mitarbeiterbindungsveranstaltung. Das Interesse der Unternehmen wird wachsen, auf die Bedürfnisse ihrer Mitarbeiter einzugehen und sie zu Teilhabern des Unternehmens zu machen, da sie Inhaber der Humanressource Wissen sind. Andererseits wird natürlich der Umfang virtueller Anteile in Großgruppen zunehmen, da auf diese Weise Beteiligte weltweit und unabhängig von zeitlichen Beschränkungen eingebunden werden können.

### 3.5.3 Alterung und Gesundheit

Die demografische Entwicklung ist eindeutig: Wir werden immer weniger und im Durchschnitt älter. Die 50- bis 64-Jährigen werden im Jahr 2020 mit 19,5 Mio. Menschen in Deutschland fast 40% der Bevölkerung im erwerbsfähigen Alter stellen. Frühverrentungsprogramme der vergangenen Jahre und kaum Neueinstellungen sorgen aktuell vielfach für eine Kernbelegschaft mittleren Alters. Diese altershomogene Zusammensetzung sorgt einerseits für ein relativ hohes Durchschnittsalter und führt andererseits zu dem Phänomen, dass diese Kernbelegschaft in den kommenden Jahren »kollektiv in Rente« gehen wird. Bereits jetzt zeichnen sich in bestimmten Bereichen (z. B. bei den Ingenieuren) ein harter Kampf um produktive Mitarbeiter und echte Nachwuchssorgen ab. Es wird folglich immer stärker darauf ankommen, in altersgemischten Teams die Balance zwischen jung und alt zu halten, Wissensträger langfristig leistungsfähig zu halten, deren Weitergabe von Erfahrungswissen gut zu organisieren und z. B. durch lebenslange, altersunabhängige Qualifizierung präventiv zu handeln.

Auf die Mischung
kommt es an

Welchen Einfluss hat diese Entwicklung auf Großgruppen? Großgruppenveranstaltungen bieten die Chance, die vielfältigen Erfahrungen unterschiedlicher Personen deutlich zu machen und diese produktiv zu nutzen. Es wird darauf ankommen, bei der Kleingruppenzusammensetzung ganz besonders auf eine gute Durchmischung der Teams hinsichtlich Alter und Erfahrung zu achten. Großgruppenveranstaltungen bieten einen guten Raum, Erfahrung und lange Organisationszugehörigkeit wertzuschätzen und »frischen Wind« dabei gleichermaßen zu würdigen. Aufstellungen am Seil (▶ Kap. 4.4.2) zum Einstieg einer Veranstaltung (z. B. zur Frage: »Wie lange arbeiten Sie schon in diesem Unternehmen?«) eignen sich hervorragend, um bereits ganz zu Beginn Transparenz zu schaffen und in Interviews durch die Moderatoren Wertschätzung zu vermitteln.

In der Veranstaltung selbst werden Aspekte der Gesundheitsförderung und Fitness stärker Berücksichtigung finden. So werden sich Trends zu vielfältigen gesundheitsfördernden oder sportlichen Begleitprogrammen, einer ausgewogenen Ernährung oder einer verlängerten Mittagspause verstärken (▶ Kap. 3.2).

### 3.5.4 Frauen

Horx prognostizierte bereits 2003, dass sich die Erwerbsquote der Frauen im höheren und gut verdienenden Bereich alle 10 Jahre verdoppeln werde. In einigen Personalabteilungen großer Sportartikelhersteller oder Handelskonzerne sei der Begriff »Männerquote« bereits ein ernst zu nehmendes Thema, da weibliche Bewerber durchgängig besser abschneiden würden als ihre männlichen Mitbewerber. Frauen seien außerdem für Veränderungen, die sich auf dem Arbeitsmarkt abzeichneten, besser gerüstet als Männer. Sie seien vertraut, mit eher unsicheren Arbeitsplätzen zu leben oder ihre Berufstätigkeit für die Familienpause temporär zu unterbrechen. Männer hingegen seien meist auf eine lebenslange Stellung und einen Aufstieg mit klaren Perspektiven programmiert.

Dennoch sind Frauen in höheren Positionen und Vorstandsetagen aktuell noch stark unterrepräsentiert. Das Institut für Arbeitsmarkt und Berufsforschung (IAB) kam in seiner Führungskräftestudie im Auftrag des Bundesministeriums für Familie, Senioren, Frauen und Jugend 2006 zu dem Ergebnis, dass in der obersten Leitungsebene von Betrieben nur jede vierte Führungskraft eine Frau ist (http://www.iab.de). Dafür wurden rund 16.000 Betriebe in Deutschland befragt. Kleinere Betriebe werden häufiger von Frauen geführt als große, und weibliche Chefs findet man vor allem im Bereich des Gesundheits- und Sozialwesens, bei privaten Dienstleistern und im öffentlichen Dienst. In der zweiten Führungsebene liegt der Frauenanteil allerdings bereits bei über 40%, was beinahe dem durchschnittlichen Anteil an allen Beschäftigten entspricht.

*Frauen auf dem Vormarsch*

Im Hinblick auf Großgruppen bedeutet dies, die oben beschriebene Entwicklung z. B. in der Moderation zu berücksichtigen. Gemischte Moderatorenteams werden nach wie vor das Mittel der Wahl darstellen, um möglichst alle Teilnehmer einer Veranstaltung gut zu erreichen und Möglichkeiten zur Identifikation zu liefern. Hier übernehmen bereits jetzt Nachrichten- und Unterhaltungssendungen im Fernsehen Vorbildfunktion. Dabei wird es darauf ankommen, auf eine sorgfältige Rollen- und Aufgabenverteilung in der Vorbereitung, Durchführung und Nachbereitung der Veranstaltung zu achten.

Weibliche Moderation kann weiterhin als Musterbeispiel in der Großgruppenveranstaltung dienen, indem sie im Gegensatz zur vorwiegend männlichen Geschäftsführung der Auftraggeber die Leitung der Großgruppe übernimmt und sich damit als »Vorbild für Führung« etabliert.

### 3.5.5 Individualisierung

Bedeutet dieser Trend das »Aus« für Großgruppen? Es gibt Menschen, denen es unangenehm ist, mit vielen anderen in einem Raum zu sein. Sie meiden Konzerte, hassen Großraumbüros etc. Die Herausforderung der Zukunft wird darin bestehen, möglichst viel Individualität zuzulassen. Für die Großgruppe hat dies Konsequenzen auf verschiedenen Ebenen: Inhaltlich kommt es darauf an, unterschiedliche Meinungen zur Sprache

*Individualität zulassen*

zu bringen, wertzuschätzen und stehen zu lassen. Die Dramaturgie einer Veranstaltung sollte eine gute Balance zwischen Plenumsphasen, der Arbeit in Kleingruppen und individueller Gestaltung ermöglichen. Für organisatorische Fragen bedeutet dies, einen ausreichend großen Raum (ca. 3–4 m$^2$ pro Person ▶ Kap. 6.3) auszuwählen, sonst ist die Individualisierung äußerst schwierig.

Jedes Großgruppenverfahren und jeder Einzelbaustein in der Veranstaltungsdramaturgie bietet ein unterschiedliches Maß an Entscheidungsspielraum. Die Methode des Open Space (▶ Kap. 2.2) lässt z. B. viel Raum für eigene Entscheidungen und persönliche Verantwortung. Verstärkt werden kann der Umfang an Eigenverantwortung durch verschiedene Optionen, für die sich ein Teilnehmer in einer bestimmten Veranstaltungssequenz entscheiden kann. Im Rahmen eines Informationsparcours oder eines Infomarkts (▶ Kap. 4.4.3) kann z. B. ganz bewusst eine offene Lounge für die Teilnehmer geschaffen werden, die keines der Angebote wahrnehmen und sich zurückziehen möchten.

Darüber hinaus ermöglichen Großgruppenveranstaltungen, einen besseren Überblick über das gesamte System und die unterschiedlichen Gruppen zu bekommen. Dies fördert die Orientierung des Einzelnen, der sich selbst besser einordnen kann und sich nicht auf Informationen aus zweiter oder dritter Hand verlassen muss. Eine ideale Ergänzung zur Großgruppe bildet deren Gegenteil – Einzelne durch Coaching individuell im Berufsleben zu begleiten, wird sich noch stärker zum Trend entwickeln.

**Einzelne individuell coachen**

### 3.5.6  Bildung

Horx (2003) prognostiziert, dass die Gesellschaft der Zukunft eine »ältere, weiblichere, gebildetere, fraktalere, mobilere und multiplere« sein wird. Insofern betrachtet er Bildung als eine Art Schlüsselressource für die übrigen Megatrends. Er versteht Bildung dabei in einem umfassenden Sinn: von der Persönlichkeitsbildung über die Lebensbildung bis hin zur emotionalen Bildung. Selbstlernen statt Fremdlernen müsse die Devise der Zukunft sein, also Eigenständigkeit beim Lernen, Neugier und Kommunikationsfähigkeiten entwickeln. Durch die höhere Lebenserwartung (Megatrend Alterung) werde lebenslanges Lernen für den Einzelnen attraktiv: Für Menschen, die 80 Jahre alt werden und dabei fit bleiben, lohne sich Lernen bis ins hohe Alter. Ziel ist laut Horx eine Hochkompetenz-Gesellschaft, in der 70% der jungen Generation über einen hohen Bildungsabschluss verfügen, was in skandinavischen Ländern bereits Realität ist. In Deutschland verfügen aktuell ca. 35% der jüngeren Alterskohorte über einen Bildungsabschluss, der zum Studium befähigt.

**Lebenslanges Lernen**

Großgruppenveranstaltungen ermöglichen gleichzeitiges Lernen vieler Teilnehmer, alle haben simultan Zugriff auf die gleichen Informationen, die somit rationell an viele Personen vermittelt werden können. Diesen Vorteil machen sich Großgruppen-Informationsveranstaltungen zunutze (▶ Kap. 4.4.3), wenn es z. B. darum geht, alle Mitarbeiter mit einem neuen Zielvereinbarungsinstrument vertraut zu machen. Infomärkte, Informationsparcours etc. fördern gleichzeitig eigenverantwortliches Lernen und bieten den Teilnehmern die Möglichkeit, einzelne Lerninhalte selbst auszuwählen. Viele Themen, die üblicherweise nur Führungskräften präsentiert wurden, stehen heute allen Mitarbeitern zur Verfügung. So konnten die Teilnehmerinnen einer Frauenkonferenz z.B. Jeanette Huber vom Zukunftsinstitut als hochkarätige Referentin erleben.

Darüber hinaus unterstützen Großgruppenveranstaltungen, dass Teilnehmer voneinander lernen. Sie betonen auf diese Weise den sozialen Aspekt und ermöglichen eine Kompetenzerweiterung hinsichtlich emotionaler Bildung.

*Großgruppenverfahren fördern Schlüsselressource Bildung*

---

### Ein Regisseur blickt auf große Gruppen (von Arne Dechow, Regisseur)

#### Herrschaft und Deutungshoheit – Der Begriff des Regisseurs

Der Begriff »Regisseur« stammt aus dem Theater und bezeichnet den Leiter der Probenarbeit. Im Gegensatz zum angelsächsischen Raum sprechen wir in Deutschland nicht von Wiederholung (Rehearsal), sondern von Probe, und zwar nicht, weil es der Sinn dieses Arbeitsprozesses wäre, auszuprobieren, ob die Schauspieler bereits ihren Text können. Es ist vielmehr die Suche nach einem stimmigen Zusammenspiel aus allen Komponenten gemeint, die einer Aufführung Sinn und Bedeutung geben. Man probiert, wie sich der Sinnzusammenhang eines Werkes verändert, wenn ein Schauspieler seinen Subtext variiert, sich das Tempo ändert, der Raum, das Licht usw.

Folgerichtig obliegt dem Leiter dieser Arbeit, eben dem Regisseur, auch die Deutungshoheit eines Werkes. Im Begriff »Regisseur« steckt dieselbe Sprachwurzel wie in dem des »Regenten«, er herrscht. Auch wenn wir zunächst noch im Bereich des Theaters bleiben (die gewagte Vorstellung eines »Herrschers« in einer Großgruppe heben wir uns für später auf), führt dieses Selbstverständnis naturgemäß zu Konflikten.

#### Regietheater und seine Konflikte

Ein Beispiel: Vor einigen Jahren wurde ich mit der Regie von Mozarts »Così fan tutte« beauftragt. In der Anfangsszene dieser Oper streiten sich 2 verliebte Offiziere mit einem alten Zyniker um die Frage, ob ihre Angebeteten denn treu seien, und sie verabreden in der Folge dieses Streits ein heikles Experiment – in dem die Liebe und Leidenschaft der beiden Damen durch einen hinterhältigen Rollentausch von innen nach außen gestülpt, manipuliert und zur Schau gestellt werden.

Um dieser Negierung jeglichen privaten Schutzraums die entsprechende Wucht zu verleihen – und da just zu dieser Zeit die Ausstellung »Körperwelten« durch die Lande zog (Sie erinnern sich, die plastinierten Leichen, die es gestatten, einem »echten« Menschen ins Innerste zu schauen) –, verfiel ich auf den Gedanken, diese erste Szene in ein »Museum der Liebe« zu platzieren: mit einem nackten Pärchen in einem sehr engen Glaskasten in der Mitte. Ich hatte die Deutungshoheit, da darf man so etwas. Das sah einer der Sänger ganz anders, der selbstverständlich davon ausging, er müsse diese Szene »beherrschen«, und nicht 2 nackte Statisten. Ebenso der japanische Dirigent, der naturgemäß eine andere Auffassung von »Interpretation« hatte. Und wenn die eigentliche Herrscherin des Theaters, die Intendantin, diesen Konflikt nicht ausgehalten hätte, hätte ich nie die Wut einiger (Gott sei Dank weniger) Zuschauer zu spüren bekommen, die (König Kunde) ihrerseits den König der Musik (Mozart) angefeindet sahen.

### Regietheater in Großgruppen?

Übertragen wir nun diese Situation in eine Großgruppe, so haben wir spontan erschreckende Bilder vor Augen. Der Vorstand beschließt die Thematisierung des Begriffs »Transparenz« und lädt zum Kick-off einer Wertedebatte 200 Mitarbeiter der Verwaltung ein. Der frei assoziierende Regisseur nimmt dies zum Anlass, den Zusammenhang von Vorstandstantiemen und der Kürzung des Weihnachtsgelds zu thematisieren und lässt dazu 200 Weihnachtsbäume in Flammen aufgehen, bevor der Veranstaltungssaal mitsamt der anwesenden Mitarbeiter geflutet wird, bis denen das Wasser buchstäblich bis zum Halse steht, während der Vorstand auf einer Badeinsel sitzt und in den Wellen treibt – und dort vom beauftragten Beratungsunternehmen das Angebot bekommt, die nassen und traumatisierten 200 Mitarbeiter in einer Workshopreihe zu restabilisieren ... Hören wir lieber auf. Einen Regisseur in diesem Wortsinne werden wir in einer Großgruppenveranstaltung schwerlich durchsetzen können.

### Das Handwerk des »In-Szene-Setzens«

Wenden wir uns stattdessen einem zweiten Begriff zu, nämlich dem der »Inszenierung«. Das Wort »inszenieren«, also In-Szene-Setzen, kennen wir aus unterschiedlichen Zusammenhängen. Bezogen auf die eigene Person ist es Aufgabe der Narzissten, bezogen auf eine andere Person die eines PR-Spezialisten, bezogen auf eine Werbebotschaft die eines Werbefachmanns. Das Inszenieren ist auch Teil der Aufgabe eines Regisseurs, meint dabei aber nicht die Deutung eines Werkes, sondern den Einsatz handwerklicher Methoden, die geeignet sind, den Inhalt desselben in seiner Gänze anschaulich zu machen.

Bleiben wir beim Beispiel der Firma, die eine Großgruppe zum Thema »Transparenz« veranstalten will. Statt eines Werkes finden wir eine bestimmte Situation: Eine Firma, 200 Mitarbeiter, eine gewachsene Kultur, ein Leitbild, eine Geschäftsführung mit einem Ziel und einer Strategie (mehr Transparenz), welche die Firma diesem Ziel näher bringen soll. Alle diese Komponenten sind gesetzt und von der inszenierenden Person nicht zu beeinflussen. Die Aufgabenstellung lautet nun nicht: Was fällt dir Spektakuläres zum Begriff »Transparenz« ein?, sondern: Wie lässt sich der Begriff so in die Veranstaltung bringen, dass das Ziel der Geschäftsführung so anschaulich wie möglich und ein maximales Einverständnis darüber erzielt wird? Wie also geht man mit möglichen Gegenreaktionen um? Gibt es Mitarbeiter, die ein besonders starkes Interesse an Transparenz haben, und solche, denen mehr Durchsichtigkeit eher widerstrebt? Wecken derartige Werteeinführungen vielleicht Erinnerungen an frühere Prozesse? Sind diese gelungen oder gescheitert?

All dies weiß ein Regisseur nicht. Will man ihn dennoch einsetzen, braucht es einen Vermittler, der etwas von Betriebspsychologie versteht.

### Regiehandwerk in Großgruppen

Nehmen wir an, dieser Vermittler erklärt mir, die Geschäftsführung vollziehe gerade eine 180°-Wendung, vergangenes Jahr sei der Begriff »Diskretion« eingeführt worden, der habe zu massivem Misstrauen in allen Abteilungen geführt, die Mitarbeiter seien von Großgruppen vollständig genervt, und die Geschäftsführung wolle dem begegnen, indem sie das Wort »Transparenz« in 3 m hohe Steinquader meißeln lassen wolle, »damit ihn nie ein Mitarbeiter je vergisst«.

Nun hat man im Wesentlichen 3 Methoden zur Verfügung, deren Wirkung jeder kennt, deren gekonnter Einsatz aber einen Alfred Hitchcock von einem André Rieu unterscheidet:

- Spannung (Wann verrate ich was?)
- Perspektive (Wessen Sicht nehme ich ein?)
- Umkehrung (Auf eine Pointe folgt ein Schock, der Gute ist eigentlich der Mörder ...)

Statt also einen 3 m hohen Steinbegriff mit Crescendo enthüllen zu lassen, um anschließend zum Buffet zu gehen (Methode »Rieu«), schlage ich vor:

Wir bauen aus Hunderten von Pappkartons den Begriff »Diskretion« (Umkehrung), und zwar nicht aufrecht, sondern so, dass man ihn nur von der Decke des Saales aus lesen kann (Perspektive). Die 200 Mitarbeiter (die über Klebepunkte auf dem Namensschild in 11 Gruppen eingeteilt sind) finden sich also in einem Labyrinth wieder, dessen Bedeutung sie zunächst nicht verstehen (Spannung). Nun werden die Teilnehmer aufgefordert, alle Kartons in der Farbe ihres Klebepunktes zu öffnen. In den Kartons findet sich zweierlei: Zettel mit Gedanken der Geschäftsführung, warum die Strategie der »Diskretion« nicht zum Ziel geführt hat. Und schließlich eine klare Anweisung: »Bilden Sie bitte mit den anderen Teilnehmern Ihrer Gruppe dort, wo Sie gerade stehen, ein ‚T' (Gruppe 1) bzw. ein ‚R' (Gruppe 2) oder ein ‚A' (Gruppe 3) usw. Wenn dies geschafft ist, legen Sie sich bitte entspannt auf den Boden und schauen an die Decke.« Was sehen die Mitarbeiter da? Genau: auf eine große Leinwand projiziert die Vogelperspektive der vergangenen 15 min. 200 Menschen, die den Begriff »Diskretion« beseitigen und den der »Transparenz« bilden und auf dem Weg dahin die Gründe der Geschäftsführung für ihren Perspektivwechsel beschrieben bekommen.

**Arne Dechow** hat Schauspiele, Opern und Installationen an zahlreichen deutschen Stadt- und Staatstheatern inszeniert, bevor er sich zunehmend auf die Entwicklung von kreativen Impulsen für OE-Prozesse konzentrierte. Daneben betreibt er eine Filmproduktion mit dem Schwerpunkt Internetkampagnen, Webfilme und interaktive Medien. Kontakt: dechow@df-partner.de

# Dramaturgie in Großgruppen – congress in motion®

**◘ Abb. 4.1.** Logo von congress in motion®

congress in motion® (◘ Abb. 4.1) ist der Markenname für eine besondere Form der Großgruppenveranstaltungen, die wir in der P.f.O.-Beratungsgesellschaft entwickelt haben. Dabei verbinden wir innerhalb einer Veranstaltung Teile aus den bewährten Konferenz- und Workshopmethoden mit neuartigen Aktionen, z. B. Unternehmenstheater, Indoor-Übungen, Bewegungselementen, Inszenierungen, Improvisationen oder Mitarbeitertheater.

Es können 40, aber auch 1500 Teilnehmer dabei sein. Die Dauer und die Gesamtgestaltung sind immer eng mit den Zielen und Rahmenbedingungen des Auftraggebers und der Organisation abgestimmt. Darauf aufbauend erstellen wir für jede Veranstaltung eine individuelle Dramaturgie und einen individuellen Ablaufplan. Je genauer die Einzelelemente die Bedürfnisse der Teilnehmer und die Situation der Organisation treffen, um so eher wird die Veranstaltung erfolgreich.

*Individuelle Dramaturgie*

## 4.1    Wurzeln

*Unsere 4 Wurzeln*

Die Grundlage zur Entwicklung und Ausdifferenzierung von congress in motion® bilden 4 zentrale Wurzeln (◘ Abb. 4.2):

### 1. Organisationsentwicklung

Wir arbeiten im Training und in der Organisationsentwicklung, dadurch sind uns die Methoden des Veränderungsmanangements vertraut. Es ist uns besonders wichtig, dass Großgruppenveranstaltungen gut in einen Veränderungsprozess eingebettet und damit auch langfristig erfolgreich sind. In Verhaltenstrainings arbeiten wir mit vielen erlebnisorientierten Elementen, die immer wieder Anregungen für eine Adaption an die Erfordernisse in großen Gruppen geben.

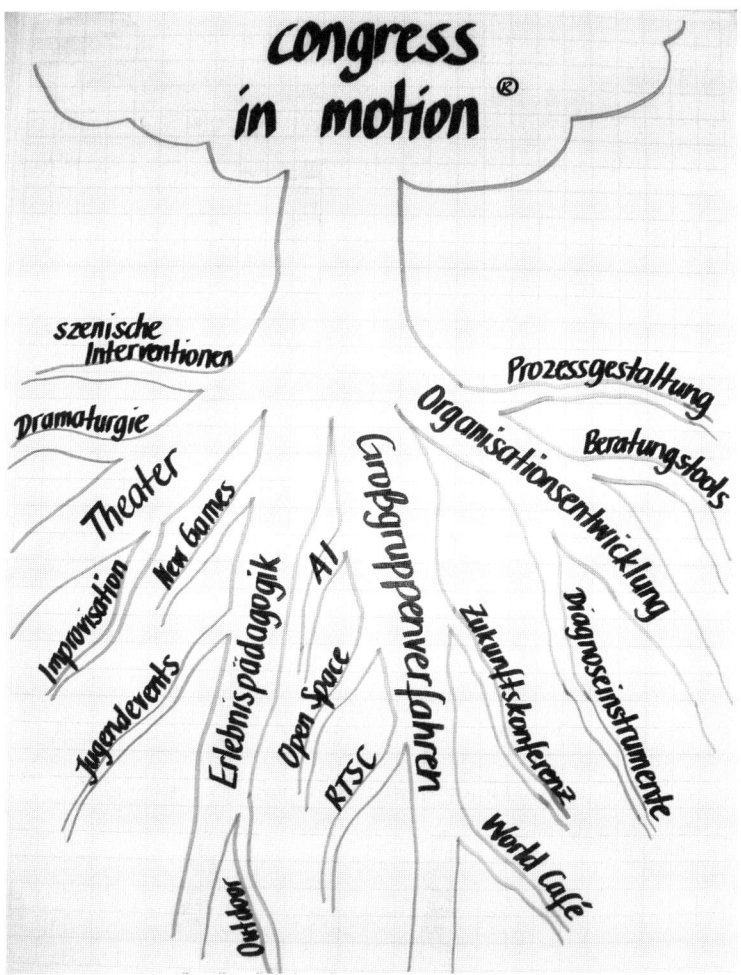

◻ Abb. 4.2. Wurzeln von congress in motion®

## 2. Theater

Volker List ist Dozent für darstellendes Spiel und verfügt über viel Erfahrung als Schauspieler, Regisseur und Erwachsenenbildner. Er entwickelte
die Grundgedanken für unterschiedliche szenische Interventionen und                    Szenische Interventionen
die Einbindung von Theater in Großgruppenveranstaltungen. Da er als
Dozent schon seit jeher mit Theaterlaien zu tun hat, fällt es ihm leicht,
auch Teilnehmer von Großgruppenveranstaltungen für theatrale Aktionen
zu gewinnen. Darüber hinaus ist der Einfluss des Theaters auch in der Gesamtdramaturgie von congress in motion® spürbar.

## 3. Erlebnispädagogik

Karin Dittrich-Brauner kommt aus der Jugendarbeit mit Pfadfindern. Sie
hat schon in den 1970er und 80er Jahren Aktionen mit großen Gruppen

von Kindern und Jugendlichen durchgeführt. Gerade die zu dieser Zeit sehr modernen New Games haben wichtige Impulse gegeben. Das pfadfinderische Motto »Learning by doing« ist auch in Großgruppenveranstaltungen ein häufig verwendetes Prinzip. Viele In- und Outdoor-Gruppenaktionen, die man früher nur im Freizeitbereich anwendete, werden heute auch in Großgruppenveranstaltungen gezielt und thematisch passend eingesetzt und beleben eine Gruppe auf erstaunliche Weise.

### 4. Großgruppenverfahren

Großgruppenverfahren
als Fundament

Von Beginn an haben wir die Entwicklung der Großgruppenverfahren im amerikanischen Raum verfolgt und miterlebt. In eigenen Veranstaltungen setzen wir vor allem Open Space und RTSC intensiv ein. Auch bei den eigenen Entwicklungen im Rahmen von congress in motion® ist es wichtig, sich auf ein Fundament bewährter Großgruppenverfahren stützen zu können.

## 4.2   Entwicklung von congress in motion®

**Chronologische Entwicklung von congress in motion®**

- Ab 1995: Team der P.f.O.-Beratungsgesellschaft sucht nach neuen Konzepten für Veränderungsprozesse und nach Methoden für das Arbeiten mit großen Gruppen
- 1996: Erste Aktionen mit großen Gruppen
- 1997: Zusammenarbeit mit Regisseuren – Einbezug theatraler Elemente zunächst im Training von kleinen Gruppen, später in Großgruppenveranstaltungen
- 2000: Erste öffentliche Präsentation des Konzepts auf dem Kongress für Wirtschaftspsychologie in Frankfurt
- 2001: Markenrechte für congress in motion®
- 2003: Erweiterung der Anwendungsfelder und Auftraggeber für Großveranstaltungen
- 2004: Erste Großgruppe mit über 1000 Teilnehmern
- 2006: Vorstellung des Konzepts auf dem österreichischen Trainerkongress in Wien
- 2007: Erweiterung des Konzepts auf Teambuilding, z. B. bei Messeteams

316 Großveranstaltungen
in 10 Jahren

Wir haben bisher 316 Großveranstaltungen nach dem Konzept von congress in motion® durchgeführt. Zurzeit findet etwa wöchentlich eine Veranstaltung statt. Die Teilnehmeranzahl variiert zwischen 50 und 1500 Personen. Sehr häufig führen wir Veranstaltungen für etwa 100 Teilnehmer durch. Eine Veranstaltung dauert von einem halben Tag bis zu 5 Tagen. Den Schwerpunkt bilden eineinhalbtägige Veranstaltungen mit einer Übernachtung. Normalerweise arbeiten wir in den Veranstaltungen in einem Team von 2 Moderatoren und 1 Assistenten. Bei Bedarf kooperieren wir mit weiteren Anbietern aus den Bereichen Technik, Musik, Outdoor, Theater, Event, Agenturen.

## 4.3 Zielsetzung und Anlass

Die spezielle Zielsetzung hängt stark vom Thema der Veranstaltung ab. Dennoch gibt es übergreifende Ziele, die bei congress in motion® immer wieder eine Rolle spielen (▶ Kap. 1):

Übergreifende Ziele

- Bewegung erzeugen
- Intensive Kontakte initiieren
- Neue Erfahrungen ermöglichen
- Veränderungsenergien freisetzen
- Kontroverse Diskussionen auslösen
- Orientierung schaffen
- Identifikation erleben
- Commitment erreichen
- Nachhaltigkeit bewirken

Zu folgenden Anlässen führen wir Großveranstaltungen nach der Dramaturgie von congress in motion® durch:

Anlässe

- Kongresse, Konferenzen und Fachtagungen – Eröffnung, Zwischenmoderationen, verbindende Impulse, Abschluss
- Start und Abschluss von Veränderungsprozessen, Meilensteinchecks
- Arbeit an gemeinsamen Zukunftsvisionen, Strategieentwicklung und Zukunftsplanung
- Veränderung der Unternehmenskultur, Leitbild entwickeln und kommunizieren
- Zusammenarbeit und Schnittstellen verbessern – Teamentwicklung
- Informationsvermittlung, Schulung und Personalentwicklung in Großgruppen
- Vernetzung innerhalb einer Organisation und mit Partnern von außen
- Information über eine von Experten entwickelten Strategie und Einbeziehung der Mitarbeiter in die Detaillierung
- Teamentwicklung in der Großgruppe, Vorbereitung von Messeteams

## 4.4 Dramaturgie und Methoden

Zur Klärung des Begriffs »Dramaturgie« schauen wir auf das Theater. Dramaturgie meint das Kompositionsprinzip und die Struktur einer Aufführung. Die folgenden Fragen müssen im Sinne eines möglichst schlüssigen Ganzen beantwortet werden: Was ist das Thema, der Konflikt, wo der Fokus? Welche Personenkonstellationen? Abfolge der Szenen? Welche sekundären theatralen Mittel? Welches Timing? Wie entsteht der Spannungsbogen?

Spannungsbogen

Ein Drama beginnt mit dem Bekanntmachen der Personen und der Situation. Dann baut sich der Konflikt auf, der in immer neuen Auseinandersetzungen im 2. Drittel des Stücks seinem Höhepunkt zusteuert. Schließlich folgt die Peripetie, der entscheidende Umschwung der Handlung. Eine Lösung wird deutlich, alles erscheint nun aus einer anderen Sicht. Schließlich endet das Drama mit der Auflösung, die je nach Genre ein Happy End oder eine Katastrophe ist.

### Dramaturgische Prinzipien von congress in motion®

- Der grundlegende Aufbau folgt der Logik und der Intuition: Kontaktaufnahme mit Teilnehmern und Thema, Annäherung und Einstieg in die Arbeit, Schlussfolgerungen ziehen und Pläne für die Umsetzung machen, Verdichten und Bewerten, Verabschieden.
- Die Ziele der Veranstaltung bilden die Grundlage zur Entwicklung der »storyline«, des Handlungsfadens der Veranstaltung. Erst danach entwickeln wir die einzelnen Bausteine, die sich am Handlungsfaden wie Perlen entlangreihen.

Handlungsfaden

- Die Veranstaltungsbausteine bilden eine rhythmische Abfolge. Aktiv produzierende und passiv aufnehmende Phasen wechseln sich ab. Auf Bewegungsaktionen folgen ruhige Elemente. Auf Plenumsgespräche folgen Kleingruppenarbeit und darauf Einzelarbeit, um danach wieder ins Plenum zurückzukehren.
- Beginn und Ende einer Veranstaltung sind miteinander verbunden (bildlich, sprachlich, methodisch), sodass die Teilnehmer ein abgerundetes Bild bekommen.
- Die Einzelelemente sind zeitlich so geplant, dass der Spannungsbogen erhalten bleibt. Bevor Gewöhnung oder sogar Langeweile eintritt, nimmt die Veranstaltung eine neue Wendung.
- Die körperlichen Bedürfnisse der Teilnehmer sind durch regelmäßige Pausen, Gelegenheit zur Bewegung, Cateringangebot usw. berücksichtigt.
- Der zur Verfügung stehende Raum wird immer wieder in anderer Form genutzt: mit Stühlen, als leerer Raum, unterteilt in Nischen, getrennt durch raumteilende Visualisierungen.

Das Grundraster jeder Veranstaltung besteht aus 7 dramaturgischen Schritten.

---

**7 dramaturgische Schritte**

1. Es beginnt, bevor es beginnt
2. In Bewegung kommen
3. Informationen vermitteln
4. Themenfelder beackern
5. Theater machen
6. Zukunft anpacken
7. Energie mitnehmen

---

Schritte können sich überlappen

Diese Schritte lehnen sich zwar an eine Chronologie an, dennoch baut in einer Veranstaltung nicht streng ein Schritt auf dem nächsten auf. Die ersten beiden dramaturgischen Schritte »Es beginnt, bevor es beginnt« und »In Bewegung kommen« stehen selbstverständlich immer am Veranstaltungsstart. Im weiteren Verlauf einer Veranstaltung können sich die Schritte allerdings überlappen, oder sie werden mehrfach sichtbar. Beispielsweise kann es im Rahmen einer Großgruppenveranstaltung 2 oder 3 thematische Schwerpunkte geben. Jedes dieser Schwerpunktthemen könnte dann sowohl einen Schritt »Informationen vermitteln« mit Vortrag, Infofilm oder Ausstellung enthalten als auch einen Schritt »Themenfelder beackern« mit Diskussionen, Arbeitsgruppen und Maßnahmenplanung.

Wir stellen nun diese 7 Schritte im Detail vor und möchten zu jedem Schritt 7 Werkzeuge zur Gestaltung anbieten. So erhalten Sie 7×7=49 praktische und erprobte Tipps für die Entwicklung Ihrer Großgruppenveranstaltung.

49 Werkzeuge zur Gestaltung

## 4.4.1 Es beginnt, bevor es beginnt

Zwei Beobachtungen haben uns dazu bewogen, die Phase vor dem eigentlichen Veranstaltungsbeginn in die Dramaturgie aufzunehmen: Zum einen zeigt sich immer wieder, dass Teilnehmer völlig unvorbereitet zu Veranstaltungen kommen. Selbst bei gutem Willen reicht die Zeit vorher meist nicht, sich mit den Themen zu befassen, oder die Teilnehmer haben keinen konkreten Ansatz, wie sie sich vorbereiten könnten. Zum anderen stellen wir fest, dass die Phase vor Veranstaltungsbeginn im Foyer für einige Teilnehmer unbehaglich sein kann: Kennen sich Teilnehmer untereinander, halten sie sich in den gleichen bekannten Gruppen auf. Teilnehmern, die niemanden kennen, fällt es häufig schwer, in Kontakt zu kommen.

Beides wollen wir mit diesem Schritt ändern. Wenn immer möglich, bekommen die Teilnehmer bereits zusammen mit der Einladung eine kleine Aufgabe. Häufig bitten wir die Teilnehmer, einen Gegenstand mitzubringen, der mit dem Thema der Veranstaltung in Verbindung steht. Zu einer Veranstaltung unter dem Thema »Kundenbindung« fordern wir sie z. B. in der Einladung auf, in der nächsten Zeit besonders kundenorientiertes Verhalten zu beobachten und dafür einen symbolischen Gegenstand mitzubringen (▶ »6. Werkzeug: Symbole mitbringen«).

Um Neugierde zu erzeugen und zu erhalten, versenden wir die Einladung manchmal in Etappen. In der ersten Etappe geht es um die Bekanntgabe des Termins und des Veranstaltungsrahmens. Mit der zweiten Einladung wird z. B. ein farbiger Ball verschickt, den die Teilnehmer zur Veranstaltung mitbringen sollen. Dies führt im Vorfeld oft zu Gesprächen und Fantasien: »Weshalb habe ich einen Ball bekommen?«, »Weshalb hat meine Kollegin einen roten Ball und ich einen gelben?«. In der Veranstaltung selbst wird dieser Ball dann z. B. für die Abstimmung zu einer einleitenden Frage genutzt (▶ Kap. 5.9).

Neugierde erzeugen

Reisen die Teilnehmer gemeinsam mit Bussen an, können wir bereits im Bus die Kommunikation anregen. Eine Variante ist, die Teilnehmer aufzufordern, jeweils mit einigen Busnachbarn 8-Zeiler mit Schlüsselworten der Veranstaltung zu dichten. Die Teilnehmer spüren damit schon im Vorfeld, dass sie zu einer besonderen Veranstaltung eingeladen sind. Sie setzen sich mit dem Thema auf spielerische Weise auseinander und tauschen sich bereits mit Kollegen über Hintergründe und Ziele der Veranstaltung aus.

Häufig laden wir die Teilnehmer schon eine halbe Stunde vorher zu einem Begrüßungskaffee ein und führen im Foyer des Veranstaltungsraums kleine Aktionen durch. Wir begrüßen alle persönlich per Handschlag und bitten die Teilnehmer, z. B. einen kleinen Begrüßungsspruch auf eine Tafel zu schreiben. Oder wir stellen eine einleitende Frage, zu der die Teilnehmer ihre Meinung durch das Kleben von Punkten oder das Einwerfen von Bällen in Abstimmungsröhren äußern können. Im Rahmen einer Fachkonferenz bauten wir z. B. ein Fotostudio auf, fotografierten alle Teilnehmer und fügten diese Fotos dann in selbst ausgefüllte Steckbriefe ein. Das Fotografieren, Ausfüllen und Aufhängen löste von Beginn an viele Gespräche aus.

**Leicht in Kontakt kommen**

Dieser lockere Kontakt von Beginn an reduziert Unsicherheit, Anspannung und evtl. auch Widerstand der Teilnehmer. Sie fühlen sich positiv angesprochen und kommen bei verschiedenen Aktionen leicht in Kontakt zu anderen Teilnehmern. Man kann sich austauschen, und es wird schon im Foyer viel gelacht.

---

**Kernbotschaften**

- Erzeugen Sie bereits im Vorfeld eine Stimmung, die geprägt ist von dem Gedanken: »Ich will dabei sein«.
- Nutzen Sie die Neugierde der Menschen.
- Lassen Sie die Teilnehmer im Vorfeld spielerisch mit dem Thema in Kontakt kommen.
- Erzeugen Sie Aufmerksamkeit bei den Teilnehmern.
- Bedenken Sie: Kontakt und Lachen verringern die innere Spannung!

---

Im Folgenden werden 7 methodische Vorschläge für den Schritt »Es beginnt, bevor es beginnt« beschrieben:

### 1. Werkzeug: Foyeraktion

Schon im Foyer begrüßen die Moderatoren die Teilnehmer persönlich. Sie bitten um einen kleinen Beitrag auf einem schwarzen Plakat mit der Überschrift »Ich bin dabei«. Die Teilnehmer haben die Wahl zwischen goldenen, silbernen oder roten Stiften. Kurze Begrüßungssprüche, Weisheiten aus aller Welt, kleine Bilder oder Comics – alles ist auf dem Begrüßungsplakat willkommen. Bei dieser kleinen Aktion im Foyer nehmen die Modertoren sofort Kontakt mit den Teilnehmern auf, die sich auf spezielle Weise begrüßt fühlen. Gleichzeitig bekommen die Moderatoren einen ersten Eindruck von den Stimmungen in der Gruppe und den Gedanken, die die Teilnehmer mitgebracht haben. Das entstandene Plakat bleibt im Laufe der Veranstaltung sichtbar und kann im Anschluss gut bei Präsentationen oder im Fotoprotokoll als Deckblatt verwendet werden.

## Variation

Sie können das Plakat auch in der Anfangsphase der Veranstaltung nutzen. Während der Auftraggeber die Teilnehmer begrüßt, ziehen Sie das Banner mit allen Namen und Begrüßungen hoch. Eine passende Untermalung mit Musik unterstreicht die Wirkung.

## 2. Werkzeug: Himmel und Hölle

In einer Veranstaltung mit 150 Verkäufern ist der Eingang zum Veranstaltungsraum geteilt. Alle Teilnehmer müssen sich entscheiden, ob sie den Weg durch den Kundenhimmel oder die Kundenhölle gehen wollen. Zwei Moderatoren werben jeweils für ihren Weg. Schnell stehen kleine Teilnehmergruppen vor dem Eingang, die diskutieren, lachen und sich überlegen, welchen Weg sie nehmen wollen. Auf dem Weg in den Kundenhimmel begrüßt der Vorstand persönlich, eine Hostess reicht eine Kleinigkeit zu essen, es gibt kühle Getränke, das Namensschild wird angesteckt, und alle sind aufmerksam und zuvorkommend. Auf dem Weg durch die Kundenhölle muss zunächst ein umständlicher Fragebogen ausgefüllt werden, Service fehlt vollständig, die Hostessen kümmern sich erst nach mehrfacher Aufforderung, das Namensschild muss selbst gesucht werden und alle sind unfreundlich und abweisend.

*Entscheidung: Kundenhimmel oder Kundenhölle?*

Gleich in der ersten Veranstaltungsphase tauschen die Teilnehmer ihre Erfahrungen mit Himmel und Hölle aus, verknüpfen diese mit ihren Erwartungen an Kundenfreundlichkeit und sind auf diese Weise mittendrin im Thema.

## 3. Werkzeug: Kisten versenden

»Was trägt der Kollege denn für eine blaue Kiste mit sich? Da, der Kollege Meier hat auch eine unter dem Arm. Jetzt fällt mir ein, bei meinem Chef auf dem Schreibtisch stand doch auch eine solche blaue Kiste. Was ist damit, da muss ich gleich mal nachfragen.«

*»Ich will eine blaue Kiste«*

Allen Mitgliedern des Planungsteams einer Großgruppenveranstaltung werden die Einladung und die Informationen in großen blauen Kisten zugesandt. Die Mitglieder werden gebeten, bei allen Besprechungen diese Kisten mitzubringen. Die Teilnehmer nutzen die Kisten, um alle Utensilien für die Veranstaltung unterzubringen. Auf den Kisten sind Logo und Motto der Veranstaltung aufgedruckt. Die Kisten sind so groß, dass sie an den Arbeitsplätzen als deutliche Erinnerung an die notwendigen Aktivitäten im Prozess wahrgenommen werden. Meist geht das Geheimnis der blauen Kisten wie ein Lauffeuer durchs Unternehmen, und später, lange nach der Veranstaltung, kann man sie immer noch auf manchen Schränken im Unternehmen sehen.

## 4. Werkzeug: Erde mitbringen

Dieses Werkzeug eignet sich z. B. bei Fusionen von Organisationen mit unterschiedlichen Standorten. Den Teilnehmern werden kleine Beutel zugesandt mit der Bitte, darin 1 kg Heimaterde mitzubringen. Im Rahmen der Großgruppenveranstaltung entleeren alle Teilnehmer ihre Beutel mit Erde auf einer großen Plane und mischen kräftig durch. Anschließend bekommt jeder Teilnehmer eine kleine Pflanze und einen Blumentopf und setzt seine Pflanze in die gemischte Erde ein. In kleinen Gruppen sprechen die Teilnehmer nun über ihre Wünsche zur Zukunft der Zusammenarbeit, schreiben Stichwörter auf kleine Zettel und hängen sie zusammengerollt an die Pflanzen.

Wünsche zur Zukunft

In den Abschlussworten lässt sich das Wachstum der Pflanze wunderbar mit der Weiterentwicklung und dem Gedeihen der neu vereinbarten Zusammenarbeit bildlich verknüpfen.

### Variationen

- Anstelle der individuellen kleinen Pflanzen erhält jedes Team eine gemeinsame größere Pflanze.
- Die jeweiligen Leiter der fusionierten Organisationen übernehmen eine spezielle Rolle beim Mischen der Erde und Einpflanzen.

### 5. Werkzeug: Ballabstimmung

Im Foyer werden die Teilnehmer mit einer Frage begrüßt, die eine gute Hinführung zum Veranstaltungsthema darstellt: »Wie ist die Stimmung in Ihrem Bereich?« »Wie sind Ihre Erfahrungen mit …?« »Wie erleben Sie die Zusammenarbeit zwischen … und …?« Zur Frage gibt es eine Reihe von Antwortalternativen, die jeweils einer Einwurfsäule zugeordnet sind. Die Teilnehmer erhalten einen Ball und werfen ihn je nach individueller Einschätzung in die passende Säule. Meist sind die Säulen während der Abstimmung verhüllt, sodass sich die Teilnehmer weder an den Antworten der anderen orientieren noch eine Gesamttendenz erkennen können.

Abstimmungssäulen enthüllen

In der ersten Phase der Veranstaltung enthüllen die Moderatoren die Abstimmungssäulen. Führungskraft oder Veranstalter kommentieren und interpretieren spontan das Abstimmungsergebnis.

### Variationen

- Die Teilnehmer erhalten je nach Herkunftsgruppe einen Ball in der entsprechenden Farbe.
- Die Teilnehmer erhalten 2 oder mehr Bälle und können ihre Antworten gewichten.
- Ist es unklar, ob die Teilnehmer öffentlich im Foyer auch ehrlich abstimmen werden, ist ein verdeckter Aufbau hinter einigen Pinnwänden möglich – ähnlich einer Wahlkabine.
- Für die Antwortalternativen kann einerseits eine Skala, z. B. von gut bis schlecht, von niedriger Zustimmung bis hoher Zustimmung oder eine ähnliche Abstufung gewählt werden. Andererseits lassen sich auch ganz unabhängige Alternativen bewerten. Im Beispiel auf dem Foto (◘ Abb. 4.3) wurden die Teilnehmer befragt, bei welchen der 10 Leitsätze des Unternehmens der höchste Handlungsbedarf besteht. Jeder Teilnehmer konnte 2 Bälle einwerfen.
- Diese Aktion lässt sich auch in kleinerem Format durchführen, beispielsweise mit Glasvasen und Tischtennisbällen.

☐ **Abb. 4.3.** Abstimmung mit Bällen

## 6. Werkzeug: Symbole mitbringen

Etwa 2 Wochen vor der Veranstaltung erhalten die Teilnehmer die Aufforderung, einen Gegenstand mitzubringen, der symbolisch für ein Thema
der Veranstaltung steht, z. B. für die Stärken des Bereichs oder für die Weiterentwicklung im Vertrieb oder die künftigen Herausforderungen als Führungskraft. Es sollte ein offenes Thema sein, das viele Ideen ermöglicht.

Meist löst eine solche Aufforderung bei den Teilnehmern Neugier,
manchmal auch Unruhe oder intensiven Austausch zwischen den Kollegen
aus. Der gewünschte Effekt, dass die Teilnehmer sich schon im Vorfeld     Themen symbolisieren
mit dem Veranstaltungsthema beschäftigen, wird fast immer erreicht.
Außerdem erfüllen die Teilnehmer diese Art der Vorbereitungsaufgabe
viel häufiger als traditionelle Aufträge, wie z. B. ein Unterlagenstudium zur
Vorbereitung.

In der Veranstaltung selbst spielt das mitgebrachte Symbol gleich im
ersten Veranstaltungsteil eine wichtige Rolle. Teilnehmer, die ihr Symbol
vergessen haben, können schnell improvisieren, etwas malen oder einen
Gegenstand aus einer Auswahl von »Ersatzsymbolen« der Moderatoren
wählen. Die Teilnehmer betreten den Raum und finden alle Stühle schon
zu kleinen Gruppen für 4–6 Teilnehmer zusammengestellt. Meist wird für
eine zufällige Mischung in den Stuhlgruppen gesorgt. Die Teilnehmer werden dann gebeten, sich ihre Symbole gegenseitig vorzustellen.

Im Anschluss an die 10- bis 15-minütigen Gruppengespräche stellen
die Teilnehmer jeweils ein Symbol aus jeder Gruppe im Plenum vor. Bei
sehr großen Gruppen werden beliebig einige Gruppen ausgewählt. Anschließend werden alle Teilnehmer aufgefordert, ihren Symbolen einen
Titel zu geben und auf einem speziell vorbereiteten Tisch zu drapieren.

Mit kleinen Staffeleien, Stoffverkleidungen, Schildern und Überschriften, z. B. »Zukunft der Führung«, entsteht eine Ecke mit Ausstellungscharakter. Alle Teilnehmer haben die Möglichkeit, im Laufe der Veranstaltung die Symbole zu betrachten, was auch rege genutzt wird. Bilder der Ausstellung werden anschließend zur Erinnerung im Fotoprotokoll genutzt.

### 7. Werkzeug: Perlenwanderung

Kontakte wertschätzen

Mit dieser Aktion werden die Teilnehmer schon vor Beginn der Veranstaltung begrüßt, z. B. im Foyer oder an der Hotelrezeption nach dem Einchecken oder an der Kaffeebar. Jeder Teilnehmer wird gebeten, sich 5 Perlen aus einer Schale zu nehmen und einzustecken (◘ Abb. 4.4). Um die Funktion dieser Perlen wird zunächst ein kleines Geheimnis gemacht, die Auflösung erfolgt dann in der ersten Veranstaltungsphase mit folgender Instruktion: »Bitte nutzen Sie die Perlen immer dann, wenn Sie mit einem Kollegen ein interessantes Gespräch hatten, wenn Sie von einem Referenten eine gute Idee mitnehmen konnten oder wenn Sie die Beiträge anderer Teilnehmer besonders schätzen. Dann können Sie eine der Perlen nehmen und an den entsprechenden Kollegen verschenken. Wir hoffen, dass bei vielen guten Gesprächen und bei intensivem Austausch heute viele Perlen wandern.«

Der Austausch der Perlen beeinflusst die Stimmung in einer Konferenz in Richtung Wertschätzung und Anerkennung. Die Teilnehmer tauschen sich intensiver über das aus, was sie besonders inspirierend und lobenswert finden, ein Aspekt, der auch bei der Methode Appreciative Inquiry als besonders nützlich für die Veranstaltung und für die Kommunikationskultur in der Organisation gesehen wird (▶ Kap. 2.3).

◘ **Abb. 4.4.** Kontakte durch Perlen fördern

Die Perlenaktion wird im Laufe der Veranstaltung immer wieder aufgegriffen. Beispielsweise werden manchmal abends die gewanderten Perlen
eingesammelt, um am kommenden Morgen verkünden zu können, wie
viele positive Kontakte es am Vortag gegeben hat. Die Teilnehmer erhalten dann neue Perlen und damit einen Anstoß, erneut Perlen wandern zu
lassen. Am Veranstaltungsende nehmen wir oft noch einmal verbal Bezug
auf die Perlen. Die Teilnehmer nehmen die gewanderten Perlen als kleine
Erinnerung an wichtige Kontakte und Gespräche mit nach Hause.

## 4.4.2 In Bewegung kommen

Die Tür des Veranstaltungsraums öffnet sich, und die Teilnehmer betreten
einen Saal ohne Tische und Stühle. Die Überraschung ist groß. Die Veranstaltung beginnt auch nicht wie gewohnt mit einer Begrüßung durch den
Vorstand. Stattdessen fordern die Moderatoren die Teilnehmer auf, sich im
Raum zu verteilen, sich am Seil nach verschiedenen Fragen aufzustellen
und dabei miteinander zu sprechen.

Die ersten 30 min einer Großgruppenveranstaltung sind der Begegnung
und Bewegung gewidmet. Dazu überraschen wir die Teilnehmer, machen sie       Bewegung und
neugierig und bringen sie miteinander in Kontakt, um das gewohnte passive    Begegnung
Verhalten zu Beginn einer Veranstaltung (»Mal schauen, was hier geboten
wird!«) aufzulösen. Der passive Einstieg ist ein Kardinalfehler vieler Kongresse und Tagungen. Jeder Teilnehmer nimmt neben den immer gleichen
Kollegen Platz, verschränkt die Arme und harrt der Dinge, die da kommen.

Deshalb ist ein wichtiges Ziel in dieser Phase, die Teilnehmer zur echten Beteiligung an der Veranstaltung zu ermuntern. Es finden sofort viele
kleine Gespräche zwischen den Teilnehmern statt, spontanes Ansprechen
ist erwünscht. In kurzen Interviews äußern sich die Teilnehmer bereits in
dieser Phase im Plenum. Dabei werden einfache Fragen gestellt, die jeder
Teilnehmer leicht beantworten kann (»Wo kommen Sie her? Wie lange sind
Sie bereits in der Organisation tätig? Wie war die Anreise heute Morgen?«)
Durch diese ersten Interviews wird der Umgang mit dem Mikrofon und
den Plenumsbeiträgen vertraut, und es wird deutlich: Hier geht es nicht
darum, die Worte auf die Goldwaage zu legen, sondern freie und spontane
Assoziationen sind gewünscht. Hier dürfen auch mal alle durcheinander-
sprechen, lachen ist klasse, keiner ist perfekt.

**Kernbotschaften**

- Beginnen Sie möglichst mit Bewegung und Begegnung
- Erzeugen Sie verkraftbare Irritationen
- Nutzen Sie den vorhandenen Raum
- Schaffen Sie eine Haltung von »Hier kann man sagen, was man denkt«

Im Folgenden werden 7 methodische Vorschläge für den Schritt »In Bewegung kommen« beschrieben:

### 1. Werkzeug: Inszenierter Einzug

Die Türen des Veranstaltungsraums sind deutlich sichtbar durch rot-weißes Absperrband verschlossen. Alle Teilnehmer halten sich zunächst im Foyer davor auf. Mit einem großen Gongschlag werden die Türen geöffnet, es erklingt beschwingte Musik, und die Teilnehmer betreten gemeinsam den Raum.

### 2. Werkzeug: Überraschende Sitzordnungen

Wo ist mein Stuhl?

Zusätzlich zu den gewohnten Stühlen werden weitere, ungewöhnliche Sitzgelegenheiten angeboten: Sitzbälle, Sofas, Sitzsäcke, Wellpappewürfel, Strohballen. Diese Sitzmöbel animieren die Teilnehmer dazu, während der gesamten Veranstaltung flexibel mit der Sitzordnung umzugehen und häufiger die Plätze zu wechseln. Die Stühle oder Sitzmöbel können zum Start in einer für Großveranstaltungen ungewöhnlichen Form angeordnet werden. Üblich ist eine Kinobestuhlung, eine parlamentarische Bestuhlung mit Tischen oder eine U-Form. Alternativ kann der Raum mit kleinen Stuhlkreisen gestaltet sein, die in der ersten Phase Gespräche in Kleingruppen ermöglichen. Oder die Stühle sind wie beim Open Space in mehreren Kreisen um einen zentralen Bereich angeordnet. Diese flexiblen Bestuhlungen sind in sehr großen Gruppen oft nicht möglich. Aus Sicherheitsgründen müssen die Stühle dann verkettet werden.

### 3. Werkzeug: Internationale Begrüßungen

Die Teilnehmer gehen durch den Raum und bekommen unterschiedliche Anweisungen, sich zu begrüßen, z. B.: »Bitte begrüßen Sie den nächsten Teilnehmer japanisch« (amerikanisch, deutsch, etc.). Besonders beliebt – weil sehr stürmisch – ist die Variante »Begrüßen Sie sich wie 2 amerikanische Holzfäller«.

### 4. Werkzeug: Virtuelle Landkarte

Im Raum verteilt stehen Schilder mit Städtenamen, sodass die gesamte Fläche wie eine Landkarte wirkt. Die Teilnehmer werden nun aufgefordert, sich an den Ort zu stellen, an dem sie geboren sind oder an dem sie arbeiten. Abschließend folgen Interviews, und die Teilnehmer erhalten die Anregung, lokale Netzwerke zu bilden.

### 5. Werkzeug: Mini-Intervention bei Kinobestuhlung

Trotz Kinobestuhlung in Bewegung kommen

Auch bei vorgegebener Kinobestuhlung sind kleine interaktive Startaktionen möglich. Die Teilnehmer können aufgefordert werden, sich jeweils mit den beiden Sitznachbarn oder 2–3 Teilnehmern der vorderen und hinteren Reihe auszutauschen. Zu Kennenlernfragen werden die Teilnehmer gebeten, jeweils aufzustehen. Mit einigen der Stehenden werden dann kurze Interviews gemacht (»Wer ist länger als 3 h angereist?« »Wer ist im vergangenen Jahr neu zu dieser Abteilung gekommen?« »Wer hat schon Erfahrung mit dem Thema XY?«).

## 6. Werkzeug: Aufstellungen im Raum

Die Teilnehmer betreten den Veranstaltungsraum, der zunächst nicht bestuhlt ist. In einem Halbkreis quer durch den Raum liegt ein dickes Tau. Nach der Begrüßung bitten die Moderatoren die Teilnehmer, einige Fragen zu beantworten, indem sie sich an die entsprechende Stelle des Taus begeben. Die Fragen sind immer so formuliert, dass eine Abstufung möglich ist. Mögliche Fragen zu Beginn: »Wie lange arbeiten Sie schon bei Untenehmen XY?« »Wie weit entfernt von hier sind Sie geboren?« »Wie viel Erfahrung haben Sie bereits mit dem Thema der Veranstaltung?« »Wie viel Schwung haben Sie heute mitgebracht?« Die beiden Enden des Seils repräsentieren die extremen Antworten (sehr lange – seit kurzem; ganz viel Erfahrung – keine Erfahrung). Allerdings gibt es dazwischen keine vorgegebene Abstufung.

Nachdem der Moderator eine Frage gestellt hat, beginnt normalerweise ein reges Gespräch zwischen den Teilnehmern über die richtige Position am Seil (»Seit wann sind Sie im Unternehmen?« »Waren Sie 1993 schon in der Abteilung XY?« usw.). Genau dieser Austausch ist gewünscht und kann zu einer lockeren Atmosphäre beitragen. Nachdem sich die meisten Teilnehmer für eine Position entschieden haben, gehen die Moderatoren an verschiedene Stellen des Seils und machen kurze Interviews. Dabei sollen die Fragen ganz einfach und von den Teilnehmern leicht und schnell zu beantworten sein. Mit diesen Interviews wird die Grundlage für den weiteren Austausch in der Veranstaltung gelegt. Seilaufstellungen mit 3 Fragen und etwa 10–15 kurzen Interviews benötigen 20 min.

*Austausch am Seil*

## Variationen

- Die Orientierung für die Aufstellung im Raum erfolgt nicht durch das Seil, sondern durch beschriftete Schilder. Beispielsweise kann man die Teilnehmer bitten, sich zu Herkunftsgruppen aufzustellen. Jede Gruppe stellt sich dann kurz vor.
- Aufstellungen lassen sich auch gut nutzen, um ein Meinungsbild zu erhalten. Thesen zum Veranstaltungs- oder Vortragsthema werden auf Pinnwänden oder Pappen notiert. Die Teilnehmer stellen sich zu der These, der sie am stärksten zustimmen. Nach kurzen Gesprächen in den entstandenen Kleingruppen führen die Moderatoren Interviews durch und fragen nach Begründungen und Assoziationen zu der jeweiligen These.

## 7. Werkzeug: Namensschildertausch

Dieses Werkzeug eignet sich in der Anfangsphase einer Großgruppe, bei der sich nur wenige Teilnehmer bereits kennen (◘ Abb. 4.5). Die Teilnehmer erhalten ansteckbare Namensschilder. Allerdings sind in jeder dieser Klarsichthüllen 5 bedruckte Kärtchen (Name, Herkunftsgruppe, ggf. Veranstaltungslogo) enthalten. Die Teilnehmer werden im Stehen begrüßt und aufgefordert, die überzähligen Kärtchen aus der Plastikhülle zu nehmen. »Bitte lernen Sie nun in 8 min 4 neue Kolleginnen oder Kollegen kennen. Sprechen Sie sie an, tauschen Sie Ihre Namensschilder

*Ansprechen ist erlaubt*

**◘ Abb. 4.5.** Namensschilder mit neuen Kollegen austauschen

aus und stellen Sie sich kurz vor. Dann wechseln Sie bitte zum nächsten Gesprächspartner.«

Die Teilnehmer folgen dieser Aufforderung meist ganz schnell und schauen sich im Raum nach potenziellen Gesprächspartnern um. Dann folgen rege Gespräche in einer sehr quirligen Atmosphäre. Diese Anfangs-aktion macht den Teilnehmern deutlich, dass Kennenlernen und Anspre-chen von Kollegen innerhalb der Veranstaltung gefördert wird. Gerade für zurückhaltende Teilnehmer ist damit manchmal das Eis gebrochen, und sie nutzen auch die weitere Veranstaltung, um aktiv auf andere zuzugehen.

*Quirlige Atmosphäre*

**Variationen**

- Bei Platzmangel kann diese Aktion auch im Sitzen durchgeführt wer-den. Jeder Teilnehmer kann sich mit den Umsitzenden in der Vorder- und Hinterreihe austauschen.
- Es ist auch möglich, dass die Teilnehmer vor der Veranstaltung die Auf-forderung bekommen, 5 selbstgestaltete Namensschilder mitzubringen. Das gibt der gesamten Aktion eine besondere, persönliche Note.

■ Bei Kongressen kommen die Teilnehmer häufig aus unterschiedlichen Organisationen. Dann lässt sich die Übung auch mit den Original-Visitenkarten durchführen. So erhält jeder Gesprächspartner gleich die Kontaktdaten und kann bei Interesse darauf zurückgreifen.

### 4.4.3 Informationen vermitteln

In den meisten Veranstaltungen ist es erforderlich, Ziele, Visionen, Planungen, Erfahrungen, Erkenntnisse oder Problemfelder eindrücklich darzustellen. Je nach Charakter und Funktion einer Veranstaltung nimmt dieser Informationsteil nur einen kleinen Raum zu Beginn ein, oder die gesamte Großveranstaltung ist zur Schulung und Information der Teilnehmer gedacht (▶ Kap. 5.8). Hier ist die Informationsvermittlung dementsprechend das tragende Element.

In jedem Fall bleibt es eine zentrale Herausforderung für die Planungsgruppe und die Referenten, die Informationen so aufzubereiten, dass sie prägnant, strukturiert, einfach und stimulierend (4 Verständlichmacher nach Langer et al. 2002) vermittelt werden können. Nicht das, was der Redner sagt, ist von Bedeutung, sondern das, was der Teilnehmer hört, versteht, abspeichert und später nutzen kann. Die Erkenntnisse der Lernpsychologie (▶ Kap. 1.6) und Prinzipien der Didaktik geben Orientierung, wie das möglichst erfolgreich gelingt.

*Wesentlich ist, was der Teilnehmer hört*

Leider ist der Kampf gegen die Informationsflut noch immer nicht gewonnen. In zahlreichen Planungsgesprächen legen die Themenverantwortlichen einen Aspekt nach dem anderen auf den Tisch, der »unbedingt auch vermittelt werden sollte«, der »für das Gesamtverständnis unerlässlich« oder »Voraussetzung für die spätere Diskussion« ist. Je tiefer ein Experte in sein Thema eintaucht, umso schwerer fällt es ihm häufig, die Informationen auf die Hauptbotschaften zu reduzieren. Zur Vorbereitung einer Großgruppenveranstaltung gehört dementsprechend auch die Abstimmung mit den Referenten über die Struktur und die Gestaltung des Themas. Das kann von einem einfachen Abstimmungsgespräch über eine ausführliche Beratung bis hin zu einem ein- oder mehrtägigen Dozenten- oder Präsentationstraining gehen. Der Vorbereitung kommt hier eine besonders hohe Bedeutung zu, weil innerhalb der Veranstaltung kaum noch korrigiert werden kann. Hat ein Referent nach Ablauf seiner Vortragszeit erst die Hälfte seines Themas bewältigt, haben wir in der Veranstaltung ein Problem, das meist auch für die Teilnehmer spürbar wird.

*Auf den Punkt bringen*

Anregende Möglichkeiten der Informationsvermittlung kommen aus dem Bereich, der in den Medien »Infotainment« genannt wird. Informationen kommen unterhaltsam daher, sie werden leicht und spielerisch präsentiert und aufgenommen. Beim Fernsehen, beim Zeitunglesen, während eines Museumsbesuchs, als Kunde auf einer Messe oder in einem Shoppingcenter können wir uns überall dort, wo Informationen ansprechend vermittelt werden, viele Anregungen für die Gestaltung in Großgruppenveranstaltungen holen. Die Welt endet nicht beim Zeigen von animierten Powerpoint-Folien auf Großleinwänden. Einige methodische Tipps finden Sie nach den Kernbotschaften zu »Informationen vermitteln«.

Im Anschluss an Plenumsvorträge steht häufig »Fragen der Teilnehmer – Diskussion" im Programm. In vielen Veranstaltungen ist es mühsam, einen lebendigen Austausch zu initiieren. Im Folgenden wird gezeigt, wie es nicht sinnvoll ist.

> ● **Beispiel**
>
> **Austausch bleibt auf der Strecke**
>
> Auf der jährlichen Außendiensttagung eines Pharmaunternehmens stellt Bereichsleiter Herr Dr. B. die neue Strategie zur Gestaltung des Außendienstes vor. Nach seiner halbstündigen, gut aufgebauten Präsentation gibt der Moderator das Wort an die Teilnehmer. Nun seien Fragen, kritische und anerkennende Bemerkungen sowie Diskussion erwünscht. Zunächst äußert sich niemand aus dem Publikum. Nach einer erneuten Aufforderung des Modertors meldet sich der stellvertretende Bereichsleiter und stellt die Vorzüge des neuen Vorgehens noch einmal heraus. Nun äußert sich Herr Z., der auch Mitglied der Personalvertretung ist. Er kritisiert, dass die Provisionsgestaltung gegenüber dem bisherigen Modell Nachteile aufweist und zu deutlichen finanziellen Einbußen bei den Außendienstlern führen kann. Herr Dr. B. greift das Stichwort sofort auf. Er hat zusätzliche Folien bereit, um darzulegen, dass die Mitarbeiter langfristig ein höheres Einkommen erzielen können. Einen kurzen weiteren Einwand von Herrn Z. beantwortet er mit weiteren 5 min Präsentation. Auf erneute Nachfrage des Moderators meldet sich niemand mehr. Da die vorgesehene Zeit nun sowieso um ist, kündigt der Moderator die Kaffeepause an. Alle Teilnehmer verlassen den Raum, und schon im Hinausgehen startet ein reges Gemurmel. Während der gesamten Kaffeepause diskutieren die Teilnehmer lebhaft die vorgesehene Umgestaltung des Außendienstes. Nur Herr Dr. B. bekommt davon leider nicht viel mit, er wird gerade von seinem Stellvertreter für die exzellente Präsentation beglückwünscht. Selbst die Frage des ewigen Nörglers Z. sei umfassend und befriedigend beantwortet worden. Nun könne man voller Energie an die Umsetzung gehen.

*... und noch eine Folie*

*Unsicherheiten aushalten*

Haben Sie eine ähnliche Situation schon erlebt? Sowohl bei Rednern als auch bei Moderatoren besteht große Unsicherheit, wenn sie nach einer Inputphase das Wort an das Publikum geben. Es kann von Zufällen abhängen, ob es nun zu vielfältigen Wortbeiträgen und einer konstruktiven Diskussion kommt oder zur einseitigen Betonung von Detailaspekten, unfruchtbaren Wortgefechten oder zu Stille im Saal. Diese Unsicherheit löst den Einbau mancher »Sicherheitsnetze« aus. Da wird schon vorher ausgemacht, wer sich als Erster melden soll. Ein kritischer Geist wird vorab im Einzelgespräch »weichgekocht«. In der ersten Reihe sitzt die gesamte Führungsriege, um im Notfall Stichworte zuzuflüstern oder bei Detailfragen Erklärungen abgeben zu können. Es werden Zusatzfolien für alle Eventualitäten vorbereitet.

Bei den Teilnehmern hinterlässt eine derart »perfekt gesteuerte Diskussion« oft einen schalen, aber auch deprimierenden Beigeschmack. Sie gewinnen den Eindruck, über die wirklich wichtigen Themen sei nicht gesprochen worden. Sie merken, dass das Plenum nicht der richtige Ort ist, um Fragen zu stellen und Vorbehalte anzumelden. Das verschieben sie dann lieber in die Pause, auf Einzelgespräche oder Besprechungen im kleinen Kreis. Mögliche Bezeichnungen für solche Veranstaltungen lauten dann »Parteitage«.

### Kernbotschaften

- Nutzen Sie unterschiedliche Arten der Visualisierung
- Beenden Sie niemals einen Input mit: »Gibt es noch Fragen?«
- Stimmen Sie jeden Input mit dem Referenten ausführlich ab (Länge des Beitrags, Anzahl der Folien, Umgang mit Fragen, Abschluss)
- Aktivieren Sie die Zuhörer

Im Folgenden werden 7 methodische Vorschläge für den Schritt »Informationen vermitteln« beschrieben:

### 1. Werkzeug: Intervieweinspielung

Wichtige Impulsgeber, die nicht direkt an der Veranstaltung teilnehmen können, werden vorab interviewt und gefilmt. Die Interviews werden dann in der Veranstaltung eingespielt. Dies kann sehr professionell durch ein Filmteam geschehen oder auch einfach mit Videokameras aus dem Privatbereich.

### 2. Werkzeug: Dialog

Zwei Vortragende bauen ihren Redebeitrag im Dialog auf und geben sich abwechselnd Stichworte. Dies ist besonders wirkungsvoll, wenn ein Thema aus 2 Sichtweisen betrachtet werden soll, z. B. aus Sicht der Produktion und des Verkaufs.

### 3. Werkzeug: Talkrunde

Mit ähnlichen Gestaltungselementen wie bei Fernsehtalkshows können Sie auch eine Talkrunde innerhalb der Veranstaltung moderieren. Die Teilnehmer der Talkrunde geben Eingangsstatements ab, dann stellt der Moderator inhaltliche Fragen, bei strittigen Themen wird diskutiert, das Publikum kann einbezogen werden, abschließend geben die Teilnehmer ein Resümee.

### 4. Werkzeug: Metaphern

Der Redner verbindet sein inhaltliches Thema mit einer Metapher. Ein Vorstandsmitglied eines Versicherungsunternehmens nutzte für seine Zukunftsrede z. B. das Bild eines Aufstiegs am Berg. Dazu brachte er seine persönliche

Bergsteigerausrüstung mit und stellte immer wieder Parallelen zwischen dem Aufstieg und der notwendigen Weiterentwicklung im Unternehmen her.

## 5. Werkzeug: Räumliche Darstellung

Ein Redner kann zur Illustration seines Themas den gesamten Raum nutzen und Entwicklungen durch veränderte Standorte im Raum verdeutlichen. Sehr eindrücklich gelang dies, indem bei einer Fusion 2 Taue ausgelegt waren, die sich in der Mitte des Raumes trafen und dann verschlungen weiterliefen. Die beiden Geschäftsführer berichteten über die Entwicklung der beiden Unternehmen und nahmen dabei die entsprechend gekennzeichneten Positionen an ihrem Seil ein. Am Fusionspunkt trafen sie zusammen und zeigten gemeinsam auf, welche nächsten Schritte geplant waren.

*2 Taue fusionieren*

## 6. Werkzeug: Informationsparcours

Sollen in einer Veranstaltung vielfältige und umfassende Informationen vermittelt werden, bietet sich ein Informationsparcours als Alternative zu klassischen Plenumsvorträgen an. In einem solchen Parcours bereiten mehrere Impulsgeber oder Referenten Stationen vor. Sie bereiten die Themen visuell auf, entwickeln ein Kurzreferat und planen kleine Aktionen zur Einbeziehung der Teilnehmer (Fragen, provokante Thesen, Quiz, Minirollenspiel, Teilnehmerabstimmungen oder -bewertungen o. Ä.). Infotainment, wie es bei Messen eingesetzt wird, kann hier als Vorbild dienen. Für die ansprechende Gestaltung der Stationen sind ein ausführliches Briefing und eine gezielte Unterstützung der Themenverantwortlichen hilfreich. Vielen Referenten fällt es eher schwer, Ideen zur Aktivierung des Publikums zu entwickeln.

*Infotainment = unterhaltsam informieren*

Für den Durchlauf der Teilnehmer sind mehrere Varianten möglich: Feste Gruppen besuchen eine Station nach der anderen, oder jeder Teilnehmer trifft individuell eine Auswahl aus dem Angebot und besucht z. B. 4 aus den angebotenen 8 Stationen. Für jeden Durchgang ist eine feste Zeit von etwa 30 min vorgesehen, dann erfolgt der Wechsel, und der Impulsgeber beginnt mit der neuen Gruppe von vorne. Bei kleinen Gruppen bis zu 8 oder 10 Personen ist es möglich, den Parcours in einem Raum durchzuführen. Werden die Gruppen größer, sind abgetrennte Räume sinnvoll, um die akustischen Störungen durch die anderen Gruppen und Impulsgeber auszuschalten.

---

**Nutzen eines Informationsparcours**

- Nachhaltigere Wissensvermittlung durch Methodenvielfalt und Variationen in der Visualisierung
- Prägnante Präsentationen wegen der strikten Rahmenbedingungen
- Fast alle Sinne können angesprochen werden
- Bewegung und Kontakt sind möglich
- Impulsgeber fühlen sich häufig auch nach der Veranstaltung »ihrem« Thema besonders verbunden und übernehmen stärkere Verantwortung in der Nacharbeit (▶ Kap. 2.6)

---

**Probleme beim Informationsparcours**

- ▬ Zu wenig Zeit an den einzelnen Stationen
- ▬ Teilnehmer fühlen sich manchmal »durchgeschleust«
- ▬ Anstrengung für Impulsgeber, ihren Beitrag mehrfach zu präsentieren
- ▬ Herausforderung/Umstellung für die Impulsgeber: weg vom reinen Vortrag, hin zu einem erlebnisorientierten Input
- ▬ Aufwand für Vorbereitung und Briefing

---

Geben die Moderatoren keinen festen Wechselrhythmus vor, bekommt das Ganze einen stärkeren Messecharakter und wird häufig »Infomarkt« genannt. Manche Teilnehmer informieren sich intensiv, andere schlendern nur vorbei, es bilden sich spontan Grüppchen, die sich nach einer Weile wieder auflösen. Um dem gerecht zu werden, muss das Informationsangebot noch kleinteiliger gestaltet werden. Inputs können dann nur ganz begrenzt sein, und Teilnehmeraktivitäten beschränken sich auf kurze Interaktionen.

*Infomarkt*

## 7. Werkzeug: Murmelgruppen

Murmelgruppen (◻ Abb. 4.6) eignen sich, um nach einem Vortrag, einer Präsentation, einer Filmvorführung oder einer »Podiumsaktion« die Teilnehmer im Publikum einzubeziehen und eine breite Resonanz auf den Inhalt des Beitrags zu bekommen. Der Moderator fordert die Teilnehmer jeder zweiten Reihe auf, den Stuhl umzudrehen, mit den Kollegen aus der hinteren Reihe Kontakt aufzunehmen und sich über den Inhalt des vorangegangenen Beitrags auszutauschen. »Was hat die Präsentation von Frau X bei Ihnen ausgelöst? Welche Fragen sind aufgetaucht? Welchen Aspekten können Sie zustimmen? Welche Kritikpunkte fallen Ihnen ein? Bitte murmeln Sie heftig mit Ihrem Gesprächspartner darüber.«

*»simultan talking«*

*Alle reden gleichzeitig*

Diese Aufforderung stößt einen Moment lang auf Verwunderung, denn eigentlich ist es verpönt, nach Vorträgen mit dem Nachbarn zu reden. Es entspricht allerdings dem Bedürfnis der meisten Teilnehmer nach einem Vortrag und wird deshalb sehr lebhaft aufgenommen. Bald ist der gesamte Raum von einem angeregten Murmeln erfüllt. Nach 5–8 min unterbricht der Moderator die Gespräche. Er geht durch die Reihen und befragt die einzelnen Gesprächsgrüppchen: »Worüber haben Sie gesprochen?«, lautet die einfache Frage. Die Antworten werden in Stichworten auf einem Flipchart festgehalten. Nach etwa 10 Interviews fragt der Moderator ins gesamte Plenum nach weiteren Beiträgen, Fragen oder Kommentaren. In den meisten Fällen gibt es dann zusätzliche Wortmeldungen.

Durch die vorgeschalteten »Murmelgespräche« gewinnen die Teilnehmer mehr Sicherheit, welche Fragen und Kommentare in den Kontext »passen«. Die Gefahr, sich mit einer falschen Äußerung vor Kollegen und Führungskräften zu blamieren, sinkt. Die Diskussion mit den Kollegen gibt Rückhalt, da mögliche Kritik nicht von einem einzelnen Teilnehmer, sondern aus einer kleinen Gesprächsrunde kommt.

**◘ Abb. 4.6.** Sich gleichzeitig mit vielen Kollegen austauschen

Nach den Teilnehmeräußerungen geht das Wort an den Vortragenden, der zunächst kommentiert, wie er die Resonanz auf seinen Vortrag erlebt hat. Dann kann er auf die Fragen und Kommentare eingehen. Steht ausreichend Zeit zur Verfügung, kann sich eine vertiefende Plenumsdiskussion anschließen.

**Variationen**
- Bei ganz großen Gruppen sind die Stühle aufgrund von feuerpolizeilichen Vorschriften verkettet. Dann können Murmelgespäche zwischen den Sitznachbarn initiiert oder die Teilnehmer zu kleinen Platzwechseln innerhalb der Reihen animiert werden.
- Reicht die Visualisierung auf einem Flipchart aufgrund der großen Gruppen nicht aus, werden Stichworte direkt in einen Laptop geschrieben und über Beamer projiziert.

### 4.4.4 Themenfelder beackern

Planungsgruppe einbinden

Die Arbeit in Großgruppen dient in aller Regel dazu, gemeinsam an Themen zu arbeiten. Im Rahmen der Prozessarchitektur findet mit dem Auftraggeber ein ausführlicher Austausch über die Ziele des Prozesses und der Großgruppenveranstaltung statt. Die Planungsgruppe entwickelt daraus Arbeitsthemen. Die Form, in der die Fragestellungen behandelt werden, kann sehr unterschiedlich sein und hängt vom Inhalt ab. Mit dem sechsten Werkzeug »Klippenwand« kann eine große Gruppe kritische Erfahrungen in der Vergangenheit verarbeiten. Das siebte Werkzeug »Wünsche zur Zusammenarbeit« dient dazu, die Zusammenarbeit zwischen einzelnen Einheiten in einer Großgruppe zu verbessern. Das fünfte Werkzeug »Handwerker – Denker – Verkäufer« unterstützt die Auseinandersetzung mit Leitbildern.

## Grundstruktur für die Themenbearbeitung

In großen Gruppen ist es selten sinnvoll, dass alle gleichzeitig an einem Thema arbeiten. Aus einer zentralen Fragestellung oder Zukunftsanforderung leiten die Teilnehmer Einzelthemen ab, die sie dann in den kleinen Gruppen bearbeiten. Bei der Entwicklung dieser Themen greifen wir auf die klassische Methode des Open Space zurück und wandeln sie bei Bedarf ab.

Die Teilnehmer sitzen im Kreis mit einer klaren zukunftsorientierten Frage im Fokus. Stifte und leere Plakate liegen in der Kreismitte, in einem Außenkreis befinden sich Pinnwände zum Anbringen der Themen. Uns ist wichtig, dass der Auftraggeber bzw. die oberste Führungskraft in die Mitte des Kreises geht und eine kurze emotionale Ansprache über die Bedeutung der Fokusfrage hält. Dann erst geht der Moderator in den Kreis und erläutert das weitere Vorgehen.

Je nach Kultur und Zeitbudget verwenden wir weitere Open-Space-Regeln oder wandeln diese ab. Zwei Minuten Stille vorab oder ein Kurzgespräch mit dem Nachbarn, bevor es zur anschließenden Themensammlung kommt, können sinnvoll sein.

Nach der Themensammlung ordnen sich die Teilnehmer entsprechend ihrer Energie und Leidenschaft zu, es entstehen Kleingruppen zu den einzelnen Themen. Diese Kleingruppen erhalten einen kleinen Werkzeugkasten mit Moderationsmaterial und eine Arbeitsanweisung. Bei der Themenbearbeitung ist wichtig, nicht zu viel Zeit auf die Analyse des Problems zu legen, sondern möglichst viele Zukunftsideen zu produzieren und im zweiten Schritt zu bewerten. Die oberste Führungskraft wandert in dieser Phase von Gruppe zu Gruppe, bekommt allerdings ein symbolisches Pflaster auf den Mund geklebt, um sich nicht in die Diskussionen einzubringen. So erhält sie einen guten Überblick über die Themen.

*Moderationsmaterial in Werkzeugkästen*

## Alle arbeiten im gleichen Raum

Wenn genug Platz vorhanden ist, arbeiten alle Kleingruppen im gleichen Raum. Das produziert zwar Lärm, gleichzeitig aber auch eine spürbare Energie: Überall im Raum wird diskutiert, Flipcharts werden beschrieben, Karten aufgehängt, ein Teilnehmer fragt nach roten Stiften, andere streichen Ideen wieder durch, eine Gruppe lacht, dort fallen die Karten herunter, und für jeden Teilnehmer ist spürbar, dass alle an der gemeinsamen Zukunft arbeiten. Keiner kann sich dem Flow entziehen.

*Keiner kann sich dem Flow entziehen*

In der letzten Phase bereiten die Kleingruppen eine Präsentation für das Plenum vor. Je größer die Teilnehmerzahl und die Anzahl der Kleingruppen sind, umso prägnanter und kürzer müssen die Teilnehmer präsentieren. Häufig geben wir 3 oder 4 min als maximale Präsentationszeit vor, wobei die Hälfte der Zeit für eine eindrucksvolle Darstellung des Themas verwendet werden soll, z. B. für einen Rap, eine Pantomime, eine Skulptur, eine szenische Darstellung, eine gemeinsame Aktion, ein Lied oder chorisches Sprechen. Die Dokumentation mittels Protokollbogen oder in einer Datei dient dazu, Inhalte, Ideen und Vorschläge für die Nacharbeit zu sichern. Die Präsentation im Plenum hat die Funktion, einen gemeinsamen Überblick über die Themen und einige Hauptaspekte zu bekommen. Stimmungen und Zielrichtungen aus den Gruppen werden deutlich.

Eine Alternative dazu ist die Ergebnispräsentation in einem Marktplatz: Jede Kleingruppe bereitet zu diesem Zweck eine Pinnwand vor (■ Abb. 4.7). Ein Teilnehmer bleibt bei der eigenen Pinnwand stehen und erläutert sie den Marktbesuchern. Die übrigen Teilnehmer erhalten grüne und rote Karten. Ihre Aufgabe ist es, beim Rundgang durch den Ergebnismarktplatz Zustimmung und Ergänzungen auf die grünen Karten zu schreiben und an die Wand zu pinnen. Bedenken und Hindernisse notieren sie auf roten Karten.

**Arbeitsthemen frei wählen lassen**

Wir bevorzugen es, die Teilnehmer ihre Arbeitsthemen frei wählen zu lassen. Allerdings kann es Situationen geben, in denen die Themen schon vorbereitet wurden oder eine bestimmte Fragestellung auf jeden Fall behandelt werden soll. Die jeweiligen Themengeber stellen ihre vorbereitete Frage dann der großen Gruppe vor und versuchen, weitere Teilnehmer zur Mitarbeit zu gewinnen. Dabei ist wichtig, dass alle Teilnehmer Verantwortung für die Bearbeitung und das Ergebnis übernehmen. Je höher die Hierarchie der Themengeber, umso größer ist die Gefahr, dass sich Teilnehmer auf eine »Mitläuferrolle« zurückziehen.

Manchmal ist es jedoch auch sinnvoll, die Gruppenzusammensetzung nach inhaltlichen Kriterien vorher festzulegen oder über ein Zufallsprinzip zu steuern. Häufig verwenden wir dazu Symbole oder Farben auf den Namensschildern.

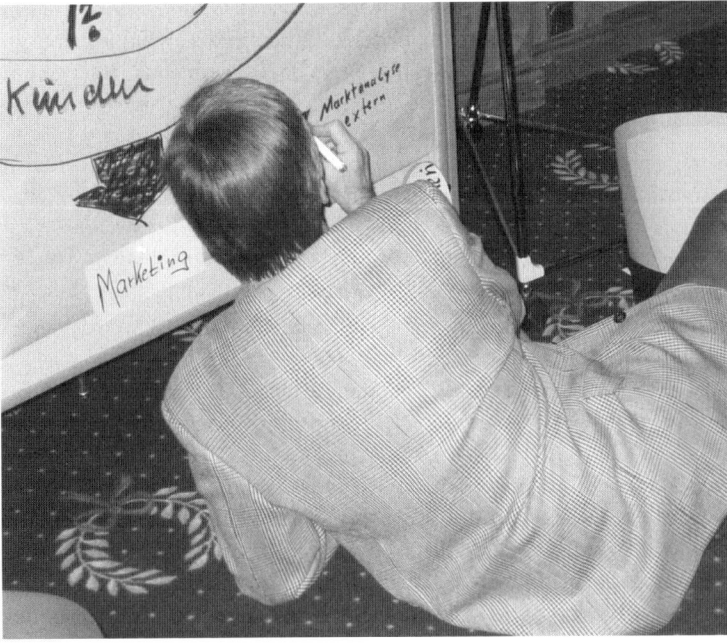

■ Abb. 4.7. Vorbereitung einer Präsentation

- Ermöglichen Sie einen Wechsel zwischen Plenum, Kleingruppen und Einzelarbeit.
- Selbstgewählte Themen erhöhen die Energie der Teilnehmer.
- Alle Gruppen arbeiten in einem Raum.
- Ergebnissicherung durch Visualisierung, Protokolle oder elektronische Medien ist für die Weiterarbeit entscheidend.
- Abschluss durch aktivierende Präsentationen erzeugt Energie und bringt es auf den Punkt.

Im Folgenden werden 7 methodische Vorschläge für den Schritt »Themenfelder beackern« beschrieben:

## 1. Werkzeug: Prozesse im Raum darstellen

Eine räumliche Darstellung ist hilfreich, wenn es in einer Veranstaltung darum geht, Prozesse zu verstehen, zu analysieren und zu verändern. Jeder Schritt im Prozess wird durch ein Schild und/oder einen Tisch gekennzeichnet. Die Schritte des Hauptprozesses sind in der entsprechenden Reihenfolge quer durch den Raum angeordnet. Unterstützungsfunktionen können seitlich zugeordnet werden. Die Produkte oder Dienstleistungen sind durch Kartons dargestellt, die den gesamten Prozess durchlaufen. Bei jedem Prozessschritt formulieren die Teilnehmer die erforderlichen Arbeitsaufgaben und analysieren die auftretenden Probleme.

*Prozesse begreifbar machen*

> **Beispiel**
>
> Bei einem großen Automobilhersteller erfolgte die Bearbeitung von elektronischen Kundenanfragen sehr schleppend. Dazu bauten wir alle notwendigen Prozessschritte im Raum auf, die eine E-Mail durchläuft, bis sie beim zuständigen Verkäufer eintrifft und von ihm bearbeitet werden kann. Gleichzeitig luden wir 3 echte Kunden ein, die in den letzten 4 Wochen eine E-Mail geschrieben hatten. Im ersten Schritt wurden die Kunden interviewt, die ihre Wünsche auf einen Karton notierten. Besonders interessant war ihre Erwartung bezüglich der Reaktionszeit seitens des Unternehmens. Die Kartons wanderten nun durch sämtliche Prozessschritte. Schnell wurde deutlich, dass die Teilnehmer die Kartons mehrfach umsortierten, bis sie beim zuständigen Verkäufer im Autohaus landeten. Die erwartete Reaktionszeit seitens des Kunden war schon lange abgelaufen, bevor der Verkäufer überhaupt eine Chance hatte, dem Kunden zu antworten.

## 2. Werkzeug: Marktplatz mit Bewertung

Wenn viele Kleingruppen Arbeitsergebnisse erzeugt haben, werden diese in einem lebendigen Marktplatz diskutiert und bewertet. Von jeder Gruppe bleiben 2 Mitarbeiter an ihrem Stand bzw. ihrer Pinnwand stehen, während die übrigen die anderen Marktstände besuchen. Wie bei einem tatsächlichen Markt sollen die beiden Mitarbeiter am Marktstand aktiv, z. B. durch

*Teilnehmer aktivieren*

Kommentare in rot
und grün

provokante Thesen, die übrigen Mitarbeiter an ihren Stand locken und mit ihnen über die Ergebnisse und Vorschläge diskutieren. Jeder Marktbesucher nutzt grüne und rote Karten und hängt an die Pinnwände Kommentare und Bewertungen an. Die grünen Karten enthalten Zustimmungen und Ergänzungen, auf den roten Karten werden Risiken, Befürchtungen oder alternative Empfehlungen notiert.

Nach dem Marktplatz setzt sich jede Arbeitsgruppe mit ihren Karten und Kommentaren auseinander und überarbeitet ihr Ergebnis.

### 3. Werkzeug: Protokoll und Bild

Erarbeitete Pinnwände und Flipcharts sind oft unübersichtlich. Deshalb erstellen Arbeitsgruppen häufig ein Protokoll, um mit den Ergebnissen in der Organisation sinnvoll weiterarbeiten zu können. Dieses Protokoll kann ein handschriftlich ausgefüllter Bogen sein. Wenn möglich, wird das Protokoll gleich auf Laptops erstellt, und jede Gruppe gibt einen USB-Stick ab, auf dem sie die Protokolldatei speichert. Beim Überreichen des USB-Sticks oder Protokollbogens wird die gesamte Gruppe gebeten, sich zu einer Skulptur aufzustellen, die im Zusammenhang mit ihrem Arbeitsthema steht. Meist probieren die Gruppen so allerlei Möglichkeiten aus, und es wird viel gelacht. Erstreckt sich die Veranstaltung über mehrere Tage, wird im Plenum angekündigt, dass z. B. ab 23 Uhr alle Protokolle und Bilder aushängen. Meist versammeln sich dann exakt um 23 Uhr eine ganz Reihe neugieriger Teilnehmer vor den Protokollpinnwänden.

### 4. Werkzeug: Diskussionsspaziergang

Frische Luft zum Denken

Ein Werkzeug für gutes Wetter in ansprechender Umgebung ist der Diskussionsspaziergang. 3–5 Teilnehmer machen sich gemeinsam auf den Weg, ausgerüstet mit einem Klemmbrett, Moderationskarten und Stiften. Während des Spaziergangs oder an gemütlichen Ruheplätzen diskutieren sie die Fragen, die vorher im Plenum gestellt wurden. Nach der verabredeten Zeit kommen alle zurück und hängen ihre Ergebnisse an Wänden auf. Bei sehr großen Gruppen kann man vorher auch eine Verdichtung vornehmen, indem z. B. 3 Gruppen ihre Ergebnisse zusammenfassen. Der Diskussionsspaziergang wird von den Teilnehmern vor allem dann sehr geschätzt, wenn das Programm sonst wenig Raum für Freizeit- oder Outdooraktivitäten lässt.

### 5. Werkzeug: Handwerker – Denker – Verkäufer

Dreischritt zur Verankerung

Immer wieder stellt sich in Unternehmen die Frage nach der Verankerung des entwickelten Leitbilds. Mit dem Aufhängen von Plakaten und dem Verteilen von Broschüren ist es nicht getan. Ein sehr bewährtes Werkzeug ist zu diesem Zweck der Dreischritt: Handwerker – Denker – Verkäufer.

**Handwerkerphase:** In dieser Phase bilden 8–10 Teilnehmer eine Gruppe. Sie erhalten eine Kiste mit Baumaterial und dazu einen der Leitsätze der

Organisation. Der Auftrag lautet, eine Skulptur zu bauen, die diesen Leitsatz verkörpert. Jede Kiste ist mit diversen Materialien aus dem Baumarkt bestückt: Stäbe, Stoffe, Bälle, unterschiedliche Hölzer, Kunststoffröhren, Bambusstäbe, Seile, Hasendraht, Pappe etc. Das Material ist farblich sortiert, d. h., ein Karton bekommt nur gelbes Material, der nächste Karton nur blaues, sodass man die gefertigten Skulpturen gut einem Leitsatz zuordnen kann. Als Verbindungselemente haben sich Seile, Schnüre, Kabelbinder, Klebeband und Gummiringe bewährt. Zusätzlich steht ein zentrales Werkzeuglager mit Hämmern, Nägeln, Akkuschraubern, Klebepistole, Leim usw. zur Verfügung.

Kaum ist die Aufgabe verteilt, entsteht ein Sog, möglichst viel Zusatzmaterial und Werkzeug zu horten. Gleichzeitig wird überall im Raum gebaut, gesägt, gebohrt, experimentiert. Ausrufe wie »Habt ihr noch einen Hammer?« oder »Wir brauchen dringend die Bohrmaschine« sind nicht selten. Nach 1 h ist der Raum mit interessanten Skulpturen gefüllt. Manche sind selbsterklärend, andere nicht. Es folgt eine Vernissage, bei der die Künstler ihr Werk erläutern. Häufig nehmen die »Bauherren« ihre Skulpturen nach der Veranstaltung mit ins Unternehmen, sodass man oft Jahre später noch einzelne Skulpturen auf den Fluren bewundern kann.

**Denkerphase:** In der Denkerphase geht es um die inhaltliche Durchdringung des Leitsatzes. Dabei setzen sich die Teilnehmer in neuen Gruppen mit einem neuen Leitsatz auseinander. Sie analysieren, welche Rolle der Leitsatz in der Organisation spielt, inwieweit er schon umgesetzt ist und wo die größten Defizite liegen. Auf vorbereiteten Plakaten halten sie ihre Gedanken fest.

**Verkäuferphase:** Diese ist der emotionale Höhepunkt. In wieder neu zusammengesetzten Gruppen und mit einem weiteren Leitsatz versehen, bekommen die Teilnehmer den Auftrag, den Leitsatz zu durchdringen und einen 2-minütigen Werbespot zu kreieren. Dazu soll die gesamte Kreativität und das Material im Raum genutzt werden. Die Präsentationen erfolgen hintereinander, dabei werden die Zuschauer um direktes Feedback per Geräuschentwicklung gebeten. Sie geben nach jeder Präsentation durch leises bis sehr kräftiges Klatschen ihre Zustimmung.

*Emotionaler Höhepunkt*

Der Vorteil dieser Art der Beschäftigung mit den Leitsätzen ist die Vielfalt der Auseinandersetzung: handwerklich, intellektuell und emotional. Durch den häufigen Wechsel der Gruppenzusammensetzung entsteht darüber hinaus ein kollektives Bewusstsein zu den Inhalten und Anforderungen der Leitsätze.

## 6. Werkzeug: Klippenwand

Die Klippenwand dient dazu, kritische Entwicklungen in der Vergangenheit zu beleuchten. Herrscht schlechte Stimmung, besteht viel Kritik an der Führung oder sind ungünstige Entwicklungen bisher eher unausgesprochen geblieben, ist die Klippenwand ein starkes Instrument, dies alles in den Raum zu holen. Als Material stehen Pappkartons etwa in der Größe

30x30x15 cm zur Verfügung. Die Moderatoren fordern die Teilnehmer auf, sich in kleinen Gruppen über die kritische Entwicklung in der Vergangenheit auszutauschen. Sie sollen die aus ihrer Sicht wesentlichen Klippen der Vergangenheit auf die Kartons schreiben und ggf. noch mit einem Symbol versehen. Sowohl übereinstimmende Meinungen in den Gruppen als auch individuell erlebte Klippen können notiert werden.

Nach etwa 15 min Austausch in den kleinen Gruppen kommen alle Teilnehmer im Plenum zusammen. Ein freier Bereich im Raum wird für den Bau der Klippenwand ausgewählt. Dann tritt ein Vertreter jeder Gruppe nach vorn, liest seine Klippe vor und baut sie in der Wand ein. Es kann durchaus kurze Erläuterungen der Klippen geben, insgesamt ist der Bau der Klippenwand jedoch als zügige Aktion gedacht. Es geht darum, die Klippen zu nennen und sich einen Gesamteindruck von der Meinung des Plenums zu machen. Es geht nicht darum, die Klippen zu analysieren oder über einzelne Einschätzungen zu diskutieren.

Sind alle Klippen eingebaut, lassen die Teilnehmer das Gesamtbild auf sich wirken und geben kurze Kommentare ab. Abschließend interviewen die Moderatoren die Führung und bitten auch hier um einen Gesamteindruck: »Was hat Sie überrascht? Welche Klippen machen Ihnen besonders zu schaffen?« In der weiteren Veranstaltung bleibt die Klippenwand quasi als Mahnung stehen. Die folgenden Veranstaltungsschritte können darauf aufbauen:

*Klippen der Vergangenheit sind Mahnung*

- ▬ Welches sind unsere Schwerpunktklippen?
- ▬ Welche Konsequenzen ziehen wir daraus für die Zukunft?
- ▬ Welche Zukunftsthemen wählen wir aus und bearbeiten wir?

**Variationen**

- ▬ Zusätzlich zur Klippenwand bauen die Teilnehmer eine Erfolgsleiter auf, bei der sie sich auf die Stärken der Vergangenheit und ihre Ressourcen beziehen.
- ▬ Bei kleinen Gruppen kann die Beschriftung der Kartons auch in Einzel- oder Partnerarbeit erfolgen. Bei großen Gruppen muss die Anzahl der Kartons beschränkt werden. Mehr als 100–130 Kartons sind schwer zu handhaben. Außerdem ist dann der Zeitraum zum Vorlesen und Aufbauen zu lang.
- ▬ Natürlich lassen sich dieselben Themen auch auf Moderationskarten schreiben und an Pinnwänden unterbringen. Das Besondere an der Klippenwand ist aber gerade die Größe und Eindringlichkeit der Visualisierung.

### 7. Werkzeug: Wünsche zur Zusammenarbeit

Mit diesem Werkzeug wird an der Verbesserung der Zusammenarbeit zwischen einzelnen Bereichen oder Abteilungen gearbeitet, die an einer Großgruppenveranstaltung teilnehmen. Für alle beteiligten Einheiten oder Abteilungen wird eine Station im Raum aufgebaut. Am besten werden die Stationen so im Kreis angeordnet, dass jede Gruppe die anderen sehen kann. Jede Einheit bekommt einen Tisch und einen Berg von Kartons, die mit einer speziellen Farbe und dem jeweiligen Abteilungskürzel gekenn-

*Wünsche per Karton*

zeichnet sind. Meist bildet die obere Führungskraft mit den Stabsfunktionen eine eigene Einheit.

Jetzt diskutieren die Gruppen über die Zusammenarbeit mit den anderen Bereichen und beschriften die Kartons mit ihren Wünschen. Beispiel: »Wir (Einheit XYZ) wünschen uns von (Einheit KLM), dass alle eingehenden Informationen auf Fehler überprüft werden.«

Nun liefert jede Gruppe ihre Wunschpakete an die anderen Gruppen aus und erhält im Gegenzug selbst Wunschpakete von den übrigen Einheiten. Die unterschiedlichen Farben kennzeichnen die Herkunft der Pakete.

In den Gruppen wird heftig diskutiert: »Was meinen die anderen damit? Sind die Wünsche berechtigt? Wollen wir die erfüllen?« Die Gruppen sind aufgefordert, alle erhaltenen Kartons in 3 Kategorien einzuteilen: »Werden wir erfüllen«, »Unklar – darum kümmern wir uns«, »Werden wir nicht erfüllen«. Sind alle Kartons zugeordnet, stellen die Gruppen ihre Kartons und ihr Diskussionsergebnis mit der Einteilung vor. Für alle Themen, die eine genauere Klärung erfordern, treffen die Beteiligten sofort eine Verabredung, die für alle sichtbar visualisiert und im Fotoprotokoll festgehalten wird.

## 4.4.5 Theater machen

**Kernbotschaften**

- Theatrale Darstellungen bringen es auf den Punkt.
- Latente Konflikte, Unaussprechbares, die Spezialitäten der Unternehmenskultur und die heiteren und deprimierenden Seiten des Arbeitsalltags werden sichtbar.
- Viele Sinne werden angeregt.
- Im Mitarbeitertheater erfolgen eine intensive Aktivierung und ein starker Impuls zur Selbstmotivation.

Theaterarbeit findet zunehmend Eingang in Unternehmen. Die Anzahl derartiger Anbieter hat sich in den vergangenen Jahren deutlich erhöht. In Deutschland haben bereits zentrale Kongresse für Unternehmenstheater stattgefunden. Immer mehr Unternehmen wagen sich auf dieses Feld vor. In den gängigen Managementzeitschriften sind regelmäßig Artikel zum Thema zu finden. Aber das Angebot ist schillernd. Schreyögg arbeitet empirisch und theoretisch zum Unternehmenstheater (Schreyögg u. Dabitz 1999). Trotzdem gibt es noch kein einheitliches Verständnis der verschiedenen theatralen Arbeitsformen.

Im Folgenden werden 7 methodische Vorschläge für den Schritt »Theater machen«, geordnet nach der »theatralen Intensität«, beschrieben:

*Theaterarbeit führt direkt zum Menschen*

### 1. Werkzeug: Theatrale Dramaturgie

Der Ablauf einer Veranstaltung wird nach dem Muster der Dramaturgie eines Theaterstücks bzw. von Theaterarbeit gestaltet: Es gibt die Phasen des

Kennenlernens und Aufwärmens, des Bekanntwerdens mit dem Thema, der Herausarbeitung der Probleme und Konflikte sowie der Lösung und des Endes (in der Regel eher als Happy End denn als Katastrophe).

### 2. Werkzeug: Szenische Präsentation

Die Teilnehmer werden aufgefordert, Arbeitsergebnisse aus Kleingruppen theatral zu präsentieren. Dabei werden sie nur mit Material und kleinen Anregungen durch die Moderatoren unterstützt. Sie nutzen dabei alle lebendigen Formen der Darstellung, von der kleinen Szene, dem Rap, Gedicht- oder Liedvortrag, der Publikumsanimation usw.

### 3. Werkzeug: Klangperformance

Lebendige Formen der Darstellung

Der Moderator leitet eine Art Rollenspiel mit festen Vorgaben an, und die Teilnehmer steigen spontan in diese Rollen ein. Ein besonders schönes Verfahren ist mit der Klangperformance entwickelt worden: Das Motto der Veranstaltung oder ein griffiger Leitsatz, der für das Unternehmen steht, wird in seine Buchstabenbestandteile zerlegt und auf verschiedene Kleingruppen verteilt.

> **Beispiel**
>
> Bei der Eröffnung eines Kundenforums nutzten wir den Satz »Wer die Herzen bewegt, bewegt die Welt«. Dieser Satz ist in der »Markthalle« über 5 Stockwerke hinweg in großen Buchstaben in die Glasgeländer geätzt. Während der ganztägigen Großgruppenveranstaltung sollten sich 260 Mitarbeiter aus 7 verschiedenen Dienstleistungsunternehmen optimal miteinander vernetzen, um dem Kunden eine Rundumbetreuung zu gewährleisten. Im Laufe des Tages machten wir die Teilnehmer in kleinen Gruppen mit ihrem Teil der Klangperformance vertraut. Buchstabenelemente des o. g. Satzes wurden rhythmisch und melodisch einstudiert. Am Ende der Veranstaltung verteilten sich die Teilnehmer in den Kleingruppen über die 5 Stockwerke, und der Moderator dirigierte von unten. Nachdem jede Gruppe ihr Modul klanglich kurz vorgestellt hatte, komponierte der Moderator und Dirigent aus diesen vokalen Einzelmodulen ein chorisches Klangbild, sodass sich der Raum anfüllte mit der akustischen Energie des Mottos: »Wer die Herzen bewegt, bewegt die Welt.« Ein bewegender Moment.

### 4. Werkzeug: Veranstaltungsfeedback

Der schauspielerfahrene Dozent schlüpft in eine Rolle und übernimmt teilweise Moderatorenfunktion. Ein Beispiel: Ein Journalist, Horst-Schlämmer-Verschnitt, animiert die Teilnehmer, sich auch in den Pausen mit den Themen auseinanderzusetzen, versteht sich als Sprachrohr und bringt brisante Themen nach vorne, ohne dass sich jemand outen muss.

Brisantes, ohne dass sich jemand outen muss

## 5. Werkzeug: Szenische Intervention

Der Dozent nutzt eine szenische Intervention, um den Seminarteilnehmern ein lebendiges Beispiel zu geben. Er tritt beispielsweise als reanimierter Henry Ford auf und erzählt, welche Umstände und Vorhaben seinen Erfolg verursachten und wie seine Haltung zu den aktuellen Konflikten im Unternehmen aussähe.

## 6. Werkzeug: Mitarbeitertheater

Mitarbeiter bzw. Mitglieder einer Projektgruppe erarbeiten unter Anleitung eines Theaterregisseurs eine szenische Präsentation, die sie vor anderen Mitarbeitern beispielsweise im Rahmen eines Kick-offs vorführen.

## 7. Werkzeug: Unternehmenstheater

Ein externer Schauspieler oder ein Schauspielensemble führt ein selbstentwickeltes Stück vor Unternehmensmitarbeitern auf. Dieses »klassische« Unternehmenstheater nutzt das Genre des Kabaretts bzw. der Commedia dell'Arte oder des pointierten Feedbacks, in welchem Improvisationskünstler am Ende einer Veranstaltung den gesamten Ablauf ironisch-spöttisch kommentieren.

Nun führen wir Sie intensiver in das Geheimnis der szenischen Arbeit mit Mitarbeitern ein. Dieses Verfahren haben wir in der Vergangenheit als eine sehr starke und nachhaltige Intervention erlebt.

## Einstieg ins Theaterprojekt – Mitarbeitertheater als wirkungsvolle szenische Intervention

### Seminarbeginn

Der Leiter der Impulswerkstatt bringt Kisten und Kästen in den Arbeitsraum, ordnet Utensilien wie Stöcke, Hüte, Seile, Tücher. Er legt die erste CD ein, testet den CD-Player ... Die ersten Teilnehmer kommen in den Raum. Der Leiter hatte kurzfristig versucht, noch einen größeren zu bekommen. Vergeblich. Nach den üblichen freundlichen »Morgen!« und »Hallo!« erste skeptische Blicke im Raum umher: »Was ist denn hier los?« So benutzen die Mitarbeiter des Unternehmens den Schulungsraum normalerweise nicht. Alle Tische und Stühle sind auf den schmalen Flur vor den Tagungsraum geschoben. Suchende Blicke nach Sitzgelegenheiten. Unsicherheit. »Ich möchte jetzt noch nicht erklären, was wir machen werden. Ich möchte warten, bis alle da sind«, so das lapidare Statement des Theaterdozenten.

Es ist 9 Uhr. Seminarbeginn. Die Sprecherin der OE-Projektgruppe stellt fest, dass alle eingetroffen sind. Der Dozent eröffnet seine Arbeit: »Ich möchte mit Ihnen sofort einige Übungen machen. Meine Bitte: Lassen Sie sich darauf ein, machen Sie einfach mit. Die Übungen haben keine Nebenwirkungen und erzeugen keine Langzeitschäden.« Erstes zaghaftes Lachen, teilweise Stirnrunzeln. Verlegenheit. »Später erkläre ich den Sinn der Übungen, und Sie können Fragen stellen«, ergänzt der Theatermensch. Einige kramen noch in ihren Plastiktüten nach Turnschuhen. Manche

*Veränderung der gewohnten Umgebung*

haben die Hinweise auf der Einladung zu der Impulswerkstatt »Theater« korrekt umgesetzt, sind ganz in schwarzer oder zumindest dunkler legerer Kleidung, tragen leichte Schuhe.

### Aufwärmphase

»Ich mache jetzt Musik und bitte Sie, im Raum umherzugehen«, gibt der Trainer eine erste Anweisung. Trommeln ertönen aus dem CD-Player. Fragende Blicke. Wieder verlegenes Lächeln. Zögerliche erste Schritte. – »Warum soll ich im Raum umherlaufen? Wie soll ich laufen? Hoffentlich sieht mich keiner von draußen durch die Fenster. Die denken, wir spinnen.« – So könnte man in den ungläubigen Gesichtern lesen.

Die Anweisungen des Spielleiters werden dynamischer. Die Gruppe kommt in Bewegung. Blicke kreuzen sich. Albernheit kommt auf. Gekichere. »Tempo 80.« Die Gruppe beschleunigt ihr Tempo. Einige trotten in ihrem individuellen Anfangstempo weiter. Lustlos. Der Leiter nimmt es wahr. Er geht nicht darauf ein. Er weiß, auch sie können sich auf Dauer nur schwer der Suggestivkraft des Prozesses und der Gruppe entziehen. Er muss ihr Vertrauen gewinnen. Aber zunächst nicht mit Argumenten über den Kopf, sondern vom Gefühl her, durch den Bauch. Sie müssen ihm schnell glauben – der Workshop ist auf knappe 1,5 Tage begrenzt.

> Der Suggestivkraft kann sich keiner entziehen

Zwei weitere Übungen ähnlicher Art schließen sich nahtlos an. Zwanzig Minuten nach Seminarbeginn schwitzen alle Mitarbeiter der OE-Projektgruppe. »Bitte einen Sitzkreis bilden«, beendet der Leiter die Aufwärmphase. Sofort gehen einige los, um Stühle zu besorgen. »Nein, keine Stühle. Auf den Boden setzen, bitte«, korrigiert der Leiter. Wieder Irritationen und Unverständnis. Eine Ausnahme wird gemacht für eine Rekonvaleszentin (Bandscheibenvorfall). Aber sie wird später auch auf ihren Stuhl verzichten und sich auf den Boden setzen.

### Sinn und Zweck der Übungen werden erklärt

»Ich möchte Ihnen nun einiges zum Sinn und Zweck der gerade gemachten Übungen und zum Ablauf unserer Theaterimpulswerkstatt sagen. Anschließend können Sie Fragen stellen.« Der Leiter erläutert in einfachen Worten und knappen Sätzen den Sinn des Aufwärmens, räumt mögliche Befürchtungen aus, viel Text auswendig lernen zu müssen, und erläutert in Kürze einige Prinzipien und Methoden des Körper- und Bewegungstheaters. Er betont ausdrücklich, dass keine Gefahr bestehe, dass sich irgendjemand aus der Gruppe zu irgendeinem Zeitpunkt blamieren könne. Dafür werde er persönlich garantieren. Und er bittet, ihm zu vertrauen. Die Gruppe könne selbst entscheiden, ob sie ihr Produkt am Ende zeigen wolle.

> Wir erstellen eine Theaterpräsentation

Ziel des 1,5-tägigen Workshops ist es, eine 10- bis 15-minütige Theaterpräsentation zu erarbeiten. Sie soll wesentliche Etappen des vergangenen und abzuschließenden 2-jährigen OE-Prozesses in der Abteilung darstellend reflektieren und eine mögliche Vision enthalten, wie es weitergehen kann. Zeitpunkt der Präsentation: 3 Wochen später auf einer 1-tägigen Abschlussveranstaltung mit anschließendem Grillen. Am Vormittag des Tages reflektieren Arbeitsgruppen den 2-jährigen Veränderungsprozess.

## Einzelne Mitarbeiter reißen andere mit

Nach der Aufwärmphase verschafft sich der Spielleiter genauere Kenntnisse von den Fähigkeiten der Teilnehmenden. Er weist sie an, ganz bestimmte Übungen zu machen, in denen sie als Gruppe agieren (unterschiedliche Molekülgruppen bilden) und über eine bestimmte Körperhaltung einen expressiven Ausdruck herstellen (Denkmale und Statuen bauen) müssen. Der Trainer ist Schauspiellehrer und verfügt über ein umfangreiches Repertoire an Übungen und Trainingsmethoden zur Schulung der Wahrnehmung und des stimmlichen und körperlichen Ausdrucks. Oft wird er im Laufe der 1,5 Tage sein Konzept umstellen, geplante Übungen streichen, spontan andere einsetzen, sie variieren oder intuitiv neue kreieren, sodass sie auf die Gruppe passen. Am Ende dieser Phase differenzieren sich die expressiven Fähigkeiten seiner Schüler deutlicher. Das erleichtert ihm, Anweisungen und Hilfestellungen gezielter zu geben und möglichst jeden der Laiendarsteller mit seinen Fähigkeiten optimal einzusetzen.

Der Leiter informiert die Teilnehmer genauer darüber, wie es am Nachmittag weitergehen wird. Es werden wichtige Elemente des OE-Prozesses benannt, erste Ideen für szenische Bausteine umgesetzt und mit Darstellungsformen des Bewegungs- und Körpertheaters experimentiert. Am letzten der 3 Halbtage wird aus diesen Bausteinen eine präsentationsfähige Szenenfolge erarbeitet. Dramaturgischer Feinschliff und Proben, d. h. wiederholbar machen, bilden den Abschluss des Seminars. Eine Videoaufnahme der letzten Durchlaufprobe – mit Bühnenscheinwerfern – erhöht nochmals die Ernsthaftigkeit und hohe Bühnenpräsenz bei den Darstellern. Der Vormittag endet mit einer Vertrauensübung, die körperliche Nähe herstellt und die Gruppe weiter zum Team macht.

*Kommunikation soll offen und vertrauensvoll stattfinden*

## Teams erarbeiten selbst die notwendigen Veränderungen

Der Nachmittag des ersten Tages beginnt wie der Vormittag: Trommeln. Gehen im Raum. Wieder Variationen im Tempo. Alles läuft jetzt ein wenig exakter. »Nun haben Sie 10–15 min Zeit zu beraten und auf Pinnkarten 5 Eigenschaftswörter zu schreiben, die Ihrer Meinung nach ziemlich genau die Situation in der Abteilung vor dem Beginn des OE-Prozesses vor 2 Jahren beschreiben, und 5 Eigenschaftswörter für die Situation zum jetzigen Zeitpunkt. Anschließend stellt jede Gruppe einige ihrer Wörter vor der anderen Gruppe dar, ohne sie auszusprechen. Wie Sie das machen, bleibt Ihnen überlassen. Ich wechsele zwischen den Gruppen und berate Sie, gebe Ihnen Hilfe und Unterstützung.« Der Impuls reicht, die Teilnehmer zu animieren. Sie stürzen sich in die Arbeit.

Der Trainer ermuntert, die Vorschläge und Inszenierungsideen sofort auszuprobieren und auf ihre Tauglichkeit zu überprüfen und nicht allzu lange zu diskutieren. Das schöpferische Klima evoziert Oberbegriffe und Rahmenthemen: Abteilungen eines Museums, früher, heute, mit Führung. »Trainer! Das machen Sie!« Der Arbeitstitel steht: »Die Abteilung durch Raum und Zeit«. Die Frage, wo die Aufführung sein soll, wird aktuell. Konzept und Räume könnten zueinander passen.

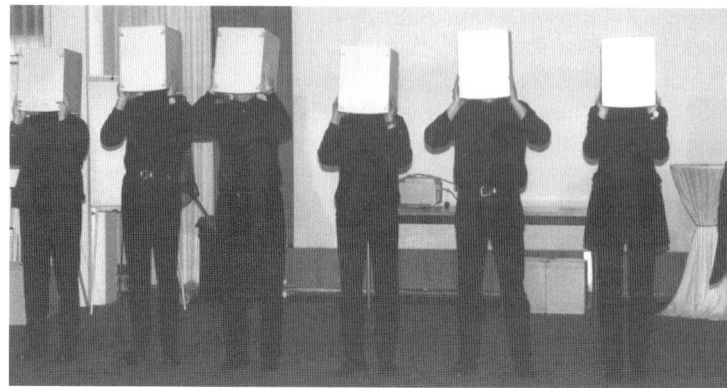

**Abb. 4.8.** Mitarbeiterpräsentation in theatraler Form

### Abschlussfest mit Präsentation

Das Abschlussfest des OE-Prozesses soll auf einer Art Ranch stattfinden. Spielorte: Vorplatz, Garage, Pferdestall, Strohlager usw. An der Pinnwand wächst sichtbar die Dramaturgie. Erschöpfung steht in den Gesichtern der Spieler. Der Zeitplan stimmt. 18 Uhr. Feierabend. Die Dankbarkeit der Teilnehmer ist sichtbar. »Morgen klopfen wir die Dramaturgie fest, machen Szenen wiederholbar, Feinschliff«, verabschiedet sich der Trainer.

Die Präsentation auf der Ranch vor der gesamten Belegschaft der Abteilung wird ein Erfolg. Die zuschauenden Mitarbeiter sind beeindruckt (◪ Abb. 4.8). Die Aufführung wird noch lange zum bestimmenden Gesprächsstoff, und damit werden auch die Inhalte des OE-Prozesses nochmals reflektiert. Nach der Präsentation der Szenen erstellt die Leiterin der Abteilung für jeden Teilnehmer des Theaterteams eine Mappe mit Fotos ihrer Präsentation und entsprechender Danksagung für die geleistete Arbeit während des ganzen OE-Prozesses. Diese Mappen werden in einer kleinen Feierstunde überreicht und dokumentieren für die gesamte Abteilung, aber auch nach außen sichtbar, das erfolgreiche Engagement der Mitarbeiter.

Wandel von und in Organisationen heißt Wandel von Menschen

---

**Wirkung von Mitarbeitertheater – Darsteller sind Multiplikatoren**

Die Teilnehmer einer OE-Projektgruppe wirken meist als Multiplikatoren. Diese Wirkung kann erheblich durch eine theatrale Präsentation dieser Mitarbeiter verstärkt werden. Ihre Präsentation führt zunächst zum Erstaunen der Mitarbeiter, die ihre Kollegen in solchen Rollen nicht erwarten. Darüber hinaus haben die ungewohnten ästhetischen Formen (Körper- und Bewegungstheater) einen höheren Anmutungscharakter als die bekannten Methoden der Präsentation mit Beamer. Der gezeigte Mut führt zu erhöhtem Respekt und erhöhter Anerkennung (»Das hätte ich mich nicht getraut!«). Dies wiederum kann das Vertrauen in die Kompetenz der Mitarbeiter stärken und die Akzeptanz in den OE-Prozess erhöhen. Es gibt einen Fallstrick: Die ungewöhnliche Form der Präsentation muss in eine Unternehmenskultur passen.

| Struktur einer Theaterimpulswerkstatt | | |
|---|---|---|
| 1. Halbtag | – Aufwärmen, (besser) kennenlernen<br>– Locker und wach (präsent) werden<br>– Erste theatrale Grunderfahrungen machen | |
| 2. Halbtag | – Inhaltliches Material sammeln (aus OE-Prozess)<br>– Gestalterisches Material kennenlernen (Körper- und Bewegungstheater)<br>– Mit beidem spielen<br>→ es entstehen erste kleine performative/ gestalterische »acts« | Aus diesem Material entwickelt der Trainer eine Dramaturgie für eine etwa 10- bis 15-minütige Aufführung |
| 3. Halbtag | – Szenenfolge einstudieren, alles wiederholbar machen<br>– Proben, sodass es gut sitzt, um es am Tag der Aufführung aus dem Gedächtnis abrufen zu können<br>– Der Trainer verschriftlicht die Dramaturgie der Aufführung für alle als Erinnerung und Spickzettel und schickt diese den Teilnehmern rechtzeitig zu | |

## 4.4.6 Zukunft anpacken

Gemeinsam mit der Vorbereitungsgruppe wird schon vorher geplant, wie der Prozess über die Großgruppenveranstaltung hinaus weitergeht. Die Kenntnis dieser nächsten Schritte ist Voraussetzung dafür, dass in der Veranstaltung auch das »Richtige« bearbeitet wird. Für die Teilnehmer ist es äußerst frustrierend, wenn sie feststellen, dass ihre Arbeitsergebnisse im Nachhinein gar nicht gebraucht werden.

**Erfolgskriterien für »Zukunft erfolgreich anpacken«**

■ Für die Themenbearbeitung wird die passende zukunftsorientierte Frage gefunden. Die Frage ist so weit gefasst, dass die Teilnehmer Spielräume haben, gleichzeitig aber doch so prägnant, dass die möglichen Ergebnisse gut zur weiteren Organisationsentwicklung und zu den strategischen Zielen passen.

■ Die Mitarbeiter, die das Thema fachlich bearbeiten und die Umsetzung mittragen sollen, werden in die Planung einbezogen. Sie können als Experten befragt werden und verhindern, dass unsinnige Wege gegangen werden.

■ Die Geschäftsleitung legt vorher fest, welche Ressourcen zur Nachbereitung der Veranstaltungsergebnisse zur Verfügung stehen. Aus diesen Ressourcen lässt sich ableiten, in welchem Umfang die Teilnehmer Ideen und Vorschläge entwickeln können, denn jeder Vorschlag benötigt im Nachgang Zeit und Energie zur Prüfung, Bearbeitung

▼ und Umsetzung.

> - Es ist sichergestellt, dass keine äußeren Bedingungen (Umorganisation, Entlassungen, Strategieveränderung) die Ergebnisse unbrauchbar machen. Wenn sich solche Veränderungen andeuten, muss zunächst geklärt werden, welchen Einfluss sie auf die Arbeit in der Großgruppe haben.
> - Neben der inhaltlichen Arbeit wird parallel ein Kommunikationsprozess geplant. Dazu sollte ein Mitarbeiter der internen Kommunikation in das Planungsteam eingebunden werden. Die Kommunikationsmaßnahmen vor, während und nach der Veranstaltung sind geplant.

Parallel den Kommunikationsprozess planen

Umsetzung auf drei Ebenen

Die Teilnehmer einer Großgruppenveranstaltung interessieren sich brennend dafür, was mit den Ergebnissen passiert, wie sie in der Folgezeit mitarbeiten können und wie sie über Entscheidungen informiert werden. Deshalb muss die Leitung diesen Prozess vorher klären und in der Veranstaltung selbst darstellen. Transparenz ist hierbei von größter Bedeutung. Das Fotoprotokoll und die digitalen Protokolle werden allen Teilnehmern zugesandt. Häufig muss an dieser Stelle die Geschäftsleitung gebremst werden. In der euphorischen Stimmung einer Großgruppenveranstaltung neigen Führungskräfte dazu, zu viel zu versprechen, und scheuen es, Absagen zu erteilen.

Bisher haben wir nur die Umsetzung auf der Ebene der **Gesamtorganisation** angeschaut. Darüber hinaus entwickeln sich in einer Großgruppenveranstaltung Zukunftspläne für kleinere Einheiten: **Teams**, **Abteilungen** oder **Bereiche**. Die Teilnehmer finden sich daher in diesen homogenen Gruppen zusammen und leiten aus den im Plenum besprochenen Vorhaben Konsequenzen für ihre eigene Einheit ab. Hilfreich ist die Erstellung eines Plakats, das z. B. als Stichwortliste in die nächste Besprechung im eigenen Bereich mitgenommen werden kann.

Die dritte Ebene der Zukunftsplanung betrifft den Einzelnen. Jeder **Teilnehmer** kann aus den Erlebnissen und Erkenntnissen der Veranstaltung für sich Vorhaben entwickeln und Pläne machen. Dies unterstützen wir beispielsweise durch die Transferkarten, durch Einzelarbeit oder Partnergespräche innerhalb der Veranstaltung.

## Kernbotschaften

- Zukunftsplanung ist immer Teil des Arbeitsauftrags.
- Machen Sie die Einbettung der Großgruppe in die Gesamtarchitektur deutlich.
- Stellen Sie Transparenz im Umgang mit den Ergebnissen her.
- Setzen Sie einen internen Kommunikationsprozess auf.
- Konkrete Umsetzungspläne und Commitments erhöhen die Realisierung der Vorhaben.
- Benennen Sie Entscheidungsprozesse klar und deutlich.

Im Folgenden werden 7 methodische Vorschläge für den Schritt »Zukunft anpacken« beschrieben:

### 1. Werkzeug: Transferkarte

Vor allem wenn die Veranstaltung über mehrere Tage geht, hat sich die Verwendung einer Transferkarte bewährt. Auf der Transferkarte (meist eine kleine Klappkarte, die in das Jackett oder in die Handtasche passt) sind die einzelnen Veranstaltungstage aufgeführt, evtl. auch bestimmte Highlights der Veranstaltung. Die letzte Seite bleibt den Verabredungen und den Vorhaben vorbehalten.

*Alles auf eine Karte*

Jeweils vor der Mittagspause und am Ende eines Tages werden die Teilnehmer gebeten, die für sie wichtigsten Ideen und Anregungen einzutragen. Dabei werden die Teilnehmer manchmal aufgefordert, ihre Stühle so zu rücken, dass sie untereinander keinen Blickkontakt haben. Ein Signal ertönt, und alle werden gebeten, für die nächsten 3 min zu schweigen, ihren Gedanken nachzuhängen und das für sie Wesentliche zu notieren. Diese 3 min gemeinsamen Schweigens haben häufig etwas Besinnliches, Ergreifendes und machen noch einmal eine andere Qualität des gemeinsamen Arbeitens in einem Raum spürbar.

Am letzten Tag erweitert sich die Fragestellung:

- ➡ »Bitte überlegen Sie jetzt, mit wem Sie hier im Raum noch Verabredungen treffen möchten, und nutzen Sie die nächsten Minuten dafür.«
- ➡ »Wenn Sie morgen an Ihren Arbeitsplatz zurückkehren, welche Maßnahmen werden Sie unmittelbar einleiten? – Bitte notieren Sie diese Vorhaben auf der letzten Seite.«

Die Transferkarte bietet den Vorteil, dass alle wichtigen Gedanken und Vorhaben aus einer Veranstaltung in einem Dokument zusammengefasst sind. Dieses Vorgehen ist für die Nacharbeit günstiger als Notizen an unterschiedlichen Stellen in einer umfangreichen Teilnehmermappe.

### 2. Werkzeug: Brief an sich selbst schreiben

Die Teilnehmer werden gebeten, sich selbst einen Brief zu schreiben, und erhalten dazu einen Briefbogen und einen Umschlag. Jeder Teilnehmer sucht sich einen ungestörten Platz im Raum. In den folgenden 10 min der Stille schreibt jeder in klassischer Briefform mit Datum und Anrede Gedanken an sich auf, die aus der Veranstaltung entstanden sind. »Was ist hier wichtig für mich?« – »Was nehme ich mir vor?« Dann werden die Briefe einkuvertiert, zugeklebt, mit der Firmenadresse versehen und abgegeben. Vier Wochen später erhält jeder Teilnehmer den Brief über die Hauspost. Er wird erneut an die Themen der Veranstaltung erinnert und kann prüfen, welche der Vorhaben bereits erledigt sind.

*»Endlich bekomme ich Post«*

### 3. Werkzeug: Rucksack packen

Jeder Teilnehmer hat mit der Einladung einen Rucksack bekommen und wurde gebeten, diesen Rucksack zur Veranstaltung mitzubringen. Im Laufe der Großgruppenveranstaltung packt jeder seine diversen Materialien, z. B. Handouts von Vorträgen an Marktständen, Symbole, Give-aways, Visitenkarten und vieles mehr, in den Rucksack. Entscheidend ist die Fokussierung zum Veranstaltungsabschluss: Die Teilnehmer packen den Rucksack *Ballast abwerfen* aus. Sie verabschieden sich von Dingen, die sie nicht brauchen – was den meisten eher schwerfällt – und packen nur die Dinge ein, die für sie und ihren Arbeitsprozess von Bedeutung sind. Dabei überlegen sie sich bereits in der Veranstaltung, an welcher Stelle im Büro sie die verschiedenen Utensilien deponieren oder ausstellen möchten.

### 4. Werkzeug: Die 5 Weisen

Die Idee der 5 Weisen lehnt sich an die Wirtschaftsweisen der Bundesregierung an. Unabhängige Gutachter beurteilen die Situation und geben dazu in regelmäßigen Abständen einen Bericht an die Regierung. Genauso lautet die Aufgabe der 5 Weisen nach einer Veranstaltung. Sie beobachten die Zusammenarbeit, Atmosphäre, den Projektverlauf, die Einhaltung der getroffenen Verabredungen o. Ä. Dazu liefern sie zu festgelegten Zeitpunkten einen kurzen Bericht, den alle Mitarbeiter bzw. Veranstaltungsteilnehmer erhalten.

In der Veranstaltung selbst bereiten wir diese Aktion vor. Für jedes Quartal wird eine neue Gruppe mit 5 Weisen ausgewählt, am besten per Los. Einer der 5 Weisen erhält den Auftrag, ein Treffen zu initiieren. Nach dem Erstellen des Berichts haben die 5 Weisen ihre einmalige Aufgabe erfüllt. Im folgenden Quartal trifft sich eine neue Gruppe von 5 Weisen mit dem gleichen Auftrag.

### 5. Werkzeug: Fotodokumentation und Video

Häufig haben Führungskräfte den Auftrag, über die Ergebnisse, die Energie und die Atmosphäre der Veranstaltung im eigenen Team zu berichten. Während es meist recht gut gelingt, die Ergebnisse in Worte zu fassen, ist es schon erheblich schwieriger, Atmosphäre und Energie zu transportieren.

*Stimmungen vermitteln* Hilfreich hierfür ist eine digitale Dokumentation der Veranstaltung. Stichworte beschreiben die Arbeitsergebnisse, Fotos zeigen Situationen aus der Veranstaltung und vermitteln damit einen lebendigeren Eindruck der Atmosphäre. Besonders markante Elemente (Rede des Geschäftsführers, theatrale Präsentationen, kontroverse Diskussion, Schlussworte) sind als Videoauschnitte eingebunden. Diese CD muss möglichst kurzfristig – innerhalb von 2 Tagen oder über das Wochenende – produziert werden und steht dann allen Führungskräften als Unterstützung für ihre nächste Besprechung zur Verfügung. Die Geschwindigkeit spielt hier eine größere Rolle als besonders hohe Qualität. Kurz nach der Veranstaltung arbeiten viele Führungskräfte gerne damit, 6 Wochen später hat eine solche Dokumentation nur noch geringe Bedeutung.

**◘ Abb. 4.9.** Zukunftsprozess sichtbar machen

## 6. Werkzeug: Prozess im Raum

Anschaulich und eindrücklich ist eine Prozessdarstellung, wenn sie nicht nur als ppt-Chart geboten wird, sondern im Raum aufgestellt ist. Die nächsten Arbeitsschritte nach der Veranstaltung, die folgenden Aktionen in einem Fusionsprozess oder die Vorhaben bei der Marktneueinführung können vom Verantwortlichen in dieser besonderen Form dargestellt werden. Dazu können auch große Schilder auf Stöcken genutzt werden, die mithilfe von Markierungskegeln im Raum verteilt werden (◘ Abb. 4.9). Die Teilnehmer können so die gesamten Planungen auf einen Blick sehen. Diese Prozessdarstellung bleibt bis zum Veranstaltungsende im Raum, sodass alle bei Bedarf darauf Bezug nehmen können.

Alles im Blick

### Variationen

- Die einzelnen Schilder (Prozessschritte) werden von unterschiedlichen Personen, am besten den jeweils Verantwortlichen, präsentiert.
- Die Darstellung des Prozesses ist auch mithilfe von Pinnwänden, Flipcharts oder Wandplakaten möglich, die dann schrittweise enthüllt oder umgedreht werden.

## 7. Werkzeug: 3 Entscheidungskisten

Bei Prozessen, die unter hohem Zeitdruck stehen, kann es sinnvoll sein, bestimmte Entscheidungen sofort in der Großgruppenveranstaltung zu treffen. Meist ist dann die Führungskraft oder ein Leitungsteam gefragt. Dazu werden 3 Kisten aufgebaut:

Ab in die Kiste ...

- **Zukunftskiste:** Vorschläge aus dieser Kiste werden weiter verfolgt und wenn möglich umgesetzt
- **Prüfkiste:** Über Vorschläge aus dieser Kiste wird später entschieden
- **Speicherkiste:** Vorschläge werden nicht verfolgt, aber für späteren Bedarf gespeichert

Die Entscheider bekommen jedes Arbeitsergebnis und jeden Vorschlag auf einer Karte, die sie in eine der Kisten legen. Dazu geben sie eine kurze Begründung ab. Auf diese Weise werden erste Entscheidungen ganz schnell im Plenum transparent. Bei längeren Großgruppenveranstaltungen ist es auch möglich, die Arbeitsergebnisse zunächst im Führungsteam zu diskutieren und die Entscheidungen am folgenden Tag bekannt zu geben. Für die Führungskräfte bedeutet dies eine spannende Situation. Oft erleben sie es als Erleichterung, auf diese Weise schnell zu Entscheidungen zu kommen und auch ablehnende Entscheidungen nicht auf die lange Bank zu schieben.

### 4.4.7 Energie mitnehmen

Start und Abschluss bilden eine wichtige Klammer um die Veranstaltung. Der »Primacy-recency-Effekt« wird hier wirksam. Dieser besagt, dass vor allem Eindrücke, die die Teilnehmer ganz zu Beginn und ganz am Ende einer Veranstaltung haben, für die Gesamtbeurteilung bedeutsam sind. Deshalb ist es wichtig, Beginn und Ende besonders sorgfältig vorzubereiten.

Leider wird in vielen Veranstaltungen die Schlussphase nicht sorgfältig genug vorbereitet. Möglichkeiten, die in einem gut inszenierten Abschluss liegen, bleiben damit ungenutzt. Ein Teil der Abschlussaktionen wird häufig auch der knappen Zeit geopfert: Die inhaltliche Arbeit hat länger gedauert als erwartet, sodass alle froh sind, es nun endlich geschafft zu haben, und keine Aufmerksamkeit mehr für den Abschluss vorhanden ist.

Traditionell spricht der Auftraggeber einige Worte zum Abschluss und bedankt sich. Dann erheben sich alle, innerhalb von 5 min ist der Saal leer, und jeder geht seines Weges. Unser Ziel ist es, einen Abschluss zu gestalten, bei dem die Teilnehmer animiert sind innezuhalten, nochmals mit anderen Teilnehmern zu sprechen, zu lachen und sich persönlich zu verabschieden. Dabei stehen viele kleine Gruppen im Raum, die sich langsam auflösen. Im Idealfall wandern die Teilnehmer noch von Gruppe zu Gruppe, bevor sie gehen.

Auch den Abschied inszenieren

Eine zweite Form der Inszenierung ist das Beenden mit einem symbolischen Akt. Dieser bündelt die vorhandene Energie und gibt Schwung für die Gestaltung des gemeinsamen Alltags. Das aktive Arbeiten in der großen Gruppe löst bei den Teilnehmern hohe Identifikation mit dem Prozess aus und motiviert zum Handeln. Über symbolische Aktionen zum Abschluss wird diese Energie in den Arbeitsalltag transportiert. Um deutlich zu machen, dass mit dem Abschluss noch ein wichtiger Veranstaltungsteil kommt, kündigen wir häufig einen Abschluss in 3, 4 oder 5 Akten an. Dann wissen die Teilnehmer, dass noch ein Moment Aufmerksamkeit gefordert ist, und es entsteht Neugier.

**Kernbotschaften**

- Inszenieren Sie den Abschluss besonders sorgfältig.
- Das Erleben der großen Gruppe schafft gemeinsame Motivation für den Arbeitsalltag.
- Symbolische Aktionen zum Abschluss verankern den Schwung.
- Geben Sie Gelegenheit zum langsamen Beenden.

Im Folgenden werden 7 methodische Vorschläge für den Schritt »Energie mitnehmen« beschrieben:

## 1. Werkzeug: Summometer

Zum Schluss werden Feedbackfragen an die Teilnehmer gestellt, z. B.:
- »Wie zufrieden waren Sie mit der heutigen Veranstaltung?«
- »Sind wir auf dem richtigen Weg?«
- »Sind die verabredeten Maßnahmen richtungsweisend?«

Auf der Bühne steht ein Flip-Chart mit einer XY-Achse. Auf der X-Achse ist die Intensität eingetragen und auf der Y-Achse die Dauer. Durch die Geräuschentwicklung der Teilnehmer gibt es einen entsprechenden Ausschlag. Dazu bedarf es eines äußerst »sensiblen Armes eines Moderators«. Dieser hält einen farbigen Stift, die Frage wird gestellt, und die Teilnehmer werden aufgefordert, ihre Zustimmung durch Geräusche kundzutun. Der Arm des Moderators macht den entsprechenden Ausschlag dazu – ein witziger und humorvoller Abschluss.

Humorvoller Abschluss

## 2. Werkzeug: Give-away

Ein Give-away am Schluss sollte nicht nur das übliche kleine Geschenk sein, sondern zum Prozess passen und an die Vorhaben aus der Veranstaltung erinnern. Die Teilnehmer werden aufgefordert, sich dafür einen speziellen Platz am Arbeitsplatz auszusuchen. Mit dem symbolischen Platz verbindet sich die Hoffnung, der Arbeitsalltag möge nicht allzu schnell alle Energien auffressen. Zumindest bietet sich das Give-away als idealer Ankerpunkt an. Hier einige Beispiele für interessante Give-aways aus den Veranstaltungen:
- Gymnastikband nach einer Veranstaltung zur betrieblichen Gesundheitsförderung
- Schlüsselanhänger beim Bezug eines neuen Bürogebäudes
- Produkte des jeweils anderen Unternehmens bei einer Fusion zweier Markenartikler

Bewährt haben sich auch kleine Pflänzchen: Nur bei guter Pflege (regelmäßiges Gießen und damit Beachten) ist Wachsen und Gedeihen möglich.

Alternativ dazu können Give-aways an einzelne anwesende Teams überreicht werden. Die Teilnehmer werden z. B. aufgefordert, kleine Wunschzettel für das Projekt zu schreiben, rollen diese zu kleinen Röhren und hängen sie dann an die Pflanze. Die Pflanze bekommt daraufhin einen exponierten Platz im Arbeitsbereich des gesamten Teams, z. B. im Flur oder in der Teeküche.

### 3. Werkzeug: Puzzle

*Das Ganze ist mehr als die Summe seiner Teile*

Die Vorbereitungsgruppe sucht ein passendes Motiv als Grundlage für das Puzzle aus. Das kann ein Logo sein oder ein Foto eines neuen Gebäudes, eines neuen Standorts, eines neuen Produkts oder ein Foto aller Mitarbeiter. Dieses Motiv wird vergrößert, auf einen Hintergrund aufgezogen und in so viele Puzzleteile geschnitten wie die Veranstaltung Teilnehmer hat. Zum Abschluss zieht jeder Teilnehmer ein Puzzleteil. Es folgt nun die Aufforderung, gemeinsam dieses Puzzle zusammenzusetzen. Meist beginnen die Teilnehmer ungeordnet, verschiedene Teile zu kombinieren, bis 1, 2 Teilnehmer die Steuerung übernehmen und allmählich das gesamte Bild entsteht. Die oberste Führungskraft kündigt in ihrem Schlussstatement an, an welcher prominenten Stelle im Unternehmen das Puzzle aufgehängt werden wird.

### Variationen

- Jeder Teilnehmer unterschreibt sein Puzzleteil, bevor das ganze Bild zusammengefügt wird.
- Jeder schreibt einen Spruch oder eine Aussage etc. auf sein Puzzleteil.
- Handelt es sich bei der Veranstaltung um den Start in ein neues Vorhaben, bietet sich die Überschrift »Ich war dabei« an.
- Bei sehr vielen Teilnehmern kann das Puzzle zunächst auf getrennten Tischen in 2 oder 4 Teilen zusammengelegt werden, bevor diese Teile endgültig zusammengeschoben werden.

### 4. Werkzeug: Zukunftscocktail

*Die Zukunft trinken*

Diese Aktion unterstützt einen abschließenden Beitrag der Führung, indem die Themen der Veranstaltung noch einmal symbolisch zusammengefasst werden. Ein kleiner Tisch mit Cocktailutensilien (Fruchtsäfte, Eis, Wasser und weitere alkoholfreie Getränke sowie Cocktailshaker, Strohhalm, Rührlöffel, Trinkhalm etc.) ist aufgebaut. Die Führungskraft – ggf. gemeinsam mit einem Stellvertreter – beginnt nun, aus den Zutaten einen Cocktail herzustellen, den sie als Zukunftscocktail bezeichnet (◘ Abb. 4.10). Dabei werden die Zutaten jeweils mit den wichtigsten Herausforderungen für die Zukunft gedanklich verknüpft. Ist der Cocktail fertig, lädt die Führungskraft die Teilnehmer ein, gemeinsam auf die Veranstaltung anzustoßen. Die Türen gehen auf, und alle erhalten ebenfalls einen Fruchtcocktail. Nach einem letzten offiziellen Wort ertönt die Musik, und die Veranstaltung klingt mit Gesprächen in lockerer Atmosphäre aus.

❏ Abb. 4.10. Zum Schluss stoßen alle gemeinsam an

**Variationen**

- Einige Bilder der Veranstaltung werden unkommentiert als Beamershow gezeigt.
- Findet anschließend noch ein gemeinsames Essen statt, kann der Cocktail auch als Aperitif betrachtet werden und so einen guten Übergang schaffen.

### 5. Werkzeug: Goldstücke mitnehmen

Am Ende der Veranstaltung wird ein schwarzes Tuch ausgelegt, auf dem viele »Goldstücke« liegen. Das sind etwa faustgroße glatte Steine, die goldfarben angesprüht sind. Nun werden die Teilnehmer aufgefordert, über die Ergebnisse der Veranstaltung nachzudenken und die für sie persönlich wertvollen Anregungen zusammenzutragen. Dann suchen sich die Teilnehmer eines der Goldstücke aus und notieren mit den bereitliegenden Lackstiften eine oder mehrere dieser persönlich wichtigen Ergebnisse auf ihrem Goldstück. In einer Schlussrunde können einige oder alle Gedanken auf den Goldstücken vorgelesen werden. Dann findet das Goldstück hoffentlich den Weg in das Büro oder auf den Schreibtisch jedes Teilnehmers und ist dort für eine Weile eine Erinnerung für wichtige Themen, Ergebnisse oder Vorhaben aus der Veranstaltung.

Erinnerungen in Gold

**Variationen**

- Zum Beschriften lassen sich natürlich auch viele andere Symbole nutzen. Wir verwenden z. B. Schlüsselanhänger, Puzzleteile, Würfel, Seidentücher, Tassen, Stühle, Fotos …
- Der Austausch nach der Beschriftung der Goldstücke funktioniert auch gut im Partnerdialog oder in kleinen Runden.

## 6. Werkzeug: Feedbackrunde

»talking stick«

In vielen Veranstaltungen wird ein schriftliches Feedback von den Teilnehmern erhoben. Dies kann unmittelbar in der Veranstaltung mit einem Fragebogen oder im Anschluss online erfolgen. Dennoch ist es sinnvoll, dass die Teilnehmer kurze Bewertungen und letzte Worte zur Veranstaltung aussprechen. Dies gibt einen viel persönlicheren Eindruck wider und ergänzt damit gut das schriftliche Feedback. Alle hören zu, und es ist möglich, auf Aussagen der Kollegen Bezug zu nehmen. Damit entwickelt sich ein gemeinsames Bild darüber, welche Funktion die Veranstaltung hatte und wie sie zu bewerten ist. Zur abschließenden Feedbackrunde geben die Moderatoren z. B. das Mikrofon herum, und jeder Teilnehmer entscheidet, etwas zu sagen oder das Mikrofon weiterzugeben. Im Open Space bezeichnet Owen dieses Vorgehen als »Talking-stick-Runde« ( ▶ Kap. 2.4.3). Bei kleineren Gruppen ohne Mikrofon kann ein anderer Gegenstand diese Funktion übernehmen.

## 7. Werkzeug: Schlussbild und Verabschiedung

Wenn viele Akteure und Referenten zum Gelingen einer Veranstaltung beitragen, bietet es sich an, deren Leistung am Schluss noch einmal besonders zu würdigen. Alle Akteure stehen dafür auf, der Auftraggeber benennt die Leistungen und bedankt sich. Dies ist z. B. bei einer Veranstaltung besonders eindrucksvoll gelungen, bei der alle Referenten im Infomarkt in einheitlicher Kleidung mit historischer Firmenkrawatte erschienen waren.

Auf Wiedersehen

Die Referenten nahmen den Dank entgegen und bildeten eine Art Abschlussdefilee für die Teilnehmer.

Nach einer Veranstaltung haben viele Teilnehmer das Bedürfnis, sich persönlich zu verabschieden. Einige der vorher genannten Werkzeuge regen an, nach dem offiziellen Schluss noch einen Moment im Raum zu bleiben. Schwungvolle Musik unterstützt das und macht deutlich, dass man noch einen Moment bleiben darf. In dieser Zeit ist es dann gut möglich, sich von Kollegen, dem Chef, den Moderatoren oder den Assistenten zu verabschieden. Dafür sollten alle im Raum bleiben oder sich in der Nähe der Tür postieren. Ein persönliches Wort und ein Händedruck bilden einen guten Abschluss.

# Praxis – Großgruppenveranstaltungen zu unterschiedlichen Anlässen

## 5.1    Management Summerschool (MSS) der Basler Versicherung – Ein energievolles Führungs- instrument für die erste Führungsebene

Durch die traditionellen Management-Entwicklungsprogramme und Fort- bildungsseminare fühlen sich die erste und häufig auch die zweite Füh- rungsebene nicht angesprochen.

Die Basler Versicherung, Schweiz, hat 2002 die seitdem jährlich statt- findende Management Summerschool ins Leben gerufen, weil

- sich hier Bereiche über Hierarchiegrenzen hinweg 5 Tage intensiv aus- tauschen,
- hochkarätige Referenten auch für erfahrene Führungskräfte Impulse geben,
- alle spüren, welche Energie durch die gemeinsame Beschäftigung mit wichtigen, insbesondere strategierelevanten Themen mobilisiert wird,
- die Geschäftsleitung Resonanz für das zurückliegende Jahr bekommt,
- Zukunftsstrategien kritisch diskutiert werden und
- in einer Mischung aus Lernen und Kontakt die Führungskräfte eine gemeinsame Ausrichtung finden.

*Ein Tool für die erste Führungsebene*

Die Management Summerschool bietet neben Wissensvermittlung ausrei- chend Raum für Kontakt, Freude und Bewegung.

Im Jahr der ersten Management Summerschool beschäftigt die Bas- ler die Integration einer 2001 zugekauften Bank und das Kernthema: »Wie werden wir zum kompetenten integrierten Finanzdienstleister?« Etwa 100 erfahrene Führungskräfte und Projektleiter mit mindestens 3-jähriger Führungs- oder Projektleitungserfahrung werden durch die Geschäftslei- tung nominiert – mit möglichst optimaler Durchmischung der Hierarchie- stufen. Mittlerweile wird die Einladung zur Management Summerschool als Auszeichnung im Unternehmen verstanden: Man möchte einmal dabei gewesen sein! Sofort stellt sich die Frage: Was fasziniert die Mitarbeiter der Basler so sehr an ihrer Summerschool?

### 5.1.1  Ungewöhnlicher Empfang

Schon vor dem Hoteleingang erwartet die angereisten Teilnehmer ein Sze- nario, das sie direkt in das jährlich neu gewählte Thema der Summerschool einbezieht. Die Teilnehmer müssen sich sofort entscheiden, welche Pforte sie zu 2 aufgebauten Parcours nehmen wollen: Kundenhimmel oder Kun- denhölle; Entsprechendes wartet dann auch auf sie (2002). Ein andermal geht es darum, die eigene »operative Exzellenz« zu trainieren und die Kunst zu lernen, scheinbar Gegensätzliches zu beherrschen. Von Baumstämmen müssen immer genau definierte Größen abgesägt werden (2003). Ein wei- *Im Einstieg Kontakte* teres Mal wird unter den Händen von vielen der Beitrag jedes Einzelnen *schaffen* erst am Ende in Form eines monumentalen Wandgemäldes sichtbar. Das Motto: »Auf die Wirkung kommt es an« (2004).

In der Regel finden diese Aktionen im Freien statt. Bei Regenwetter wird improvisiert. Dann werden z. B. die Werkstätten für den Bau von windgetriebenen Fahrzeugen im Plenumssaal eingerichtet und die gebauten Fahrzeuge per Ventilator eine schiefe Ebene hinauf zum Gipfel getrieben (2005). Motto: »Gemeinsam zur Spitze – Energie und Fokus als Erfolgsfaktoren«. In dieser Weise aufgewärmt, stehen die Teilnehmer schon mit beiden Beinen im Thema der Woche. An Gesprächsstoff und Kontakt herrscht von Anbeginn kein Mangel.

## 5.1.2 Spannendes Eröffnungsreferat

Wenn sich die Teilnehmer für den ersten Vortrag versammeln, stecken sie schon mitten im Thema und haben sich schon – meist körperlich agierend – mit allerlei Facetten, Tücken und Widersprüchen rund um das Leitthema befasst. Der externe Referent weitet nun wieder den Blick. Als Spezialist für das entsprechende Fachgebiet ist er in der Lage, einen Transfer zu leisten, der die aktuellen Interessen des Unternehmens mit den Besonderheiten des Themas verknüpft. Sein Referat endet mit einigen Thesen und Statements, auch und insbesondere provozierender Art.

Externer Referent provoziert

Gewöhnlich erleben wir nach solchen Vorträgen und der Nachfrage »Haben Sie noch Fragen?« ungemütliches Schweigen, oder es melden sich die zu Wort, die sich immer zu Wort melden. Kritische Fragen werden eher nicht gestellt. Um hier eine sinnvolle Verarbeitung der Inhalte voranzutreiben, gibt es neben den Murmelgruppen (▶ Kap. 4.4.3) weitere Möglichkeiten, z. B. die Aufstellung der Zuhörer nach vorbereiteten Thesen im Saal. Entsprechend große Schilder werden bereits vor dem Vortrag verdeckt im Saal an den Wänden aufgehängt. Diese werden direkt nach dem Vortrag enthüllt, und die Teilnehmer werden aufgefordert, sich zu der These zu stellen, die ihnen am wichtigsten erscheint, und dort mit den anderen 10 min lang zu diskutieren. Anschließend befragen die Moderatoren die Teilnehmer: »Worüber haben Sie gesprochen?« Nun kann jeder in der Gruppe freimütig Auskunft geben, auch über die heiklen Punkte, über die man gerade gesprochen hat, denn der Einzelne muss sich hier nicht vor der großen Gruppe für jede einzelne Aussage verantwortlich fühlen. Er spricht für die Kleingruppe. Diese gewollte »Anonymität« der Kleingruppe, besser: »Vertrauensbasis in der Kleingruppe«, verschafft den Teilnehmern Raum, auch sehr Kritisches laut zu sagen und es somit der allgemeinen Diskussion zugänglich zu machen.

## 5.1.3 Musikperformance

Jede Summerschool-Teilnehmergruppe studiert während der 5 Tage eine musikalisch-choreografische Darstellung ein. Auch sie greift das jeweilige Thema auf und macht es auf rhythmisch-melodisch-tänzerische Weise erlebbar. Jeden Tag 1 h Probe und am Abschlusstag: Premiere! Talentiertheit und Talentlosigkeit liegen hier dicht nebeneinander. Aber der Leiter dieses Moduls versteht sein musikpädagogisches Handwerk: Die Unterschiede werden nicht sichtbar. Eine Veranstaltung, der sich die Teilnehmer trotz hoher Anstrengung äußerst gern und intensiv zuwenden. Die Premiere am Abschlusstag ist immer ein emotionaler Höhepunkt.

### 5.1.4 Infos aus erster Hand

Die Geschäftsleitung und der CEO (Chief Executive Officer) tauchen auf der Summerschool nicht nur sporadisch auf. Sie erkennen die Chancen des längeren Kontakts mit ihrer Führungsmannschaft und nutzen sie. Hier können die neuesten strategischen Überlegungen durch den CEO den Führungskräften nahegebracht werden, und er erhält erste Reaktionen darauf. Oder er bringt eine strategische Fragestellung mit und erhält erste Ideen zu dessen Umsetzung. Oder durch einen Vortrag werden seine Ideen direkt nach der Summerschool ins Unternehmen getragen.

*CEO stellt neue Strategien vor*

Zumeist wird Neues natürlich kritisch hinterfragt. Hierzu haben wir 2005 den »Talk am Berg« ins Leben gerufen: die Inszenierung einer TV-Talkshow mit allen Mitgliedern der Geschäftsleitung. Zuvor schreiben Teilnehmer auf Karten ihre Fragen, signiert oder anonym. Diese Karten werden an Heliumballons gebunden. Nun schwirren Fragen durch den Raum. Ein Assistent des Moderators pflückt – scheinbar wahllos – von den zuvor nach Themen gebündelten Ballons Fragekarten ab und überreicht sie dem Moderator. Dieser stellt dann dem Gremium die Frage. Die Fragekärtchen werden zuvor markiert, aber nicht, um unbequeme Fragen zu liquidieren, sondern – darauf besteht der CEO – sicherzustellen, dass auch die heiklen Themen besprochen werden und nicht durch eine Zufallsauswahl unter den Tisch fallen könnten.

Die Teilnehmer sind von der gespielten »Live«-Atmosphäre im »Studio« sehr angetan und zeigen beim Nachfragen wenig Zurückhaltung. Selbstverständlich ermuntert der CEO die Anwesenden auf amüsante und charmante Weise dazu, offensiv und kritisch ihre Sicht einzubringen. In diesem Kontext spart er auch nicht mit Lob für immer wieder namentlich genannte Führungskräfte für bestimmte engagierte Arbeiten im vergangenen Jahr, ohne dass sich dieses angespannte bis verkrampfte Gefühl offizieller Ehrungen einstellt.

### 5.1.5 Workshops

An 2 Tagen wählen sich die Teilnehmer der Management Summerschool in unterschiedliche Workshops ein. In mehrstündiger Arbeit vertiefen sie, unter Anleitung hochkarätiger Referenten, unterschiedliche Aspekte des Rahmenthemas der Summerschool. Die jeweilig letzte Gruppe von mehrfach durchgeführten Workshops destilliert die 3 wichtigsten Erfolgsfaktoren des erarbeiteten Themas heraus und schreibt sie auf 3 große Papierbanner.

*Erfolgsfaktoren präsentieren*

Jeweils einen Erfolgsfaktor präsentiert jede Gruppe auf besondere Art und Weise im Plenum. Das kann in Form eines Lieds, Gedichts, einer Szene, eines RAP oder wie auch immer geschehen, in jedem Fall soll dies auf sehr lebendige und unterhaltsame Weise geschehen.

In den letzten Jahren bieten zunehmend auch interne Führungskräfte und Mitarbeiter Workshops an, z. B. »Neuste Methoden der Schadenregulierung«, die unmittelbar zu Einsparungen führen.

## 5.1.6 Geheimnis der Perlen

Jeden Morgen beim ersten Eintritt der Teilnehmer in den Plenumssaal erhält jeder 5 Perlen. Beim ersten Mal bleibt es zunächst noch ein Geheimnis, wofür diese Perlen gedacht sind. Später wird erläutert, dass die Perlen symbolisch gute Kontakte darstellen. Hat jemand einen netten und inspirierenden Kontakt mit einem anderen Teilnehmer im Laufe des Tages, dann wandert eine Perle von der einen in die andere Hosentasche. Am Abend wird bilanziert: Wie viel gute Kontakte gab es? Am Ende der Woche liegt die Abschlussbilanz vor, sodass für jeden sichtbar wird, welche Tage als besonders inspirierend erlebt wurden (▶ Kap. 4.4.1).

## 5.1.7 Inspiration-Card

Die Inspiration-Card besteht aus einem 3-fach gefalteten DIN-A4-Karton mit Rubriken für jeden Tag der Summerschool. Die Moderatoren überreichen sie den Teilnehmern gleich bei der Begrüßung. In diese Karte notieren sich die Teilnehmer Fragen, machen sich Notizen oder halten Ideen für bestimmte Vorhaben fest. Um die Wirkung und das abschließende Commitment zu erhöhen, gibt es während eines Tages immer einige Momente bzw. Minuten des stillen Innehaltens im Plenum, um sich Notizen in die Inspiration-Card zu machen.

*Momente der Stille*

## 5.1.8 Wellnessbreak

In der Mitte jeder Summerschool-Woche ist ein Nachmittag reserviert für sportliche, kulturelle oder anderweitige Aktivitäten wie Mountainbiking, Schwimmen, Nordic Walking, literarische Lesungen, Sauna, Spaziergehen oder Schlafnachholen. Ein informatives Referat über gesunde Ernährung oder physiologische Lebensführung komplettiert dieses Work-Life-Balance-Modul.

## 5.1.9 Pedell

Zu einer Schule gehört ein Hausmeister. In der Schweiz heißt dieser »Pedell«. Da einer der Moderatoren über eine Schauspielausbildung verfügt, ist er in der Lage, diese Kunstfigur zu spielen.

Der Hausmeister der Summerschool hat eine spezifische Funktion: Ihm obliegt es, die komplexen strategischen Inhalte auf eine hintergründige, witzige und einfache Art nochmals einer kritischen Betrachtung zu unterziehen. Karlheinz, unser Pedell, ist immer für eine besondere und ausgefallene Perspektive gut. Er verkörpert mit seiner Halbbildung denjenigen, der ungestraft noch einmal eine »dumme« Frage stellt oder etwas sehr pointiert darstellt und Auseinandersetzung anregt. Er unterstützt eine lernoffene Atmosphäre. Er greift inhaltlich bestimmte Elemente auf, z. B. leistet er einen Transfer in seinen Bereich, wenn er sich auch als integrierten Dienstleister versteht und mit seinem neuen Bauchladen neben der Schulmilch nun auch Hefte und Bleistifte in seinem Verkaufskiosk anbietet.

*Lernoffene Atmosphäre*

Die Auftritte der Figur speisen sich idealerweise aus der Verknüpfung des Themas der Summerschool mit dem Ort, an dem sie stattfindet, und der Biografie der Figur. Zwei Beispiele sollen dies verdeutlichen:

> **❯ Beispiel**
>
> Die erste Summerschool 2003 beschäftigte sich schwerpunktmäßig mit den kritischen Erfolgsfaktoren im Management von Veränderungsprozessen und fand im Tockenburger Tal in dem kleinen Schweizer Dörfchen Ebnat-Kappel statt. In diesem Tal herrschte früher bittere Armut, genau wie in der Region, aus der unser Pedell Karlheinz kommt, dem Vogelsberg in Hessen. Kaum Schulbildung, aber auch nicht ganz auf den Kopf gefallen, entdeckte unser Karlheinz seine Leidenschaft fürs Lesen und erschloss sich darüber ein gewisses Weltverständnis, bruchstückhaft, aber doch auch manchmal (un)sinnstiftend. Das Tockenburger Tal beherbergte im 18. Jh. einen ähnlich vom Schicksal gebeutelten Mann namens Ulrich Bräker, dem alles, was er in seinem Leben anpackte, misslang. Dennoch schaffte es Ulrich vom Analphabeten zum Buchautor und hinterließ der Nachwelt ein über das Tal, ja über die Schweizer Grenzen hinaus bekanntes Buch mit dem Titel »Das Leben und Sterben des armen Mannes im Tockenburg«, die Biografie einer gescheiterten Existenz.
>
> Unser Karlheinz spannte nun einen interessanten Bogen von seinem Leben über die wahrhaft münchhausensche Leistung Ulrichs, sich selbst am eigenen Schopf aus dem Sumpf gezogen zu haben, zum Thema der Summerschool: »Wie manage ich erfolgreich Veränderungsprozesse?« Seine Konsequenz: Er entdeckte sein unternehmerisches Potenzial und entwickelte sich vom einfachen Pedell zum schüler-/kundenorientierten integrierten Schulbedarfsanbieter nicht nur für die ganze Schule, sondern weit über die Schweizer Schullandschaft hinaus – in Analogie der Basler Veränderung zum integrierten Finanzdienstleister.
>
> Ein anderer Tagungsort der Management Summerschool war Emmetten am Vierwaldstätter See. Hier schlug Karlheinz einen ähnlichen Spannungsbogen. Er verknüpfte das etwas komplexe Motto der Summerschool »Operative Exzellenz – oder die Kunst, (scheinbar) Gegensätzliches zu beherrschen« mit den geschichtsschwangeren Ereignissen der Tellsage auf der nahe gelegenen Rütliwiese.

*Der Pedells des Hofnarr*

Neben dieser konzeptionierten Aufgabe hat der Pedell noch eine ganze Reihe weiterer Aufgaben: Er verteilt allmorgendlich die täglich druckfrische MSS-Zeitung zum Frühstück, leistet praktische Unterstützung im Ablauf

**O Abb. 5.1.** Fokus und Energie (Motto 2005) vom Pedell auf den Punkt gebracht

beim Verteilen von Arbeitsmaterial, beim Aufbau von Vorrichtungen und läutet natürlich die »Unterrichtsstunden« und die Pausen ein. Darüber hinaus ist er auch Ansprechpartner für individuelle Bedürfnisse der Teilnehmer. Durch seine umfassende Präsenz ist er die Seele der Summerschool.

Der Pedell veranschaulicht das Summerschool-Motto »Gemeinsam zur Spitze – Energie und Fokus als Erfolgsfaktoren« (2005) durch einen atemberaubenden Aufstieg auf das Seil (O Abb. 5.1), und demonstriert, zu welchen Höchstleistungen ein Team mit fokussierter Energie in der Lage ist.

## 5.1.10   Coachings

An einem Tag in der Woche können die Teilnehmer einen Coach nutzen. Für diese Zeit klinken sie sich aus ihren Workshops aus. Am Anfang der Woche stellen sich etwa 5 Coaches persönlich und mit ihrer Kurzvita in Form eines Aushangs vor. Die Teilnehmer entscheiden sich nun per Listeneintrag für den Coach ihrer Wahl. Es zeigt sich, dass dieses Coachingangebot nach zögerlichem Start im ersten Jahr immer stärker nachgefragt wird.

*Coaching wird immer attraktiver*

## 5.1.11   Apéro

Um die Energie des Tages nochmals zu bündeln und dem Bedürfnis der Teilnehmer nach Kontakt und Austausch Rechnung zu tragen, findet allabendlich nach den Workshops noch einmal ein Treffen im Plenum zu einer gemeinsamen Abschlussaktion statt. Diese wird zumeist von der Kunstfigur des Pedells moderiert.

Danach treffen sich alle bei schönem Wetter auf der Terrasse des Hotels zu einem gemeinsamen Apéro. Diese Gelegenheit nutzt die Geschäftsleitung geschickt, mit einem eher heiteren Rückblick mit dem Glas in der Hand auf die Highlights des Tages, auf besonderes Engagement von Mitarbeitern oder auf die dynamische und inspirierende Atmosphäre der Großgruppe hinzuweisen und zum anschließenden Abendessen einzuladen. Nicht selten wird eine Pause zwischen 2 Gängen noch für einen Input eines externen Referenten genutzt, z. B. spricht der Leiter der Führungsakademie des Schweizer Heeres zum Thema »Überwindung von Beziehungsstörungen im beruflichen und privaten Alltag«.

### 5.1.12   Fazit

Die Management Summerschool der Basler hat sich über die Jahre zu einem starken und sehr attraktiven Führungsinstrument entwickelt. Aber sie kostet bei allem Nutzen auch viel Geld. Die Personalentwicklung hat, nachdem die Mitarbeiter der französisch sprechenden Schweiz 2006 eine französische Summerschool erhalten hatten, das Projekt vorläufig auf einen Zweijahresrhythmus gesetzt.

»Ich war dabei«    Die Management Summerschool stellt ein starkes Wir-Gefühl her. Alle, die von ihr zurückkommen, besitzen einen Wissensvorsprung und sind hochmotiviert. »Ich war dabei« wird als Auszeichnung empfunden und verstanden.

---

**Interview mit Tom Gerum, Leiter der Corporate Management Development Bâloise Holding**

**Was war der Auslöser für die Summerschool?**
Wir wissen, dass wir uns als Versicherer auf dem Markt nicht durch Produkte oder Preise abheben können. Aus dem Grund setzen wir auf eine andere Form der Differenzierung: auf unsere Fähigkeiten. Jedes einzelne Mitglied des Managements sollte sich regelmäßig mit der Entwicklung der eigenen Fähigkeiten beschäftigen. Das obere und untere Management war konzeptionell »versorgt« – lediglich der Mittelbau musste noch gewonnen werden. Am besten durch eine attraktive Form, die den besonderen Anforderungen dieser Zielgruppe gerecht werden konnte: modular, reflexiv und mit einem Blick raus aus dem eigenen Garten.

**Was ist das Besondere dieser Veranstaltung?**
Die Management Summerschool ist eine »3×3-Veranstaltung«: Sie spricht die 3 pädagogischen Komponenten laut Pestalozzi an – Hirn, Herz und Hand – und ist ein Cocktail aus 3 Entwicklungsformen: Event, Teamentwicklung und Training. Jeder Teilnehmer ist Konsument und Produzent von Inputs und kann somit die Campusatmosphäre entscheidend mitgestalten. Dadurch ist jede MSS ein Unikum und doch Teil des großen Ganzen.

**Wie beurteilen Sie den Nutzen der theatralen Intervention »Karlheinz, der Pedell«?**

Der Pedell hat die Funktion des Hofnarren: Er ist autorisiert, die Wahrheit anzusprechen, verpackt dies jedoch in eine Form, die ohne den pädagogisch-moralischen Impetus auftreten muss. Gemäß Laotses Einsicht »Der Witz ist das Loch, aus dem die Wahrheit pfeift!« sorgt er für die Leichtigkeit, mit der das Schwere thematisiert werden kann. Es ist klar, dass kritische Themen nicht immer von alleine auftauchen; hier braucht es – auch bei einer offenen und transparenten Unternehmenskultur wie der unseren – einen Facilitator; einen Katalysator, der auch das »Eigentliche« und nicht nur das Offensichtliche anspricht.

**Wie hoch ist der Aufwand (Budget, Zeit, Einbindung der Führung und Mitarbeiter etc.) für eine solche Form der Großgruppe?**

Nach dem Spiel ist vor dem Spiel. Im Grunde geht die Planung für den nächsten Anlass bereits mit der Evaluation des vorhergehenden los. Jede MSS ist einem aktuellen Thema gewidmet, sodass jede Planung konzeptionell auf neuen Beinen stehen muss. Hierfür ist ein Kernteam aus ca. 5 Personen verantwortlich, das 4–8 Wochen jeweils investiert. Das Leitthema wird mit der Geschäftsleitung diskutiert, mögliche Workshops mit internen und externen Referenten werden aufgegleist. Hier rechnet es sich, wenn man mit Profis zusammenarbeitet, mit denen man den Briefingaufwand gering halten kann. Rechnet man die Kosten auf die Teilnehmer um, so investieren wir für jeden Platz ca. 3000 CHF. Bezogen auf die Wirkung im Alltag – ein Schnäppchen!

**Hat die Management Summerschool Einfluss auf die Unternehmenskultur?**

»In good company« ist der Slogan unserer Unternehmung. Das muss auch für unsere Mitarbeiter gelten. Aus diesem Grund ist die MSS von einer Haltung der Wertschätzung getragen. Uns liegt nicht nur die Weiterentwicklung des Managements und der beruflichen Rolle am Herzen, sondern das Wachstum des Individuums. Fühlt sich jeder Verantwortungsträger in unserer Basler mit seiner Persönlichkeit gesehen und gefördert, dann bin ich überzeugt davon, dass dies auch nach außen deutlich wird: sichtbar in profitablen Zahlen und spürbar im wertschätzenden Umgang.

**Was ist Ihnen sonst noch wichtig?**

Wir müssen aufhören, so zu tun, als wären unsere Leistungsträger im Unternehmen kopfgesteuerte Gehaltsempfänger, die dorthin gehen, wo das Maximum an Profit auf sie wartet. Nur durch eine Emotionalisierung schaffen wir Bindung. Der erste Schritt ist das Akzeptieren und Zulassen von Gefühlen durch eine ganzheitliche Management-Education. Ein solches starkes Band des Commitments wird die Unternehmen ablösen, die auf eine kurze Leine des Incentives setzen.

## 5.2 Visionen entwickeln – Berufsgenossenschaften richten die Prävention neu aus

Die gewerblichen Berufsgenossenschaften in Deutschland sind eine Institution mit 130-jähriger Tradition und Erfolgsgeschichte. Sie sind die Träger der gesetzlichen Unfallversicherung und arbeiten gleichzeitig präventiv in der Arbeitssicherheit und im Gesundheitsschutz.

Die Berufsgenossenschaften stehen heute so stark wie nie zuvor in der Kritik: Privatisierung, Entbürokratisierung und Neuformulierung des gesetzlichen Auftrags sind aktuelle Diskussionsfelder. Es weht ein rauer Wind, den die Berufsgenossenschaften so vorher nicht kannten. Vor diesem Hintergrund entschließt sich die Leitung der Prävention zu einem mutigen Schritt nach vorne: Gewohntes infrage stellen, selbst mehr in die Zukunft denken, Aktion statt Reaktion auf Kritik. Der erste Schritt ist eine interaktive Konferenz aller Präventionsleiter.

**Interaktive Konferenz**

Die Teilnehmer stehen hier in einem besonderen Spannungsfeld. Einerseits sind sie alle Führungskräfte in eigenständig arbeitenden Berufsgenossenschaften und wollen die Besonderheiten ihrer Branche und ihrer Kunden berücksichtigen. Andererseits wollen sie gemeinsam die Präventionsarbeit aller Berufsgenossenschaften weiterentwickeln und als Ganzes Anerkennung von Staat und Gesellschaft für ihre Tätigkeit gewinnen – und damit ihre Zukunft sichern.

### 5.2.1 Inspirationen bekommen

In der ersten Phase der Konferenz ist es wichtig, dass sich die Teilnehmer ein Stück vom Alltag lösen, auf entspannte Art mit den Kollegen ins Gespräch kommen und inspirierende Zukunftsimpulse aufnehmen. Der Veranstaltungsstart bietet Ungewöhnliches und Herausforderndes für die Präventionsleiter. Es gibt keine Tische zum Ablegen der Akten. Die ersten 30 min sind der Bewegung, kurzen Gesprächen und der Einstimmung gewidmet. Die Präventionsleiter haben sich auf die Veranstaltung vorbereitet und Symbole zur Zukunft der Prävention mitgebracht. Daraus entwickeln sich die ersten spannenden Diskussionen.

**Referenten mit Zukunftsideen**

Im Anschluss kommt dann doch Vertrautes: Hochklassige Referenten mit Zukunftsideen und -anforderungen an die Prävention, klar und deutlich, ohne Schonung. Eine Zukunftsforscherin fasziniert und schockiert zugleich mit plastischen Beschreibungen des mobilen, vernetzten und freiberuflichen Arbeitsplatzes der Zukunft. Ein Versicherungsmathematiker liefert Hintergründe mit Hochrechnungen zu Beiträgen, Risikoentwicklung und Auszahlungshöhen. Ein mittelständischer Unternehmer konfrontiert mit der These: »Die Berufsgenossenschaften sind eher Störfaktor als Partner des Unternehmers. Versicherungsnehmer und Beitragszahler müssen als Kunden begriffen und behandelt werden.« Ein Betriebsratsvorsitzender verlangt mehr Nähe zu den Versicherten, Entbürokratisierung und radikale Vereinfachung der Vorschriften.

### 5.2.2 Zukunftslandschaft entwerfen

Ausgestattet mit den eigenen Zukunftsideen, den Inspirationen der externen Referenten, den mitgebrachten Symbolen, Bildern und dem Baumaterial, krempeln die Präventionsleiter die Ärmel hoch und machen sich an den Bau einer Zukunftslandschaft. Die steht in der Mitte des Raums, zwar nur 9 m² groß, füllt sich aber sehr schnell mit gewichtigen Themen (❏ Abb. 5.2). Hier geht es um assoziatives Arbeiten, was für manchen

◘ **Abb. 5.2.** Zukunftslandschaft

»Durchstrukturierer« gar nicht so einfach ist. Deshalb ist auch der Tages-
abschluss von Unruhe geprägt: »Welche Ergebnisse haben wir eigentlich bis
jetzt? Wie bekommen wir diese Vielfalt wieder gebündelt?«

### 5.2.3  Vision formulieren

Der zweite Tag startet mit einer Herausforderung: Die Teilnehmer identifizieren einzelne Felder in der Zukunftslandschaft, die sie in den nächsten
Jahren bestellen wollen. Langsam wird klar: Nicht jeder Aspekt, nicht jedes
Stichwort kann berücksichtigt werden. Es kommt darauf an, sich auf die
wichtigsten Herausforderungen der Zukunft zu konzentrieren. So entstehen 7 Schwerpunkte, die in kleinen Gruppen intensiv bearbeitet werden.
»Beschreiben Sie die Arbeit der Prävention in 10 Jahren. Entwickeln Sie ein
attraktives und herausforderndes Bild.«

Alle Gruppen arbeiten in einem Raum, Konzentration und Kreativität
beherrschen die Szene. Aber es prallen auch große Unterschiede in den
Zukunftsvorstellungen aufeinander, oder zumindest in dem, was man für
sinnvoll und erreichbar hält. Was in der einen Branche Zukunftsträume
sind, ist in der anderen schon gelebter Alltag. Da stellt sich immer wieder
die Frage: Ist es möglich, die gesamte Prävention an einer einheitlichen
Zukunftsvision zu orientieren? Mit Energie und Beharrlichkeit gelingt es,
Konsens in den Arbeitsgruppen zu finden. Die Zukunftsherausforderungen

Zukunftsherausforderungen
in einem Satz

stehen in jeweils einem Satz konzentriert auf leuchtend gelben Schildern im ganzen Raum; 2 Beispiele:

- Die Berufsgenossenschaften machen die wirtschaftlichen Vorteile von Prävention für das Unternehmen sichtbar.
- Die Berufsgenossenschaften sind Dienstleister für Sicherheit und Gesundheit, insbesondere in kleinen und mittelständischen Betrieben.

Den Hintergrund liefern die Pinnwände mit Fakten, Thesen, Grafiken und Bildern.

Auch die letzte Veranstaltungsphase fordert die Präventionsleiter, vom Gewohnten abzuweichen: Statt eine Präsentation mit 20 Folien, wichtigen Begriffen und 100 Spiegelstrichen vorzustellen, sind sie aufgefordert, ihre Zukunftsvision in 2 min überzeugend an die Kollegen zu vermitteln. Ein Rap, ein kurzes Rollenspiel, eine Skulptur machen deutlich: Hier steckt eine Menge Kreativität dahinter. Die Teilnehmer sind selbst überrascht über die Vielfalt der Darstellungen und die Ausdrucksstärke der Kollegen. Wurde da bisher Potenzial verschenkt?

Dennoch, unwidersprochen bleiben die Visionen nicht. Zu jeder Präsentation sammeln wir als Moderatoren Fragen, Kommentare, Widersprüche, Kritik und Zustimmung ein. So können wir jedem der »Kümmerer«, die sich bereit erklärt haben, im Anschluss die inhaltliche und sprachliche Feinabstimmung vorzunehmen, eine Rolle mit Notizen unter den Arm drücken.

*Überzeugende Darbietung der Zukunftsvision in 2 min*

## 5.2.4 Ergebnisse

Die Präventionsleiter schöpfen aus den gemeinsamen, inspirierenden Arbeiten den Schwung, die Visionen zur Prävention in ihre Bereiche zu tragen, zu diskutieren und weiter zu bearbeiten.

Bereits umgesetzte Schritte:

- Schriftliche Befragung aller Mitarbeiter zu den Visionen für die Prävention
- Diskussion in den Präventionsbereichen der einzelnen Berufsgenossenschaften
- Inhaltliche und sprachliche Nachbearbeitung durch die Kümmerer und ihre Arbeitsgruppen
- Zusammenfügen der einzelnen Visionen zu einem Guss
- Verabschiedung der Visionen in den Leitungsgremien und der Selbstverwaltung
- Verwendung der Visionen als Grundlage für konkrete Strategien
- Arbeiten mit der Balanced Scorecard (BSC) auf der Basis der Visionen

Die Visionen der Prävention bieten eine starke Orientierung für die Ausrichtung der Berufsgenossenschaften. Die öffentlichen Diskussionen um die Aufgabenfelder der Berufsgenossenschaften und eine moderne Gestaltung halten an.

**Interview mit Manfred Rentrop, Leiter der Berufsgenossenschaftlichen Zentrale für Sicherheit und Gesundheit (BGZ)**

**Welches war der Auslöser für die Veranstaltung »Visionen für die Prävention«?**
In der Bundesrepublik Deutschland hatte eine Debatte über Aufgaben und Zuständigkeiten der beiden Träger des deutschen Arbeitsschutzes, des Staates und der gesetzlichen Unfallversicherung eingesetzt. Die gewerblichen Berufsgenossenschaften mussten sich der politischen Diskussion über ihre künftige Rolle im Arbeitsschutz offen und engagiert stellen und wollten aus eigener Initiative die Entwicklung neuer Perspektiven aufgreifen. Bewusst wurde eine neue Herangehensweise gewählt, um die Kollegen zum Aufbruch zu neuen Ufern zu ermuntern.

**Welche Eindrücke hatten Sie während der Veranstaltung?**
Mit dieser Veranstaltung wurden erkennbar neue Wege beschritten. Mit Unterstützung der kreativen Methoden und der Moderation setzten die Inspirationen, die die Präventionsleiter aus den Impulsreferaten gewonnen hatten, kreative Gedanken in einer hochkonzentrierten Atmosphäre frei. Die Visualisierung dieser Gedanken war ein wesentliches Element der gegenseitigen Verständigung.

**Was war das Besondere an dieser Veranstaltung?**
Nicht nur aufgrund der Highlights dieser Veranstaltung ist es überzeugend gelungen, ein verstärktes Wir-Gefühl der Präventionsleiter zu entwickeln. Dabei beeindruckte, dass die Bereitschaft zur Veränderung nicht nur spontane Willensäußerung blieb, sondern diese Reformwilligkeit und -fähigkeit am Ende dieser Veranstaltung in konkret ausformulierten Thesen vorgelegt werden konnte.

**Wie haben Sie die Nachhaltigkeit erlebt?**
Dieses Wir-Gefühl hat uns auch in der Fortsetzung unseres Prozesses begleitet, sodass wir heute die konkrete Umsetzung der damals gefundenen Leitgedanken durch weiterentwickelte Zielvorstellungen für die nähere Zukunft planen. Der Erfolg der eingesetzten Kommunikationsmethode beweist sich auch darin, dass die Bereitschaft, neue Wege zu beschreiten, bis heute unverändert besteht und auch die gemeinsam erarbeiteten Ergebnisse bis heute Bestand haben.

**Was ist Ihnen außerdem wichtig?**
Diese Aufbruchstimmung bzw. Innovationsbereitschaft, die bei uns allen im Rahmen dieser Veranstaltung entstanden war, als positives Signal an die Mitarbeiter der Präventionsabteilungen weiterzureichen. Wie ein Stein, der ins Wasser geworfen, seine Ringe zieht, so sollte sich diese Bereitschaft bei allen Mitarbeitern einstellen, wenn wir unsere Zielvorstellungen gemeinsam umsetzen werden.

## 5.3    Teamentwicklung im IT-Bereich von Degussa

### 5.3.1  Ziele des Teamevents

Die über 200 Mitarbeiter des Bereichs IT Infrastructure Services (IS) in Deutschland sind über die Standorte Düsseldorf, Marl, Frankfurt, Essen, Darmstadt und Trostberg verteilt. Zum ersten Mal findet ein Teamevent mit dem gesamten Bereich statt, um den persönlichen Austausch, insbesondere bei den großen Entfernungen der einzelnen Standorte, zu ermöglichen und den Zusammenhalt zu fördern. Alle Mitarbeiter werden zu dieser freiwilligen Veranstaltung eingeladen; es entscheidet sich gut die Hälfte, tatsächlich teilzunehmen. Dieser Teamevent findet unter speziellen und schwierigen Rahmenbedingungen statt. Die RAG Aktiengesellschaft hat Degussa übernommen, und für IS stellt sich die Frage, wie die neue Rolle in diesem Konzern sein wird und wie sich IS in der Konkurrenzsituation zu anderen IT-Dienstleistern im Konzern bewähren wird.

Teamevent unter schwierigen Rahmenbedingungen

Zur Vorbereitung des Teamevents 2006 formiert sich eine Planungsgruppe unter der Leitung des Bereichsleiters Dr. Süßmeir. Diese Planungsgruppe formuliert als Ziele für die Veranstaltung:

- Intensives Kennenlernen der Mitarbeiter untereinander, dadurch Förderung der Beziehungen über Standorte und Prozesse hinweg
- Zuversicht auch in unklaren Zeiten vermitteln
- Gemeinsames positives Erlebnis haben, das den Teamzusammenhalt verstärkt
- Information und Austausch über aktuelle Entwicklungen im RAG-Konzern wie auch im Bereich IS
- Chance bieten, kritische Themen der Bereichsentwicklung und der Zusammenarbeit anzusprechen, zu diskutieren und ggf. Änderungen zu initiieren

Damit strebt der Bereichsleiter mit seiner Crew eine Mischung zwischen sachlicher Arbeit und emotionalem Erlebnis an. Diese Mischung wird auch durch die Rahmenbedingungen deutlich. Die Teamentwicklung findet am Wochenende statt. Degussa übernimmt die Kosten, die Mitarbeiter bringen ihre Freizeit ein.

In der Vorbereitung der Veranstaltung findet sich diese Zweiteilung auch wieder. Die Vorbereitungsgruppe steuert die Gesamtveranstaltung. Wir sind für die Arbeitsprozesse, die Diskussionen und die Beschäftigung mit den anstehenden Veränderungen »gebucht«. Ein Outdooranbieter gestaltet Teamaktionen und Erlebnisse im Freien.

### 5.3.2  Start in die Teambildung

Strittig ist zunächst, ob am Freitagabend nach Eintreffen der Teilnehmer schon »gearbeitet« werden soll oder ob die Veranstaltung eher in einer After-work-Partystimmung startet. Wir entscheiden uns für die Arbeitsvariante. Es herrscht viel Unklarheit über die Zukunft, und im Vorfeld gab es kritische Anfragen, z. B. zu Arbeitszeitregelungen. Der Auftakt dient somit dazu, eine gemeinsame Informationsbasis zu schaffen und ggf. vorhandenen kritischen Stimmungen Ausdrucksmöglichkeit zu geben.

Dies gelingt dem Bereichsleiter mit einer sehr offenen und emotionalen Einführung. Er nennt die vorhandenen Fakten zur anstehenden operativen Eingliederung in den RAG-Konzern und nimmt Stellung zu den möglichen Auswirkungen für IS. Er beleuchtet auch die noch unsicheren Punkte, die momentan in den Gremien diskutiert werden, und gibt eine persönliche Einschätzung dazu ab. Im Anschluss an das Eingangsstatement lassen wir viel Zeit, zunächst für Gespräche in kleinen Grüppchen, dann für Rückmeldungen und Fragen an den Chef und zuletzt für eine abschließende Stellungnahme. Die meisten Fragen und Statements sind naturgemäß von der Sorge über die Konsequenzen aus der Fusion geprägt:

*Sorge über die Konsequenzen aus der Fusion*

- Wie kann der enge Zeitrahmen bis zur operativen Eingliederung im Januar 2007 genutzt werden?
- Werden Arbeitsplätze abgebaut?
- Welchen Stellenwert hat Outsourcing in dieser Situation?
- Wie soll die Kommunikation zu den neuen Kollegen der RAG laufen?
- Welche Auswirkungen wird die gesellschaftsrechtliche Übernahme auf unsere momentane Struktur haben?
- Aber auch: Welche Chancen ergeben sich für IS?

Die Arbeitszeit des ersten Abends scheint gut investiert zu sein. Es sind momentan keine Fragen mehr offen, die Teilnehmer können viele persönlichen Einschätzungen, Erfahrungen und Befürchtungen ansprechen. Mit gelöster Stimmung wechseln wir zum Abendessen.

### 5.3.3 Prominentes Abendessen

Henry Ford, Marie Curie, Albert Schweitzer, Michael Gorbatschow und andere Pioniere und Veränderer sind »Gastgeber« an den Tischen, an die sich die Teilnehmer nun bunt gemischt setzen. Ein Bild, ein Lebenslauf und einige Zitate der prominenten Gastgeber, auf dem Tisch verteilt, regen Gespräche an. Nachdem der erste Hunger gestillt ist, kündigen wir Tischreden an. Die Tischgruppen fragen sich jeweils, was wohl der Prominente in seiner Tischrede an IS sagen würde. Welche Empfehlungen würde er oder sie geben? Wie denkt er über den Umgang mit Umbrüchen? Zu unserer Erleichterung findet sich an jedem Tisch schnell ein Teilnehmer, der Lust hat, diese Rolle zu übernehmen. Martin Luther King, Rosa Luxemburg und die anderen Promis tragen 11 inspirierende Gedanken vor, mal philosophisch, mal pragmatisch, witzig, unterhaltsam oder belehrend.

*Rollentausch*

### 5.3.4 Zusammenarbeit zwischen den Units

Am nächsten Morgen hat sich der Raum in eine »Kistenlandschaft« verwandelt. Handelsübliche weiße Pappkartons liegen auf einem großen Berg mitten im Raum. Schilder, Tische und Pinnwände sind im Kreis herum angeordnet und den einzelnen Units innerhalb von IS zugedacht. Die Zusammenarbeit steht im Mittelpunkt. Die Mitarbeiter jeder Unit diskutieren und formulieren Wünsche an die anderen Units, die das Ziel haben, die Zusammenarbeit zu verbessern. Jeder beschriftete und in der speziellen Farbe der Unit gekennzeichnete Karton repräsentiert einen solchen Wunsch. Unit 2 wünscht sich beispielsweise von Unit 8 die Offenlegung interner Prozesse. Unit 8 wiederum wünscht sich von Unit 6 ein Archivierungskonzept für Mails. Unit 4 mahnt bei Unit 1 die Einhaltung der vereinbarten Prozesse an.

»Paketbote« überbringt Wünsche

Etwa 100 Kartons sind beschriftet, und die »Paketboten« liefern nun die Wünsche an die jeweiligen adressierten Units aus – eine turbulente, aber auch spannende Phase. Was wird bei uns ankommen? Was wünschen sich die anderen? Wieviel »bekommen wir ab«? Welche Kritik steckt vielleicht dahinter? Die erste Aufregung legt sich schnell, und die Kartons mit den Wünschen lösen intensive Gespräche in den Units aus. Zum Teil fragen die Teilnehmer auch bei den Absendern nach, was genau mit dem Wunsch gemeint ist. Schritt für Schritt stapeln sich die Kartons in 3 Gruppen:

- »Werden wir erfüllen«
- »Werden wir nicht erfüllen«
- »Ist inhaltlich noch nicht klar genug«

Die letzte Phase dieses Themas gestalten wir im Plenum. Jede Unit stellt die Wünsche vor, die sie erhalten hat. Und sie erläutert, wie sie zukünftig auf diese Wünsche reagieren wird. Einige Unklarheiten werden gleich ausgeräumt, bei anderen scheint ein längerer Austausch notwendig. Die Units treffen Verabredungen, die wir öffentlich protokollieren. Am Schluss nehmen die Units die Wunschpakete mit an ihren Arbeitsplatz. Sie dienen dort als Erinnerung an die Themen, die sie in der Zusammenarbeit zukünftig angehen wollen.

### 5.3.5 Zukunft von IS?

Nach der Reflexion der Zusammenarbeit im eigenen Bereich wenden sich die Teilnehmer den »Außenbeziehungen« zu. Überlegungen zur zukünftigen Aufgabe von IS unter den neuen Rahmenbedingungen im RAG-Konzern charakterisieren diesen nächsten Arbeitsschritt. Die halbtägige Arbeitsphase gestalten wir in Anlehnung an die Prinzipien eines Open Space, den wir hier allerdings verkürzen und an diese spezielle Veranstaltung anpassen:

Prinzipien des Open Space

1. Wir starten in einer runden Sitzordnung. Um die Gruppe herum sind 20 Pinnwände mit Überschriftplakaten angeordnet, auf die die Teilnehmer im zweiten Schritt die vorgeschlagenen Themen schreiben.
2. Dr. Süßmeir macht den Aufschlag. Er erläutert seine Erwartungen an diesen Austausch.
3. Wir als Moderatoren stellen die spezielle Arbeitsform vor und fordern auf, Themen zu nennen. Es kommen sehr schnell 18 Anliegen, Fragen und Ideen zusammen, die die Teilnehmer notieren und erklären. Einige Beispiele:

- Stärken von IS intern kommunizieren
- Überblick über RAG-Anforderungen erlangen
- Werben mit Leistungen, die wir bereits weltweit für Degussa erbringen
- Aktives Benchmarking betreiben

4. Wir lösen die Kreissitzordnung auf, alle Teilnehmer wenden sich einem Thema zu. Dabei sollen Leidenschaft und Verantwortung leitend sein. Wozu habe ich Lust? Welches Thema interessiert mich? Bei welchem Thema möchte ich etwas bewirken?

Leidenschaft und Verantwortung sind leitend

5. Alle Themengruppen arbeiten im sehr großen Plenumsraum für 1 h. Eine Pinnwand, ein Kasten mit Moderationsmaterial und eine kleine Arbeitshilfe zur Strukturierung der Vorgehensweise sind die »Werkzeuge«. Die Stimmung im Raum ist engagiert, nahezu alle Teilnehmer sind aktiv, tauschen sich aus, schreiben, malen, lachen. Auch wir als Beobachter haben den Eindruck, dass sich alle gemeinsam intensiv und motiviert mit den zukünftigen Herausforderungen von IS auseinandersetzen.

6. In zusätzlichen 10 min beauftragen wir die Teilnehmer, ihre Ergebnisse in Form einer ganz kurzen, kreativ gestalteten Präsentation darzustellen. Dazu stellen wir Material und unterschiedliche Utensilien zur Verfügung (Pappen, Stöcke, Luftballons, Tröten, Stoffe, Kegel, Seile).

7. Die Präsentationen sind ein echtes Highlight und geben der Veranstaltung auch zum Ende noch einmal Schwung. Die Teilnehmer sind selbst überrascht über die Vielfalt der Darstellungen und die kreativen Einfälle, die aus dem ganzen Team kommen. Zu jedem Beitrag geben die anderen Teilnehmer kurze Statements ab, die wir für die Nacharbeit auf Flipcharts festhalten.

8. Zur Weiterführung der Arbeitsergebnisse übernimmt jeweils ein »Kümmerer« die Aufgabe, ein Kurzkonzept zu erstellen und in der nächsten Leitungsrunde einzubringen. Die Führungskräfte werden die Themen und Vorschläge priorisieren und entsprechende Arbeitsaufträge vergeben.

Umsetzung der Arbeitsergebnisse

## 5.3.6 Kreative Präsentationen

Außergewöhnlich kreativ gestalten die Teilnehmer die Präsentationen ihrer Ideen und Zukunftsvorschläge. Einige Beispiele dazu:

Beispiele

- Eine große Kartonfigur repräsentiert IS im RAG-Konzern. Schrittweise kommen aus den Kartons im Bauchbereich die verschiedenen, mit der Veränderung verbundenen Gefühle. Der Kopfbereich zeigt die Gedanken und Kompetenzen, die im Team dazu vorhanden sind.
- Eine zweite Gruppe baut auf der Bühne einen Rallyeparcours mit Banden, Zwischenzeiten und Zielflagge. Die nächsten Schritte in der Arbeit von IS werden hier plastisch.
- 4 Teilnehmer entführen in das Essener Bürgerstübl im Jahr 2009. Dort am Biertisch palavern sie über die Entwicklung von IS, die in den vergangenen 3 Jahren stattgefunden hat.

- Dynamische IS-Kollegen springen wie Nummerngirls über die Bühne und werben mit Schildern für die Standardisierung in der IT-Nutzung.
- Das gesamte Publikum wird bei einem Rap einbezogen, der für offensiveres Marketing der IS-Leistungen wirbt.

### 5.3.7  Aktion, Unterhaltung und Teamimpulse

Zwischen den oben beschriebenen Arbeitsschritten findet am Samstagnachmittag und -abend die Outdooraktion statt. Die Teilnehmer haben große Lust auf diese unterhaltsame Form der Zusammenarbeit, ziehen sich alle einheitliche T-Shirts über und starten in einen Parcours im Parkbereich des Hotels. Sonniges Wetter unterstützt die Stimmung. Geschwindigkeit beim Zusammenstecken von Puzzleteilen, Kreativität bei der Entwicklung einer Strohalmskulptur und Kooperation beim Bau einer Wasserleitung sind gefordert. Im Hochseilgarten (◘ Abb. 5.3) können einige Teammitglieder ihren Mut beweisen und sich vom Rest des Teams unterstützen lassen. Ein Quiz bringt die Teams in Kontakt mit der Stadt und dem Umfeld. Die Teams befinden sich im Wettstreit. Am Abend, im Rahmen

◘ **Abb. 5.3.** Outdoor

eines Grillfestes, erhalten die Schnellsten, die Schönsten und die Cleversten Preise unter dem Jubel der ganzen Mannschaft.

Die Übungen sind so ausgewählt, dass sie die Themen des Tages aufgreifen und auf andere Art erlebbar machen. Kooperation und Konkurrenz beim Wasserleitungsbau hat doch viel Ähnlichkeit mit der Zusammenarbeit in der Informationstechnik.

Kooperation und Konkurrenz bei Outdooraktionen

---

### Interview mit Dr. Thomas Süßmeir, Head of IT Infrastructure Services, NEWCO Service GmbH

#### Was war der Auslöser für die Großgruppenaktivität?
Der gemeinsame Wunsch, bei den anstehenden Veränderungen ein Wir-Gefühl zu schaffen und uns für diese neuen Aufgaben »zusammenzurotten«. Gleichzeitig sicherzustellen, dass alle Kollegen die gleichen Informationen haben und auf diesen aufbauend Ideen für das Bewältigen der anstehenden Probleme entwickeln wie auch die Möglichkeit geboten bekommen, im nichtdienstlichen Rahmen »issues« anzusprechen.

#### Welche Gedanken und Gefühle hatten Sie, als Sie am ersten Abend vor der Gruppe standen?
Die Mitarbeiter sind motiviert: Das ist jetzt eine Chance, nutze sie!

#### Was war das Besondere an der Großgruppenveranstaltung?
Über 100 Mitarbeiter, die alle an einem Strang ziehen, unter »Vergessen« von Hierarchie und sonstigen dienstlichen Zwängen.

#### Wie haben Sie die Nachhaltigkeit erlebt?
Hoch, aber dann doch kurzfristig nachlassend. Trotzdem ist meines Erachtens der Langzeiteffekt sehr gut und nicht zu unterschätzen.

#### Was ist Ihnen außerdem wichtig?
Der gelungene Mix zwischen Arbeit/Outdoor/Freizeit hat wesentlich zum intensiven Kennenlernen und damit nachhaltig und langfristig zu kürzeren Wegen beigetragen.

---

## 5.4 Strategieentwicklung bei den Berliner Flughäfen

### 5.4.1 Großgruppenveranstaltungen als Bausteine im Veränderungsprozess

Manchmal sind Großgruppenveranstaltungen ein einmaliges Event. Teilnehmer kommen zusammen, informieren sich, diskutieren und erleben spezielle Unterhaltung. Dann ist die Aktion abgeschlossen, jeder geht – hoffentlich bereichert – wieder an seinen Arbeitsplatz. Wir haben allerdings häufiger mit Großgruppenveranstaltungen zu tun, die in einen längeren Veränderungsprozess eingebunden sind. Innerhalb dieses Prozesses sind sie ein Instrument neben Workshops, Projektarbeit, Infoveranstal-

Einbindung in einen längeren Veränderungsprozess

tungen, Coaching, Befragungen und weiteren Maßnahmen des Veränderungsmanagements. Eine solche Prozessarchitektur (▶ Kap. 2.6), in der wir auch Großveranstaltungen einsetzen, stellen wir am Beispiel der Berliner Flughäfen vor.

Aus 3 wird 1

Die Berliner Flughäfen stehen aufgrund der historischen Entwicklung vor der außergewöhnlichen Situation, 3 Flughäfen in Berlin zu betreiben und in den nächsten Jahren einen davon zu einem modernen Hauptstadtflughafen auszubauen.

> »Die Weichen für die Zukunft sind gestellt. In den nächsten Jahren wird der Flughafen Schönefeld zum neuen Hauptstadt-Airport BBI ausgebaut. Die Region Berlin-Brandenburg verfügt derzeit über drei Flughäfen: Ab 2011 wird der gesamte Flugverkehr der Region Berlin-Brandenburg auf dem Airport Schönefeld im Südosten der Stadt konzentriert sein. Die innerstädtischen Flughäfen Tegel und Tempelhof werden im Gegenzug geschlossen.«
> (Aus der Unternehmensdarstellung)

Die Stimmung im Unternehmen reicht von Aufbruch bis Unsicherheit. Vielen Mitarbeitern ist unklar, wie der Übergang von den 3 bestehenden zu dem einen neuen Flughafen erfolgen soll. Die Schließung von Tempelhof wurde mehrfach angekündigt und dann aus politischen Gründen immer wieder verschoben. Die alte Trennung zwischen Ost und West ist immer noch spürbar. Für die Mitarbeiter in Tegel erscheint Schönefeld mit dem Ruf eines alten »Interflug-Flughafens« extrem weit entfernt. Teilweise wird einfach verdrängt, dass die Fertigstellung immer näher rückt, und dann ein Arbeitsplatzwechsel zum neuen Flughafen erforderlich ist.

Die Berliner Flughäfen befinden sich im Besitz der Länder Berlin und Brandenburg und der Bundesrepublik Deutschland. Somit ist jede Unternehmensentscheidung auch politisch brisant. Außerdem wird dieses größte Bauprojekt in der Region von der Öffentlichkeit intensiv beobachtet.

Die starken Veränderungen, die das Unternehmen in den nächsten Jahren bewältigen muss, erfordern eine Neuformulierung der Unternehmensstrategie und eine Ableitung von Strategien für die einzelnen

Businessplan

Bereiche. Grundlage dafür ist der Businessplan, der für die Finanzierung des Neubaus erarbeitet wird. Dieser Businessplan wird zunächst ausschließlich für die Einwerbung von Bankkrediten erarbeitet. Er hat daher nur eine beschränkte Detailtiefe, so werden die Kosten nicht bis auf einzelne Bereiche heruntergebrochen. Außerdem wird er nur mit einigen Führungskräften erarbeitet, ist also in der Breite des Unternehmens noch nicht bekannt.

Um die anstehenden Herausforderungen besser bewältigen zu können, nimmt die Geschäftsführung eine Organisationsveränderung vor. Die Leitung von neu definierten Geschäftsbereichen übernehmen Spezialisten mit entsprechenden Erfahrungen von anderen Flughäfen. Die oberste Führungsebene wird verkleinert.

◼ Tab. 5.1 zeigt den Überblick über den gesamten Strategieprozess, der schrittweise geplant und umgesetzt wurde.

## 5.4.2 Vorbereitungen

Die Terminvereinbarung des ersten Strategieworkshops bildet den Startschuss für vielfältige Vorbereitungen. Eine interne Planungsgruppe entwirft gemeinsam mit uns als externe Berater die Dramaturgie für den ersten Workshop. Der Businessplan und die zentralen Säulen der Strategie sollen vorgestellt werden. Die strategischen Themen werden dabei in die Zeit vor Inbetriebnahme des neuen Flughafens und die nach 2011 mit Betrieb des neuen Flughafens aufgeteilt. Zur Präzisierung finden Einzelgespräche mit den jeweils Verantwortlichen statt. Die Herausforderung ist, komplexe Zahlenwerke auf die Hauptbotschaften zu konzentrieren und in jeweils 30 min verständlich der gesamten Führungsmannschaft zu vermitteln. Damit dies auch gut gelingt, können die Führungskräfte inhaltliche Beratung vom Leiter der Unternehmensentwicklung und Präsentationscoaching von einer externen Trainerin nutzen. Dabei wird das bekannte Phänomen deutlich, dass unter dem Druck der nahenden Veranstaltung wichtige offene Fragen der Strategie noch einmal konkreter angegangen und abschließend geklärt werden.

*Interne Planungsgruppe ist Motor*

Für die Berliner Flughäfen ist es der erste Workshop mit der teilweise neu besetzten Geschäftsführung und in der veränderten Struktur. Die Befürchtungen im Vorfeld sind massiv: »Das wird wieder eine reine Applaudierveranstaltung!« – »Da sagt doch sowieso keiner, was er denkt!« – »Über den Businessplan sind wir noch nie informiert worden. Wieso denn jetzt auf einmal?« – »Da werden sich die bekannten Blöcke Ost gegen West oder alte gegen neue Mitarbeiter bilden.«

## 5.4.3 Erster Strategieworkshop

Uns erscheint wichtig, für die Auseinandersetzung mit der Strategie viel Zeit einzuplanen und damit Beiträge und Bewertungen jedes Teilnehmers einzusammeln. Gleichzeitig wollen wir diese Phase gut strukturieren, damit nicht durch engagierte oder vielleicht sogar hitzige Diskussionen der Überblick verloren geht. Deshalb erarbeiten wir mit der Unternehmensentwicklung der Berliner Flughäfen eine Gliederung in 5 Arbeitsschritte:

*Strategiebewertung in 5 Schritten*

1. **Vorstellung** des Businessplans und der Strategie im Plenum mit Verständnisfragen, aber ohne Diskussion
2. **Vertiefung** der zentralen Säulen der Strategie in 3 kleinen Gesprächsrunden
3. **Positionierung** zur Strategie auf einer Zustimmungsskala im Raum – spontan und intuitiv
4. **Differenzierung** durch individuelle schriftliche Bewertung der Einzelaspekte der Strategie, anschließend Präsentation im Plenum
5. **Reaktion** der Geschäftsführung auf die Rückmeldungen der Führungskräfte

Zunächst werden die strategischen Positionen bis zur Inbetriebnahme des neuen Flughafens vorgestellt. Nach den ersten beiden Arbeitsschritten positionieren sich die Teilnehmer spontan im Raum zur Frage: »Inwieweit

Zustimmung zur neuen Strategie – ja oder nein?

kann ich der neuen Strategie zustimmen?« Vollständig – Zum großen Teil – Überwiegend – Nur teilweise – Eher weniger – Gar nicht. Die ganz kritischen Positionen werden nicht eingenommen. Aber auch bei den grundsätzlich positiven Einschätzungen urteilen die Führungskräfte sehr differenziert. Wir machen kurze Interviews:

- »Diese Strategie stellt hohe Anforderungen an uns alle.«
- »Schaffen wir mit dem Personalkonzept die Inbetriebnahme?«
- »Diese Strategie liefert eine gute Struktur für die Bereiche.«
- »Das Thema ‚In- und Outsourcing' ist noch offen.«
- »Wie schaffen wir den Spagat zwischen Low Cost- und klassischen Airlines?«
- »Die Instandhaltung der alten Flughäfen bis zur Neueröffnung wird eine Herausforderung.«

Danach geht es in die Detailarbeit. Jeder Einzelne prüft die Unterlagen und die Einzelthemen aus persönlicher Sicht und aus dem Blickwinkel des eigenen Bereichs: »Wo stimme ich zu? Wo habe ich Zweifel? Was lehne ich ab? Was fehlt mir an der Strategie?« Jeder einzelne Gedanke landet auf einer farbigen Karte, Grün signalisiert komplette Unterstützung, Gelb steht für Zweifel, Rot für Ablehnung und Weiß für fehlende Aspekte. Jede Führungskraft präsentiert die eigenen Aspekte und platziert die dazugehörigen Karten auf den vorgesehenen Wänden. Die Spannung im Kreis ist hoch. Wie viel Zweifel an der Strategie gibt es? Wird es deutliche Ablehnung geben? Auf jeden Fall ist Positionierung gefragt, keiner kann sich hinter einer generellen Meinung verstecken.

Sich zu positionieren ist gefragt

Die Geschäftsführer hören intensiv zu, fragen an der einen oder anderen Stelle nach. Aber diskutiert werden die Kommentare zunächst noch nicht, es geht darum, sich ein Bild von den Haltungen und Bewertungen im Führungskreis zu machen. Nach 90 min Präsentieren und Zuhören offenbart sich folgendes Bild: 18 grüne, 23 gelbe, 3 rote und 11 weiße Karten. Die Zustimmung ist groß, es gibt einige Punkte, die weiter detailliert werden müssen. Nur wenige Teilaspekte werden kritisch bewertet. Die Geschäftsführer kommentieren das Ergebnis, gehen auf einzelne Fragestellungen ein und diskutieren mit den Teilnehmern. Offene Punkte werden zur weiteren Bearbeitung an die Spezialisten übergeben.

Im zweiten Teil des Workshops werden die Planungen für die Zeit nach Inbetriebnahme des neuen Flughafens vorgestellt und diskutiert. Auch hier wechseln sich Plenumsphasen mit Gesprächen in kleinen Gruppen ab. Durch die vielfältigen Aktionen, den Wechsel der Arbeitsform und von den Teilnehmern unerwartete Aktionen (z. B. Positionierung im Raum) gelingt es, alle Führungskräfte an der Diskussion zu beteiligen. Auch kritische Aspekte werden angesprochen. Die Geschäftsführung fördert dieses Klima, indem sie wertschätzend auf alle Beiträge reagiert und klar Stellung bezieht.

In der letzten Veranstaltungsphase entscheiden die Teilnehmer über die Fortführung des Strategieprozesses. Die spezielle Art der Arbeit im Workshop ist für sie so eindrucksvoll, dass sie eine ähnliche Veranstaltung auch für den erweiterten Führungskreis mit den obersten 80 Führungskräften planen. Damit geht der Prozess weiter in die erste wirklich große

**◘ Abb. 5.4.** Abschlussaufstellung

Gruppe. Den Abschluss des Workshops bildet eine emotionale Aktion. Die Führungskräfte geben ihr Commitment zur Strategie ab, indem sie auf einem großen Plakat des neuen Flughafens unterschreiben. Mit Musik und Cocktails klingt dieser Auftaktworkshop aus (◘ Abb. 5.4).

Emotionale Aktion als Abschluss

### 5.4.4 Strategieworkshop mit erweitertem Führungskreis: Wir bauen unsere Zukunft

Unter diesem Motto lädt die Geschäftsführung alle 80 Führungskräfte der ersten und zweiten Ebene ein. Die Großveranstaltung enthält einige methodische Elemente aus dem ersten Workshop. Die Grundstruktur passen wir an die große Gruppe an. Sie enthält folgende Schritte:

1. **Vorstellung** des Businessplans und der Strategie im Plenum mit Verständnisfragen, aber ohne Diskussion
2. **Vertiefung** der Strategie mit 7 Themenangeboten, aus denen jede Führungskraft 4 auswählen kann
3. **Bewertung** der Strategie in gemischten Kleingruppen, anschließend Präsentation der Diskussionsergebnisse im Plenum
4. **Reaktion** der Geschäftsführung auf die Rückmeldungen der Führungskräfte

Die Befürchtungen im Vorfeld, es würde in Anwesenheit der Geschäftsführung keine kritischen Reaktionen geben, erweisen sich als unbegründet. Sicher schiebt sich die Skala ein Stück in Richtung Zustimmung. Dennoch wagen viele, sich vom Mainstream zu differenzieren. Und sie begründen

Befürchtungen sind unbegründet

diese Position auch im Plenum. Im Unterschied zum ersten Workshop können wir nicht die Bewertungen jedes Teilnehmers aufnehmen, dafür ist die Gruppe zu groß. Nach dem Austausch in gemischten Kleingruppen stellt daher jeweils einer der Teilnehmer die in der Kleingruppe erarbeiteten Kommentare auf den farbigen Karten vor. Zum Schluss hängen 26 grüne Karten, 26 gelbe, 7 rote und 20 weiße Karten an den Pinnwänden.

Die Grundstimmung ist klar: Die Führungskräfte begrüßen die neue Strategie und tragen sie mit, auch wenn es im Detail noch viele offene Fragen gibt. Mit diesem Zwischenergebnis geht es in die Mittagspause. Alle Führungskräfte sind zu einer Baustellenrundfahrt mit anschließendem Imbiss in der Baustellenkantine eingeladen. Dies ist ein Höhepunkt des Tages: Viele sehen zum ersten Mal die Flughafenbaustelle in ihren Ausmaßen und mit den ersten Bauaktivitäten. Die Führungskräfte empfinden eine solche persönliche Besichtigung äußerst motivierend und planen, mit den Mitarbeitern bereichsweise eine Besichtigung zu machen.

Strategieumsetzung    Im zweiten Veranstaltungsteil setzen sich die Teilnehmer mit der Strategieumsetzung in den jeweiligen Bereichen anhand von 3 strukturierenden Fragen auseinander:

- ▬ Welche Aspekte der Strategie sind für unseren Bereich besonders relevant?
- ▬ Welche Konsequenzen sehen wir für uns?
- ▬ Was wollen wir tun?

Überall im Raum entstehen große Plakate mit den Gedanken und Plänen der Bereiche.

Die Geschäftsführer greifen zum Abschluss der Veranstaltung das Motto »Wir bauen unsere Zukunft« noch einmal auf. Symbolisch für die einzelnen Bausteine des neuen Flughafens erhält jeder Teilnehmer einen Puzzlestein, auf dem er seinen persönlichen Beitrag für den Erfolg der Strategie in wenigen Stichworten notiert. Im sportlichen Wettkampf und mit ziemlichem Gedränge bauen 2 Gruppen jeweils das Puzzle zur Hälfte in sensationellen 4 min und 28 s zusammen.

### 5.4.5 Regelmäßige Veranstaltungen: Strategieentwicklung und Kommunikationskultur

Nach den ersten 2 erfolgreichen Veranstaltungen zur Diskussion der Strategie entscheidet die Geschäftsführung, die Veranstaltungen im regelmäßigen Turnus anzubieten. Jeweils einmal im halben Jahr findet eine 2-tägige Veranstaltung mit dem oberen Führungskreis und im Anschluss eine 1-tägige Großveranstaltung mit allen Führungskräften statt. Diese ersten Schritte zur Entwicklung einer offeneren Kommunikationskultur im Unternehmen werden flankiert durch folgende weitere neu eingeführte oder angepasste Instrumente:

**Führungsbesprechung:** Die 14-tägige Führungsbesprechung wird mit dem Ziel umgestaltet, mehr Austausch zu den strategischen Fragen des

Unternehmens zu ermöglichen. Die Bereichsleiter sind aufgefordert, regelmäßig Themen aus dem eigenen Bereich vorzustellen. Es gibt keine Tische mehr in dem Besprechungsraum – ein Signal für eine neue, barrierefreie Diskussionskultur.

Barrierefreie Diskussionskultur

**Vor-Ort-Besuche:** Die Geschäftsführer machen Besuche bei den Mitarbeitern vor Ort. Sie erläutern die Zukunftsperspektiven, diskutieren mit den Mitarbeitern und beantworten deren Fragen.

**Intranet:** Das Intranet wird verstärkt zur Information der Mitarbeiter über strategische Fragen und Zukunftspläne genutzt. Die Ergebnisse aus den Führungsworkshops stehen kurzfristig im Intranet zur Verfügung.

**Bereichsbesprechungen:** Die Führungskräfte erhalten gut aufbereitete Unterlagen, mit denen sie die strategischen Themen in ihren Bereichen kommunizieren können.

◘ **Tab. 5.1.** Strategieprozess der Berliner Flughäfen

| Zeitplan | GF | Obere Führungsebene | Erweiterter Führungskreis | Mitarbeiter |
|---|---|---|---|---|
| 09/2006 | Ausformulierung der Strategie – Abstimmung mit Businessplan | | | |
| 10/2006 | | Vorbereitung der Themen und Präsentationscoaching | | |
| 11/2006 | **Erster Strategieworkshop: Vorstellung des Businessplans und der Strategie** | | | |
| 11–12/2006 | Neukonzeption der Führungsbesprechungen mit mehr Interaktion | Einarbeitung der Rückmeldung aus dem Workshop in die Strategie | | |
| 01/2007 | **Erste Großgruppe: Strategieveranstaltung mit allen Führungskräften** | | | |
| 02–05/2007 | | Ableitung von Bereichsstrategien aus dem Businessplan und der Unternehmensstrategie | | Information aller Mitarbeiter über die Planungen |
| 04–05/2007 | Geschäftsführer machen Besuch vor Ort und beantworten Fragen | | | |
| 06/2007 | **Zweiter Strategieworkshop: Vorstellung der überarbeiteten Unternehmensstrategie und der Bereichsstrategien** | | | Kommunikation der Ergebnisse via Intranet und im persönlichen Gespräch |
| 06–09/2007 | | Vorbereitung der Präsentation vor den Führungskräften | | Besichtigungstouren zur Baustelle des neuen Flughafens |
| 09/2007 | **Zweite Großgruppe: Vorstellung der Bereichsstrategien** | | | |

**Interview mit Dr. Henrik Haenecke, Leiter Unternehmensentwicklung der Berliner Flughäfen**

### Welche Rolle spielen die Großveranstaltungen innerhalb des Strategieprozesses?

Die Berliner Flughäfen befinden sich in einem umfassenden Veränderungsprozess. Neben dem operativen Betrieb der Flughäfen stehen die Herausforderungen durch den Bau des neuen und die Schließung der bestehenden Flughäfen. Teilweise immer noch bestehende Unterschiede in der Unternehmenskultur müssen überwunden werden. Das Unternehmen muss stärker mit Blick auf die wirtschaftlichen Kennzahlen gesteuert werden.

Um diese Herausforderungen zu bewältigen, müssen Führungskräfte und Mitarbeiter über Bereichsgrenzen und Hierarchieebenen hinweg gemeinsam anpacken. Die Großveranstaltungen sind ein zentrales Element, um das gemeinsame Denken und Handeln zu stärken. In den Großveranstaltungen werden die Herausforderungen gemeinsam diskutiert, und es kann gemeinsam nach Lösungen gesucht werden. Dies ist ein wichtiger Ansatzpunkt, um das teilweise immer noch starke bereichs- und abteilungsbezogene Denken zu überwinden.

### Welche Hoffnungen, welche Bedenken hatten Sie vor der ersten interaktiven Großgruppe?

Ein wichtiger Aspekt sind sicher die kulturellen Veränderungen, die durch einen so breit angelegten Diskussionprozess angestoßen werden. Darüber hinaus schafft ein solcher Termin natürlich auch Druck, die Gedanken auf den Punkt zu bringen. Natürlich ist das Tagesgeschäft oft dringender als die Strategieentwicklung. Wer aber in einer Großgruppenveranstaltung zur Präsentation eingeladen ist, nimmt sich die Zeit, seine Gedanken auf den Punkt und zu Papier zu bringen. Ich hatte gehofft, dass die gesetzten Termine so noch einmal zur verstärkten Auseinandersetzung mit der Strategie führen würden – diese Hoffnung hat sich erfüllt. Wir hatten sehr gute Präsentationen.

Eine große Sorge vor der ersten Veranstaltung war, ob sich eine offene Diskussionskultur einstellen würde. In der Vergangenheit war dies vielfach nicht gelungen; viele der Teilnehmer hatten schlechte Erfahrungen mit unzureichend vorbereiteten Workshops gemacht. Aber bereits durch den ungewohnten Anfang des Workshops – es waren keine Tische im Raum, es gab erst einmal ein paar Einstiegsfragen im Stehen – war klar: Dieser Workshop wird anders als andere.

### Was ist für Sie das Besondere an diesem Prozess?

Die Stärke des Prozesses liegt zum einen in der fundierten inhaltlichen Vorbereitung und zum anderen in der stark interaktiven Workshopgestaltung, die immer wieder mit überraschenden Elementen aufgelockert wird.

Eine wesentliche Erfolgsvoraussetzung ist die inhaltliche Vorbereitung. In den Wochen vor den Veranstaltungen haben wir von der Unternehmensentwicklung jeweils mit den einzelnen Themenverantwortlichen intensiv gearbeitet. Wir haben Material gesichtet und strategische Positionen erarbeitet. Wir haben gemeinsam Kernaussagen geschärft und aussagekräftige und kurze Präsentationen entwickelt. Durch diese Vorarbeit war sichergestellt, dass die Veranstaltungen mit einer Vielzahl relevanter Informationen aufgeladen waren.

Die inhaltliche Vorbereitung wäre aber nichts wert, wenn sie nicht in einem gut moderierten und lebendigen Kontext vorgestellt und diskutiert werden könnte. Die Dramaturgie der Workshops wechselte stets gut zwischen Präsentation, Diskussion, Reflexion und Bewertung – aber auch spielerischen Elementen. Wichtig ist hier zum einen, dass jeder seine Fragen und Bedenken äußern kann. Für uns vielleicht noch wichtiger war, dass sich jeder äußern muss: Bei einer Kartenabfrage muss eben jeder seine Meinung zu Papier bringen. Dies war ungemein hilfreich, um wirklich alle am Diskussionsprozess zu beteiligen.

**Was ist Ihnen außerdem wichtig?**

Ein solcher Strategieprozess kann nur gelingen, wenn die Geschäftsführung dahintersteht – hinter den Inhalten und hinter dem Diskussionsprozess. Sie muss sich nicht nur auf den Prozess einlassen, sondern mitgestalten. Die Großveranstaltungen sind für viele Führungskräfte die einzige Möglichkeit, ihre Geschäftsführung einen ganzen Tag intensiv zu erleben. Es ist wichtig, dass die Geschäftsführung sich klar zu den strategischen Themen positioniert und den gewünschten Diskussionsstil in diesen Veranstaltungen vorlebt. Wir haben in den Veranstaltungen einen neuen Arbeits- und Diskussionsstil etabliert: fundierte inhaltliche Vorbereitung, aktives Zuhören und offenes Diskutieren.

## 5.5 Vision & Leadership bei Boehringer Ingelheim – Eine Kultur entwickelt sich

### 5.5.1 Ausgangspunkt – Handlungsbedarf nach einem »cultural alignment survey«

Eine Befragung zur Unternehmenskultur und Mitarbeiterzufriedenheit (»cultural alignment survey«) bei Boehringer Ingelheim erbringt keine zufriedenstellenden Ergebnisse. Der Leiter des Geschäftsführungsbereiches Forschung und Entwicklung entschließt sich, zusammen mit den Führungskräften einen starken Impuls in Richtung Verbesserung der Unternehmenskultur zu setzen.

*Verbesserung der Unternehmenskultur als Ziel*

> »In der Unternehmenskultur findet das Verhalten des Unternehmens zu seinen Mitarbeitern und das Verhalten der Mitarbeiter nach innen und nach außen seinen Ausdruck. Die Unternehmenskultur wird beschrieben in den Leitbildern und den Prinzipien des Unternehmens.«

So definiert der Geschäftsführer in einer Folge mehrerer Großveranstaltungen sein Verständnis der Kultur des Unternehmens (»cultural alignment«) und der im Folgenden aufgeführten 7 Führungsgrundsätze des Managements (Vision & Leadership):

- Realising our vision is our objective
- Improvement is our ambition
- Teamwork is our task
- Persistence is our character
- Communication is our key
- Delegation is our duty
- Delivering results is our goal

Führungsprinzipien plastisch machen – mit welcher Methode?

In einem ersten Schritt befragt die Projektgruppe die Beteiligten zu den Grundsätzen der Kultur und informiert über die geplante Initiative. Diskutiert wird die Frage: Welche Methode ist die beste, um Führungsprinzipien plastisch zu machen und einen nachhaltigen Impuls zu setzen, dass sie auch anschließend in der Unternehmenskultur dauerhaft gelebt werden? Der Geschäftsführer nimmt an einer Großgruppenveranstaltung teil, an der er hautnah die Wirkung erleben kann. Damit steht die Entscheidung fest: Die Führungsprinzipien werden zum Thema einer Großgruppe. Die Vorbereitung und Durchführung der Großgruppenveranstaltungen wird im Team der internen Berater und uns erarbeitet. So stellen wir sicher, dass der gemeinsame Blick zum Maßstab für Entscheidungen wird.

## 5.5.2  Ziele – Vision & Leadership leben

- Kenntnisse und Verständnis zu Vision & Leadership bei Boehringer Ingelheim vertiefen
- Neue Impulse zur Weiterentwicklung unseres Unternehmens gewinnen
- Verständnis und Anerkennung für die Vielfalt aller unserer Mitarbeiter und ihrer Denkweisen erhöhen
- Mögliche Schwachstellen unserer Führungsleistungen erkennen und Abhilfen einleiten

350 Führungskräfte in 4 Großveranstaltungen

Insgesamt 350 Führungskräfte arbeiten in 4 aufeinanderfolgenden Großveranstaltungen jeweils eineinhalb Tage lang an ihren Leadership-Principles, hören die Kritik und Wünsche der Leitung, tauschen sich in Kleingruppen aus und erspüren in Workstations die Chancen der 7 Leitsätze für ihr Unternehmen.

## 5.5.3  7 Leadership-Principles in 7 Stationen

»Welches Leadership-Principle liegt Ihnen am meisten am Herzen? Bitte nehmen Sie einen Ball und stimmen Sie für Ihr Leadership-Principle!«, lautet die Aufforderung an die Teilnehmer. Mit diesem Einstieg sind alle Teilnehmer schon beim Eintritt in das Foyer im Thema. Die Visualisierung mit Bällen in großen Glasröhren macht augenfällig deutlich, wie die meisten Teilnehmer votieren, und erleichtert der Leitung, in ihrem Impulsreferat darauf Bezug zu nehmen.

»Wie wichtig finden Sie den Prozess ‚Vision & Leadership‘?« Zum offiziellen Start der Veranstaltungen stellen sich die Teilnehmer an einem 50 m langen Seil zu mehreren Fragen auf. »Extrem wichtig« und »unbedeutend« markieren die beiden Seilenden. Kurzinterviews durch die Moderatoren machen schnell deutlich: Hier darf man seine Meinung sagen, und auch kritische Äußerungen sind erwünscht. Die folgende Aktion bringt viele Teilnehmer in kürzester Zeit miteinander in Kontakt und reduziert die Hemmschwelle, neue Kontakte zu knüpfen. Die Aufgabe lautet: »Lernen Sie in 8 min 4 neue Kollegen kennen und tauschen Sie Ihre Namensschilder aus!« Im anschließenden Impulsvortrag lenkt der Leiter den Fokus auf die Bedeutung der Leadership-Principles und auf die Rolle, die sie für ein Unternehmen wie Boehringer Ingelheim in der Zukunft spielen werden.

Im Raum warten bereits 7 Stationen für die 7 Principles. Obere Führungskräfte und Personalreferenten haben die Stationen vorbereitet und betreuen jetzt die rotierenden Kleingruppen, die im 20-min-Rhythmus von Station zu Station ziehen. Jede Kleingruppe lernt auf lebendige Weise jedes Principle kennen und löst eine praktische Aufgabe, die sie den jeweiligen Kern des Principles erfahren lässt. Die Mitarbeiter erleben dabei ihre oberen Führungskräfte in einer ungewohnten Moderatorenrolle, was die vermittelten Themen noch glaubwürdiger macht.

*Rotierende Kleingruppen lernen 7 Principles kennen*

### 5.5.4 Das Besondere – Leadership-Principles als Handwerker, Verkäufer und Denker

Nach dem Parcours der Leadership-Principles schlüpfen die Teilnehmer in die Rollen von Handwerkern, Verkäufern und Denkern:

In der **Handwerkerphase** geht es um praktisches Geschick. Vierzehn Kleingruppen bauen Skulpturen zu jedem Principle. Mit farblich passendem Baumaterial setzen sie ihr Leadership-Principle in eine Skulptur um. Im ganzen Raum ist die Energie und Begeisterung der Teilnehmer zu spüren. Es wird gesägt, geklebt, genäht und viel gelacht. Die fertigen Skulpturen (◘ Abb. 5.5) sprechen für sich – getreu dem Ausspruch »Eine Skulptur sagt mehr als 1000 Worte« werden sie im Rahmen einer Vernissage bewundert und beklatscht. Das Engagement und die Ergebnisse dieser Arbeitsphase übertreffen deutlich alle Erwartungen. Vorherige Befürchtungen, die Teilnehmer seien »trockene Forscher«, die sich lieber mit sachlichen Themen als mit spielerischen Aufgaben beschäftigen wollen, erweisen sich als völlig unbegründet.

In der **Verkäuferphase** nutzen neu zusammengesetzte Kleingruppen all ihre Talente, um »ihr« Principle an den Mann bzw. die Frau zu bringen. »Erstellen Sie einen knackigen Werbespot für Ihr Principle und präsentieren Sie diesen Spot auf der Bühne!« Die »Verkaufshows« sind ein voller Erfolg und werden mit Standing Ovations von den Führungskräften gefeiert.

In der abschließenden **Denkerphase** rauchen die Köpfe. Jetzt geht es um überzeugende Antworten auf die Fragen: »Wie bringen wir die Energie des gerade Erlebten ins ganze Unternehmen? Wie potenzieren wir diese Energie? Wie wollen wir die Mitarbeiter informieren? Welche Tools und Ressourcen werden wir einsetzen? Wie können wir möglichst viele Mitarbeiter schnell anstecken, an einer lebendigen Kultur mitzuarbeiten?«

◘ Abb. 5.5. In den Skulpturen differenzieren und präzisieren sich wichtige Aspekte des Themas

*Knackiger Werbespot als Aufgabe*

**Interview mit Yvonne Kaczmarczyk, Personalleitung Forschung, Entwicklung und Medizin, Boehringer Ingelheim GmbH & Co KG**

**Welche Hoffnungen verbanden Sie mit den Großgruppenveranstaltungen?**
Leadership-Principles zum Anfassen sollen Commitment schaffen. Die Aktion soll Lust auf Leadership à la Boehringer Ingelheim erzeugen, die Führungskräfte übernehmen die Verantwortung für die Führungskultur.

**Welche Befürchtungen hatten Sie im Vorfeld?**
Nach der Überzeugung des Auftraggebers vom »ungewöhnlichen Konzept«, keine!

**Ihr Eindruck von den Veranstaltungen?**
Kreativ, verbindend, aktiv, fröhlich, spannend, reflektiert, auffordernd, motivierend …

**Was ist durch die Großgruppenveranstaltungen anders als vorher?**
Durch den Multiplikatoreffekt wurde in allen Abteilungen und Gruppen teamspezifisch an »eigenen« Themen gearbeitet – meist in ebenso aktiver und kreativer Form wie bei den Großgruppenveranstaltungen. Die Haltung zu Vision & Leadership hat sich eindeutig verbessert.

**Welche Rückmeldungen der Teilnehmer freuen Sie am meisten?**
- »Ich habe verstanden, was die Boehringer-Ingelheim-Principles für mich bedeuten.«
- »Ich habe die nötigen Ideen und das Handwerkszeug, um mit meinem Team zu arbeiten.«
- »Die meinen ja, was sie sagen.«
- »Ich habe meinen Abteilungsleiter so erlebt, dass ich weiß, es ist ihm wichtig, die Boehringer-Ingelheim-Führungskultur zu leben.«

**Was hat sich tatsächlich anschließend geändert (Beispiele)?**
Die Großgruppenveranstaltungen waren der Startschuss für die kontinuierliche Arbeit an der Kultur und anderen Zielen, z. B. haben viele Teams regelmäßige Team-Checkups etabliert, die übergreifenden Ziele und die Zielerreichung sind transparenter. Ein erneuter »cultural alignment survey« führte weitestgehend zu exzellenten Ergebnissen. An identifizierten gruppenspezifischen Themen oder übergreifenden Fragestellungen wird gearbeitet.

**Was ist Ihnen außerdem wichtig?**
Mut zu »unkonventionellem Vorgehen« lohnt sich!

## 5.6    TRAFO – Spannung in der Basler Versicherung/ Schweiz

### 5.6.1  Wie es zu Spannungen kam

Die Ertragslage der Basler Versicherung hat sich vor Jahren für manche Branchen dramatisch verschlechtert. Der Bereich Vertrag (Generatoren) erhält von der Geschäftsleitung den Auftrag, diese Branchen zu sanieren und wieder ertragsstark zu machen. Eiligst durchgeführte »Blitzsanierungen« im Rahmen der langfristigen Strategie unter dem Motto der »Ertragsperle« bringen zwar die erhoffte Wende, aber auf Kosten der Verärgerung der Kunden und des Außendienstes (Navigatoren). Sie steigern die Spannungen zwischen den Bereichen Vertrag und Vertrieb, weil hier 2 entgegengesetzte Vorstellungen vom Kunden aufeinanderprallen: Die Navigatoren wollen ihre Kunden nicht nach Branchen sortiert und erzieltem Profit bewertet sehen, wie das die Generatoren tun, sondern jeden individuell betrachten; auch im Hinblick auf sein zukünftiges Potenzial, z. B. seinen Einfluss und mögliche Kontakte zu neuen Kunden.

*Spannungen zwischen Vertrag und Vertrieb*

Die kurzfristig eingeleiteten Veränderungen haben einen negativen Einfluss auf die Verdienstmöglichkeiten der Außendienstmitarbeiter und setzen den Konflikt unter Hochspannung, sodass es auch im mittleren Management zu immer größeren Entladungen kommt. Die Atmosphäre knistert heftig, die Gerüchteküche steht mächtig unter Strom, und auf der mittleren und unteren Führungsebene – bis zu den Sachbearbeitern und Außendienstmitarbeitern – kann keiner mehr entspannt mit dem anderen reden. Maßnahmen zur Verbesserung der Zusammenarbeit zwischen Generatoren und Navigatoren sind dringend erforderlich.

### 5.6.2  Wohin die Energien geleitet werden

Auf 3 mehrtägigen Großgruppenveranstaltungen werden die folgenden Ziele angestrebt:

- Reibungen zwischen Vertrag und Vertrieb abbauen
- Über Bereichsgrenzen hinweg sich besser kennenlernen (interne Kundenorientierung)
- Informationen zum aktuellen Umsetzungsstand austauschen, Befürchtungen klären, Fragen beantworten
- Schritte der Veränderung nachvollziehen: Blitzsanierung – Branchensanierung – Zielkundenorientierung
- Für weitere Sanierung motivieren (vermehrter Arbeitsanfall, schwierige Kundenkontakte, Informationspflichten ...)
- Den rentablen (externen) Kunden in den Fokus rücken

*Blitzsanierung – Branchensanierung – Zielkundenorientierung*

### 5.6.3  Veranstaltungen – Umsetzung der Spannungen in zielgerichteten Arbeitsstrom

#### Eine spannende Einladung – Kinetische Energie in elektrische Energie umwandeln

Mit der Einladung zu den Großgruppenveranstaltungen mit jeweils etwa 100 Führungskräften, Projektleitern und Geschäftsstellenleitern erhält jeder Teilnehmer eine spezielle Schachtel mit einer Schüttellampe. Das ist eine Taschenlampe, bei der durch Schütteln Strom induziert wird, sodass die Lampe anschließend für eine Weile leuchtet. Die Verknüpfung mit dem Thema ist sinnfällig: Zielgerichtete Arbeit (Schütteln oder besser: motorisch-körperlicher Spannungsabbau) wird umgesetzt in zielgerichteten

*Schüttellampe als Metapher*

Arbeitsstrom (Lampe leuchtet). Die Verknüpfung der Arbeit während der Veranstaltung mit dieser Metapher macht es leicht möglich, immer wieder auf diesen Zusammenhang hinzuweisen und so in den Köpfen präsent zu halten: Destruktive Energien, Reibereien zwischen den Geschäftsbereichen bauen hinderliche Spannungen auf, sie wirken unproduktiv. Am Ende der Veranstaltungen zeigen die Teilnehmer in einer nonverbalen Performance, zu welch interessanten Lichtbildern im abgedunkelten Saal 100 Menschen mit ihren Lampen fähig sind, wenn sie alle ihre Energien zielgerichtet und teamorientiert einsetzen.

### Erste Entladungen – Überspannung wird abgeleitet

Da die Vetriebsangehörigen in allen Veranstaltungen deutlich in der Mehrheit sind, stellen sich natürlich die Fragen: Wie werden die beiden Gruppen miteinander umgehen? Wird es heftige Gewitter, Entladungen und Blitzeinschläge geben? Um den Grad der Spannung zu messen, können die Teilnehmer zu Beginn der Veranstaltung über eine Ballabstimmung den Grad der Spannung benennen, unter dem sie stehen. Die Skala reicht von »kleines Kribbeln« über »Schwachstrom« bis »Kurzschluss«. Schon hier zeigt sich bei den ansonsten eher ruhigen und harmoniebedürftigen Schweizern manch emotionale Eruption.

### »Was hat uns so unter Strom gesetzt?« – Analyse der Ursachen

Die schmerzlichen Erfahrungen des letzten Jahres werden noch einmal allen ins Bewusstsein geholt. Pärchenweise schreiben die Teilnehmer in Stichworten die Probleme auf weiße Kartons und bauen so nach und nach eine Klippenwand auf (◘ Abb. 5.6), worauf die Ursachen und Auswirkungen der Spannungen zu lesen sind. Diese Wand bleibt während der gesamten

Bau einer Klippenwand

◘ **Abb. 5.6.** CEO steht Rede und Antwort vor der Klippenwand

Zeit der Veranstaltung im Raum sichtbar. Die Geschäftsleitungsmitglieder nehmen sie zur Kenntnis und verweisen auf gemachte Fehler in der Vergangenheit. Darauf aufbauend kann der Blick wieder freier nach vorn auf die zukünftigen Aufgaben gerichtet werden.

## Wirklichkeit simulieren – Als Geschäftsleitung sieht die Welt ganz anders aus

Im Hauptmodul der Veranstaltung – einer speziell für das Unternehmen entwickelten Computersimulation – spielen die Teilnehmer in kleinen heterogenen Teams die Rollen von Geschäftsleitungsmitgliedern eines fiktiven erfolglosen Versicherungskonzerns. Aufgabe: »Sanieren Sie dieses Unternehmen!« Jetzt können sie ihre Kompetenz und Kreativität spielen lassen und am eigenen Leib erfahren, wie schwierig es ist, ein Unternehmen so zu lenken, dass es ertragreich wird ...

Erstaunliches zeigt sich: Die in verschiedenen Rollen agierenden Teamspieler erkennen unabhängig voneinander und von ihrer tatsächlichen Funktion im Arbeitsalltag, dass es bestimmte Handlungsnotwendigkeiten gibt. Diese »Sanierungs«-Maßnahmen müssen durchgeführt werden, um das Spielunternehmen wieder ertragreich zu machen. Besonders inspirierend wirkt sich in der Simulation aus, dass z. B. die Rolle des Vertriebsleiters von einer Führungskraft aus dem Bereich Vertrag und umgekehrt die Rolle des Vertragschefs von einem Vertriebsmitarbeiter besetzt wird.

*Simulationen erzeugen Verständnis*

Der Transfer der Spielerfahrungen in die Wirklichkeit der Basler Versicherung ist nun leicht möglich. Die Spieler stellen die getroffenen Maßnahmen und ihre Sanierungsergebnisse im Plenum vor. Dort werden sie heiß diskutiert.

## Empathie – Die Sicht der anderen Branche

Der kritische Blick aus anderer Perspektive beherrscht auch am nächsten Tag bei der SWOT-Analyse das Geschehen. Heterogen besetzte Arbeitsgruppen führen an den Branchen orientiert diese SWOT-Analyse durch. Der distanzierte Blick der Branchenfremden führt zu neuer und differenzierter Sichtweise; Einfühlung in die »andere« Branche vertieft das Verständnis für deren Handlungsweisen. Die Diskussionsphase ist von intensiver und konstruktiver Auseinandersetzung um den einzuschlagenden Weg geprägt. Alle bemühen sich sehr, an der Lösung der Probleme zu arbeiten. Schuldzuweisungen und destruktive Spannungen spielen nur noch eine kleine Rolle, obwohl die Vertriebsmitarbeiter in den Arbeitsgruppen in der Überzahl und rhetorisch deutlich versierter auftreten. Interne Kundenorientierung wird spürbar.

*SWOT-Analysen vertiefen das Verständnis*

## Strategischer Reißverschluss – Führungskräfte leben eine spannende Kultur vor

Die Geschäftsleitungsmitglieder von Vertrag und Vertrieb, die beiden Hauptkontrahenten im Spannungsfeld, geben ein Beispiel für die zukünftige Zusammenarbeit. Auf der Bühne stehen hinten in der Mitte 15 Pinnwände dicht hintereinander. Vorne links steht der Leiter Vertrag und rechts der Leiter Vertrieb. Sie erläutern nun abwechselnd, welche Ziele sie anstreben und wie sie die Ziele des jeweils anderen Geschäftsbereichs unterstützen wollen. Dabei ziehen sie abwechselnd eine Pinnwand nach der andern mit ihren visualisierten Botschaften von hinten zu ihrer Seite, sodass am Ende des Vortrags der gegenseitigen Unterstützung die Pinnwände fächerartig aufgefaltet auf der Bühne stehen. Auf der letzten Pinnwand in der Mitte zeigt sich am Ende die überdimensionale Abbildung eines Reißverschlusses: synonym für die ineinandergreifende Arbeit und interne Kundenorientierung von Vertrag und Vertrieb. Beide haben nun den Zielkunden im Fokus, und die neue Orientierung richtet sich nicht mehr auf das Volumen (möglichst viele Vertragsabschlüsse zu generieren), sondern auf den Ertrag, den jeder einzelne Kunde abwirft.

### Spannungsumwandler (TRAFO) – Hochspannung im Arbeitsstrom

Wie können die Erfahrungen der Teilnehmer mit möglichst wenig Reibungsverlusten und Widerständen in das gesamte Unternehmen fließen? Es braucht gute Leiter. Die Moderatoren unterstützen die Führungskräfte, indem sie unmittelbar nach den Großgruppenveranstaltungen – z. T. noch in der folgenden Nacht – eine Folienpräsentation erstellen. Diese zeigt die wesentlichen Arbeitsergebnisse. Eingefügte Filmausschnitte vom »strategischen Reißverschluss« und den Botschaften des CEO erhöhen die Authentizität und unterstreichen die Entschlusskraft, die Veränderungen durchzusetzen. Die Führungskräfte erhalten diese Präsentationen sehr zeitnah, sodass sie schon wenige Tage nach der jeweiligen Großgruppenveranstaltung ihr Arbeitsteam, das schon gespannt auf die neuesten Ereignisse wartet, informieren können.

Neben einer ganzen Reihe von kleineren Folgeveranstaltungen, die den neuen Kurs sichern helfen, ermöglicht eine verfremdete Beschreibung des Geschehens als Parabel einen kritisch-humoristisch-distanzierten Blick auf den Prozess (s. folgendes Beispiel).

*Neuen Kurs ins Unternehmen tragen*

> ❯ **Beispiel**
> **Ungewöhnlicher Impuls durch Informationsmanagement**
> **– Parabel erlaubt distanzierten Blick auf erlebte Veränderungen im Unternehmen**
> In Basel steht ein Transformatorenhäuschen. Da kommt Strom mit Hochdruck hereingefahren und wird umgewandelt in Gebrauchsstrom für den Alltag. Jahr um Jahr steht das Häuschen da, Tag um Tag. Es verrichtet seine Arbeit. Nur wer einmal etwas dichter herangeht, vernimmt ein sonores Brummen, ein metallisches Schnarren. Ganz sensible Naturen spüren ein leichtes Kribbeln im Körper.
> Nun arbeitet der Trafo in dem Häuschen schon recht lange. Immer funktioniert alles störungsfrei. Bis zu dem Tag, an dem es die ersten größeren Schwankungen im Netz gibt. Kleinere Schwankungen hat unser tapferer

Trafo bisher noch gut verkraftet, er ist solide gebaut, Made in Switzerland. Aber die neuen Schwankungen sind größer, und sie kommen unkontrolliert und immer häufiger. Konnte er die bisherigen Schwankungen noch mit seinen breiten, aber etwas plumpen Kühlrippen einigermaßen ausgleichen, so führen die neuen Einflüsse von außen teilweise zu starken internen Überhitzungen. Es gibt heftige molekulare Reibungen; sogar Reibungsverluste und Spannungsüberschläge vom einen in den anderen Bereich erhöhen die Stromverluste weiter. Der Gebrauchsstrom gerät so stark ins Schwanken, dass die Arbeitsleistung nicht mehr erbracht wird. Das innere Gleichgewicht des Trafos ist gestört; weitere größere Verluste sind zu befürchten.

Kompetente Elektriker werden gerufen, diagnostizieren schnell und greifen beherzt zu, um Schlimmeres zu verhüten. Der Trafo wird in aller Eile umgebaut. In der Hektik des Umbaus werden auch Fehler gemacht, z. B. falsche Bauteile ersetzt, auch gibt es Verletzungen durch Nutzung falscher Werkzeuge und unachtsame Handhabung derselben. Die Blitzmaßnahmen zeigen aber auch schnell Erfolge. Der Stromfluss wird durch Installation zusätzlicher Überbrückungen zwischen Innen- und Außenbereich erleichtert. Ein Diagnosezentrum mit integriertem Frühwarnsystem nimmt seine Arbeit auf, um in Zukunft schnell und zielgerichtet auf äußere Schwankungen reagieren zu können.

Nun brummt das Trafohäuschen wieder leise vor sich hin. Nur Neugierige, die einen Blick ins Innere des Häuschens werfen, erkennen die Veränderungen: die zusätzlich eingebauten flexiblen Kühlrippen gegen Überhitzung, die vielen neuen Verbindungen der Bereiche untereinander, die neuen Kontrolllämpchen und Messfühler für Veränderungen von außen und last but not least ein Team aufmerksamer und hochsensibler Techniker, die sich viel häufiger als früher im Trafohäuschen umsehen und auf allem ihr wachsames Auge ruhen lassen.

Manche Spaziergänger, deren Weg am Trafohäuschen vorbeiführt, erzählen, dass sich das friedliche Brummen zuweilen sogar melodisch anhöre. Das Kribbeln sei aber immer noch zu spüren.

### 5.6.4 Fazit

Neben einer ganzen Reihe von weiteren Einzelmaßnahmen setzt das angewandte Großgruppenverfahren einen starken Impuls, die spezifischen Probleme des Unternehmens aufzugreifen. Die aufgetretenen Spannungen zwischen Vertrag und Vertrieb, die dem Unternehmen in der Vergangenheit viel Energie raubten und ein zielgerichtetes gemeinsames Arbeiten erschwerten, können unter der Maxime »Alle in einem Raum« konstruktiv bearbeitet werden. Alle können nun die Botschaft der letzten Folie nachvollziehen und unterschreiben: »Es geht nicht darum, dass wir die Spannungen beenden, sondern lernen, gut mit ihnen umzugehen!«

Mit Spannungen umgehen lernen

**Interview mit Daniel Fluri (Geschäftsleitungsmitglied Vertrieb der Basler Versicherungs-Gesellschaft/Basel) und Franz Josef Kaltenbach (Geschäftsleitungsmitglied Vertrag der Basler Versicherungs-Gesellschaft/Basel)**

### Was war der Auslöser für die 3 Großgruppenveranstaltungen?

*Daniel Fluri:* Eine Verschlechterung der Beziehung zwischen Vertrag und Vertrieb, obwohl die beiden Geschäftbereiche für ein gemeinsames Ziel eng zusammenarbeiten sollten.

*Franz Josef Kaltenbach:* Zwischen Vertrieb und Vertrag wurde immer Pingpong gespielt, und auch relativ unbedeutende Entscheidungen wurden an die Geschäftsleitung hoch eskaliert.

### Welche Befürchtungen hatten Sie im Vorfeld?

*Daniel Fluri:* Keine, da ich davon überzeugt war, dass die Durchführung einer solchen Veranstaltung unumgänglich war.

*Franz Josef Kaltenbach:* Wir waren beide davon überzeugt, dass solche Veranstaltungen notwendig waren. Die Befürchtung, dass zu viele negative Emotionen die Veranstaltungen überlagern, hat sich überhaupt nicht bewahrheitet, im Gegenteil.

### Welche Eindrücke haben Sie aus den 3 Veranstaltungen mitgenommen?

*Daniel Fluri:* Positive, da die Veranstaltung ein erster Schritt in Richtung eines verbesserten gegenseitigen Verständnisses für die Probleme des anderen darstellte.

*Franz Josef Kaltenbach:* Für mich war es positiv zu sehen, dass alle Teilnehmer sich auch in die Rolle des anderen versetzt haben und auf diese Weise mehr Verständnis für z. T. schwierige und auch unpopuläre Entscheidungen gewonnen haben.

### Wie wurde der Prozess nach den Großgruppenveranstaltungen weitergeführt?

*Daniel Fluri:* Weniger als ich mir erhofft hatte. Dennoch hat jeder verstanden, dass Spannungsfelder Teil unseres Berufslebens sind, dass wir ein gemeinsames Ziel, aber manchmal divergierende Interessen haben und dass wir Probleme unterschiedlich angehen müssen.

*Franz Josef Kaltenbach:* Im Rahmen der Veranstaltungen hatten wir u. a. auch SWOT-Analysen zu den einzelnen Sparten durchgeführt. Diese wurden von den Führungskräften in die Mannschaft kommuniziert, als Anregung aufgenommen, und daraus wurden diverse Aktivitäten entwickelt.

### Was ist Ihnen außerdem wichtig?

*Daniel Fluri:* Dass diese Art von Annäherungsprozess jeden Tag in der Praxis gelebt wird.

*Franz Josef Kaltenbach:* Die unterschiedlichen Interessen von Vertrag und Vertrieb müssen transparent dargelegt sein; jeder Mitarbeiter muss sich auch jeweils dafür engagieren. Im Interesse der gemeinsamen Ziele ist es aber notwendig, dass der Umgang miteinander von gegenseitigem Respekt und Verständnis geprägt ist.

## 5.7 Effizienz steigern – Integration der Großgruppe in die Architektur eines Veränderungsprozesses bei der Degussa Goldschmidt GmbH

### 5.7.1 Prozess

Effizienzsteigerung ist in heutigen Zeiten ein weit verbreitetes Anliegen in Veränderungsprozessen. Die Effizienz eines Betriebes – gemessen an Kenngrößen wie z. B. Return on Investment – innerhalb eines festgelegten Zeitraums um einen bestimmten Prozentwert zu steigern, ist Ziel eines Strategieprogramms der Goldschmidt GmbH mit Sitz in Essen. Die Betriebe am Standort Essen produzieren z. B. Additive zur Herstellung von Polyurethanschaumstoffen für Möbel, Matratzen, Automobilausstattungen, Entschäumer für höherwertige Lacke und Druckfarben oder Trennbeschichtungen für Klebebänder, Etiketten und Verpackungen.

### Erstellung eines Gesamtkonzeptes

Unsere Beraterkollegen und Change-Experten Wilfried Ploenes und Anette Nothnagel entwickeln ein Gesamtkonzept für den Veränderungsprozess. Die oberste Maxime dieses Konzepts lautet, alle Mitarbeiter einzubeziehen und eine offene Diskussion über Verbesserungspotenziale zu erreichen. Die Mitarbeiter werden an das Thema Effizienzsteigerung und unternehmerisches Denken in ihrem speziellen Aufgabengebiet herangeführt. Dafür arbeiten sie in sog. Effizienzteams an ausgewählten Themen und bringen ihr individuelles Fachwissen und ihre spezifischen Erfahrungen ein. Auf diese Weise können sie in der praktischen Arbeit eine gezielte Verbesserung der Effizienz möglich machen.

*Oberste Maxime: Alle Mitarbeiter einbeziehen*

### Effizienzteams

Die Effizienzteams bestehen aus einer Gruppe von 4–6 Mitarbeitern, die unter Anleitung eines Moderators innerhalb ihrer Arbeitszeit regelmäßig Lösungen für Verbesserungen erarbeiten und anschließend so weit wie möglich selbst umsetzen. Die Moderatoren kommen aus den Reihen der Mitarbeiter und qualifizieren sich gezielt für die Moderation von Effizienzverbesserungen. Hauptzielgruppe sind damit Produktionsmitarbeiter – vom angelernten Arbeiter bis zum Chemielaboranten. Die Umsetzung erfordert somit ein verständliches und nachvollziehbares Konzept, das alle Mitarbeiter erreicht und am jeweiligen Erfahrungshorizont der Mitarbeiter ansetzt. Die Mitarbeiter sollen möglichst eigenverantwortlich arbeiten, um eine höhere Identifikation zu erreichen. Als wichtiger Nebeneffekt stärkt die Arbeit in Effizienzteams die Fähigkeit zur Zusammenarbeit im Team. Die Mitarbeiter werden auch fachlich voneinander lernen, sodass sie sich en passant weiterqualifizieren.

### Effizienzsteigerung und Großgruppe

Wie lässt sich Effizienzsteigerung nun mit Großgruppe vereinbaren? Die Großgruppe ist ein Teilschritt in der Prozessorganisation (▶ Kap. 2.6) und

Großgruppe erzeugt hohe
Motivation

hat im Sinne einer »Kick-off-Veranstaltung« vorwiegend den Zweck, die Mitarbeiter in den Prozess einzubinden und für die Teilnahme an den Effizienzteams zu gewinnen und zu begeistern. Der Großgruppe kommt in diesem Prozess somit ein hoher motivationaler Stellenwert zu. In Anlehnung an klassische Prinzipien der Organisationsentwicklung (Doppler u. Lauterburg 2002) folgen Analyse-, Planungs- und Umsetzungsphase mit anschließender Evaluation. ◻ Abb. 5.7 verdeutlicht die einzelnen Prozessschritte, die für jeden Betrieb gleichermaßen gelten, jedoch zeitversetzt ablaufen.

### Prozessschritte

In einem ersten **Planungsgespräch** diskutieren die Berater mit dem jeweiligen Betriebsleiter und seinem Betriebsassistenten die Zielsetzung und das Vorgehen. Sie identifizieren die Interviewpartner der anschließenden Befragung.

**Interviews mit der Betriebsleitung** und repräsentativ ausgewählten Mitarbeitern zu Themen wie Technik/Abläufe/Logistik, Organisation/Zusammenarbeit und Menschen/Führungsverhalten geben erste Anhaltspunkte zur aktuellen Situation im jeweiligen Betrieb.

Eine anschließende **Rückmeldung der Interviewergebnisse an die Gesprächspartner** stellt sicher, dass die Inhalte und Ergebnisse der Befragung von den Beratern richtig zusammengefasst wurden. Die Interviewpartner legen mit Unterstützung der Berater fest, welche Themen an die Betriebsleitung (Design-Team) gespiegelt werden und damit die Grundlage für das weitere Vorgehen im Prozess bilden.

In einem separaten Termin mit dem Design-Team **präsentieren** die Berater die **Interviewergebnisse** und geben Empfehlungen zum Inhalt und zum weiteren Vorgehen ab.

In einem ersten **Führungskräfteworkshop** identifizieren Betriebsleitung, Meister und Schichtmeister die Effizienzthemen: »Zu welchen Themen werden die Mitarbeiter in Effizienzteams eigene Verbesserungsideen erarbeiten und diskutieren? Wie sieht die Priorisierung der Themen aus, wenn der Umfang der zu erwartenden Effizienzsteigerung zu Aufwand und Investitionen ins Verhältnis gesetzt wird?« Jeder Betrieb wählt auf diese Weise ca. 10–15 Effizienzthemen. Gleichzeitig dient dieser Workshop dazu, die Führungskräfte über den Vorbereitungstag mit den Stationsbetreuern sowie die Kick-off-Veranstaltung selbst zu informieren und die Rolle der Führungskräfte in diesen beiden Veranstaltungen zu klären.

Mitarbeiter entwickeln
Minidramaturgie

Am **Vorbereitungstag zum Kick-off mit den Stationsbetreuern** nehmen die Mitarbeiter teil, die in einer Phase der Großgruppe (Parcours) eine Station zu einem bestimmten Thema übernehmen werden. Sie können sich mit der Methodik vertraut machen und mit Unterstützung der Berater eine Minidramaturgie für die Inhalte ihrer Station entwickeln. Oft handelt es sich hierbei um zukünftige Moderatoren der Effizienzteams.

Die **Kick-off-Veranstaltung mit allen Mitarbeitern** informiert über Ziele und Hintergründe des Projekts Effizienzsteigerung und führt in die Philosophie der Arbeit von Effizienzteams ein. Die Mitarbeiter lernen die

Arbeitsweise in den Effizienzteams kennen und hören geplante Themen für ihren Betrieb. Gleichzeitig gibt diese Veranstaltung den Startschuss für die Arbeit der Effizienzteams.

Mitarbeiter, die sich als Moderatoren der Effizienzteams bereit erklärt haben, erhalten vor dem Start der Arbeit in den Teams eine **Moderationsausbildung.** Sie werden mit den Grundlagen der Moderation vertraut gemacht und erhalten Handwerkszeug für die Durchführung ihrer Effizienzteams: Ein Fahrplan aus 11 Schritten mit Tipps von der Vorbereitung über die Durchführung bis zur Nachbereitung gibt Orientierung und Sicherheit. Die Teilnehmer bereiten ihr nächstes Effizienzteamtreffen vor und erarbeiten Hinweise zum Umgang mit schwierigen Situationen.

Fahrplan gibt Sicherheit

Jetzt geht es an die Umsetzung. Die **Effizienzteams** arbeiten selbstständig und holen sich nur bei Bedarf Unterstützung beim Betreuer ihres Betriebes oder den Beratern. Jeder Betrieb benennt dafür einen internen

◘ **Abb. 5.7.** Überblick über den Prozess

Betreuer, der für die übergreifende Koordination der Effizienzteams sorgt und in unterstützender Funktion zur Verfügung steht.

Das Prozessdesign **evaluieren** wir beispielhaft für einen Betrieb. Alle Mitarbeiter, die in Effizienzteams arbeiten, erhalten hierzu einen Fragebogen mit 5 Bereichen. Dabei geht es um die Sitzungen der Effizienzteams selbst (z. B. »Die Sitzungen haben die richtige Länge«), die Zielverfolgung (»Die von uns erarbeiteten Vorschläge lassen sich im Unternehmen auch praktisch umsetzen«), das Team (»Alle benötigten Bereiche sind in unserem Effizienzteam vertreten«), die Methodik (»Durch Moderation können wir unsere Arbeit besser strukturieren«) und darüber hinaus (»Der Betrieb weiß unsere Arbeit zu würdigen«). Mündliche Feedbacks aus den übrigen Betrieben ergänzen das Gesamtbild.

### 5.7.2 Herzstück des Prozesses – Kick-off-Veranstaltung

Ziel der Kick-off-Veranstaltung ist es, die Mitarbeiter in den Prozess einzubinden, für die Mitarbeit in den Effizienzteams zu begeistern und damit die Motivation für das Thema »Effizienzsteigerung« zu erzeugen. Die besondere Herausforderung besteht darin, eine Art Aufbruchstimmung zu erzeugen, d. h. etwa 40–50 Mitarbeiter eines Betriebes so zu erreichen, dass sie mit Elan in die eigenverantwortliche Arbeit in ihren Effizienzteams starten.

*Aufbruchstimmung erzeugen*

Mit unterschiedlichen methodischen Elementen gelingt es uns, diese Aufbruchstimmung zu erzeugen. Wir starten im Foyer mit einem gemeinsamen Frühstück aller Mitarbeiter. Hier bietet sich eine erste Gelegenheit für schichtübergreifenden Austausch zwischen Kollegen, die sich aufgrund der Schichtplanung äußerst selten im Alltag begegnen. Lockere Gespräche, Lachen und heftiges »Gemurmel« bestimmen die Atmosphäre.

Zum inhaltlichen Einstieg in die Veranstaltung erläutern die Führungskräfte des Betriebes Ziele und Hintergründe des Effizienzprojektes und berichten über die bisherigen Prozessschritte. Die Berater stellen die Grundgedanken der Arbeit in Effizienzteams vor. In Murmelgruppen diskutieren die Teilnehmer anschließend ihre ersten Eindrücke. »Was halte ich davon?« lautet die Fragestellung, zu der ausdrücklich auch kritische und skeptische Kommentare erwünscht sind. Die Statements der Teilnehmer werden in Stichworten mitprotokolliert, bleiben damit während der Veranstaltung präsent und fließen, soweit möglich, in das weitere Vorgehen ein.

Die zeitversetzte Umsetzung der einzelnen Prozessschritte in den beteiligten Betrieben bietet die Möglichkeit, einen Erfahrungsträger aus einem anderen Betrieb einzuladen, der bereits über Umsetzungsschritte berichten kann. Diese Intervention hat sich als sehr wichtiger Bestandteil der Kick-off-Veranstaltung erwiesen. Nach einem Erfahrungsbericht dieses Kollegen in freiem Vortrag haben die Mitarbeiter die Möglichkeit, den Kollegen zu befragen. »Wie habt ihr die Effizienzteams zusammengesetzt?« oder »Was war aus eurer Erfahrung schwierig?« sind Fragen, die den Mitarbeitern

*Erfahrungsbericht eines Kollegen aus einem anderen Betrieb*

wichtig sind. Skepsis und Vorbehalte können hier geäußert und einer Realitätsprüfung unterzogen werden.

Nach der Kaffeepause sind 5 Stationen aufgebaut, an denen die Teilnehmer im Rahmen eines Parcours in 5 gemischten Kleingruppen unterschiedliche Themen rund um Effizienzteams erfahren und erleben können (▶ Kap. 4.4.3). Der Clou dabei ist, dass die Stationen von Kollegenteams – z. T. ungelernten oder angelernten Produktionsmitarbeitern – betreut werden. Folgende 5 Stationen sind vertreten:

1. Aufgaben des Effizienzteammoderators und der Teilnehmer
2. Themen für die Effizienzteams: Teilnehmer priorisieren während des Parcours
3. Zusammenwirken von Effizienzteams und dem betrieblichen Vorschlagswesen
4. Werkzeuge für die Arbeit in Effizienzteams
5. Sägestation

Die Tatsache, dass sich Meister und Mitarbeiter als Moderatoren für die 5 Stationen einbringen, wirkt sich sehr positiv aus. Sie haben selbst Feuer gefangen und wirken dadurch authentisch und überzeugend auf ihre Kollegen.

### Sägestation

Ein Highlight des Parcours ist die Sägestation (◻ Abb. 5.8). Diese Station vermittelt keine direkten Inhalte, sondern erfordert eine Teamaktivität. Diese Aktion, die sich nahe am Thema bewegt, hat maßgeblichen Einfluss auf die Stimmung. Es wird viel gelacht und es entwickelt sich ein regelrechter Wettbewerb zwischen den Teams.

Der Auftrag an die 5 Teams lautet: »Sägen Sie ein Stück Holz mit einem Gewicht von exakt 593 g zu. Sie dürfen nur einmal sägen und dazu lediglich die vorhandenen Hilfsmittel benutzen: Holzstamm, Zollstock, Säge, Taschenrechner, Arbeitshandschuhe, Flipchartbogen. Für die Auswertung und die Ermittlung des Siegerteams sind 2 Kriterien maßgebend: das Gewicht des Holzstücks und Ihre Zusammenarbeit im Team.«

Auf der Basis ihrer Erfahrungen vom Vormittag und den 5 Parcoursstationen besteht für alle Mitarbeiter die Möglichkeit, ihre Einschätzung deutlich zu machen und Position zu beziehen. »Wie sehr wird es uns gelingen, den Gedanken der Effizienzteams in unserem Betrieb erfolgreich in die Praxis umzusetzen?« lautet die Frage für eine Aufstellung am Seil.

Als die Führungskräfte des Betriebes am Nachmittag die Themen für die Effizienzteams bekannt geben, startet ein regelrechter Run. Ziel der Betriebe ist es, ungefähr die Hälfte der Mitarbeiter für die Arbeit in Effizienzteams zu begeistern. Es gelingt uns, über alle Betriebe hinweg diese Anzahl durchgängig zu übertreffen. Auf die Frage »Wer interessiert sich für welches Thema und kann dazu Verbesserungsideen beitragen?« finden sich zu allen Themen Interessensgruppen zusammen, die im Rahmen des Kick-

*5 Parcoursstationen*

*Kleine Aktion mit hoher Wirkung*

☑ **Abb. 5.8.** Die Sägestation –
Teilnehmer in Aktion

Großes Engagement für
Arbeit in Effizienzteams

off ihr erstes Effizienzteamtreffen planen. Das Engagement ist beispiellos.
Es gibt sogar schichtübergreifende Teams, in denen sich die Mitarbeiter
bereit erklären, früher zu kommen oder nach der Schicht länger zu bleiben,
um das übergreifende Teamtreffen sicherzustellen. Das hätte vorher kaum
jemand für möglich gehalten.

Der Tag endet mit der Siegerehrung des Teams aus der Sägestation.

### 5.7.3  Fazit und Besonderheiten

Kraft der Großgruppe
durch Einbettung in den
Veränderungsprozess an
richtiger Stelle

Die Arbeit mit den Betrieben macht die Kraft einer Großgruppe deutlich,
wenn sie an der richtigen Stelle in die Architektur eines Veränderungsprozesses eingebettet ist. Dazu ist es erforderlich, die Führungskräfte der Betriebe durchgängig in diesen Prozess einzubinden und damit zu erreichen,
dass sie »Feuer fangen« und als authentische und überzeugende Botschafter
für ihre Mitarbeiter auftreten können. Entscheidender Promotor ist in
diesem Fall der Produktions- und Technikleiter aller beteiligten Betriebe.
Nur mit Unterstützung der Führungskräfte gelingt es, einen ganzen Betrieb
zum Kick-off zusammenzuführen. Für die meisten Betriebe bedeutet dies,
die Produktion mit einem Minimum an Besetzung sicherzustellen, weshalb
die Veranstaltungen überwiegend am Samstag stattfinden. Die Mitarbeiter
würdigen diesen gemeinsamen Kraftakt, einige kommen sogar trotz Frei-
schicht oder Urlaub zum Kick-off.

Gleichzeitig unterscheidet sich dieser Change-Prozess vom klassischen
Vorgehen dadurch, dass die Führungskräfte im gesamten Prozess nur so
weit ins Boot geholt werden wie notwendig. Ziel ist, dass die Mitarbeiter
möglichst schnell und eigenverantwortlich zum Thema »Effizienzsteige-

rung« arbeiten. Auch Angelernte leisten ihren wichtigen Beitrag. Indem alle Mitarbeiter eines Betriebes in die Großgruppe einbezogen sind, erleben sie die Umsetzung als »gemeinsame Sache«. Einige Mitarbeiter schlüpfen durch die Betreuung der Stationen in eine aktive Rolle und identifizieren sich damit bereits zu einem frühen Zeitpunkt. Unser Konzept setzt an konkreten Themen aus dem Arbeitsleben der Mitarbeiter an und lässt die Mitarbeiter weitgehend eigenverantwortlich als »Experten« ihres Arbeitsgebiets handeln, was entscheidend zur Motivation beiträgt.

> Mitarbeiter sind eigenverantwortliche Experten

Die Betriebsleiter der Degussa Goldschmidt GmbH sind in diesem Fall von Beginn an überzeugt gewesen, dass ein solches Vorgehen zur Prozessoptimierung unter Einbindung der Mitarbeiter sinnvoll ist. Zahlreiche »quick-wins«, mit denen sich ein messbarer Erfolg und damit die Effizienzsteigerung in Zahlen ablesen lassen, bestätigen das gewählte Vorgehen. Über die Zeit hin hat sich die Arbeit der Effizienzteams etabliert, die Mitarbeiter verfolgen nachhaltig eingebrachte Themen, die Unterstützung der Berater ist nicht mehr erforderlich.

---

**Interview mit Dr. Volker Möhring, Leiter OS-Betrieb, Degussa Goldschmidt GmbH**

**Was war Auslöser für den Veränderungsprozess?**
Auslöser war die Notwendigkeit, die gemeinsamen Ziele der Firma zur Effizienzsteigerung zu verfolgen.

**Weshalb haben Sie sich für das Vorgehen mit Einbindung der Großgruppe entschieden?**
Durch Einbinden lediglich von Teilgruppen bzw. Top-down-Entscheidungen wären wichtige Potenziale nicht aufgedeckt und die Gemeinsamkeit der Ziele außer Acht gelassen worden.

**Ihr Eindruck von den Kick-off-Veranstaltungen?**
Dies waren sehr erfolgreiche Veranstaltungen, die ihren Einsatz (Zeit und Geld) mehrfach eingespielt haben.

**Was hat Sie in den Kick-off-Veranstaltungen am meisten begeistert?**
Den unglaublichen Elan und die vorbehaltlose Beteiligung wirklich aller Mitarbeiter hatte ich nicht erwartet, umso mehr habe ich mich darüber gefreut.

**Wie hat sich die Entwicklung der Arbeit in Effizienzteams über die Zeit dargestellt? Haben Sie die Ziele erreicht?**
Von 7 Teams haben 5 nach relativ kurzer Zeit (1–6 Monate) ihr Ziel erreicht oder sogar übertroffen. Zwei Teams brauchten Hilfestellungen, die Arbeit wurde dann auf Expertengruppen übertragen. Dies lag allerdings eher an den gewählten Themen als an mangelndem Einsatz der Mitarbeiter. Das Tool »Effizienzteam« wurde erfolgreich in die Arbeitswerkzeuge des Betriebes aufgenommen und wird immer wieder gezielt eingesetzt.

**Was ist Ihnen außerdem wichtig?**
Keine Angst vor Großveranstaltungen: auch diese funktionieren bei richtiger Vorbereitung!

## 5.8    Produktentstehungsprozess (PEP) bei Volkswagen

### 5.8.1  Bedeutung des PEP – Alle Räder stehen (nicht) still ...

Der Produktentstehungsprozess (PEP), neuerdings Produktprozess (PP), ist ein zentraler Geschäftsprozess, von dem alle Bereiche bei Volkswagen betroffen sind. Alles hängt mit allem zusammen, und es ist für den Prozess förderlich, wenn alle Beteiligten diese Abhängigkeiten in ihrer täglichen Arbeit einplanen und berücksichtigen. Geschieht das nicht, kann es u. U. zu Störungen im Prozessablauf kommen. Aus diesem Grund ist es wichtig, dass die Mitarbeiter in speziellen Seminaren über diese Zusammenhänge informiert werden.

### 5.8.2  Informationsflut – Wie kanalisieren?

Jahrelang vermitteln die Referenten Informationen über den Produktentstehungsprozess an die Mitarbeiter in traditioneller Seminarform. Das Feedback zu den Seminaren wird immer schlechter, obwohl sich die Seminarleiter anstrengen, neue Folien vorbereiten und ein enormes Wissen über den Prozess einbringen. Der PEP selbst ist in seiner Gesamtheit extrem komplex und wird nur von wenigen als Ganzes überschaut. Das Interesse der Teilnehmer an dieser Veranstaltung ist dabei sehr unterschiedlich: Es kommen sowohl neue Mitarbeiter, die wenig Ahnung von dem PEP haben, als auch erfahrene Mitarbeiter, die ein sehr spezifisches Wissen zu einzelnen Aspekten besitzen, und der Produktionsmitarbeiter ist anders betroffen als der Entwicklungsingenieur, und den Controller wiederum interessieren andere Aspekte als den Einkäufer.

Interaktive Infovermittlung in Großgruppen – geht das?

Außerdem hat sich über Jahre ein Berg von Anmeldungen zum PEP-Seminar aufgehäuft, sodass Interessierte sehr lange warten müssen, bis die Experten im Seminar auch für sie zur Verfügung stehen. Hier reift die Entscheidung, diese Seminare auf Großgruppenveranstaltungen umzustellen.

### 5.8.3  Ziele

Folgende Ziele werden nach der Umgestaltung in eine Großgruppenveranstaltung angestrebt:
- Mitarbeiter mit einem Grundwissen über den PEP ausstatten
- Vernetzung und Verzahnung ihrer Tätigkeiten bewusst machen und entsprechende Auswirkungen ihrer Tätigkeiten in Zukunft umfassend berücksichtigen
- Wissen anschaulich und lebendig vermitteln
- Gestiegene Nachfrage nach Informationen über den PEP befriedigen

### 5.8.4 Informationen und Kontakt von Anfang an

Noch vor dem offiziellen Beginn der Veranstaltung werden die Anreisenden durch die Moderatoren animiert, mit kleinen ferngesteuerten Autos durch einen »PEP-Parcours« zu steuern. Die »Fahrer« lenken ihre batteriebetriebenen Beetles durch mehrere kleine Holzbögen, die die Etappen des Produktionsprozesses eines Autos darstellen. Weiterhin können sich die Ankommenden per Inter- und Intranet in den virtuellen PEP einloggen, große Übersichtskarten zum PEP studieren oder sich mit anderen Seminarteilnehmern austauschen. Diese Animationen, gleich beim Eintreffen der Seminarteilnehmer, sorgen auf der einen Seite für eine Überraschung (so beginnt gewöhnlich kein Seminar), und auf der anderen Seite kommen die Teilnehmer schon auf vielfältige und spielerische Weise mit dem Thema des Tages in Kontakt und werden entsprechend eingestimmt.

> Mit speed durch den PEP-Parcours

Der gemeinsame Start im Plenumsaal bringt mit Aufstellungen am Seil und einigen Bewegungsaktionen (▶ Kap. 4.4.2) die Teilnehmer schnell in Kontakt und erzeugt eine entspannte Atmosphäre, die es leicht macht, auch unbekannte Kollegen anzusprechen und über das Thema zu diskutieren.

### 5.8.5 Einführungs- und Überblicksreferat
### – ... und die freche Peppi

Der Hauptredner des Tages präsentiert in seinem Eröffnungsreferat eine erste geballte Ladung Informationen – die hochkomplexen Dimensionen des PEP werden sichtbar. Vielfältige Prozesse greifen ineinander, sind voneinander abhängig, müssen aufeinander abgestimmt werden. Nach etwa 30 min werden die Grenzen der Aufnahmefähigkeit mancher Teilnehmer sichtbar. Zeit für einen Boxenstopp.

»Ich muss mal!«, quäkt die kleine Göre Peppi lauthals, scheinbar mitten in den Vortrag des Referenten. Peppi (◘ Abb. 5.9) verwickelt den Referenten in ein kleines Gespräch und läutet schließlich die Pause ein. Die Zuhörer gehen amüsiert in die Pause. An den szenischen Interventionen kann sich der Hauptreferent des Großgruppenseminars immer wieder ergötzen. Allzu gerne lässt er sich auf eine kleine, von Peppis Seite nicht immer fair geführte Diskussion ein – zum großen Vergnügen des Publikums. Erste Ermüdungserscheinungen sind wie weggeblasen, zumal es Peppi versteht, auch komplexe Sachverhalte auf kindliche Weise drastisch zu vereinfachen. Peppi erhält ihr Leben vom Moderator, der den Einsatz der Handpuppe geschickt nutzt, um die Informationsflut, die über die Teilnehmer hereinbricht, immer wieder zu unterbrechen und die Aufmerksamkeit teilweise frech und spöttisch auf wichtige und kritische Aspekte des hochkomplexen Themas zu lenken. Themenaspekte werden auf diese Weise besser verstanden. Doch nicht alle Teilnehmer finden diese humorvolle Intervention angemessen.

> Szenische Interventionen mit kleiner Göre Peppi

Im Laufe des Tages gibt es weitere Inputs des Hauptreferenten, der nach und nach auch speziellere Facetten des PEP entfaltet und sich

**◘ Abb. 5.9.** Peppi interveniert
frech und stellt »dumme« Fragen

auch Zeit nimmt, intensiver auf Teilnehmerfragen einzugehen, weitere
Informationsquellen benennt, wenn er glaubt, an die Grenzen seines
scheinbar grenzenlosen Wissens zu kommen, und die Anwesenden er-
mutigt, ihn in Zukunft anzurufen oder ihm zu mailen, wenn sie Hilfe
benötigen.

### 5.8.6 Marktplatz – Differenzierte Informationen

Zentrales Element der Eintagesveranstaltung mit jeweils etwa 100 Mitarbeitern aus 14 Bereichen sind die Vorträge, das Markplatzrondell. Es
erlaubt den Teilnehmern, selbst zu entscheiden, in welchen Bereichen des
PEP sie ihr Wissen weiter vertiefen wollen. Dazu stellen sich zum Start die
9 Referenten der Reihe nach kurz mit ihren Themen auf spannende Weise
wie Marktschreier ihrem Publikum vor. »Haben Sie schon mal ein Auto

*Marktschreieraktion*
*erzeugt Interesse*

weggeworfen? Bei mir erfahren Sie etwas zum Thema ‚Autorecycling und
Wiederverwertung‘!«, ruft ein Referent in den Saal und wirft dabei ein
großes Spielzeugauto in eine Mülltonne, die er vor sich herschiebt. Eine
Referentin hat einen Käse und eine Flasche Rotwein dabei: »Kommen Sie
zu mir an den Stand vorne links direkt neben dem Eingang!« Dabei hebt sie
Käse und Wein hoch. »An meinem Stand geht es um Reife, genauer gesagt:
um den Reifegradspiegel, und zwar um den unserer Autos während ihrer
Entstehung und was das mit Ihnen zu tun hat.«

Nach dieser »Marktschreieraktion« entscheiden sich die Teilnehmer,
welche 5 dieser 9 Marktstände sie besuchen wollen. Im 20-min-Rhythmus
findet nun der Informationstransfer an den Ständen statt.

### 5.8.7 Simultaneous Engineering – Szenische Interventionen bringen es auf den Punkt

Über den Tag verteilt laden mehrere kurze Theaterszenen zum Innehalten und Schmunzeln ein. Zwei Moderatoren mit Schauspielausbildung und Schauspielbegabung führen die Teilnehmer an die Fallgruben und Abgründe des PEP heran. Wo ist besondere Aufmerksamkeit vonnöten?

Zum Beispiel dann, wenn ein Konstrukteur nicht frühzeitig seine Konstruktion mit dem Werkzeugmacher bespricht und abstimmt. In einer 5-min-Szene tritt ein Konstrukteur auf und konstruiert einen Kotflügel. Er macht eine sehr einfache Zeichnung auf das Flipchart. Nach Vollendung der Konstruktion ruft er den Werkzeugmacher zu sich und ist stolz, ihm sein Werk zu präsentieren. Dieser ist allerdings nicht sehr begeistert von der Zeichnung. Dafür kann er kein Werkzeug machen. Er geht wieder. Der Konstrukteur konstruiert erneut. Und die Zeit vergeht, sichtbar gemacht durch einen Moderator, der demonstrativ überdimensionale Kalenderblätter abreißt. Noch einmal wiederholt sich diese Szene, bis beide auf die Idee kommen, schon bei der Konstruktion zusammenzuarbeiten. Nun klappt's. Dank PEP, der die Zusammenhänge sichtbar macht.

### 5.8.8 Abschlussprüfung – Was sollte ich hier lernen?

Den informationsgefüllten Tag beschließt eine inszenierte Abschlussprüfung in heterogenen Kleingruppen. Die Teilnehmer bearbeiten für alle anwesenden Bereiche von der Abteilung Forschung und Entwicklung über den Einkauf bis hin zum Controlling die Frage: »Wenn sich ein Fahrzeugteil, z. B. ein Lenkrad, änderte, wäre dann der entsprechende Bereich betroffen, und wenn ja, wie?« In der Beantwortung dieser Frage aus der Perspektive eines jeden Bereiches wird schnell deutlich und nachvollziehbar, wie ein Rädchen im PEP ins andere greift und welche umfassenden Abhängigkeiten zwischen den Bereichen herrschen. Die Anwesenden können das erwünschte Fazit klar ziehen: Bei allem, was ich tue, muss ich immer die möglichen Auswirkungen überprüfen und berücksichtigen. Kommunikation hat im PEP oberste Priorität.

*Kommunikation hat oberste Priorität*

### 5.8.9 Fazit

Mittlerweile haben sich in 6 Jahren in 17 Veranstaltungen über 1500 Teilnehmer im Rahmen des Großgruppenseminars über den PEP informiert. Zeit für ein Update. Trotz des überwiegend positiven Feedbacks der Teilnehmer gibt es auch kritische Stimmen: Die Vorträge werden von einigen als zu lang, zu kompliziert und zu differenziert empfunden. Auf der anderen Seite sind manchen Teilnehmern die Vorträge nicht spezifisch genug und noch zu wenig informativ. Szenische Interventionen kritisieren einige als Kasperletheater, andere finden sie sehr amüsant und freuen sich darüber, wie die Fülle der Informationen dadurch angenehm aufgelockert wird.

Die eierlegende Wollmilchsau gibt es aber nicht!

*Alles Kasperletheater, oder?*

**Interview mit Jörg Bansen – Geschäftsprozesse und IT-Steuerung, Volkswagen AG**

### Welche Hoffnungen verbinden Sie mit den Großgruppenveranstaltungen?

Der Titel »PEP-Seminar« ist für mich ein bisschen »Mogelpackung«, da wir den Teilnehmern nicht das PEP-Handbuch im Detail erklären, sondern darauf eingehen, warum man es lesen sollte, und dass die eigene Tätigkeit nicht losgelöst von den anderen gesehen werden kann. Damit transportieren wir Themen der alltäglichen Zusammenarbeit, für die sich die Teilnehmer nicht aus eigenem Antrieb anmelden würden. Die Abfragen zeigen, dass unsere Ziele voll erreicht werden. Es kommen Aussagen wie »Ich werde das PEP-Handbuch lesen«, »Ich werde mich erkundigen, wer sonst noch an meinem Thema arbeitet«, »Ich werde Vorabergebnisse weitergeben«.

Die Großgruppenveranstaltung hilft uns, mit dem hohen Aufwand von 9 Themenständen bei relativ wenigen Terminen die Interessenten zu erreichen. Außerdem visualisiert die heterogene Zusammensetzung die vielen Beteiligten im Unternehmen.

### Welche Befürchtungen hatten Sie im Vorfeld?

Ob es gelingt, die kreativen Vorschläge der beratenden Firma auf ein von Angestellten eines Automobilunternehmens nachvollziehbares Niveau »herunterzuziehen«, ohne das Konzept zu »schmeißen« und dieses Konzept auch allen Beteiligten Referenten »schmackhaft« zu machen.

### Ihr Eindruck von den Veranstaltungen?

Die Teilnehmer können die Fülle der Informationen sehr viel besser verarbeiten als vorher, als wir dieselben Themen mit wechselnden Referenten und Medien, aber rein frontal versucht haben zu vermitteln. Die Sketche werden zwar teilweise als »Kasperletheater« bezeichnet, erfüllen aber ihre Doppelfunktion: a) Unterbrechung der Vorträge und damit Basis für neue Aufmerksamkeit und b) plakative Anmahnung allgemein bekannter »Tagesprobleme«.

### Was ist durch die Großgruppen-Infoveranstaltungen anders als vorher (Seminare)?

- Höhere Aufmerksamkeit über den Tag
- Verstärkte Kommunikation zwischen den Teilnehmern und mit den Vortragenden
- Geringerer Aufwand bei den Referenten
- Hohe Motivation bei den Vortragenden auch aus den Fachbereichen (wir streben eine Doppelbesetzung mit Zentralfunktion und Fachbereich an) und damit auch gute Kommunikation der Unterstützung der Fachbereiche für den PEP

### Welche Rückmeldungen der Teilnehmer freuen Sie am meisten?

- Positive Überraschung über das didaktische Konzept, ein »trockenes Thema« aufgelockert rüberzubringen
- Kollegenempfehlung für den Seminarbesuch
- Anschließende Nachfragen bei mir

### Was hat sich tatsächlich anschließend geändert (Beispiele)?

Es ist zu beobachten, dass die Zusammenarbeit qualitativ sehr viel besser geworden ist, d. h., Terminabsprachen und Qualität der Daten sind besser geworden. Der Einfluss des Seminars lässt sich dabei aber nur schwer beurteilen.

5.9 · Personal Volkswagen Deutschland. Workshop mit 500 Teilnehmern

249    **5**

**Was ist Ihnen außerdem wichtig?**

Das Verständnis zu wecken, dass jeder Einzelne mit seiner Arbeit zum Erfolg, aber auch Misserfolg beitragen kann und dass man für Zusammenarbeit und Mitdenken nicht die Erlaubnis des Chefs braucht. Gleichzeitig aber auch die Vermittlung der Erkenntnis, dass keiner mehr die Auswirkungen seines Handelns vollständig überblicken kann und deshalb die Einhaltung gewisser Regeln erforderlich ist.

## 5.9 Personal Volkswagen Deutschland. Workshop mit 500 Teilnehmern – Ist das möglich? Ja!

### 5.9.1 Ein Impuls wirkt Wunder – Es werden immer mehr

430 Mitarbeiter des Personalwesens von Volkswagen aus ganz Deutschland sagen zur Einladung zum Workshop »Verstehen, vernetzen, verändern« ins Forum AutoVision in Wolfsburg zu, um über die gemeinsame Zukunft der Personalarbeit zu beraten.

Verstehen, vernetzen, verändern

Schon Wochen vor der Veranstaltung erhalten sie mit der Einladung einen kleinen farbigen Ball, lediglich mit dem Hinweis, diesen mitzubringen. Dieser Impuls hat frappierende Auswirkungen: Man tauscht sich aus und befragt sich gegenseitig nach dem Ball, ob man auch einen erhalten habe, und wenn ja, welche Farbe, und welche Bedeutung die Farbe denn habe, und warum der eine oder andere keinen bekommen habe, und ob es Arbeitsgruppen nach der Farbe der Bälle geben werde, und dass man doch seinen roten Ball lieber gegen einen grünen tauschen wolle, weil die Lieblingskollegin doch auch einen grünen bekommen habe und man natürlich gerne mit ihr zusammen in einer Arbeitsgruppe sein wolle usw. Wie eine Lawine rollt das Thema »Workshop im Forum AutoVision« durch das Personalwesen bei Volkswagen. Die Aktion, die Mitarbeiter neugierig auf die Veranstaltung zu machen, hat tatsächlich einen durchschlagenden Erfolg. Nicht nur, dass das Thema in aller Munde ist, auch häufen sich die Nachmeldungen zum Workshop in auffälliger Weise, sodass sich in den letzten Wochen und Tagen noch einmal fast 100 Mitarbeiter anmelden. »Schnell noch auf den Zug aufspringen, um nichts zu verpassen«, lautet die Devise.

Neugierde löst positive Unruhe aus

### 5.9.2 Auflösung

Am Ende kommen über 500 Mitarbeiter zur Veranstaltung. Der bunte Ball wird zum Symbol, dabei zu sein. Alle haben ihren Ball, wie in der Einladung gewünscht, brav mitgebracht. Nach dem Eintreffen im Forum AutoVision und der persönlichen Begrüßung auf einem roten Teppich (◨ Abb. 5.10) durch den Leiter von Personal Volkswagen Deutschland stimmen die Angereisten ab, indem sie zu der Frage »Wie empfinden Sie die aktuelle Stimmung im Personal Volkswagen Deutschland?« ihre Bälle in bereitgestellte Röhren werfen. Sie haben die Wahl zwischen »innovativ«, »optimistisch«, »erfreulich«, »ganz anders«, » so la la«, »resigniert« (▶ Kap. 4.4.1). Das spätere Abstimmungsergebnis zeigt eine massive Häufung der Bälle in der Röhre »optimistisch«. Dies bildet sich auch in der erwartungsvollen Stimmung vieler Personaler ab.

◨ **Abb. 5.10.** Angenehme Irritation – roter Teppich für Mitarbeiter

5.9 · Personal Volkswagen Deutschland. Workshop mit 500 Teilnehmern

251

**5**

### 5.9.3 Logistische Herausforderung

Schon die zunächst geplanten 430 Workshopteilnehmer hätten die Tagungsräume an ihre Kapazitätsgrenzen gebracht. Nun sind es aber fast 500. Berge von Klappstühlen werden zusätzlich herangekarrt. Das Catering wird aufgestockt. Es wird eng, nicht nur im Foyer, sondern auch in den verschiedenen Vortragsräumen, dem Infomarkt mit seinen 10 Ständen zu zukunftsrelevanten Themen des Personalwesens und dem Plenumsraum.

Ist es jetzt noch möglich, aktivierende Methoden einzusetzen? Die klassische Plenumsbestuhlung lässt wenig Raum. Die Stühle sind miteinander verhakt und die Zwischengänge nicht sehr breit. Sind die Umbauaktionen eines Plenums in klassischer Reihenbestuhlung zu einem Open Space mit 200 Stühlen in mehreren Reihen im Oval und 20 Pinnwänden und Material überhaupt in der geplanten Zeit zu machen?

Improvisation ist gefragt

### 5.9.4 Interaktion trotz Enge

Mit der zweiten Mitteilung zur Einladung erhalten die Teilnehmer die Aufgabe, sich nach einer Vorlage Namenskärtchen in Visitenkartengröße auszudrucken und mitzubringen. In einer ersten Aktion, gleich zu Beginn des Großworkshops, fordern wir die Teilnehmer auf, innerhalb von 8 min im Smalltalk 4 ihnen bisher unbekannte Mitarbeiter kennenzulernen und die Visitenkarten auszutauschen. Die Lautstärke im Raum schwillt enorm an. 500 Menschen reden gleichzeitig miteinander. Die auf den Stühlen in Gangnähe und ganz vorn und hinten auf den Klappstühlen stehen auf und laufen umher. Auch in der Mitte der Reihen ist Bewegung. Man ist aufgestanden, hat sich umgedreht, spricht mit dem Hintermann. Es funktioniert. Nach genau 8 min hat jeder im Saal 4 neue Kollegen kennengelernt. Diese Aktion wird es in Zukunft leichter machen, Kontakte zu knüpfen und zu vertiefen (▶ Kap. 4.4.2).

Aktivierung trotz kleinem Raum ist möglich

Die anschließende Aufforderung, sich gestaffelt nacheinander nach der Länge der Betriebszugehörigkeit aufzustellen, zeigt schnell und übersichtlich, welche Altersstruktur dominiert. Man kann die alten Hasen erkennen – und vielleicht in der Kaffeepause mal Kontakt aufnehmen – und sehen, wo möglicherweise das personelle Potenzial der Zukunft steht. Kurze Interviews schaffen auch hier eine heitere und gelöste Atmosphäre. Man kommt leicht in Kontakt und tauscht sich gerne aus.

Die Umbauaktionen laufen dank höchst engagierten Mitarbeitern nicht nur perfekt, sondern auch in kürzerer Zeit als geplant. Hat die Begeisterung für die Sache hier geholfen? Die Enge und der eng gesteckte Zeitrahmen, das umfangreiche Angebot spannender Vorträge, der Infomarkt und der Open Space am Nachmittag – vieles zeitgleich – werden scheinbar nicht als bedrückend erlebt, sondern eher als inspirierend und den Austausch fördernd.

### 5.9.5  Kunden-Talk – Ein Experiment

Interne Kunden berichten

Personal Volkswagen Deutschland hatte seine internen Kunden ins Atrium eingeladen. Sie berichten engagiert über ihre Erfahrungen als Abnehmer von Personaldienstleistungen. Die Talkteilnehmer sprechen über Personalbeschaffung, Unterstützung bei der Personalentwicklung, Umgang mit schwierigen Personalsituationen und Konflikten. Manche Kritik löst Unverständnis beim Publikum und einige heftige Reaktionen aus. Gegen Ende des Talks schmilzt das Eis, und es werden auch heiße Eisen kooperativ angefasst.

### 5.9.6  Der Tag im kabarettistischen Rückblick

Kurz vor Ende der Veranstaltung spiegelt auf herrlich humorvolle Weise in einem sehr dynamischen und energiegeladenen musikalischen Vortrag der »Szenenmacher« die Highlights des Tages. Dabei streift er auch ein paar Lowlights; Fettnäpfchen, in die der eine oder andere getreten war – natürlich zum Vergnügen aller.

### 5.9.7  Kann man 500 Cocktails in 5 min servieren? Ja!

Anstoßen mit 500 Cocktails

Der Leiter Personal Volkswagen Deutschland mixt am Ende der Veranstaltung einen Zukunfts-Energie-Inspiratons-Gute-Laune-Drink (▶ Kap. 4.4.7). Auf sein Zeichen gehen die Saaltüren auf, und in kürzester Zeit halten alle 500 Anwesenden einen Cocktail gleicher Machart in den Händen. Geschickt konstruierte Papphalterungen erlauben es dem Servierteam, schnell und sicher die vollen Gläser zu verteilen. Der Leiter spricht einen Toast aus und zeigt, dass er vom reibungslosen Verlauf und der begeisterten Stimmung seiner Kollegen sehr angetan ist. Ein nur wenige Tage später an alle verschicktes Dankschreiben und die Andeutung, diese Art von Veranstaltung regelmäßig durchzuführen, zeigt nochmals seine ehrliche Begeisterung.

### 5.9.8  Chillen am Abend im Mobile Live Campus

Anspruchsvolle Vorträge, eine Fülle von Informationen und Kontakten, öfters wechselnde Räume, attraktive Einlagen, Eigentätigkeit und Selbststeuerung – das sind die Herausforderungen des Tages gewesen. Nun gibt es zum Abend eine weitere attraktive Anregung. Buffet im futuristisch gestalteten Mobile Live Campus, nur 10 min Fußweg vom Haupttagungszentrum entfernt, mit Discjockey und Live-Band. Man ist sich einig über den Tag: der war klasse!

Die Moderatoren fahren noch spät nachts mit der Frage nach Hause: Was wird die Personaler-Crew von diesem Schwung mit in den Arbeitsalltag nehmen?

5.9 · Personal Volkswagen Deutschland. Workshop mit 500 Teilnehmern

253

**5**

**Interview mit Ulrike Pollmann-Langenberg, Personal Volkswagen Deutschland Kommunikation**

### Was war der Auslöser für die Großgruppenaktivität?

Anlass und Motor für unsere Veranstaltung lagen eng beieinander. Personal Volkswagen Deutschland, das deutschlandweite Personalwesen von Volkswagen, war erst wenige Monate vor der Veranstaltung gebildet worden – zusammengefügt aus einem guten Dutzend einzelner Personalwesen von Volkswagen-Standorten und Gesellschaften im ganzen Land. Viele Menschen, die nun zusammenarbeiten und sich als Kollegen verstehen sollten, hatten einander noch nie zuvor gesehen. Ihren Bereich, für dessen Ziele sie sich nun einsetzen sollten, kannten sie kaum, vor allem verbanden sie damit noch nichts. Es ging also darum, die Menschen zusammenzuführen und ihnen zu vermitteln, für welche Ziele, welchen Geist und welche Kultur wir alle gemeinsam stehen. Kurz: Es ging darum, den Bereich zum Leben zu erwecken.

### Welche Gedanken und Gefühle hatten Sie beim Start?

Eine Stunde vor Beginn hatte ich ein Hochgefühl, war in regelgerechter Festtagsstimmung. Zum einen, weil die Gelegenheit, eine solche Veranstaltung durchzuführen, nicht alltäglich ist. Vor allem aber, weil die Arbeit mit dem hochprofessionellen und engagierten wie kompetenten Team eine stimulierende und motivierende Erfahrung war. Es war das Verdienst aller, dass unterschiedliche Erfahrungen eingebracht wurden und aus der Vorbereitung das Optimum herausgeholt wurde. Bereits Wochen vor der Veranstaltung hatte ich gespürt, dass wir auf einem guten Weg waren, und diese Gewissheit hatte sich mehr und mehr gefestigt. Andererseits: Potenzial und »Güte« einer Veranstaltung zeigen sich immer erst im Moment der Durchführung. Das ist ja gerade das Faszinierende! Insofern war ich im besten Sinne gespannt darauf, was passieren würde.

### Was war das Besondere an der Großgruppenveranstaltung?

Nun, erwähnenswert ist zunächst einmal, dass diese Veranstaltung im Personalwesen von Volkswagen ein Novum darstellte. Viel wichtiger ist aber, dass, wie wir aus einer Befragung der Teilnehmer im Nachgang zur Veranstaltung wissen, der Effekt ganz offenbar außerordentlich gewesen ist: Wir haben in der Befragung nicht nur geradezu traumhafte Benotungen bezüglich Programm und Organisation erhalten. In vielen – z. T. sehr persönlich gehaltenen – Stellungnahmen konnten wir ablesen, dass wir den einzelnen Menschen angesprochen und emotional viel ausgelöst haben, und das bei einer Großveranstaltung! Ich denke, darin hat die besondere Qualität der Veranstaltung gelegen.

### Wie haben Sie die Nachhaltigkeit erlebt?

Wie wir aus der Erfolgskontrolle im Nachhinein wissen, haben die Teilnehmer sehr viel Enthusiasmus und Motivation mit in den Arbeitsalltag genommen. Die Quellen, aus denen beides sich speist, lassen sich für uns relativ gut identifizieren:

- **Wertschätzung:** Der gesamte Aufwand, der hinter der Veranstaltung steckte, hat den Menschen klargemacht, dass sie im Mittelpunkt stehen und ihnen viel Wertschätzung entgegengebracht wird.
- **Zugehörigkeit:** Nach der Veranstaltung wussten die Menschen, welche inhaltliche, kulturelle und emotionale Heimat ihr neuer Bereich ihnen bietet.
- **Eigenveratwortung und Gestaltungsspielraum:** Zugleich hat das Programm ihnen vermittelt, dass jeder einzelne Verantwortung trägt und mitgestalten kann. Atmosphäre und innere Befindlichkeit des Bereiches waren nach der Veranstaltung verändert, die uns alle ein gutes Stück vorangebracht hat.

## 5.10  Was schiefgehen kann, geht auch (mal) schief

Großgruppen entwickeln sich in einer komplexen Prozesskette. Es gibt viele Gelegenheiten für Fehler. Wir wollen nicht vortäuschen, dass alle unsere Veranstaltungen perfekt gestaltet sind und fehlerfrei ablaufen. Wir beschreiben deshalb im Folgenden eine fiktive Großgruppe sowie am Ende ein fiktives Interview und zeigen dabei, wo Fallstricke gespannt sind, über die wir in der einen oder anderen Veranstaltung tatsächlich gestolpert sind, und wo Fettnäpfchen bereitstehen, in die wir getreten sind – also eine geballte Ladung Frustrationspotenzial.

*Fettnäpfchen stehen bereit*

### 5.10.1  Begeisterung verdrängt Verstand, Euphorie macht realitätsblind

Großgruppen erzeugen bei den Teilnehmern und auch bei den Organisatoren zuweilen ein derartiges Hochgefühl, wie viele es aus der Schule bei Klassenfahrten kennen: Überall ist Beziehung, Austausch und Aktion. Es wird viel gelacht. Ideen schwirren durch den Raum. Neue Chancen tun sich unvermittelt auf, und es gibt Gelegenheiten zur Profilierung.

Diese Begeisterung, gemeinsam für eine Sache, für ein Unternehmen zu stehen, neue Projekte anzuschieben und an einem gemeinsamen Zukunftsentwurf zu arbeiten, lässt gelegentlich den Blick auf die realen Gegebenheiten verlieren. Allzu großzügig werden dann Verabredungen getroffen, die sich, zurückgekehrt im Arbeitsalltag, schnell als kaum oder nicht realisierbar erweisen. Keiner fühlt sich richtig für das Geplante verantwortlich, und die angedachten Projekte verschwinden im Treibsand des Alltags. Zurück bleiben Enttäuschung und Ohnmachtgefühle: Wir haben ja doch nichts bewegt! Schuldzuweisungen verschlechtern das Arbeitsklima zusätzlich. Im schlimmsten Fall ist das Instrument der Großgruppe auf längere Zeit desavouiert – außer Spesen nichts gewesen.

*Der Flow produziert Gruppeneuphorie*

Beispiel: Da war ja noch die letzte Nacht! In dem guten Gefühl der Gruppeneuphorie ließ sich die Geschäftsführung hinreißen: Getränke frei für alle! – Die Ernüchterung kam am nächsten Morgen: Die Teilnehmer hatten ihre Führung ernst genommen. Die besten Weine und teuersten Cocktails wurden bestellt. Die präsentierte Rechnung holte die Geschäftsführung schnell wieder auf den Boden der Tatsachen zurück.

**Wie beugen wir vor?**
Wir ermuntern immer wieder unsere Kunden und die Teilnehmer, auch kritische Aspekte zu beleuchten und ihrer Skepsis Ausdruck zu verleihen. Tun Teilnehmer dies, dann loben wir ihren Mut und zeigen, wie wichtig auch kritische Beiträge in einem Prozess sind, in dem man schnell vor Hochstimmung den Boden unter den Füßen verlieren kann. Freigetränke nur bis 22 Uhr und nur antialkoholische Getränke bzw. Bier und zuvor abgesprochene Weine. Keine Cocktails, hochprozentigen Getränke oder Champagner.

## 5.10.2  Zeitplan gerät aus den Fugen

**Zu wenig Zeit:** Von der Begeisterung übermannt, unterschätzen wir manchmal den Zeitbedarf für Bauaktionen direkt beim Start. Folge: Hinter den Kulissen debattieren wir über eine erste Zeitverlängerung schon bei der Anfangsaktion, wohl wissend, dass es Folgetermine gibt, die nur wenig oder gar nicht verschiebbar sind. Der eingeflogene CEO kommt pünktlich zu seinem Eröffnungsreferat und muss ganz sicher auch pünktlich wieder zum nächsten Termin.

Der Kunde sieht die Chance, dass so viele Mitarbeiter des Unternehmens in einem Raum versammelt sind, und möchte noch mehr Informationen in die Veranstaltung packen. Die anfangs geplante Dramaturgie mit wohlbedachten Spannungsbögen in einem lernfördernden Rhythmus droht aus den Fugen zu geraten. Die Teilnehmer werden von Input zu Input gehetzt. Motto: »Viel bringt viel«. Wenn dann noch am Nachmittag das gemeinsame Abendmenü geändert wird, um einen weiteren »unverzichtbaren« Redner einzuschieben, kann es leicht zu einer Übersättigung kommen. Die Teilnehmer benötigen jedoch Zeit, um im gemeinsamen Gespräch miteinander in frei gewählten wechselnden Beziehungen die Inputs des Tages zu diskutieren, ihre Erfahrungen auszutauschen und zu verdauen.

### Wie beugen wir vor?

Wir versuchen, den Zeitbedarf sehr genau zu schätzen bzw. sogar zu berechnen, indem wir die Arbeitsaufträge probehalber selbst umsetzen und die Zeit stoppen.

*Wir stoppen selbst die Zeit*

**Zu viel Zeit:** Aber auch das Gegenteil ist schon vorgekommen. Bei einer Veranstaltung mit 600 Teilnehmern waren wir viel schneller als der Zeitplan. Von der Sparidee getrieben, wollte eine Projektgruppe von 20 Technikern und Entwicklungsingenieuren eine Pflanzaktion in Eigenregie planen und gestalten. Wir verließen uns gutgläubig auf diese Absichtsbekundung, hatten wir doch selbst inszenierte Pflanzaktionen als Highlights in guter Erinnerung. Wir denken dabei zunächst an das Mischen eines guten Humus aus vielfältigem organischen Material (gute Ausbildung, gutes Arbeitsmaterial und Werkzeuge), an unterschiedliche Dünger (Mitarbeitermotivation, Wachstumsförderung), ans Angießen, an einen guten Standort usw., um nur einiges zu nennen. Unser eingeplanter Zeitbedarf: ca. 30 min. Was taten die Ingenieure, um symbolisch zu zeigen, was es für gutes Wachstum einer Unternehmenskultur braucht? Sie nahmen die Pflanze aus dem Topf, pflanzten sie in einen neuen und drückten die Erde fest – fertig. Zeit: 2 min!

### Wie beugen wir vor?

Indem wir möglichst die Kontrolle über alle Einzelmodule behalten und intensiv kommunizieren, wie wir uns den Ablauf im Detail vorstellen. Immer wieder suchen wir den Austausch, um auch Details zu klären und Commitment einzuholen.

*Immer wieder kommunizieren*

### 5.10.3   Verspätetes Eröffnungsreferat

Der Geschäftsführer kommt nicht pünktlich zu seinem Eingangsreferat, und einige Hundert Mitarbeiter warten. Was ist zu tun? Zum Glück haben wir manchmal einen Schauspieler dabei, der die Improvisation liebt und beherrscht. Er überbrückt die Zeitspanne bis zum Eintreffen des Geschäftsführers. Keiner merkt die Verspätung der Führungskraft. Empfehlenswert ist, den Teilnehmern bei der Vorstellung des Tagesablaufs nicht zu genaue Zeitdaten mitzuteilen und sie auf mögliche kleinere Verschiebungen im Ablaufplan vorzubereiten.

**Wie beugen wir vor?**
Wir planen eventuelle Verspätungen ein und denken uns Alternativen aus. Hier spielt der berühmte Plan B eine wichtige Rolle: Was tun wir, wenn ...?

### 5.10.4   Bearbeiten Sie das Thema – irgendwie

Arbeitsanweisungen sind ungenau oder nicht ausführlich genug formuliert, und die Teilnehmer wissen nicht, was sie wo mit wem wie lange und wozu tun sollen. Zahlreiche Rückfragen werden gestellt. Antworten provozieren neue Fragen. Es kommt zu Zeitverzögerungen. Die Irritationen rauben den Teilnehmern Energie.

**Wie beugen wir vor?**
Wir fordern uns bei der Ausarbeitung der Ablaufplanung im Vorbereitungsteam gegenseitig auf, die Arbeitsanweisungen auszuführen, und schauen genau, was wir sofort verstehen und wo es Missverständnisse geben könnte. Die Anweisungen sollen möglichst präzise und knapp sein.

Anweisungen klar, kurz und präzise geben

### 5.10.5   Musikperformance – gescheitert

Die gemeinsame Schlussaktion mit allen Teilnehmern – in einer Stimmenperformance das Motto der Veranstaltung akustisch umzusetzen – »vertrocknet« im Raum, da wir bei der Planung unterschätzt haben, dass die Anzahl der Teilnehmer nicht ausreicht, den Raum akustisch zu füllen. Warum ist es zu dieser fatalen Fehleinschätzung gekommen? Wir hatten bereits bei dem gleichen Unternehmen einige Jahre zuvor eine ähnliche Veranstaltung durchgeführt und nicht ausreichend berücksichtigt, dass die Teilnehmerzahl diesmal deutlich kleiner war.

**Wie beugen wir vor?**
Unser fertiger Ablaufplan geht durch mehrere Hände, viele Augen schauen darauf. Das beugt unserer eigenen Betriebsblindheit vor. Manchmal denkt man, was einmal gut gelaufen ist, muss auch beim nächsten Mal wieder klappen – und übersieht dabei die veränderten Rahmenbedingungen.

### 5.10.6 Der Vortrag des Vorstands schläfert ein

Eine Führungskraft hat ihre Hausaufgaben nicht gemacht und liest über Gebühr lange von einem Manuskript ab, das sie nicht formuliert hat. Leider schaffen wir es selten, den Kunden zu überzeugen, dass ein Coaching für das Vortragen von Beiträgen sinnvoll ist. Impulse in diese Richtung fruchten kaum, weil die Vorstände oft die Notwendigkeit dafür nicht sehen oder keinen Termin für ein Rhetorik-Coaching finden.

*Rhetorik-Coaching hilft*

**Wie beugen wir vor?**
Schon bei der Besprechung zum ersten Ablaufplan und seinen Modulen halten wir diesen Punkt fest und machen unseren Kunden entsprechende Vorschläge. Wir legen hier schon den Besprechungstermin mit dem Auftraggeber fest.

### 5.10.7 Workshops »gehorchen« nicht

Die Arbeitsaufträge für die Workshops motivieren nicht bzw. führen nicht zu interessanten Ergebnissen. Deshalb wirken die anschließenden Gruppenpräsentationen nicht sonderlich inspirierend für das Plenum. Es kommt zu Redundanzen und am Ende zu Langeweile. Man ist froh, wenn es vorbei ist.

In diesem Fall nachzusteuern ist heikel. Soll man die angekündigten Präsentationen aller Gruppen absagen oder nur einige gute Gruppen zur Präsentation zulassen?

Einmal bereitete ein 100-köpfiges Messeteam seinen Auftritt auf einer internationalen Messe u. a. mit einer 1-tägigen Großgruppenveranstaltung vor. In 10 Kleingruppen produzierten die Teilnehmer unterschiedliche Fotoromane unter dem aktuellen Motto der Messe. Alle Fotoromane präsentieren zu lassen, erschien uns zu zeitintensiv. Wir beauftragten die Gruppen, einen Trailer ihres Romans zu produzieren. Nur diese Trailer durften präsentiert werden – mit entsprechendem Zeitlimit. Doch schon gegen Ende der Produktionsphase regte sich bei einigen Teilnehmern der Unmut – der schnell ansteckend wirkte – über unsere Regelung. Man wollte das erarbeitete Material unbedingt präsentieren. Wir hielten an unserer Regelung fest, um den Zeitrahmen nicht zu gefährden. Was geschah? Einige Gruppen präsentierten nicht den geforderten Trailer, sondern ihre kompletten Fotoromane. Das verursachte großen Ärger bei den Gruppen, die sich an unsere Anweisung hielten. Sie fühlten sich bei der anschließenden Preisverleihung benachteiligt. Die Stimmung war geknickt.

*Zeitlimit verursacht Konflikte*

**Wie beugen wir vor?**
Wir gehen in der Arbeitsphase zu den Gruppen und unterstützen sie, indem wir ihnen Tipps und Anregungen zur Verbesserung ihrer Präsentationen geben. Außerdem versuchen wir, den Energiefluss der Gruppen im Auge zu behalten, nötigenfalls steuernd einzugreifen und möglichst vorhandene positive Stimmungen zu verstärken sowie negative zu dämpfen.

### 5.10.8   Der Schauspieler erhält keinen Applaus

Die Maske fällt

Der Schauspieler ist so gut, dass alle das Schauspiel für bare Münze nehmen. Hinterher jedoch, wenn die Maske fällt und deutlich wird, dass es »nur« ein Schauspiel war, sind alle enttäuscht. Plötzlich ist sein Vortrag nicht mehr viel wert. Teilweise fühlen sich Teilnehmer sogar von der Inszenierung, dem unsichtbaren Theater, belogen und können oder wollen den Transfer nicht leisten.

Der Schauspieler spielt so schlecht, dass er als Schmierenkomödiant ausgebuht wird. Die Stimmung ist dahin.

**Wie beugen wir vor?**

Die Enttarnung der Schauspielfigur sollte sehr wertschätzend erfolgen, damit sich die Teilnehmer nicht betrogen vorkommen und sie die szenische Intervention als stimulierenden Beitrag schätzen.

### 5.10.9   Ein Moderator ist nicht bei der Sache

Teilnehmer und Kunde spüren, wenn der Moderator Anweisungen für das Plenum oder die Arbeitsgruppen von Moderationszetteln abliest, die er kurz vorher erst erstellt hat, und er manches nicht flüssig lesen kann, weil er schlecht geschrieben oder seine Lesebrille nicht parat hat. Die Steuerung von großen Gruppen muss sehr präzise erfolgen, und Anweisungen müssen klar und sofort verständlich sein. Eine einmal in Bewegung gebrachte größere Gruppe von Menschen lässt sich nicht einfach und komplikationslos wieder in eine andere Richtung lenken.

Einmal ist es vorgekommen, dass ein Moderatorenteam seine Rolle lediglich als Ansager der Einzelmodule verstand, ohne sich um die weiteren organisatorischen Dinge zu kümmern. Zum Beispiel fehlten für die Kleingruppenphase im Plenum Stifte, oder die Moderatoren hatten den Arbeitsauftrag selbst nicht richtig verstanden. So waren die Teilnehmer ratlos und wussten nicht, was sie tun sollten – allgemeine Verwirrung und Diskussionen im Plenum. Die Stimmung verschlechterte sich, und die Moderatoren wurden nicht mehr als Prozesssteuerer ernst genommen. Geschäftsleitungsmitglieder griffen beherzt ein und übernahmen für den Rest der Veranstaltung die Moderation.

**Wie beugen wir vor?**

Es zeigt sich immer wieder: Eine exakte Vorbereitung ist das A und O einer guten Großgruppenveranstaltung. Dabei entsteht die Schwierigkeit, über einen Zeitraum von oft mehreren Monaten mit hoher Präsenz alle Elemente der Veranstaltung und ihre Vernetzung im Kopf zu behalten.

Kooperation nur mit kompetenten Moderatoren

Auch aus diesem Grund kooperieren wir nur mit Moderatoren, die wir zuvor persönlich bei der Arbeit gesehen und die uns durch ihre Kompetenz überzeugt haben. Im Detail heißt das: Wichtige Ansagen während einer Veranstaltung werden gemeinsam mehrmals durchgesprochen, um alle Fehlerquellen auszuschalten.

## 5.10.10 Kommunikative Querschläger bei der Vorbereitung

Moderatoren haben bereits einen exakten Ablaufplan im Kopf, wenn sie sich mit dem Vorbereitungsteam treffen. Wenn dieser Plan auf divergierende Vorstellungen des Vorbereitungsteams trifft, kann es zu Missverständnissen kommen, wobei sich beide Seiten am Ende nicht verstanden fühlen.

**Wie beugen wir vor?**
In den ersten Gesprächen mit dem Kunden versuchen wir möglichst viele Varianten und Alternativen bereitzuhalten.

---

**Wie es nicht sein sollte – Imaginäres Interview mit einem unzufriedenen Kunden**

**Wie lief die Vorbereitung?**
Bei der Planung des Ablaufs versuchte das Moderatorenteam immer wieder, bestimmte Wünsche unsererseits zu blockieren, weil damit der Lernrhythmus der Veranstaltung gestört und die Dramaturgie dadurch aus den Fugen geraten würde.

**Was war der schlimmste Fehler dieser Veranstaltung?**
Wir hofften oder besser, wir erwarteten, dass unsere Mitarbeiter nach diesem aufwendigen Kick-off die von der Unternehmensleitung vorgestellten und bereits eingeleiteten Veränderungsmaßnahmen, die fast alle Mitarbeiter betreffen, engagiert mittragen und auch die einschneidenden Maßnahmen nicht nur akzeptieren, sondern auch im Arbeitsalltag umsetzen würden. Die Maßnahmen sind die einzige Möglichkeit, unseren Konzern fit für die Zukunft zu machen und Arbeitsplätze zu erhalten. Unsere Hoffnungen wurden aber enttäuscht. Das Engagement blieb aus, obwohl unser Vorstand das erwartete Verhalten jedes Einzelnen sehr genau beschrieben hat.

**Wie beurteilen Sie den Nutzen der theatralen Intervention?**
Die szenischen Einlagen waren zwar ganz nett, aber eigentlich überflüssiges kindisches Kasperletheater. Das ist etwas für den Betriebsausflug. Das hätte man streichen und stattdessen noch mehr Informationen in die Veranstaltung bringen können, wenn schon so viele Mitarbeiter gleichzeitig vor Ort sind.

**Was würden Sie bei der nächsten Veranstaltung anders machen?**
Auf alle Fälle nicht mehr so viele »Kinkerlitzchen« wie diese Bauaktionen oder die Präsentationen der zentralen Elemente unseres Leitbildes als Theatersketch oder Lied. Das ist unserer Kultur nicht würdig. Auch wenn die Leute viel Spaß hatten.

**Was ist Ihnen sonst noch wichtig?**
Großgruppenveranstaltungen sind viel zu teuer und zu ineffektiv. Außerdem haben wir kaum Kontrolle über die Mitarbeiter. Da kann sich leicht rebellischer Geist breitmachen. Dieser ist in kleinen Workshops im traditionellen Rahmen leichter zu beherrschen, und Lernerfolge sind besser zu überprüfen.

# Das »Drumherum«

## 6.1    Beteiligte in einem komplexen Projekt

Die erfolgreiche Durchführung einer Großgruppenveranstaltung ergibt sich aus dem Zusammenspiel vieler Beteiligter. Auch wenn für die Teilnehmer in der Veranstaltung nur wenige Personen sichtbar sind, steht meist ein ganzes Vorbereitungs- und Durchführungsteam dahinter. Eine Fülle von Aufgaben ist zu erledigen.

---

**Aufgaben**
- Konzeption und Ablaufplanung
- Teilnehmereinladung und -information
- Abstimmungen zwischen allen Beteiligten
- Veranstaltungsregie
- Bühnenbild, Raumplanung und -gestaltung
- Tontechnik
- Lichttechnik
- Bildregie und -einspielung
- Moderation
- Vortrag
- Künstlerische Darbietungen
- Catering
- Teilnehmerbetreuung
- Dokumentation
- Interne und externe Öffentlichkeitsarbeit

---

Spezialistenteam

Bei sehr großen und aufwendigen Veranstaltungen wird jede Aufgabe von einem Spezialisten übernommen. Möglicherweise kümmert sich sogar ein ganzes Team von Servicekräften um die Teilnehmer, der Tontechniker verfügt über Assistenten und der Bildregisseur nutzt die Aufnahmen von mehreren Kameraleuten.

Bei kleineren Gruppen kann die Technik weniger komplex gestaltet werden, oder mehrere dieser Aufgaben werden von einer Person erledigt. Der Moderator hat auch das Konzept entwickelt und führt die Regie in der Veranstaltung. Ein Assistent sorgt für die Einspielung der Charts, das Licht und den richtigen Ton. Die Sekretärin hat alle Einladungen gesteuert und die Absprachen mit dem Hotel getroffen. In der Veranstaltung selbst kümmert sie sich um die Teilnehmer und deren Anliegen und ist Ansprechpartner für Hotel und Catering. Wenn allerdings der Moderator den nächsten Vortrag ansagen, gleichzeitig den Redner mit dem Mikro versorgen, das Licht dimmen und die richtigen Charts einspielen soll, ist er mit hoher Wahrscheinlichkeit überfordert.

### Wichtige Fragen zur Personalplanung
- Wie viele Personen mit welchen Spezialqualifikationen werden benötigt?
- Welche Person kann mehrere Aufgaben übernehmen? (Kann der Tontechniker auch das Licht steuern?)

- Wie perfekt soll die Veranstaltung wirken? Wie viel Service soll den Teilnehmern geboten werden? (Soll die Garderobe in Empfang genommen werden, oder kümmert sich jeder selbst um seinen Mantel?)
- Bei welchen Aktivitäten kann man beispielsweise auch auf die Hilfe der Teilnehmer zurückgreifen (Stühle umstellen, Pinnwände rücken)?
- Welche Aufgaben werden mit eigenen Mitarbeitern erfüllt, für welche werden externe Kräfte benötigt?
- Welche Bereiche sollen komplett an Dienstleister outgesourct werden? Eventagenturen bieten Einzelleistungen oder auch die komplette Vorbereitung und Durchführung der Veranstaltung an.

Wir werden häufig als externe Dienstleister beauftragt, Konzeption und Abstimmung in der Vorbereitung, Regie und Moderation in der Veranstaltung zu übernehmen. Wir haben aber auch schon die unterschiedlichsten Konstellationen in der Zusammenarbeit erlebt. Wir waren beispielsweise ausschließlich als Moderatoren für ein schon vorhandenes Konzept gebucht oder hatten als anderes Extrem die Aufgabe, die Gesamtveranstaltung einschließlich Hotelbuchung, Teilnehmereinladung, Durchführung und Nachbereitung zu steuern.

Nur Moderation oder »all inclusive«?

## 6.2    Konzeption und Vorbereitung einer Großgruppenveranstaltung

Die wesentliche Arbeit für eine Großgruppenveranstaltung passiert im Vorfeld. Dabei gibt es kein Vorbereitungsschema, das immer gleich funktioniert. Genauso unterschiedlich, wie die Themen, Ziele und Rahmenbedingungen sind, kann auch die Vorbereitung erfolgen. Wir haben Veranstaltungen mitentwickelt, bei denen zwischen der ersten Idee und der Durchführung mit 100 Personen nur 2 Wochen lagen. Andererseits kennen wir auch Kongresse, die regelmäßig stattfinden und immer mit einem Vorlauf von 2 Jahren vorbereitet werden. Dementsprechend läuft auch die Vorbereitung sehr verschieden.

*Vorlauf 2 Wochen oder 2 Jahre*

Der in ◘ Tab. 6.1 beschriebene Vorbereitungsplan ist ein Grobraster, das an die jeweiligen Umstände angepasst wird. Dabei sind wir von einem Planungszeitraum von 3 Monaten ausgegangen (Angaben in Kalenderwochen, KW).

Die Übersicht in ◘ Tab. 6.1 zeigt die Planungs-, Durchführungs- und Nachbereitungsschritte einer recht umfangreichen Veranstaltung mit vielen Mitarbeitern im Planungsteam auf. Dennoch sind bei kleineren Veranstaltungen, die möglicherweise nur von 3 oder 4 Personen geplant und durchgeführt werden, die meisten dieser Schritte auch zu berücksichtigen. ◘ Abb. 6.1 gibt einen Einblick, wie die Checkliste zur Planung einer Großgruppe aufgebaut sein kann. Einige besonders wichtige Aspekte des »Drumherums« greifen wir in den folgenden Abschnitten detaillierter auf.

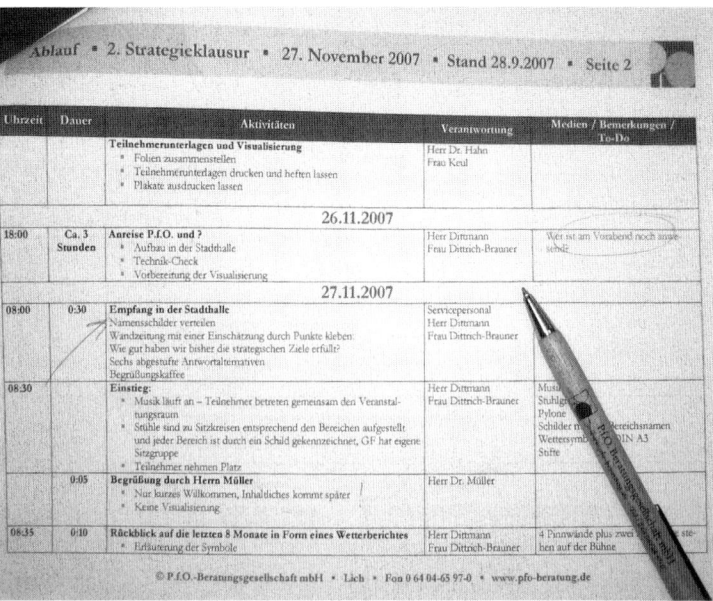

◘ **Abb. 6.1.** Planungscheckliste für Großgruppenveranstaltung

**◘ Tab. 6.1.** Vorbereitungsplan einer Großgruppenveranstaltung

| Zeitpunkt | Aufgabe | Details | Beteiligte |
|---|---|---|---|
| KW –12 | Ziele und erste Ideen entwickeln | Meist startet der Prozess mit einer Idee oder einem Anliegen. Ziele werden formuliert und Rahmenbedingungen für die weitere Entwicklung geklärt. | Auftraggeber Koordinator |
| KW –12 | Planungsteams installieren | Der Auftraggeber installiert unter der Leitung des Koordinators ein Team, das für die weitere inhaltliche und organisatorische Gestaltung verantwortlich ist. Dementsprechend sollten die Kompetenzen im Team vorhanden sein. Der Auftraggeber kann, muss aber nicht, Mitglied des Planungsteams sein. Häufig findet eine Aufteilung in ein Konzept- und ein Orga-Team statt. | Auftraggeber Koordinator Konzept-Team Orga-Team |
| KW –11 | Grobstruktur der Veranstaltung entwickeln | In einer kreativen Phase entstehen die ersten Gestaltungsideen. Das Konzept-Team entwickelt daraus eine Gesamtdramaturgie und einzelne Bausteine. Dieses Zwischenergebnis wird mit dem Auftraggeber abgestimmt. | Koordinator Konzept-Team Moderatoren |
| KW –11 | Checkliste für Vorbereitung und Durchführung anpassen | Das Planungsteam passt die vorhandenen Basischecklisten zur Veranstaltungsplanung an, erstellt einen Zeitplan und verteilt die Vorbereitungsaufgaben. | Koordinator Orga-Team Konzept-Team |
| KW –10 | Budget planen | Die grobe Konzeption ermöglicht nun die Budgetplanung. Im Gegenzug muss das Konzept verändert werden, wenn es mit dem vorgegebenen Budget nicht zu verwirklichen ist. In einigen Organisationen ist der Einkauf an solchen Prozessen beteiligt. | Koordinator Orga-Team Konzept-Team (Einkauf) |
| KW –10 | Termin auswählen | Normalerweise wird zunächst ein Termin ausgewählt, der für den Anlass, die Veranstalter und die Teilnehmer günstig ist und hohe Teilnehmerquoten verspricht. Leichter wird die gesamte weitere Planung, wenn mehrere Alternativtermine zur Verfügung stehen. | Orga-Team |
| KW –9 | Veranstaltungsort planen | Viele Aspekte des Veranstaltungsortes sind zu berücksichtigen. Eine Besichtigung vor Ort ist fast immer erforderlich. Raumpläne bieten die Grundlage für die weitere Detailarbeit des Konzept-Teams. Einzelheiten im ► Kap. 6.3. | Hotelmanagement Orga-Team |
| KW –8 | Teilnehmer vorinformieren | Möglichst früh sollten die Teilnehmer über Anlass und Termin der Veranstaltung informiert werden. Damit steigt die Teilnehmerquote. Bei verpflichtenden Veranstaltungen können die Teilnehmer ihre sonstigen Termine entsprechend einrichten. | Teilnehmerbetreuer Auftraggeber |
| KW –8 | Externe Referenten, Techniker, Dienstleister und Künstler auswählen | Das Orga-Team ermittelt die Anforderungen an die externen Dienstleister, holt Angebote ein und beauftragt die ausgewählten Partner. | Koordinator Orga-Team Techniker Weitere Dienstleister |

◘ **Tab. 6.1.** *Fortsetzung*

| Zeitpunkt | Aufgabe | Details | Beteiligte |
|---|---|---|---|
| KW –7 | Raumplanung und Catering abstimmen | Gemeinsam mit dem Hotelpersonal werden die Einzelleistungen festgelegt. Sowohl die Details des Essens und der Getränke als auch die Qualität und Geschwindigkeit des Services sind zu vereinbaren. Meist werden auch die Ausstattung der Räume und der Umbau in den Pausen vom Hotel übernommen. Oft ist später noch eine Verfeinerung notwendig, wenn weitere Details des Veranstaltungsablaufs festgelegt sind. | Hotelmanagement Orga-Team |
| KW –6 | Inhalte und Methoden im Detail planen | Das Konzept-Team verfeinert nun das Grobkonzept und legt alle Einzelschritte in einem Detailablaufplan fest. Bei großen Veranstaltungen und komplexen Abläufen erstellen die einzelnen Gewerke noch einmal separate Pläne. Auf jeden Fall muss es einen Masterplan geben, auf dem alle weiteren aufbauen. | Konzept-Team Moderatoren |
| KW –5 | Agenda festlegen und abstimmen | Die Agenda enthält alle Veranstaltungsthemen und -schritte, die nun mit dem Auftraggeber abgestimmt und z.T. auch an die Teilnehmer übermittelt werden. Die methodischen und organisatorischen Details sind für diesen Abstimmungsprozess in der Regel nicht erforderlich. | Auftraggeber Koordinator Konzept-Team |
| KW –4 | Einladung formulieren und den Teilnehmern mit Agenda zusenden | Der Auftraggeber lädt die Teilnehmer zur Veranstaltung ein, in der Regel mit einem persönlichen Anschreiben. Anlagen informieren über organisatorische Details und Agenda der Veranstaltung.<br><br>Eine interessante und attraktive Einladung kann die Teilnehmer positiv auf die Veranstaltung einstimmen ► Kap. 4.4.1 Ebenso können die Teilnehmer kleine Arbeitsaufträge oder Vorbereitungsaufgaben erhalten. | Auftraggeber Teilnehmerbetreuer |
| Ab KW –4 | Rückmeldungen der Teilnehmer entgegennehmen und Fragen klären | Ein fester Ansprechpartner für die Teilnehmer reagiert auf alle Anfragen, An- und Abmeldungen, Sonderwünsche, Anreise, Zimmerbuchungen und vieles mehr. Wurden vorher organisatorische Aspekte vergessen, rächt sich das nun in einer Fülle von individuellen Anfragen.<br><br>Arbeitssparend ist ein Online-Buchungssystem, in dem die Teilnehmer sich selbst eintragen können und alle Angaben automatisch in eine Datenbank übernommen werden, die die Grundlage für die weitere Organisation bildet (Zimmerreservierung, Teilnehmerlisten, Namensschilder usw.).<br><br>Zusätzlicher Aufwand entsteht, wenn eine Teilnehmergebühr erhoben wird. | Teilnehmerbetreuer |
| KW –4 | Checkliste zum Veranstaltungsmaterial erstellen | Die einzelnen Gewerke kümmern sich in der Regel selbstständig um ihre Ausstattung. In einer zentralen Materialliste muss dennoch alles zusammenlaufen. Hier wird festgehalten, welches Material am Veranstaltungsort vorhanden ist, welches angemietet wird und wer was mitbringt.<br><br>Besondere Beachtung benötigen die Materialien, die noch speziell produziert werden müssen. | Orga-Team Konzept-Team Moderatoren Dienstleister |

**◻ Tab. 6.1.** *Fortsetzung*

| Zeitpunkt | Aufgabe | Details | Beteiligte |
|---|---|---|---|
| KW –3 | Vorbereitungsgespräch mit allen Beteiligten | Alle Veranstaltungsmitarbeiter treffen sich zu einem zentralen Abstimmungsgespräch, am besten schon am Veranstaltungsort. Der Gesamtablauf wird einmal durchgesprochen. Die Materialien (Folien, Filme, Musik, Unterlagen, Plakate) sind zu diesem Zeitpunkt wahrscheinlich erst teilweise erstellt.<br><br>Bewährt hat sich eine echte Simulation, wenn Mitarbeiter der Organisation ungewohnte Aufgaben übernehmen, z. B. Referenten in einem Infomarkt sind oder Workshops moderieren.<br><br>Sind einzelne Beteiligte, z. B. externe Referenten, nicht anwesend, dann führt der Koordinator ein separates Briefinggespräch. | Koordinator<br>Orga-Team<br>Konzept-Team<br>Moderatoren<br>Referenten<br>Techniker<br>Weitere Dienstleister |
| KW –2 | Visualisierungen erstellen | Die meisten Vorträge, Inputs und Teilnehmeraktionen benötigen eine visuelle Unterstützung. Die jeweiligen Referenten liefern ihre Folien, Ausstellungsmaterialien oder Handouts. Die Moderatoren erstellen eine Gesamtpräsentation, die von der Begrüßungsfolie über die Tagesordnung, die Anmoderation der Einzelschritte bis zur Schlussfolie durch die gesamte Veranstaltung führt. | Referenten<br>Moderatoren |
| KW –1 | Veranstaltungsmaterial für die Teilnehmer zusammenstellen | Häufig erhalten die Teilnehmer in der Veranstaltung eine Mappe mit Unterlagen:<br><br>Agenda<br>Teilnehmerliste<br>Hotelinformationen<br>Raumplan<br>Informationen zu den Referenten<br>Handouts zu Vorträgen<br>Papier für Notizen | Orga-Team<br>Teilnehmerbetreuer |
| KW 0 | Vor Ort aufbauen und vorbereiten | Der Koordinator steuert den Gesamtaufbau am Veranstaltungsort und berücksichtigt den Zeitbedarf der einzelnen Gewerke. Die entsprechende Zeit muss bei der Anmietung des Veranstaltungsraums eingeplant werden, inkl. einer Reserve für Unerwartetes. | Koordinator<br>Orga-Team<br>Techniker<br>Weitere Dienstleister |
| KW 0 | Generalprobe durchführen | Sind alle Aufbauarbeiten abgeschlossen, kann die Generalprobe erfolgen. Der Koordinator oder ein Regisseur steuern die Probe. Alle Beteiligten spielen einmal den gesamten Ablauf inkl. der Auftritte, Einspielungen, Mikrofonierungen und Moderationen durch. Die einzelnen Texte werden dabei meist nur kurz begonnen und dann abgebrochen. Sollen alle Texte gesprochen und die Auftritte bis zum Ende geführt werden, entsteht ein hoher Zeitbedarf.<br><br>Eine Stunde vor Eintreffen der Teilnehmer sind alle Vorbereitungen abgeschlossen. | Koordinator<br>Orga-Team<br>Konzept-Team<br>Moderatoren<br>Referenten<br>Techniker<br>Weitere Dienstleister |
| KW 0 | Veranstaltung durchführen | Bei interaktiven Großgruppenveranstaltungen gibt es zwar einen genauen Plan, dennoch sollten sich alle Beteiligten auf die Reaktionen der Teilnehmer einstellen. Es gilt hier, eine gute Balance zwischen Planeinhaltung und Flexibilität zu erreichen. | Auftraggeber<br>Teilnehmer<br>Koordinator<br>Alle Mitarbeiter |

**▫ Tab. 6.1.** *Fortsetzung*

| Zeitpunkt | Aufgabe | Details | Beteiligte |
|---|---|---|---|
| | | Während der Veranstaltung sind die Rollen aller Beteiligten klar, und jeder erledigt seinen Job. Unvorhergesehenes wird an den Koordinator/Regisseur gemeldet und von ihm geklärt. Ggf. verständigen sich die Mitarbeiter im Hintergrund per Interkom. | |
| | | Zu vorher festgelegten Zeiten findet ein Treffen statt, um den bisherigen Ablauf zu reflektieren und Absprachen für die weiteren Phasen zu treffen. | |
| | | Viele der Mitarbeiter sind besonders in den Pausenphasen aktiv (Teilnehmerbetreuung, Raumumgestaltung, neue Technikeinstellungen usw.). Deshalb muss für ein spezielles Catering der Mitarbeiter außerhalb der Essenszeiten gesorgt werden. | |
| KW 0 | Dokumentationsmaterial sichern | Bei der Fülle der Menschen und Aktionen muss ein Mitarbeiter das zu dokumentierende Material schon während der Veranstaltung sichern. Sonst sind Mitschriften und gestaltete Pinnwände schnell verändert oder im Papiercontainer verschwunden. | Orga-Team |
| | | Häufig werden auch Veranstaltungsbilder oder sogar Videos erstellt, die später in eine Dokumentation eingearbeitet oder auch selbst in der Veranstaltung wieder gezeigt werden. | |
| KW 0 | Weiteres Material sortieren und aufräumen | Nach der Verabschiedung der Teilnehmer bauen alle Gewerke ihre Technik und ihr Material ab. Vertrauliche Dokumente oder Mitschriften werden sicher vernichtet. | Alle Mitarbeiter |
| KW 0 | Abschlussgespräch mit allen Beteiligten vor Ort | Schön ist es, wenn sich das Team zu einem kurzen Abschlussgespräch treffen kann, eine kurze Reflexion vornimmt und der Auftraggeber einen Dank ausspricht. | Auftraggeber Alle Mitarbeiter |
| KW +1 | Dokumentation zusammenstellen und versenden | Je schneller eine Dokumentation erstellt und den Teilnehmern zugesandt wird, umso nützlicher ist sie, denn meist wollen die Teilnehmer unmittelbar nach der Veranstaltung in ihren Teams oder bei Kollegen berichten. Alternativen zur Gestaltung der Dokumentation finden Sie unter ▶ Kap. 6.6. | Koordinator Orga-Team |
| KW +2 | Teilnehmerfeedback einholen | Ein direktes Feedback kann schriftlich in der Veranstaltung selbst eingeholt werden. Im Anschluss ist eine Zusendung eines Fragebogens, eine telefonische Befragung oder eine Online-Befragung möglich. | Koordinator Orga-Team |
| KW +2 | Feedback aller Aktiven einholen | Der Koordinator bittet alle Mitarbeiter um ein Feedback aus Sicht der jeweiligen Funktion. | Koordinator Alle Mitarbeiter |
| KW +3 | Abrechnungen vornehmen | Die eingehenden Rechnungen der Einzelleistungen werden geprüft und bezahlt. Der Koordinator erstellt die Gesamtabrechnung. | Koordinator |
| KW +4 | Resümee erstellen und weiteren Prozess anstoßen | Der Auftraggeber erhält ein Resümee mit den Feedbacks der Teilnehmer und der Mitarbeiter. Daraus leiten sich Empfehlungen zur Weiterarbeit ab. Sinnvoll ist ein Abschlussgespräch bei der Übergabe des Resümees, das auch Anstoß für den weiteren Prozess gibt. | Auftraggeber Koordinator |

## 6.3    Veranstaltungsort – Reiz der Räumlichkeit

Der Raum für eine Großgruppenveranstaltung sollte sorgfältig gewählt werden. Einige Checkpunkte für die Auswahl sind:

**Fläche pro Person.** Pro Person sollten 3–4 m² zur Verfügung stehen. Je größer die Gruppe ist, umso mehr kann die Fläche pro Person reduziert werden. Viele Vermieter rechnen mit etwa 1 m² pro Person und gehen dabei von einer Reihenbestuhlung aus. In einem so voll besetzten Raum sind die meisten der beschriebenen Großgruppenverfahren nicht oder nur sehr eingeschränkt durchführbar.

3–4 m² pro Person

**Raumauswahl.** Neben den üblichen Kongress- und Veranstaltungsorten (Hotels, Kongresszentren, Stadthallen, Schulungszentren) können auch Räume und Flächen in den Gebäuden der Organisation in Betracht gezogen werden. Innerhalb von Unternehmen gibt es manchmal Räume, die für solche speziellen Anlässe ausgeräumt und umgebaut werden können (Produktionsräume bei Produktionsstillstand, ein Flugzeughangar einer Fluggesellschaft, Lager, Werkstätten, Kantinen, Foyers o. Ä.). Darüber hinaus ist es möglich, Zelte auf dem Firmengelände oder im Umfeld aufzubauen. Die Nähe der Teilnehmer zu ihren Arbeitsplätzen führt allerdings dazu, dass einige abgelenkt sind, in den Pausen Arbeitsaufgaben oder Telefonate erledigen und der Abstand vom Arbeitsalltag weniger gegeben ist.

**Besondere Orte.** Eventveranstalter bieten auch ganz besondere Orte an, z. B. Schiffe, stillgelegte Bergwerke, Theater etc. Dies kann ein ganz besonderer Reiz sein, vor allem wenn der Ort gut zum Anlass und zum Thema der Veranstaltung passt. Allerdings sollten Sie genau prüfen, ob die Bedingungen für die geplante Veranstaltung geeignet sind, denn Sie können nicht von den Ausstattungen eines Konferenzraumes ausgehen. Wir haben einmal in einer Kölner Szenekneipe eine Veranstaltung mit Automobilverkäufern durchgeführt. Das Umfeld war sehr ansprechend, nur die Verdunklungsmöglichkeiten tagsüber so gering, dass die Teilnehmer die gezeigten Folien nur sehr schlecht erkennen konnten.

**Bühne.** Viele große Räume verfügen über eine Bühne. Wenn die Bühne sehr hoch ist (über 80 cm), führt das zu einer großen Distanz zwischen Rednern und Publikum. Besonders in den ersten Reihen müssen die Teilnehmer nach oben schauen, und der Redner selbst fühlt sich vom Publikum sehr abgegrenzt. Günstiger ist es, nur eine kleine Erhöhung (20–40 cm) aufzubauen, wie sie als mobiles Element in vielen Veranstaltungshäusern vorrätig ist. Der Redner kann hier auch leicht die Bühne verlassen, auf das Publikum zugehen und später wieder zurückkehren. Bei Gruppen unter 200 Personen kann auf diese Erhöhung verzichtet werden. Die Redner sind dann normalerweise von allen Sitzplätzen gut zu sehen.

Niedrige Bühnen sind besser als hohe

**Rednerpult.** Genauso statisch wie eine hohe Bühne kann auch ein großes Rednerpult wirken, hinter dem sich der Vortragende verschanzt. Statten Sie die Redner mit mobilen Mikrofonen aus und ermutigen Sie sie, sich auf der Bühne oder im zentralen Bereich zu bewegen. Besonders aufmerksamkeitsfördernd ist es, wenn der Redner in der Mitte des Publikums spricht, wie etwa beim Open Space. Runde, zentrale Bühnen werden immer häufiger bei Großveranstaltungen verwendet, z. B. bei den Veranstaltungen der amerikanischen Präsidentschaftskandidaten in den letzten Wahlkämpfen. Allerdings erfordert es Gewöhnung und Übung der Vortragenden, sich gut zu bewegen, wenn das Publikum rundherum sitzt.

Licht und Luft macht munter

**Tageslicht und Frischluft.** Die Teilnehmer empfinden es als angenehm, wenn der Veranstaltungsraum über Tageslicht verfügt und über Fenster und Türen mit Frischluft versorgt werden kann. Bei kleinen und mittleren Veranstaltungen lassen sich sicher genügend Räume bis zu einer Größe von 500 m² finden, in denen das gegeben ist. Die ganz großen Hallen sind meist innen in Gebäuden mit umlaufenden Foyers angeordnet, sodass es in ganz großen Veranstaltungen mit dem Tageslicht oft schwierig wird. Gerade dann wird es interessant, die Beleuchtung sehr genau zu steuern. Wichtige Elemente können speziell angestrahlt werden, ggf. auch farbig. Sehr eindrucksvoll gelang das einmal bei einer Veranstaltung, bei der die Teilnehmer den Raum über einen großen roten Teppich betraten. Seitliche Bodenleuchten tauchten den Teppich in ein ganz besonderes Licht und machten ihn damit zum Mittelpunkt des Raums.

Flexible Möblierung

**Tische und Stühle.** Der Raum sollte flexibel mit Tischen und Stühlen ausgestattet werden können. Dabei sind leichte Möbel, die auch von den Teilnehmern schnell umgestellt und ggf. an der Seite gestapelt werden können, besser geeignet als Massiv-Eiche-Tische und schwere Ledersessel. Leider statten viele Innenarchitekten Veranstaltungsräume mehr nach Design-Aspekten und weniger nach Funktionalität aus. Sehr einladend empfanden z. B. die Mitarbeiter eines Medienunternehmens die vielfältigen Sitzmöglichkeiten in ihrer Veranstaltung. Neben normalen Konferenzstühlen standen Sitzbälle, Stehhocker, Sitzwürfel und kleine Sofas zur Verfügung. Jeder Teilnehmer wählte das für ihn angenehme Sitzmöbel. Durch die außergewöhnlichen und sehr mobilen Sitzelemente sah der Raum in jeder Veranstaltungsphase anders aus.

**Freiflächen.** In ▶ Kap. 4.4.2 im Schritt »In Bewegung kommen« ist bereits beschrieben, dass viele der Veranstaltungen von congress in motion® im Stehen und mit Bewegung beginnen. Dies ist möglich, wenn der Raum so groß ist, dass neben der bestuhlten Fläche noch eine Freifläche zur Verfügung steht. Alternativ können auch die Stühle am Rand gestapelt sein, und die Teilnehmer stellen sie nach der Anfangsphase selbst auf. Eine weitere Möglichkeit zu einem kommunikativen Start besteht darin, die Stühle nicht zur Bühne auszurichten, sondern beispielsweise kleine Viererstuhlgruppen zu bilden, die über den gesamten Raum verteilt sind.

> **Beispiel**
> **Grundkonzept eines Bühnenbildners für eine Führungskräftekonferenz**
>
> Die Bereitschaft, neue Inhalte anzunehmen, steigt mit der Zahl der angesprochenen Sinnesebenen.
>
> Als unterstützende Möglichkeit, Ihre Führungskräftekonferenz zu einem nachhaltig wirkenden Ereignis zu machen, bieten wir Ihnen daher eine dramatische Gestaltung und Inszenierung des Konferenzraumes an. Dieser gestalterische Ansatz geht deutlich über eine Dekoration des Konferenzraumes hinaus. Vielmehr werden Leitbegriffe wie »Kooperation«, »Wettbewerb«, »Transparenz« oder »Balance« in räumlichen und lichttechnischen Vorgängen aufgenommen, emotional aufgeladen und verstärkt.
>
> Ein erlebnisorientiertes Design macht die Inhalte und Ziele der Maßnahme für jeden Teilnehmer in hohem Maße erfahrbar.
>
> Das Spektrum solcher Raumgestaltungen reicht von Erlebnisparcours und Spielanordnungen bis zu ungewöhnlichen Bühnensituationen, Stuhlarrangements und Konferenzmaterialien. Die damit einhergehende Vermeidung bekannter optischer Signale aus bereits erlebten Veranstaltungen verstärkt den Aufbruchsgedanken bei den Teilnehmern.
>
> Im Gegenteil wird der Umgang mit eigentlich konferenzfremden Elementen und Materialien das Gefühl von Exklusivität und Progressivität festigen. Sie kann außerdem für die eigene Gestaltung von Teambesprechungen und Ergebnispräsentationen Anreiz und Anregung sein.

## 6.4 Der Weg zum guten Ton

Ab etwa 50 Teilnehmern ist es erforderlich, mit Verstärkung zu arbeiten. Selbst wenn Moderatoren oder Vortragende an ihre Stimmgewalt glauben, gibt es immer Teilnehmer, die ohne Mikrofon dann nicht mehr durchdringen können. In großen Räumen ist häufig schon eine Verstärkungsanlage mit verteilten Deckenlautsprechern eingebaut. Das hat meist den Vorteil, dass die Anlage auf den Raum eingestellt ist, die Haustechniker mit der Funktionsweise vertraut sind und die Verstärkung erfolgt, ohne dass Kabel oder Lautsprecher sichtbar sind.

*Ab 50 Teilnehmer Verstärkung notwendig*

### Tontechnik-Grundausstattung
- Verstärkungsanlage mit Raumlautsprechern
- Abspielmöglichkeit für CDs
- Headsets oder Krawattenmikrofone für die Vortragenden und Moderatoren
- Drahtlose Handmikrofone für jeden Moderator, mit denen Teilnehmerinterviews gemacht werden

**Verkabelung.** Bei der Anzahl der Headsets oder Krawattenmikrofone ist zu berücksichtigen, wie viele Personen gleichzeitig »verkabelt« sein müssen. Bei einer Podiumsdiskussion z. B. entsteht ein hoher Bedarf, denn es diskutiert sich leichter, wenn jeder über ein Mikrofon verfügt. Wechseln Vortragende sich ab, kann das Mikrofon in der Pause weitergegeben werden.

Achtung: Keine statischen Mikrofone verwenden

**Mikros.** Dringend abzuraten ist von statischen Mikrofonen mit Kabel am Rednerpult, auf einem Podiumstisch oder als Raummikrofon, zu dem Teilnehmer hingehen müssen. Ein Rednerpult mit Mikrofon schränkt den Bewegungsradius des Vortragenden stark ein. Schon beim Drehen des Kopfes kann die Verstärkungsqualität sinken. Bewegung des Redners im Raum, wie wir es an vielen Stellen empfehlen, ist gar nicht mehr möglich. Genauso kritisch sind fest verkabelte Teilnehmermikrofone. Die Hemmschwelle, aufzustehen und in das Mikrofon zu sprechen, ist sehr hoch. Viel leichter fällt es den Teilnehmern, einen Beitrag zu liefern, wenn ein Handmikrofon durch die Reihen geht und sie ggf. sogar sitzen bleiben können.

**Tontechniker.** Eine große Veranstaltung mit komplexer Tonsteuerung erfordert, dass ein Techniker während der gesamten Veranstaltungszeit anwesend ist. Bei der Durchsprache des Ablaufplans oder spätestens bei der Generalprobe notiert er alle Mikrofonierungen, Einsätze und Musikeinspielungen. Bei großen Veranstaltungen entwickelt er sogar einen eigenen Einsatzplan. Der Techniker öffnet dann alle Mikrofone zum richtigen Zeitpunkt. Die Moderatoren und Vortragenden brauchen sich nicht um das Ein- und Ausschalten zu kümmern und können sich so auch sicher sein, dass in den Sprechpausen ihr Mikrofon abgeschaltet ist.

Bei kleineren Veranstaltungen und zur Kosteneinsparung ist der Techniker (meist ein Angestellter des Veranstaltungshauses) nur teilweise anwesend. Er richtet am Anfang alles ein und macht die Mikrofonproben mit den Moderatoren und Rednern. Dann bleibt die Verstärkungsanlage komplett eingeschaltet, und die Moderatoren schalten die Mikrofone bei Bedarf selbst. Der Techniker kann dann im Bedarfsfall oder bei Problemen gerufen werden.

Für gute Tonqualität sorgen

**Tonverstärkung.** Eine gute Verstärkung ist das A und O einer Großgruppenveranstaltung. Können die Teilnehmer nicht alles verstehen, pfeifen die Lautsprecher zwischendurch wegen Rückkopplungen oder sind permanent Brummgeräusche zu hören, sinkt die Aufmerksamkeit, und die Teilnehmer verlieren die Lust. Deshalb sollte das Orga-Team diesem Punkt viel Aufmerksamkeit schenken, genaue Checklisten erstellen und verbindliche Absprachen mit dem Haustechniker oder dem externen Dienstleister treffen. Vielen Technikern ist diese Form von interaktiven Großgruppenveranstaltungen nicht vertraut. Der Techniker braucht hier eine Eingewöhnung und eine besonders gute Übersicht, da viele Personen an unterschiedlichen Stellen im Raum sprechen, ohne dass dies genau vorhersehbar ist.

## 6.5　Visualisierung

In Großgruppenveranstaltungen gibt es 2 unterschiedliche Situationen zum Einsatz von Visualisierung: Für das Plenum werden Medien verwendet, die ausreichend groß und für alle Teilnehmer gut sichtbar sind. In den Kleingruppen können alle Medien aus der Workshoparbeit eingesetzt werden.

### 6.5.1　Visualisierung im Plenum

**Beamer und Rückprojektionssystem**

Das klassische Instrument ist der Beamer. Er kann im Raum unter der Decke oder in einem separaten Technikraum fest eingebaut sein. Häufig werden jedoch Beamer für den speziellen Einsatz ausgewählt und dann auf einem Tisch im Raum oder auf einer Säule aufgebaut. Moderne, leistungsstarke Beamer benötigen keine Verdunklung, lediglich der direkte Einfall von Sonnenlicht muss verhindert werden. Die erforderliche Lichtstärke hängt von der Größe des Raums, von der Umfeldhelligkeit und der gewünschten Bildgröße ab. Der in vielen Büros vorhandene kleine mobile Beamer ist nicht ausreichend. (Als Anhaltspunkt: Für einen Raum von 300 m² mit 80 Teilnehmern ist eine Lichtstärke von 3000 AnsiLumen erforderlich.) Eine wichtige Rolle für die Qualität des Bildes spielt auch die Leinwand. Spezielle Beschichtungen und gut gespanntes Tuch sorgen für höhere Brillanz im Bild. Die klapprige Leinwand von alten Diaabenden tut es nicht mehr.

*Qualitativ hochwertige Leinwand notwendig*

　　Manche Veranstaltungsräume verfügen über ein Rückprojektionssystem. Das hat den Vorteil, dass im Raum keine Technik zu sehen ist oder im Weg steht. Die Vortragenden können so auch nicht in den Projektionsstrahl treten oder vom Licht geblendet werden. Allerdings sind die Rückprojektionswände oft kleiner als die üblichen Leinwände, und die Sicht wird schlechter, wenn die Teilnehmer nicht ganz zentral vor der Leinwand sitzen.

---

**Inhalte, die über Beamer transportiert werden können**

- **Charts von einem Laptop,** häufig Powerpoint oder ein anderes Präsentationsprogramm. Leider herrscht in diesem Bereich Fantasielosigkeit. Beamer wird gleichgesetzt mit Powerpoint, und damit erstellt der Redner jede Menge Charts mit jeweils vielen Unterpunkten. Die Charts fungieren quasi als Stichwortzettel und bieten keine zusätzlichen optischen Informationen zum gesprochenen Wort. Wenn die Charts dann in der Veranstaltung der Reihe nach durchgegangen werden, löst das häufig Langeweile aus. Der zusätzliche Anreiz, den die Visualisierung liefern sollte, geht völlig verloren. Auch das andere Extrem, zu bunte, unübersichtliche und vielfältig animierte Charts bieten nicht die geeignete Unterstüzung zum Vortrag.

▼

> ▬ **Direkte Demonstrationen von Programmen, Datenbanken oder Rechnerprozessen über Laptop.** Beispielsweise können Teilnehmerfragen und -kommentare direkt in ein Dokument getippt werden und stehen dem Redner dann für die weiteren Ausführungen zur Verfügung (▶ Kap. 4.4.3 »Murmelgruppen«). Bei der Demonstration von Programmen muss die häufig geringe Schriftgröße berücksichtigt werden. Es kann erforderlich sein, die Demoversion speziell aufzubereiten.
>
> ▬ **Zugriff auf Intranet- oder Internetressourcen über den Laptop.** Ein Internetanschluss steht in den meisten Veranstaltungsräumen zur Verfügung oder kann installiert werden. Der Zugriff sollte vorher genau ausprobiert werden, damit alle erforderlichen Passwörter und Zugänge zur Verfügung stehen. Der Zugriff auf ein Intranet von außen erfordert manchmal spezielle Vorbereitung, an die Teilnehmer nicht denken, wenn sie es immer direkt aufrufen können.
>
> ▬ **Einspielungen von Videofilmen oder Filmen auf DVDs.** Filme können eine sehr eindrückliche und emotionale Wirkung entfalten. Sobald auch Ton parallel übertragen wird, muss für den Anschluss des Abspielgeräts an die Lautsprecheranlage des Raumes gesorgt werden.
>
> ▬ **Livebilder** aus der Veranstaltung, die von einer Kamera aufgenommen werden. Bei großen Veranstaltungen werden die Redner aufgenommen und projiziert. Es können aber auch alle kleinen Objekte oder Medien (Mitschriften auf einem Flipchart, Demonstration eines Produkts) für die Teilnehmer sichtbar gemacht werden.
>
> ▬ Eine Sonderform der Kameraeinspielung erfolgt über eine sog. **Dokumentenkamera.** Sie steht auf dem Rednertisch, sieht aus wie ein besonders großer Overheadprojektor und nimmt alles auf, was daruntergelegt wird. Das bietet sich für spezielles Prospektmaterial an, für kleine Objekte oder auch für Skizzen und Zeichnungen, die direkt in der Veranstaltung erstellt wurden. Außerdem hat der Redner die Möglichkeit, selbst zu zeichnen oder zu schreiben.

**Weitere Visualisierungsmedien**

Großplakate, Schilder und Fahnen

Neben der Projektion auf die Leinwand lassen sich bei großen Gruppen weitere Visualisierungsmedien einsetzen. Je nach Gruppengröße kann auch mit Großplakaten, Schildern oder Fahnen gearbeitet werden. Diese Materialien müssen natürlich vorproduziert werden und sind in der Veranstaltung selbst kaum noch veränderbar. Sie haben allerdings den Charme, dass die Projektion über Beamer unterbrochen werden kann und die Visualisierung an anderen Stellen im Raum stattfindet. Außerdem bleiben solche Medien permanent sichtbar und sind deshalb besonders für Botschaften geeignet, die längerfristig wirken sollen. Die Führungsgrundsätze eines Unternehmens lassen sich so auf große Plakate drucken, im Raum verteilen und entweder direkt an den Wänden oder auf Pinnwänden anbringen. In ▶ Kap. 4.4.6 ist das Werkzeug »Prozess im Raum« erläutert. Hier stellen einzelne Plakate die Prozessschritte dar und werden schrittweise aufgebaut. Auch bei 200 Teilnehmern sind solche Medien noch sichtbar, wenn wenige Worte auf großen Plakaten stehen.

Banner und Fahnen eignen sich als Raumdekoration und werden häufig mit Slogans oder Logos versehen im Raum aufgehängt. Sie können aber auch eine gute Orientierung bei einem Infomarkt bieten, wenn die einzelnen Themen auf Längsbannern von der Decke abgehängt sind. Wir haben bei einer Zukunftsveranstaltung die wichtigsten Trends auf Banner gedruckt und verteilt im Raum aufgehängt. Unter den Bannern fanden sich jeweils die Gruppen zum entsprechenden Megatrend ein.

Banner und Fahnen

Je nach Veranstaltungsthema lassen sich weitere interessante Rauminstallationen entwickeln, die einen guten optischen Anker für die Teilnehmer bieten:

Rauminstallationen

- Kartonberg für schwierige Zukunftsaufgaben
- Rotes Tau für geplante neue Strategie
- Hindernisparcours beim Betreten des Raumes als Symbol für aktuelle Vertriebsprobleme
- Schaufensterpuppen, die unterschiedliche Kundengruppen repräsentieren

## 6.5.2 Visualisierung in Kleingruppen

In fast allen Großgruppenveranstaltungen finden zwischendurch Arbeitsphasen in Kleingruppen statt. Hier können die üblichen Arbeits- und Visualisierungsformen aus der Workshoparbeit verwendet werden. Meist nutzen die Gruppen eine Pinnwand und evtl. ein Flipchart. Zusätzlich erhält jede Gruppe eine kleine Kiste mit Moderationsmaterial. Wir verwenden dazu kleine Werkzeugträger aus dem Baumarkt, die sofort den Eindruck machen, dass hier »handfest« gearbeitet werden soll. Je nach geplanter Verwendung der Arbeitsergebnisse erhalten die Gruppen spezielle Instruktionen zur Gestaltung.

### Kleingruppenergebnisse für das Plenum visualisieren

Normalerweise kann eine Kleingruppe ihre Arbeitsergebnisse nicht direkt an der Pinnwand im Plenum vorstellen. Sollen die Einzelergebnisse von allen betrachtet werden, ist ein Informationsmarkt eine gute Möglichkeit, alle Teilnehmer zu informieren und den Austausch zu fördern (▶ Kap. 4.4.3). Die Arbeitsgruppen können auch durch Überschriften vorstrukturierte Pinnwände erhalten (Erfahrungen mit dem Produkt – Kundenbeschwerden – zentraler Produktnutzen). Dadurch läuft die Arbeit in den Kleingruppen schneller an, und die Pinnwände aus den einzelnen Gruppen können wegen der einheitlichen Struktur leichter überblickt werden.

Informationsmarkt

Wird eine zentrale und übersichtliche Visualisierung der Ergebnisse zur Weiterarbeit benötigt, dann bitten wir beispielsweise die Arbeitsgruppen, 3 zentrale Erkenntnisse aus der Diskussion auf großen Papierstreifen festzuhalten. Die Gruppen stellen ihre Erkenntnisse vor und hängen die

Papierstreifen auf Pinnwänden auf. Die Gruppen können natürlich auch ihre Arbeitsergebnisse auf 1 oder 2 vorbereitete Charts tippen, die sie dann im Plenum per Beamer präsentieren.

## 6.6    Dokumentation

### Veranstaltungsfotos

Das Konzeptteam entscheidet schon vor der Veranstaltung, welche Form der Dokumentation benötigt wird, und erstellt dementsprechend die Materialien im Verlauf der Veranstaltung. Meist macht ein Mitarbeiter oder ein bestellter Fotograf Fotos von den Arbeitsergebnissen und von interessanten Situationen in der Veranstaltung. Er fotografiert Vortragende, Moderatoren, die Arbeitsgruppen und vor allem Teilnehmer in besonderen Aktionen. Die Fotos sollten in hoher Qualität aufgenommen werden, sodass sie im Nachhinein für verschiedene Zwecke geeignet sind (Internet, Präsentation, Druck, Vergrößerung). Wir haben schon oft erlebt, dass nach einer erfolgreichen Veranstaltung spontan doch ein Artikel mit entsprechender Bebilderung in der Unternehmenszeitschrift gewünscht wurde.

**Digitale oder gedruckte Dokumentation**

Häufig erhalten die Teilnehmer nach der Veranstaltung eine digitale oder gedruckte Dokumentation der Ergebnisse. Gerade wenn wenig Material in der Veranstaltung selbst ausgegeben wurde, können hier Zusammenfassungen der Vorträge oder Inhalte aus Infomärkten nachgeliefert werden. Außerdem werden Arbeitsergebnisse und wichtige Erkenntnisse aus der Veranstaltung in der Dokumentation aufgenommen. Werden die inhaltlichen Ergebnisse mit einigen Veranstaltungsfotos angereichert, ist die Dokumentation anschaulicher und löst leichter die entsprechenden Erinnerungen der Teilnehmer aus. Wir erstellen die Dokumentation häufig als Powerpoint-Präsentation. Dann können die Teilnehmer bei eigenen Berichten über die Veranstaltung dieses Material leicht verwenden. Bei Großveranstaltungen produzieren die Teilnehmer schnell eine Unmenge an Material. Wenn 20 parallel arbeitende Gruppen jeweils 5 Flipchartseiten beschriften, entstehen schon 100 Seiten, die in einer Dokumentation keiner lesen will. Konzentration auf die wesentlichen Ergebnisse in der Dokumentation ist also bei Großveranstaltungen besonders wichtig. Bei Bedarf können Einzelergebnisse zusätzlich als Anhang zur Verfügung stehen.

**Schnelle Erstellung der Dokumentation ist wichtig**

Hohe Geschwindigkeit bei der Erstellung und dem Versand der Dokumentation an die Teilnehmer ist enorm wichtig. Die Motivation, die Ergebnisse und Vorhaben umzusetzen, ist direkt nach der Veranstaltung am größten. Häufig bietet die Dokumentation dafür einen Anstoß, der allerdings ins Leere läuft, wenn die Veranstaltung schon 6 Wochen zurückliegt. Wir haben eine Veranstaltung erlebt, bei der Profis eine sehr anspruchsvolle filmische Dokumentation einer Veranstaltung erstellt haben. Der Anspruch war allerdings so hoch, dass die Teilnehmer das fertige Exemplar nach mehreren Überarbeitungen erst ein halbes Jahr später erhielten. Dann ist es wirklich schon Schnee von gestern.

### Videomitschnitt

Wenn sowieso eine Kamera bei der Präsentation von Rednern eingesetzt wird, dann bietet es sich an, spezielle Veranstaltungsteile, z. B. wichtige Reden oder Ergebnisdarstellungen, zu speichern und für eine spätere Wiedergabe aufzubereiten. Eine interessante Kombination ergibt sich auch, wenn man kleine Ausschnitte aus Vorträgen in eine digitale Präsentation einbindet. Dann kann beispielsweise ein Abteilungsleiter seinem Team beim Bericht über die Veranstaltung die Rede des CEO in Ausschnitten vorspielen. Das kann den Außenstehenden einen sehr authentischen Eindruck vermitteln. Wir haben für diesen Zweck auch schon ganz einfache Aufnahmen mit einer kleinen Videokamera gemacht, denn eine besonders hohe Qualität ist für die Einbindung in eine Präsentation nicht erforderlich.

Manche Veranstaltungsphasen werden nicht schriftlich dokumentiert, z. B. ein Interview mit Kunden oder eine Podiumsdiskussion mit Gästen. Dann kann es sinnvoll sein, einen Protokollanten zu beauftragen, der die wichtigen Inhalte mitschreibt und für die Dokumentation und die weitere Bearbeitung sichert. Bei vielen Veranstaltungen kommt der internen und externen Öffentlichkeitsarbeit eine wichtige Rolle zu. Botschaften aus der Veranstaltung sollen ihre Wirkung auch bei Außenstehenden entfalten, Fortschritte in speziellen Themen sollen von der interessierten Öffentlichkeit wahrgenommen werden. Dazu können Journalisten zur Teilnahme an der Veranstaltung eingeladen werden. Allerdings hat die Anwesenheit von Journalisten auch Wirkung auf das Verhalten von Teilnehmern, was bei der Konzeption berücksichtigt werden sollte.

*Protokollanten beauftragen und Journalisten einladen*

## 6.7 Umgang mit der Zeit

Teilnehmer sind zu Recht verärgert, wenn die Veranstaltung am Ende des angegebenen Zeitraums noch nicht zu Ende ist. Die Aufmerksamkeit lässt sofort spürbar nach, und eine bisher erfolgreiche Veranstaltung sinkt im Teilnehmerurteil deutlich ab. Es hat deshalb für die Veranstalter und Moderatoren eine hohe Priorität, den geplanten Zeitrahmen einzuhalten und alle vorgesehenen Beiträge und Aktionen innerhalb dieses Zeitraums unterzubringen.

Grundsätzlich ist die Zeitsteuerung in großen Gruppen häufig leichter als in kleinen Workshops. Die Teilnehmer können nachvollziehen, dass Disziplin bei der Zeiteinhaltung notwendig ist, orientieren sich an dem vorgegebenen Rahmen und beschränken sich oft auf kurze Plenumsbeiträge. Es ist auch klar, dass nicht jeder im Plenum zu Wort kommen kann. Das Vielrednerproblem taucht im Plenum selten auf, verlagert sich aber evtl. auf die Gesprächsrunden in Kleingruppen.

*Zeitsteuerung in großen Gruppen leichter als in kleinen Workshops*

### Tipps zur Zeitsteuerung für große Gruppen

- Formulieren Sie einen möglichst detaillierten Ablaufplan für die Veranstaltung und kalkulieren Sie jeden einzelnen Schritt im Zeitbedarf realistisch (◘ Abb. 6.2).
- Für den schnellen Überblick während der Veranstaltung ist es hilfreich, sowohl den Zeitbedarf als auch die geplante Anfangs- und Endzeit einer Aktivität im Ablaufplan zu notieren.
- Planen Sie auch Zwischenschritte, wie z. B. Raumwechsel, Kleingruppenbildung, Sitzordnung verändern, Anmoderationen, Bühne umbauen o. Ä. mit einem entsprechenden Zeitbudget ein.
- Machen Sie die Zeitplanung für die Teilnehmer immer nachvollziehbar, indem Sie Plakate aufhängen oder ein Papier in die Teilnehmermappen einfügen. Das erhöht die Disziplin und steigert die Mitverantwortung.
- Viele Elemente von Großgruppenveranstaltungen sind interaktiv, damit hängt der Zeitbedarf stark von der Reaktion der Teilnehmer ab. Sammeln Sie Erfahrungswerte, welcher Zeitraum üblicherweise für eine Aktivität benötigt wird.
- Lassen Sie sich nicht zu idealistischen oder unrealistischen Einschätzungen überreden (»Diesen kleinen Beitrag schieben wir noch dazwischen«, »Die Kaffeepause können wir ruhig um 10 min kürzen«, »Der Redner kann das sicher auch in 30 min vortragen«, »An dieser Stelle gibt es keinen Diskussionsbedarf«). Greifen Sie lieber auf Ihre Erfahrungswerte zurück, was die Dauer der Einzelschritte betrifft.
- Sprechen Sie mit jedem Redner direkt vor dem Beitrag noch einmal die Zeit ab und vereinbaren Sie Hinweise bei Zeitüberschreitungen.
- Machen Sie beim Start in eine neue Arbeitsphase ganz klar, welche Zeit zur Verfügung steht (»Jeder Bereich hat nun 10 min Zeit, seine strategischen Schwerpunkte zu präsentieren«).
- Achten Sie schon von Beginn der Veranstaltung auf gute Zeiteinhaltung. Verlorene Zeit können Sie nur schwer wieder aufholen.
- Bauen Sie Puffer in den Plan ein, die Sie je nach Verlauf nutzen können. Dies kann eine weitere Übung oder eine zusätzliche Diskussionsrunde sein, die Sie bei Zeitmangel auch streichen können. Diese Puffer dürfen natürlich nicht im Zeitplan der Teilnehmer erscheinen, da diese sonst den Eindruck haben, ein Veranstaltungsteil fehle.

Wir arbeiten in großen Gruppen manchmal mit sehr kurzen Präsentationszeiten für die Kleingruppen und kündigen das wie einen sportlichen Wettbewerb an. »Nun kommt eine Herausforderung für Sie: Präsentieren Sie die 3 wichtigsten Botschaften aus Ihrer Diskussionsrunde in 2 min.« Es ist dann erstaunlich, wie viel Inhalt in solch kurzen Präsentationen vermittelt werden kann und wie die Teilnehmer sich auf das Wesentliche konzentrieren. Bei einer deutlichen Zeitüberschreitung erinnern wir die nächsten Gruppen mit kurzen humorvollen Zwischenansagen an die 2-min-Vorgabe: »Sie als erste Gruppe durften sich noch viel Zeit nehmen. Ab jetzt sind wir ganz streng.«

Kurze Präsentationszeiten vorgeben

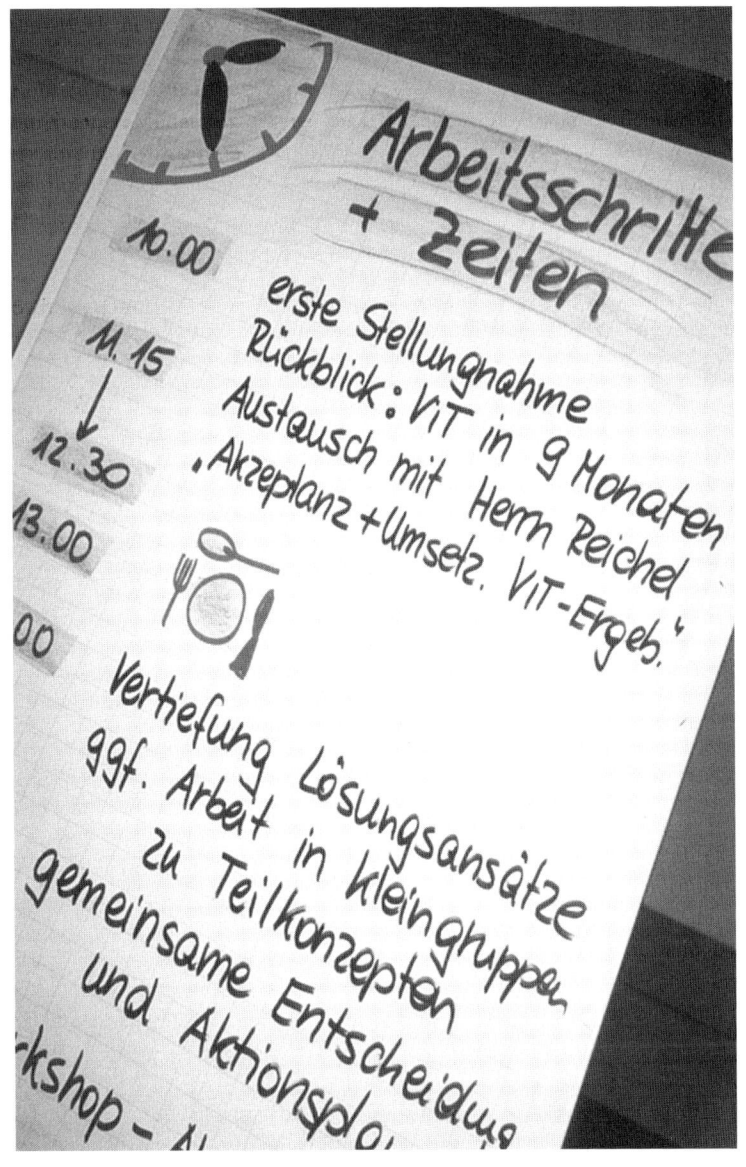

◻ Abb. 6.2. Zeitplanung

Trotz der guten Planung und der Tipps zur Zeiteinhaltung kann natürlich zeitlich etwas anders als geplant laufen. Zum Beispiel entsteht eine hitzige Auseinandersetzung zur neuen Strategie, mit der keiner gerechnet hat und die nicht unterbrochen werden kann. Oder die Information hat enorm viele Fragen aufgeworfen, ohne deren Beantwortung die Teilnehmer nicht die nächsten Arbeitsschritte machen können. Dann sollten Sie, wenn möglich, Rücksprache mit dem Planungsteam machen und den weiteren Ablauf an die neuen Umstände anpassen. Es ist erforderlich, den Teilnehmern diese Ablaufänderung anzukündigen, wenn damit vom Basisplan abgewichen wird. Einige Pannen und mögliche Lösungen zur Zeiteinhaltung finden Sie in ▶ Kap. 5.10.2.

Großgruppen-
veranstaltungen
erfordern Teamarbeit

In diesem Kapitel ist an vielen Stellen gezeigt worden, dass Großgruppenveranstaltungen Teamarbeit bedeutet. Personal- und Organisationsentwickler, Berater, Moderatoren, Techniker, Unternehmensstrategen, Eventmanager und viele andere arbeiten gemeinsam und tragen zum Gelingen einer Großgruppenveranstaltung bei. Dieses Zusammenwirken erscheint manchmal mühsam und schwierig. Wenn es gut gelingt und sich aus dem Vernetzen der unterschiedlichen Professionen ein Mehrwert ergibt, ist es ein schöner Erfolg für alle.

# Literatur und Links

# Weiterführende Literatur

Alban B, Bunker BB (1996) Large group interventions. Engaging the whole system for rapid change. Jossey-Bass, San Francisco London

Burow O-A (2000) Ich bin gut – wir sind besser. Erfolgsmodelle kreativer Gruppen. Klett-Cotta, Stuttgart

Brown J, Isaacs D, Vogt E, Margulie N (2002) »Strategic Questioning: Engaging Peoples Best Thinking«. The Systems Thinker Vol. 13, No. 9

Brown J, Isaacs D (2005) World Café. Shaping our futures through conversations that matter. Berrett-Koehler, San Francisco

Brown J, Isaacs D (2007) Das World Café. Kreative Zukunftsgestaltung in Organisationen und Gesellschaft. Carl-Auer, Heidelberg

Bruck W, Müller R (2007) Wirkungsvolle Tagungen und Großgruppen. Gabal, Offenbach

Coperrider DL, Whitney DL, Stavros JM (Hrsg) (2004) Appreciative inquiry handbook. Berrett-Koehler, San Francisco

Dannemiller Tyson Associates (1994) Real time strategic change. A consultuant guide to large scale meetings. Ann Arbor [http:// www.dannemillertyson.com]

Dannemiller Tyson Associates (2000) Whole-scale change. Berrett-Koehler, San Francisco

Dittrich-Brauner K, Dittmann E, List V (2000) Visionen für eine bessere Zukunft. Großgruppenkonferenzen der Ford AG. Personalmagazin 12/2000

Doppler K, Lauterburg C (2002) Change Management. Den Unternehmenswandel gestalten. Campus, Frankfurt am Main

Dordel S, Breithecker D (2003) Bewegte Schule als Chance einer Förderung der Lern- und Leistungsfähigkeit. In: Bundesarbeitsgemeinschaft für Haltungs- und Bewegungsförderung e.V. (Hrsg) Haltung und Bewegung, Heft 2, S 5–15

Dordel S, Breithecker D (2004) Zur Lern- und Leistungsfähigkeit von Kindern – Aufmerksamkeitsleistung in einer Bewegten Schule. Praxis der Psychomotorik 29 (1): 50–60

Dressler M (2004) Events und Veranstaltungen professionell managen: Tipps und Tools für die tägliche Praxis. BusinessVillage, Göttingen

Drucker PF (1998) Die Praxis des Managements. Econ, Düsseldorf

Fabre C et al. (2002) Improvement of cognitive function by mental and/or individualized aerobic training in healthy elderly subjects. Int J Sports Med 2002 sowie Training & Testing 23: 415–421. Thieme, Stuttgart New York

Freimuth J, Schütte C (2006) Historie, Typologie und Dynamik von großen Gruppen, Moderation, Selbstorganisation und Emergenz. OrganisationsEntwicklung 3/2006

Freud, S (Ausg. 2005) Massenpsychologie und Ich-Analyse. Die Zukunft einer Illusion. Fischer, Frankfurt am Main

Gloger S (2004) Neue Großgruppenmethode: Arbeiten beim Kaffeetrinken. ManagerSeminare, April 2004, S 50–56

Heckmair B (2000) Konstruktiv lernen. Projekte und Szenarien für erlebnisintensive Seminare und Workshops. Beltz, Weinheim

Herzog I (1999) Menschen für Visionen gewinnen: RTSC-Konferenz. ManagerSeminare, Jan./Feb. 1999

Hinnen H (2007) [Persönliches Interview]

Holman P, Devane T (2006) Change Handbook. Zukunftsorientierte Großgruppen-Methoden. Carl-Auer-Systeme Verlag, Heidelberg

Horx M (2003) Future Fitness. Wie Sie Ihre Zukunftskompetenz erhöhen. Ein Handbuch für Entscheider. Eichborn, Frankfurt am Main

Horx M (2007) Anleitung zum Zukunftsoptimismus. Warum die Welt nicht schlechter wird. Campus, Frankfurt am Main

Jacobs RW (1994) Real time strategic change. Berrett-Koehler, San Francisco

Janssen C (1982) Personlig dialektik. Liber, Stockholm

Königswieser R, Keil M (2003) Das Feuer großer Gruppen. Konzepte, Designs, Praxisbeispiel für Großgruppenveranstaltungen. 2. Aufl. Klett-Cotta, Stuttgart

Krummenacher P (2006) Die Zukunftskonferenz am Beispiel der Gemeinde Horw 2006 [DVD]. frischer wind, Basel und Zürich

Langer I, Schulz von Thun F, Tausch R (2002) Sich verständlich ausdrücken. Rheinhardt, München

Lipp U, Will H (2000) Das große Workshop-Buch. Konzeption, Inszenierung und Moderation von Klausuren, Besprechungen und Seminaren. Beltz, Weinheim

List V, Dittrich-Brauner K, Dittmann E (2002) Audi in Bewegung. management & training, Magazin für human resources development 1/2002. Luchterhand, Kriftel/Ts.

List V, Dittmann E, Roßmanith A (2002) congress in motion® – ein neues Großgruppen-design setzt nachhaltige Impulse zur Veränderung in einem Banken-Fusionsprozess. Wirtschaftspsychologie 3/2002

Maleh C (2001) Open Space: Arbeiten mit großen Gruppen. Ein Handbuch für Anwender, Entscheider und Berater. Beltz, Weinheim

Maleh C (2002) Open Space in der Praxis. Erfahrungsberichte: interessante Highlights, Grenzen und Möglichkeiten. Beltz, Weinheim

Owen H (1997) Open Space Technology. A user's guide. Berret-Koehler, San Francisco

Owen H (2001) Open Space Technology. Ein Leitfaden für die Praxis. Klett-Cotta, Stuttgart

Philippi R ( 2006) 30 Minuten für Veranstaltungsdramaturgie. Gabal, Offenbach

Schäfer-Mehdi S (2006) Event-Marketing: Kommunikationsstrategie, Konzeption und Umsetzung, Dramaturgie und Inszenierung. Cornelsen, Berlin

Schreyögg G, Dabitz R (1999) Unternehmenstheater. Formen – Erfahrungen – erfolgreicher Einsatz. Gabler, Wiesbaden

Senge P (2006) Die fünfte Disziplin. Kunst und Praxis der lernenden Organisation. Klett-Cotta, Stuttgart

The World Café Community (2002) Café To Go. A quick reference guide for putting conversations to work. http://www.theworldcafe.com (übers. von Bredemeyer S u. zur Bonsen M)

Weber S (2005) Rituale der Transformation. Großgruppenverfahren als pädagogisches Wissen am Markt [Habilitationsschrift]. VS Verlag, Wiesbaden

Weber S (Hrsg) (2002) Vernetzungsprozesse gestalten. Erfahrungen aus der Beraterpraxis mit Großgruppen und Organisationen. Gabler, Wiesbaden

Weisbord M (1987) Productive Workplaces. Jossey-Bass, San Francisco London

Weisbord M, Janoff S (2001) Future Search. Die Zukunftskonferenz. Wie Organisationen zu Zielsetzungen und gemeinsamem Handeln finden. Klett-Cotta, Stuttgart

zur Bonsen M (1995) Simultaneous Change – Schneller Wandel mit großen Gruppen. Organisationsentwicklung 4: 30–43 [Beschreibung einer RTSC-Anwendung in Deutschland] http://www.all-in-one-spirit.de. Gesehen 5 Dez 2007

zur Bonsen M (2001) Alle Kräfte auf ein Ziel gelenkt. Real Time Strategic Change bei der DKV. ManagerSeminare 51, Nov./Dez. 2001

zur Bonsen M (2003) Real Time Strategic Change. Schneller Wandel mit großen Gruppen. Klett-Cotta, Stuttgart

zur Bonsen M, Lau-Villinger D (1999) Die Methode Zukunftskonferenz. In: Handbuch Personalentwicklung, Juni 1999

zur Bonsen M, Maleh C (2001) Appreciative Inquiry (AI): Der Weg zu Spitzenleistungen. Beltz, Weinheim

# Links im Internet

| http://... | Erläuterungen |
| --- | --- |
| www.all-in-one-spirit.de | Website der Beratergruppe zur Bonsen + Associates – bietet aktuelle Infos über die gängigen Großgruppenverfahren: Dokumentationen, Artikel, Arbeitspapiere … |
| www.appreciative-inquiry.de | Homepage von Walter Bruck zu Appreciative Inquiry und anderen Großgruppenverfahren |
| www.appreciativeinquiry.case.edu | Weltweites AI-Portal |
| www.bredemeyerandfriends.de | Homepage Sabine Bredemeyer und ihrer (inter-)nationaler Kollegen |
| www.dshs-koeln.de/schulsport/ | Institut für Schulsport und Schulentwicklung. Deutsche Sporthochschule Köln |
| www.frischerwind.com | Homepage des Beraterteams um Hannes Hinnen |
| www.futuresearch.net | Marvin Weisbord und Sandra Janoff sind Begründer der Methode Zukunftskonferenz und Mitinitiatoren dieses internationalen Netzwerks. Es enthält viele Beispiele von erfolgreichen Projekten |
| www.iab.de | Website des Instituts für Arbeitsmarkt- und Berufsforschung |
| www.ifak.com | Website des Marktforschungsinstituts IFAK, das den Arbeitsklima-Barometer 2007 erhoben hat |
| www.izn.uni-heidelberg.de/e/profiles/monyer.html | Interdisciplinary Center for Neurosciences |
| www.mitarbeit.de | Informationen der Stiftung Mitarbeit zur ersten Zukunftskonferenz in Peking 2006 |
| www.moderatio.de | Das Team um Josef Seifert bietet online-Tools für Großgruppenveranstaltungen an |
| www.nextpractice.de | Wissen und Werkzeuge für den Wandel – Computerunterstütze Tools für Großgruppen zur Meinungsbildung und Entscheidungsfindung |
| www.openspace-online.de | Textbasiertes Konferenzsystem, das Open-Space-Veranstaltungen ohne Online-Moderatoren ermöglicht. Entwickelt von Gabriela Ender und Kollegen |
| www.pfo-beratung.de | Auf der Homepage unserer Beratungsgesellschaft bieten wir Praxisbeispiele für die Arbeit mit großen Gruppen |
| www.schnellerwandel.de | Deutschsprachige email-basierte Diskussionsliste und das Forum für Kooperation und Erfahrungsaustausch in der Arbeit mit großen Gruppen |
| www.spaceworld.org | »This is an open space for open space.« Ein internationales Netzwerk zum Austausch rund um die Methode |
| www.theworldcafe.europe.net | Seite für europäische World-Café-Aktivitäten |
| www.theworldcafe.com | Website der internationalen Community rund um das World Café |
| www.transformation.at | Unter »Ressourcen« präsentiert Erich Kolenaty kommentierte Fotos vom »größten Open Space der Welt« in Würzburg 2003 |
| www.zukunftsinstitut.de | Alles rund um Trend- und Zukunftsforschung vom renommierten Institut in Kelkheim (Matthias Horx) |

# Stichwortverzeichnis

Druck: Krips bv, Meppel, Niederlande
Verarbeitung: Stürtz, Würzburg, Deutschland